"十二五"普通高等教育本科国家级规划教材

教育部普通高等教育精品教材

数字教材版

经济管理类课程教材

金融系列

国际金融（第六版）精编版

GUOJI JINRONG

主　编　陈雨露

中国人民大学出版社
·北京·

出版说明

改革开放以来，中国的金融走上了高速发展的快车道，获得了前所未有的发展，有关院校都开设了金融课程，以便培养我国急需的人才。

一套高质量的教材是提高教学质量的前提之一。教材规定了教学内容，是教师授课取材之源，是学生求知和复习之本，没有优秀的教材，无法提高教学质量。中国人民大学出版社推出“经济管理类课程教材·金融系列”，旨在推动国内金融人才培养工作的发展。

组织编写这套教材时，我们遵照以下原则：

1. 教材实行本土化。为了更快地与国际接轨，许多人主张采用“拿来主义”原则，直接引进国外的教材。实践证明，我国与发达国家相比，国情不同，文化背景不同，思维方式不同，语言表述方式不同，广大的专家教授一致认为：我们培养的是中国金融人才，是为中国的金融服务的，教材还是本土化为宜。在了解我国现况之后，再学习国外的知识。把中国的背景知识与国际接轨才是我们最需要的。该套教材均为本土原创作品。

2. 精选作者，保证教材质量。金融与国家的政策联系紧密，应用性强，培养的学生既要懂理论又要会应用，既要与国际接轨，又要考虑中国的国情。该套教材涵纳全国“政产学研”方面的作者，从源头上保证了这套书的质量。

3. 要始终保持教材的“精”与“新”。现代金融日新月异，课程设置不断变化。该套教材根据形势的发展，不断推出新课程教材，并不断修订、完善。

4. 形式多种多样，方便教材使用者。书中每章都设有“本章小结”、“本章要点”、“本章关键术语”、“本章思考题”和“本章练习题”等栏目，此外，各书还有配套的“学习指导书”，方便读者学习和使用。

总之，这套系列教材紧密结合当前国内外金融研究的最新成果与金融政策发展的实际情况，全面讲述金融基本理论和基本知识。我们相信“经济管理类课程教材·金融系列”的推出，能够为读者掌握现代金融知识、培养人才起到应有的作用。

中国人民大学出版社

第六版前言

从2015年《国际金融（第五版）》（含精编版及学习指导书）发行到现在，转眼又过去了四年。根据国际上畅销教材的出版惯例，该是做新一版修订工作的时候了。在中国人民大学国际金融教学团队的共同努力和众多兄弟院校金融相关专业师生的鼎力支持下，新版教材终于成稿，很快就可以与广大热爱国际金融的读者见面了。

全球化的客观进程，对于高等院校的教学活动也产生了巨大影响。国际金融，不仅是世界一流大学经济学院或商学院普遍开设的重要课程，也经常被评选为最受学生欢迎的课程之一。但是不同院系开设的国际金融课程，以及各种版本的国际金融教材，在框架体系和具体内容上却是百花齐放、百家争鸣。

中国人民大学财政金融学院自从改革开放初期开设国际金融课程，始终注重教材建设。我们一方面强调日常教学中的师生互动，及时总结经验；另一方面兼顾发挥自身优势与博采众家之长，积极进取提高。在把握国际金融课程的本质和精髓方面，我们这个团队拥有得天独厚的优势资源：国内金融学科奠基人、中国人民大学老校长黄达教授于21世纪初提出的“大金融”概念，为确定本教材的基本框架和核心内容提供了依据；诺贝尔经济学奖得主、我院兼职教授罗伯特·蒙代尔教授在最适货币区理论、开放经济财政政策与货币政策搭配等方面的研究成果，及其对中国金融开放及宏观金融政策问题的长期关注，在一定程度上保证了我们与国际先进水平基本同步。

本教材为“十二五”普通高等教育本科国家级规划教材，是教育部普通高等教育精品教材，曾获全国优秀教材奖。作为一本畅销教材，《国际金融》深受师生们的欢迎，关键在于其所拥有的一系列优秀品质。

● 整部教材坚持以“应用经济学视角”和“中国视角”贯穿始终，强调中国国情和国际金融基本原理的具体应用。引导学生思考实际中的问题，培养学生的分析能力和研究能力，探讨现实可行的解决办法。国际金融课程的讲授必须与时俱进，紧密结合国际金融领域新近发生的重大事件，以突出国际金融教学中调研分析的特色。由此对教材的及时更新提出了高标准、严要求。这也是中国人民大学多年来从事国际金融教学的经验总结。

● 经过多年探索和反复论证，本团队率先提出“国际金融市场—国际金融管理—内外均衡理论与政策”的课程体系，推出了国内高校中首个集微观和宏观于一体、内容完整、逻辑严密的国际金融教材。该框架从2005年第二版教材开始采用，尽管几次修订中对个别章节进行了微调，但主体结构一直延续至今。为方便兄弟院校以及非金融专业的教学使用，我们从第二版开始，同步编写了精编版教材，并在框架结构上与此保持一致。

● 本教材行文简洁，形式灵活，界面友好，可读性强。全书大量使用图表、举例、例题、专栏、文字框等灵活形式，深入浅出地讲解国际金融原理、分析国际金融事件，加强学生对抽象概念的理解和对事物发展规律的把握。利用“学习目标”、“本章预习”、“核心概念”、“学习指导”、“Summary”、“Key Terms”、“Questions and Problems”以及正文旁注等多种栏目明确教学和复习重点。

● 国际金融具有“事件随时发生、业务每天更新、理论动态发展”的时效性特点。本教材不仅立足于系统介绍国际金融基本知识和基本原理，更注重激发学生对相关理论、实务和政策的研究兴趣，特别是其中的“中国故事”。十几年来的历次修订，均以充分反映国际金融领域最新情况、梳理篇章结构、整合教学要点作为工作重心。

2015—2018年间，国际经济和金融舞台上风云变幻，热点不断。2015年12月17日凌晨，美联储宣布加息25个基点，使其基准利率自2008年12月以来首次脱离“零利率”。从这一天开始，全球最大的经济体进入了加息周期。耶伦的继任者杰罗姆·鲍威尔（Jerome Powell）拥有法律博士学位，是美国40年来第一个“不拥有经济学学位”的美联储主席。鲍威尔就职以来，已在2018年上半年加息2次。未来加息步伐是会进一步提速还是暂且告一段落？2020年底联邦基金利率能否实现3.375%？在美国宏观经济形势不及预期、特朗普总统公开表态不喜欢美联储加息的情况下是否会陡生变数？所有这些还都有待观察。

但在美元进入加息通道后，主要经济体的货币政策分化和跨国资本流动分化已经是不争的事实。欧央行在2015年初出台量化宽松非常规货币政策，并于12月进一步加力。2017年在短期政治风险消退、经济强劲复苏的情况下，也曾明确表示要通过加息和放缓量化宽松政策继续收紧货币政策。而到了2018年年中，由于意大利政治不确定性可能再度引发债务违约风险，欧央行不得不一再延长量化宽松政策退出计划，维持三大关键利率不变，坚持宽松货币政策。与欧央行“暧昧”的立场不同，日本央行坚定不移地实施超宽松货币政策，继续维持短期负利率，同时提高货币政策灵活性，使长期利率维持在零左右。

从美联储宣布全面退出量化宽松货币政策到2015年7月底，在大约13个月的时间里，19个最大新兴市场经济体的资本净流出总量达到9 402亿美元，差不多两倍于2008—2009年全球金融危机时期三个季度共计4 800亿美元的净流出资本总量。一边是美元指数从80快速升至100，一边是新兴市场货币不断创出新低。南非、巴西、泰国、俄罗斯、韩国等陆续爆发货币危机，恐慌情绪迅速蔓延。进入2018年以后，美、欧、日的货币政策分歧推动美元指数不断刷新年度新高。菲律宾、印度、阿根廷、印度尼西亚、土耳其等国央行跟随美联储以激进的大幅加息来稳定汇率，但事实上收效甚微。阿根廷比索、巴西雷亚尔、南非兰特等均已遭遇沉重下跌压力，新兴市场货币危机大有卷土重来之势。

英国“脱欧”也同样充满不确定性。2016年6月23日，“脱欧派”在公投中以52%的选票胜出，英国决定离开欧盟。这一消息震惊了世界，国际金融市场立刻做出剧烈反应。从2017年3月正式启动脱欧程序，到2018年3月欧盟与英国就两年过渡期条款达成广泛协议，脱欧进程看似平稳有序。然而经过漫长的政治拉锯战，这一协议虽然获得欧盟议会通过，却始终得不到英国议会的通过，导致“硬脱欧”风险升高。“脱欧”进程几经波折，多次反转，拖累了英镑汇率像坐过山车一样动荡不安。伦敦国际金融中心地位短期内虽然难以被撼动，但是政治领域的“不信任”因素是否会波及金融市场，现在做结论还为时过早。

在这复杂多变的国际金融形势下，中国不仅在国际舞台上频繁亮相，还赢得了不少高光时刻，受到国际社会高度瞩目。2015年11月30日，国际货币基金组织宣布将人民币纳入SDR货币篮子，确定权重为10.92%并于2016年10月1日正式生效。这是中国融入全球金融体系的重要里程碑。人民币成为主要国际货币中第一个新兴市场国家货币，这对于国际货币格局变迁具有重大意义。2016年G20杭州峰会在加强政策协调、创新增长方式、完善全球经济金融治理、重振国际贸易和投资、推动包容和联动式发展等五大议题上达成重要共识。这是中国作为轮值主席国第一次主办G20领导人峰会，丰硕的峰会成果体现了中国智慧，也为完善全球治理提供了中国方案。在2018年4月的博鳌亚洲论坛上，习近平主席的主旨演讲宣布了中国扩大开放的战略抉择，易纲行长更是详解了进一步扩大金融业开放的11项具体措施和时间表。2018年11月首届中国国际进口博览会在上海举行。这是迄今为止世界上第一个以进口为主题的国家级展会。恰逢改革开放40周年，中国向世界传递了主动开放市场的明确信息和坚定信念。也正因为如此，即使在中美贸易摩擦升级的困难情况下，“一带一路”倡议和人民币国际化仍然取得了显著成绩。目前，我国已与122个国家、29个国际组织签署170多份共建“一带一路”合作文件，“五通”目标得以顺利推进。人民币国际化指数（RII）在2018年第二季度强势反弹并创出历史新高，人民币稳居全球第五大支付货币。“一带一路”倡议和人民币国际化是中国在21世纪提出的两个重要规划。这两大战略首先是符合中国国家利益，为新兴大国提供必不可少的支撑力量；同时也符合全球利益，是对现行世界经济秩序和国际货币体系的进一步完善，体现出中国提供全球公共物品的大国责任与历史担当。

总之，在刚刚过去的几年里，国际金融体系继续发生深刻变革。位居其中核心层的国际货币格局也正在经历微妙调整。与融入世界经济之初所不同的是，中国不再只是这些变革的旁观者，很多时候我们是整个变化过程的亲历者，甚至就是一些改变的直接推动者。有幸成为重大国际金融事件的见证者，这自然更加拉近了国际金融与我们的距离。

《国际金融（第六版）》（含精编版及学习指导书）的修订工作正是在前述背景下组织完成的。此次修订主要包括以下几种情形①：

● 随着深度参与经济和金融全球化进程，我国的国际收支状况近年来发生了重大调整。故决定根据国际收支平衡表的结构改写“国际收支”这一章。第六版第 10 章包括三节内容，分别是：10.1 节“国际收支与国际收支平衡表”，10.2 节“国际收支项目分析”（新增），以及 10.3 节“国际收支理论”（由原 11.2 节整合而来）。

● 由于中国在世界经济金融运行以及全球治理中的影响力日益提高，我们对于开放经济内外均衡理论与政策的关注重点以及分析视角有必要做相应微调。故决定根据理论和政策研究的一般逻辑整合优化第三篇，从原来的六章调整为目前的五章结构。除已经提及的对第 10 章进行改写外，主要修订还包括：

■ 第六版第 11 章“开放条件下的宏观经济政策”，由原第 11、12 章部分内容整合而来。其中，11.1 节“开放经济的宏观分析框架”在原 11.1 节和 12.1 节基础上简写而成，本章第 2～4 节由原第 12 章 2～5 节调整而成。

■ 第六版第 12 章“汇率制度选择”，主要以原第 13 章为基础。其中，12.1 节“国际货币体系沿革：固定汇率制和浮动汇率制”整合了原 15.1 节和 13.1 节两节的内容。

■ 第六版第 13 章“国际资本流动与金融稳定”，以原第 14 章为基础。其中，新增了 13.4 节“国际资本流动影响金融稳定的主要机制”，将“金融危机理论”相关内容调至后面一章。

■ 第六版第 14 章“金融危机的防范与管理”，包括三节内容—— 14.1 节“全球视角下的金融危机概览”（新增），14.2 节“金融危机的理论解释”（由原 14.4 节改写而来），以及 14.3 节“国际经济政策协调和主要协调平台”（新增，原 15.3 节简写后整合于其中）。

● 补充国际金融发展动态。一种方式是将最新情况写入正文相应位置，另一种方式是以“专栏”或“学习指导”等形式增加若干专题讨论。

■ 主要的正文修订包括：补充“8·11”汇改以来的新情况，补充我国外汇市场和外汇衍生品交易的新发展，补充熊猫债、点心债、木兰债等相关内容，补充我国对折算风险计量的相关政策要求，增加跨国公司现金管理技术中的“收支两条线”，补

① 以下所述章节均为《国际金融（第六版）》相关章节。

充我国跨国银行发展新形势和业务内容等；重新概括外商来华直接投资特点，改写国家风险评估模型、方法、步骤和案例等；对第8章“跨国公司资产负债管理”进行结构调整，将原8.1.3节和8.1.4节整合为8.2节“短期债务管理”，对跨国公司资本成本和资本结构、国际税收规划等内容进行改写；新增5.2.4节“金融基础设施与金融市场一体化”。

■ 主要的专栏修订包括：新增专栏11个，涉及人民币汇率指数、外汇NDF交易、LIBOR被操纵案、直接投资的非传统安全风险、特朗普征收惩罚性关税、国际税收体系重大变革、特别提款权、全口径外债分析、我国的开放宏观政策选择、G20杭州峰会和“一带一路”倡议等多个专题；因补充新资料而更新或改写的专栏10个，涉及汇市日评、人民币离岸市场全球布局、中国存托凭证新政策、中国的主权财富基金、中国国际收支总体情况、危机中的资本管制、中国资本账户开放、欧洲联盟及英国脱欧进展等具体内容；根据教材内容调整的需要，本次修订工作共删除15个旧专栏，其中的重要信息已通过其他方式保留在教材中。

■ 在第6、7章正文结束后增加“学习指导”栏目，分别介绍中兴通讯进行外汇风险管理和国际化发展的真实案例。

● 对大部分图、表以及相关文字进行更新。数据普遍更新至2017年底，资料更新至2018年年中。在新增或改写的几个章节中，根据需要新增了部分图表，如表3-6“利用外汇期货投机”、图9-2“大型商业银行境外资产占比”、图10-3“全球可分配外汇储备的币种构成（2018年第一季度）”、表14-7“2017年全球系统重要性银行名单及对应的额外资本缓冲要求”等。根据实际修订情况，重写或改写了大部分章节的“本章预习”、“Summary”以及课后习题。

国际金融教材的编写和修订工作由中国人民大学国际金融团队集体完成。全书由陈雨露教授主编。

本教材的主体结构确立于2005年第二版。当时的主要撰写者有：陈雨露（导论、第1章），庞红（第2～4章、第6章），赵锡军、陈启清（第5章），涂永红（第7～10章），尹继红（第11章），王芳（第12～16章）。2011年修订时，将第二版第6章“国际银行业”拆分调整至其他章节。2014年底修订时，将第二版第9、10章整合，成为第五版第8章“跨国公司资产负债管理”，并新增了由涂永红教授撰写的第五版第9章“跨国银行业务与经营”。

精编版教材最初的撰写安排为：陈雨露（导论、第1章），庞红（第2～4章），陈启清（第5、6、10章），郑艳文（第7～9章），王芳（第11～13章）。此后涉及篇章结构的调整，均与全本教材保持同步。

陈雨露、涂永红、王芳、何青、马勇、钱宗鑫、宋科、芦东等同志深入讨论了第六版教材的修订计划，赵锡军教授对修订内容提出了建议。第六版修订的具体分工为：陈雨露（导论），何青（第1、3、4章），芦东（第2、5章），涂永红（第6～9章），王芳（第10、12、14章），钱宗鑫（第11、14章），马勇（第13、14章）。最后，陈雨露、王芳对第六版教材修订稿进行了统纂。

第六版精编版教材的修订分工为：陈雨露（导论），何青（第1、3、4章），芦东（第

2、5 章），涂永红（第 6～9 章），王芳（第 10～12 章）。全书由陈雨露、王芳统纂。

在第六版教材修订过程中，储青青、甘静芸、贺晓博、李胜男、徐文君、姚驰、张铜钢等同志承担了大量数据搜集和文字整理方面的工作。另外，张成思教授曾协助陈雨露教授完成第三版教材修订工作。在此一并致谢！

国际金融课程的时效性非常强，唯一保持不变的就是变化时时刻刻都在发生。在教材修订稿交付出版社以后，新的热点又不断地涌现出来——美国股市出现震荡、美联储加息进程暂缓、中美贸易谈判显现生机……这些大事件严重冲击了国际金融市场，其未来发展和后续影响还有待进一步观察和讨论。好在一部优秀教材的本质属性，在于帮助教师和学生把握拨开云雾见真谛的道理和方法论。

感谢广大读者一直以来的支持与鼓励！感谢中国人民大学出版社经济分社编辑给予的帮助！欢迎大家对第六版教材批评指正！

陈雨露

目　录

第Ⅱ篇　国际金融管理

第Ⅲ篇　内外均衡理论与政策

导　论（Introduction）

0.1　全球化与国际金融学的地位

无论是政治领导人，还是属于不同门类不同学科的学者，抑或是普通民众，都共同目睹了人类文明在已经过去的 20 世纪中所取得的进步。美国经济学家鲁迪格·多恩布什（Rudiger Dornbusch）的评论恐怕是其中最具代表性的："这个世纪（20 世纪）比以往任何时候都要好。尽管有大萧条，尽管有两次世界大战，今天人类在经济上所取得的成就比以往任何时候都要多"，"站在今天的水平上进行比较，1900 年简直就是石器时代"。

然而，对于 20 世纪后二十年中越来越明显的全球化趋势，人类社会却褒贬不一。"反对贸易保护，支持全球化"的呼声在此起彼伏的反全球化运动中力量越来越衰微。近年来，从西雅图到墨尔本，从蒙特利尔到坎昆，但凡有发达国家首脑与跨国公司总裁开会的地方，总能看到高举反全球化旗帜的游行队伍。甚至连法国前总统雅克·希拉克（J. Chirac），也在 1996 年 6 月的国际劳工大会上，对"全球化能够提高社会公众的生活福利"——这一曾被认为是千真万确的命题——提出了质疑。

不过，即使对全球化有着这样或那样的批评或抱怨，任何一个国家都无法做到冷眼旁观全球化的"惊涛骇浪"，仍可以独善其身。尤其对于中国这样一个处于快速发展期的发展中国家而言，无论对于全球化有着怎样深刻的认识，无论是否喜欢全球化的时代，这都是一个我们主宰不了又必须面对的客观现实。

在过去的二十多年里，中国似乎是全球化进程的受益者，贸易、外国直接投资与经济总量都保持了很高速度的增长。对于中国所取得的举世瞩目的成就，全球化功不可没。然而，反观另一面，作为发展水平相对还比较落后的转轨国家，中国在很多方面还存在着薄弱环节。面对全球化的凶猛势头，可谓风险重重。在这样的背景下，中国怎样才能够乘全球化之势发展经济，同时又不被全球化的利刃所伤，依然是一个十分具有挑战性的问题。

在日益全球化的世界中，国际金融作为一门学科，重要性日益凸显。这不仅是针对中国等经济发展水平较低的国家而言，即使在美国等市场经济发达的国家，亦是如此。在西方很多高等学府中，国际金融都是最受欢迎的课程之一。然而，由于经济背景、历史习惯的差异，中西方对国际金融范畴的理解相差甚远。西方的国际金融理论着眼于探讨跨国经营的公司为实现股东价值最大化的目标，如何在一体化程度不断增强的国际市场中做出尽量正确的财务决策。而我国的国际金融课程传统上倾向于从货币金融角度，研究开放经济背景下内外均衡目标同时实现的问题。随着中西方经济与学术交流的日益频繁，国际金融学科体系进一步融合的要求越来越迫切。

本教材的编写组认为，国际金融学科应以日新月异的国际金融市场为主线，研究所有市场参与者在全球化进程中行为模式的变动。因此，国际金融的范畴应当是国际金融市场、跨国公司财务管理与新开放经济宏观经济学的综合。

0.2　变革中的国际金融市场

第二次世界大战之后，国际金融市场所发生的最突出的变革无疑体现在离岸金融市场的横空出世上。最早的离岸金融市场——欧洲货币市场的产生源于特殊的历史环境（冷战时期东西方的对峙），但其飞速发展应归功于在岸金融市场所存在的严格管制。例如，当时美国有关利率上限规定的“Q 条例”为欧洲美元市场提供了源源不断的资金供给；1963 年的利息平衡税（美国人购买外国证券所得的高于本国证券利息的差额，必须作为税款缴纳给国家）与 1965 年的对外信用抑制计划（美联储针对美国银行向外国人发放的贷款所制定的限额）有力地支持了欧洲美元贷款的需求。

虽然在离岸金融市场发展的初期，美国等主要工业国家将其看作对本国宏观经济管制和金融安全的威胁，因而采取了种种阻挠其发展的措施，但作用甚微。随着时间的推移，经济政策领导人对离岸金融市场的态度更为理性，他们不再殚精竭虑于如何消灭离岸市场，而是采取更为积极主动的政策，与离岸市场展开了正面的竞争，或是促进在岸市场的自由化，或是构建竞争性市场（如美国 1981 年的国际银行业设施）。但由此我们对离岸金融市场的前景产生了怀疑。作为在岸市场的平行市场，只要离岸市场的监管负担足够低，离岸金融业就可能在更有利的利率条件下为存款人和贷款人提供相似的金融服务。虽然目前离岸金融市场的规模仍然在迅速扩大，但随着各国国内金融市场管制的放松，在岸市场与离岸市场的监管环境差别越来越小，这是否意味着离岸金融市场正在逐步丧失其独特的优势，并最终趋于消失呢？或者，除了监管因素外，是否还有其他的约束条件影响在岸市场与离岸市场的竞争？尽管已经有一些经济学家对这些问题做出了解答，但正确的答案恐怕只有未来的实践能够告诉我们。

无论是离岸市场，还是在岸市场，都没能逃脱 20 世纪 60 年代初兴起的金融创新浪潮的冲击。这股浪潮是多种因素共同作用的结果。第一，国际信息传递领域的技术进步越来越广泛地应用于国际金融市场中。通过计算机终端将各银行联结起来所形成的国际银行计算机网络已经成为银行间同业国际金融交易的最重要的工具。特别是近年来，国际互联网的迅速发展为国际金融活动提供了前所未有的便利机遇。数以千万亿计的资金可以在瞬间实现跨境、跨洲的转移。第二，国际金融活动面临着越来越突出的汇率风险与信用风险。从汇率风险上看，国际金融市场上的交易者一般都来自不同的国家，防范汇率风险成为最普遍的需求。尤其是 20 世纪 70 年代实行浮动汇率制以来，汇率的变动频繁而剧烈，汇率风险更加突出。从信用风险上看，国际金融市场尤其是离岸金融市场，缺乏国内金融市场上较为严格的管制，资金的借贷更为便捷，这就加大了信用风险发生的概率。80 年代以后债务违约的事件时有发生，极大地影响了国际金融市场的发展，规避乃至解决信用风险的要求越来越迫切。第三，国际金融管制放松的同时，对国际金融交易的规范性管理却在加强。第二次世界大战以后，越来越多的国家相继解除外汇管制，采用了以市场供求决定汇率的汇率制度，取消了对资本流动的限制，与此同时，一些国际机构为推动国际金融市场的健康发展，对金融交易的管理更加规范。最为典型的就是《巴塞尔资本协议》对资本充足率的要求，这使得越来越多的银行希望通过开发表外业务来寻求利润。

国际金融市场的创新体现在新的金融工具、新的交易技术、新的组织机构与市场的创造上，其中最为核心的无疑是金融工具的创新。在股票、债券、基金等数量相当有限的金融工具的基础上，一系列崭新的衍生工具不断问世。例如，20 世纪 80 年代诞生的衍生工具有货币期货合约期权、股票指数合约期权、欧洲美元期权、互换期权、美元及市政债券指数期货、平均期权、长期债券期货和期权、复合期权等；90 年代出现的金融创新工具有长期权益参与证券、债券差价认股权证、固息浮息合成票据、股指增长票据、价差互换、杠杆价差票据、优先股购买单位、灾害保险期权和期货、衍生头寸证券化、消费信贷证券化、航空组合证券化——飞机租赁证券化、重新确定利率上下限的浮息票据、双重货币证券化、与股权业绩挂钩的证券、灾害优先股卖出期权、通货膨胀指数化的长期国债、平行债券等。

国际金融创新使得国际金融市场发生了深刻的变革，在交易方式更加灵活、交易工具更加丰富的同时，也加大了市场价格变动的剧烈程度。虽然金融衍生工具设计的初衷都是提供更为有效的风险管理工具，但由于这些交易的杠杆比率很高，可能的盈利与亏损程度都相当大，随着合同标的物价格的变动，合约价值的变动可能几十倍甚至几百倍于所缴纳的保证金，于是，金融衍生交易无可辩驳地成为国际金融市场最具风险的交易。20 世纪 90 年代以来，金融衍生工具引发了一系列金融动荡。例如，1994 年 12 月，美国加利福尼亚州富有的奥兰治县政府，由于从事利率期货交易而亏损 17 亿美元，不得不申请破产。1995 年 2 月 26 日，因为巴林期货（新加坡）公司经理尼克·里森的错误操作，成立于 1763 年的英国巴林银行损失 14 亿美元，宣告破产，于 1995 年 3 月被国际荷兰集团以 6.6 亿英镑收购。1998 年 9 月 23 日，美国长期资本管理公司（LTCM）濒临破产。这家聚集了华尔街债券投资高手梅里韦瑟（J. W. Meriwether）、因期权定价模型而荣膺诺贝尔经济学奖的金融学家斯科尔斯（M. S. Scholes）和默顿（R. C. Merton）等诸多精英的公司，曾在三年内创造了 300% 的基金增长业绩。但由于公司交易的衍生工具合约金额高达 13 000亿美元，远远高于其 48 亿美元的资本，因此，1998 年 8 月俄罗斯政府推迟偿还短期国债这一意外事件的发生，导致长期资本管理公司基金投资失败，从而引起了这场灭顶之灾。在金融全球化程度日益增强的今天，衍生工具交易所产生的风险已经威胁到全球金融体系的稳定。

国际金融市场运行机制的变化影响了从宏观决策者到微观机构的各个层次。因此，这些参与者的行为目标、最优化策略都应成为国际金融理论研究的对象。

0.3 更为复杂的跨国公司财务管理问题

事实上，国际金融市场所影响到的微观个体绝不仅仅是跨国公司。一个普通的公民，有可能保有外币储蓄，或者是要出国旅游、留学，或者出于其他的动机而参与到国际金融市场中来。一个规模不大的公司，也可能要与来自国外的上游供货商或是下游客户打交道，从而成为国际金融市场的参与者。但跨国公司无疑是其中力量最为强大的一个群体。据统计，目前跨国公司控制了世界生产的40%左右，国际贸易的50%～60%，国际技术贸易的60%～70%，全球外国直接投资的80%～90%，发达国家40%的国内生产总值来自跨国公司的海外收益。因此，跨国公司的财务管理成为国际金融学中一个十分重要的篇章。

与纯粹的国内公司相比，跨国公司的经营环境更为复杂。

由于跨国公司面向的是更为广阔的国际市场，因此它可以在更大的范围内配置资源。它的生产、投资与筹资活动不必局限于一国或一地，因此从一般意义上讲，跨国公司所面对的成本-收益曲线要比单纯的国内公司更为理想。尤其在国际金融市场交易品种更为丰富、交易速度更为快捷的今天，跨国公司的业务发展空间得到了前所未有的拓展。例如，1996年4月9日的《华尔街日报》就曾报道，通用电气公司（GE）仅用了15分钟就筹集到了40亿法国法郎，并立刻通过国际互换市场兑换成所需要的美元资金，通用电气公司声称这笔交易将为其“在今后的九年中每年节省40万美元”。

与此同时，与国内市场相比，国际市场的不完全性表现得更为突出，虽然无论在发达国家，还是在发展中国家，金融自由化的改革都在如火如荼地进行着，但是，国外公司切入国内市场的藩篱仍然没有消除，商品、服务、劳动力与资本跨国流动的障碍仍然存在，这些障碍体现在具有歧视性的税收、运输政策及其他规章制度上，由此加大了跨国公司的交易成本。即使在发达国家，市场不完全的情况也是相当普遍的。

正是由于跨国公司业务类型、经营环境的复杂性，它们所面临的经营风险与国内公司也大不相同。一方面，跨国公司面对的市场风险比国内公司更加复杂。跨国公司的原材料供应、生产与销售活动处于不同的市场中，任何一个市场的利率和价格变动都会影响到跨国公司的收益与成本。并且，跨国公司由于收入、支出和统计的币种不一致，在各种货币相互转换的过程中还存在着汇率风险。另一方面，跨国公司还要面对由东道国政府政策变动所引起的政治风险。由于主权国家在决定“游戏规则”上有很大的自主性，而跨国公司作为微观个体，缺少与之对抗的能力，因此经营面临着很大的不稳定性。即使没有战争、国有化等极端情况出现，政治风险也依然存在。例如，1992年，一家名为恩瑞发展公司的美资能源企业与印度政府签订了印度最大的发电站项目的承建合同，但这个项目于三年后被印度政府取消了，理由是印度并不需要如此大规模的发电站。即使在市场机制较为完善的国家，政治风险也难以避免。在 2001 年 9 月 11 日的恐怖袭击中，位于美国世贸大厦中的来自 50 多个国家的跨国公司直接遭受到了沉重的损失。

总之，虽然与纯粹的国内公司相比，跨国公司财务管理的目标也是追求股东价值的最大化，但是无疑要求更为复杂和高超的技术。

0.4 内外均衡研究的崭新视角

内部均衡（充分就业和物价稳定）与外部均衡（国际收支的平衡）的同时实现无疑是一国宏观经济“掌舵者”所要达到的理想状态，因此也成为国际金融理论的重要组成部分。对内外均衡的理论研究由来已久，例如英国的哲学家、经济学家和历史学家大卫·休谟（David Hume）在 18 世纪提出的价格-铸币流动机制理论，就曾对当时金本位制条件下内外均衡的实现途径做出了深入的分析。然而，内外均衡问题重要性的日益凸显却是与宏观经济的逐步开放相伴相随的。随着商品、资本、劳动力等要素的国际流动的发展，一国经济与外部经济之间的相互依存度提高，外部均衡问题越来越突出。同时，开放的经济使得原先封闭条件下的内部均衡问题发生了深刻的变化，内部均衡与外部均衡相互冲突的现实越来越频繁地摆在了宏观决策者的面前。例如，当一国经济变量呈现出过热的迹象时，政府或中央银行对本币升值的抑制就会通过国际储备机制使通货膨胀问题变得更为尖锐；而在一国希望利用扩张性货币政策刺激经济发展时，为防范本币贬值而采取的措施很可能就抵消了货币政策可能具有的效力。于是，如何权衡内外均衡目标的相对重要性，就成为宏观决策者不得不思考的问题。继现代内外均衡理论的奠基人、荷兰经济学家简·丁伯根（Jan Tinbergen）于 1969 年成为第一位诺贝尔经济学奖得主之后，内外均衡理论研究的大师米德（James Edward Meade）和蒙代尔（Robert Mundell）也相继获得了这一经济学领域的最高荣誉，这足以说明内外均衡问题在国际金融研究中的特殊地位。

“丁伯根法则”最简单的含义就是，要达到 n 个经济目标，至少需要 n 种独立的政策工具，虽然这一法则对内外均衡之间的矛盾与协调方法并没有做深入的探讨，但之后的米德、蒙代尔等经济学家所提出的政策搭配理论均从不同角度证明了“一石不能二鸟”的原则，因此丁伯根被视作内外均衡理论研究中具有里程碑意义的人物。20 世纪 50 年代初期，英国经济学家米德在“丁伯根法则”的基础上，结合了凯恩斯理论和新古典理论（特别是希克斯的一般均衡理论），建立了政策工具和政策目标相互关系的 2×2 模型，将国际收支平衡的概念从只包括贸易项目扩展到囊括了资本国际运动的总平衡。米德的模型是现代意义上第一个较为系统的内外均衡理论框架。米德是一位具有远见卓识的经济学家，在半个世纪以前，他就敏锐地意识到要解决内外均衡之间的矛盾，就必须借助于国际经济合作。米德认为，通过支出调整政策（直接影响国内产出和收入的政策）可以达到内部均衡，通过支出转换政策（调整汇率的政策）可以达到外部均衡。但事实上，当时占据优势地位的是固定汇率制度，加之价格和工资刚性的存在，使得支出转换政策很难发挥作用，因此，影响了米德模型的应有意义。

20 世纪 60 年代，蒙代尔和弗莱明（J. M. Flemming）等人提出的蒙代尔-弗莱明模型，为“米德冲突”（支出转换政策的作用受到限制）的解决提出了崭新的思路，即将支出调整政策细化为财政政策和货币政策，并主张以货币政策促进外部均衡，以财政政策促进内部均衡，而且对不同汇率体制和不同开放程度下的货币、财政政策的效力做出了分析，为内外均衡理论研究写下了浓墨重彩的一笔。1976 年多恩布什仍然在凯恩斯的分析框架内，对外部均衡和内部均衡之间的相互作用机制进行了考察，与前人不同的是，多恩布什强调了商品市场和金融市场在调整速度上的不对称性，当货币市场失衡引起汇率变动时，商品市场由于价格刚性调整速度慢，而金融市场由于价格弹性大调整速度快。调整速度上的差异引发了汇率超调现象，而汇率超调又会引起汇率的易变性。

但随着全球化趋势的不断推进，MFD（Mundell-Fleming-Dornbusch）简单的分析结构与日益复杂的国际金融现实就显得愈发不相称了。1995 年，奥伯斯特菲尔德（Maurice Obstfeld）和罗戈夫（Kenneth Rogoff）的论文《再论汇率动态变化》（Exchange Rate Dynamics Redux）的发表，开辟了“新开放经济宏观经济学”（new open-economy macro-economics，NOEM）的时代，成为国际金融理论研究一个新的发展领域和发展方向。这标志着以微观经济基础、名义价格刚性、合理预期和不完全竞争为约束条件的崭新的分析框架将成为今后学术研究的工作母机模型（workhorse model）。目前，新开放经济宏观经济学的分析方法已经渗透到多个领域，例如国际经济政策协调、汇率决定、汇率机制选择、金融危机预警等等。然而，内外均衡的政策搭配是一门带有很大艺术成分的科学，若要深刻洞察其中的玄机，还有很长的路要走。

在全球化趋势日益加强的情况下，内外均衡的实现已经突破了单一国家的范畴。日益增强的经济关联度使得一国独立实现内外均衡的努力受到了越来越多的挑战，国际政策的协调已经发挥出显著的优势。继 1985 年美国、联邦德国、日本、英国、法国联手干预外汇市场，抑制美元升值的行动奏效之后，七国财长会议（最初是五国财长会议）日渐规范化，讨论的问题也日益广泛和深入。最为典型的国际政策协调无疑体现为欧洲联盟（其前身为欧洲经济共同体）内的货币一体化过程。欧元诞生是这一进程中具有里程碑意义的事件。区域内的固定汇率安排不仅为内外均衡矛盾的解决，也为汇率制度的选择提供了一个可供借鉴的榜样。在欧洲示范作用的推动下，区域货币金融合作在亚洲（具体是东盟十国与中、日、韩三国）和非洲都有了突飞猛进的发展。对于这一崭新的趋势，原有的最优货币区理论暴露出了力不从心的痕迹，新的理论探索正在进行之中。

汇率制度的选择是内外均衡同时实现的关键一环，也是国际金融领域一个经久不休的话题。弗里德曼（M. Friedman）、约翰逊（H. Johnson）、哈伯勒（G. Haberler）等赞成浮动汇率的经济学家与纳克斯（Nurkse）、蒙代尔和金德尔伯格（C. Kindleberger）等固定汇率的支持者一直就两种汇率的优劣进行争论。还有一些学者（如威廉森）另辟蹊径，提出了“中间解”，建议实行介于固定与浮动之间的中间汇率制度，如汇率目标区、爬行钉住或货币局等形式。20 世纪末，加州大学伯克利分校的埃森格林（Barry Eichengreen）与哈佛大学的豪斯曼（Hausmann）提出了更为惊人的见解，建议发展中国家索性放弃本国货币，使用美元等全球市场上的基准货币，以彻底摆脱汇率制度选择的困境。虽然这场争论直到今天仍然没有定论，但有关汇率机制选择的理论研究正在走向规范化，即围绕以下四个基本问题展开分析：第一，汇率制度与通货膨胀状况有关吗？第二，固定汇率和浮动汇率哪一个更有助于增强纪律？第三，固定汇率和浮动汇率哪一个为一国实施独立货币政策提供的空间更大？第四，固定汇率和浮动汇率哪一个代表了更有效率的微观经济制度？①

全球化趋势的加强、国际金融市场的创新进一步加剧了内外均衡之间的矛盾，甚至导致了金融危机。近年来相继出现了 1992 年欧洲货币危机，1994 年底墨西哥金融危机，1997 年亚洲金融危机，1998 年俄罗斯与巴西金融危机，2000 年底土耳其金融危机，2002 年阿根廷金融危机，以及 2007 年 4 月以来的美国次贷危机。金融危机频繁爆发，且破坏性越来越大。虽然危机一次次动摇了国际金融体系的稳定，但也在客观上推动着国际金融理论研究的快速发展。从第一代到第三代危机理论，理论界对金融危机爆发的原因、机制有了越来越深入的了解，危机管理技术也取得了很大突破。遗憾的是，虽然对金融危机的研究不断成熟，但总体现在事后的解释能力上，金融危机的准确预测依然是危机研究的薄弱环节，这也是国际金融学者们今后努力的方向所在。

国际金融学的历史变迁说明，虽然理论探索一直在继续，新的研究成果不断产生，但是，随着国际金融形势的风云变幻，未解之谜却不断增加，从而激励着每位国际金融学者继续攀登。

① Dornbusch R，A Giovannini. Monetary Policy in the Open Economy // B. M. Friedman，F. H. Hahn. Handbook of Monetary Economics，vol 2. Elservier Science Publisher B. V，1990.

第 I 篇

国际金融市场

第一章

外汇与外汇汇率

(Foreign Exchange & Exchange Rate)

学习目标

● 了解外汇、汇率等基本概念；

● 掌握汇率的几种分类；

● 学会解读外汇行情表；

● 理解影响汇率变动的因素以及汇率变动对经济的影响，初步掌握动态预测和分析汇率趋势的方法。

本章预习

2002 年至 2008 年，美元出现持续贬值的态势。作为国际市场上的关键货币，美元的长期贬值对世界各国都产生了很大影响。

对美国而言，一方面，美元贬值虽然可以降低出口商品相对价格，提升产品的国际竞争力，从而推动美国制造商增加生产和扩大出口，加速经济复苏。但另一方面，美元贬值却可能影响美国经济发展的资本来源。由于美国本土储蓄率非常低，长期以来都是通过吸收外来资本满足经济快速发展所需要的资金，美元疲软必然减少外国投资者对美国证券的需求，从而影响外资流入，抬高长期利率，抑制美国经济的长期发展。

美元贬值对欧盟的影响较为复杂。欧元区经济正趋向复苏，由于区内贸易在各国占有重要地位，因此美元贬值对欧元区国家出口形势的负面影响不会太大，反而会增加外来资本的流入。欧洲中央银行以物价稳定为首要目标，所以更倾向于借助坚挺的欧元缓解通货膨胀压力。这样看来，美元暂时性贬值有助于欧元区经济复苏。但如果美元出现持续大幅度贬值，则会造成欧元区成员国宏观经济形势分化，并对欧元区金融市场的稳定产生负面影响。

与欧盟不同，日本对美元的贬值表现出极大的担忧。以出口为导向的经济使日本深深依赖开拓海外市场来拉动国内经济增长，对美国的出口更是有着不可取代的地位。对日本来说，在内需依然不振的情况下保持出口增长势头至关重要，而日元相对于美元不断升值势必不利于日本出口，从而有可能中断复苏进程，导致经济再次陷入低迷。

对东亚等新兴市场经济体而言，美国是主要的出口对象。美元贬值致使东亚货币走强，造成出口到美国的产品失去价格竞争力，这势必产生不利影响。而且，由于美元贬值，外国投资者会将部分资金投向回报率较高的东亚新兴市场，这虽然增加了东亚国家的资本供给，但也会给改革还不够彻底的东亚金融体系带来更多不稳定因素。

1.1 外　汇

1.1.1 如何定义外汇

外汇（foreign exchange）是实现国际经济活动的基本手段，是国际金融的基本概念之一。

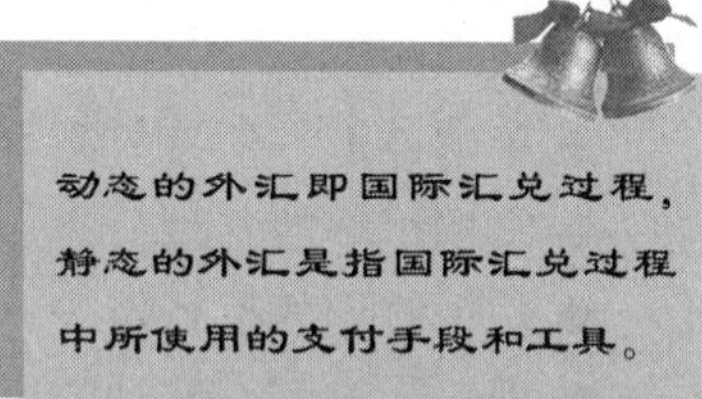

外汇的含义需要我们从两个方面来理解：其一，指一国货币兑换成另一国货币的实践过程，通过这种活动来清偿国家间的债权债务关系，是动态的外汇概念；其二，指国家间为清偿债权债务关系进行的汇兑活动所凭借的手段和工具，或者说是用于国际汇兑活动的支付手段和工具，这是静态的外汇概念。全面解释什么是外汇，就应该既包括动态的外汇概念，又包括静态的外汇概念。实际上，静态的外汇概念是从动态的汇兑行为中衍生出来并广为运用的，我们在日常生活中所用到的外汇概念以及在本书中所涉及的外汇概念主要是静态的，即用于国际汇兑的手段或工具。

外汇是以外币表示的，用于清偿国际债务的一种支付手段。外汇买卖是债权的转移，而外汇支付则是完成国际债务的清偿。因此，外汇的主要特征有：

（1）外汇是以外币表示的资产。任何以本国货币表示的信用工具、支付手段、有价证券等对本国人来说都不能称为外汇。例如，美元资产是国际支付中最为常用的一种外汇资产，但这是针对美国以外的其他国家而言的。

（2）外汇必须是可以自由兑换成其他形式的，或以其他货币表示的资产。如果某种资产在国际的自由兑换受到限制则不能称为外汇。比如，有些国家的货币当局实行外汇管制，禁止本币在境内外自由兑换成其他国家的货币，以这种货币表示的各种支付工具也不能随时转换成其他货币表示的支付手段，那么这种货币及其标识的支付工具在国际上就不能称作外汇。

根据外汇的定义可知，可兑换的外国货币（包括纸币、硬辅币等）是一种外汇资产。但这只是外汇资产中最基本的一种形式，也是最狭义的外汇形式。随着信用制度的发展，产生了许多其他形式的外汇资产，包括：外币有价证券，如政府债券、公司债券、股票等；外汇支付凭证，如外国汇票、本票、支票等；外币存款凭证，如银行存款凭证、邮政储蓄凭证等等。

在现代国际经济活动中，用于支付的手段绝大多数已是非货币形态的信用工具，外汇或外钞只在很窄的范围内使用。因此，不能把外汇简单地理解为外国货币；同时，更不能反过来把外国货币统统理解为外汇，因为只有那些在国际上可以自由兑换的外国货币才可称为外汇。

1.1.2 外汇的渊源

商品交易的需要产生了货币和货币流通，跨越国界的商品交易及其他经济往来活动带来了国际货币流通，只不过国际货币流通涉及不同国家货币之间的相互兑换。例如，进出口商需要将本币兑换成外汇以偿还国外债务或将国外债权转换成本币用于消费，这样就产生了最初的国际汇兑，即外汇和外汇交易。清偿由进出口贸易而引起的债权债务关系是国际汇兑产生的主要原因。举个简单的例子来说明：假如日本汽车出口商向法国出口，法国进口商向其支付 100 万欧元。这笔资金可以存放于该日本出口商在法国某银行的账户上，那么该日本出口商就拥有了一笔以欧元表示的外汇存款。如果同时日本香水进口商从法国进口香水，需要支付 100 万欧元，这家进口商就需要寻找将日元兑换成欧元的机会。他可以用一定数量的日元向本国汽车出口商购买 100 万欧元，同时要求法国银行将欧元支付给法国香水出口商，从而完成债务清偿（见图 1－1）。这样，日本汽车出口商也就将原有的外汇债权转换成了本币，用于国内的消费或投资，这个转换过程就是外汇交易。在现代发达的银行制度下，商人之间的外汇买卖往往是通过有外汇业务的银行进行的。银行代理外汇买卖和债权债务清偿使得国际汇兑更加方便和迅速。

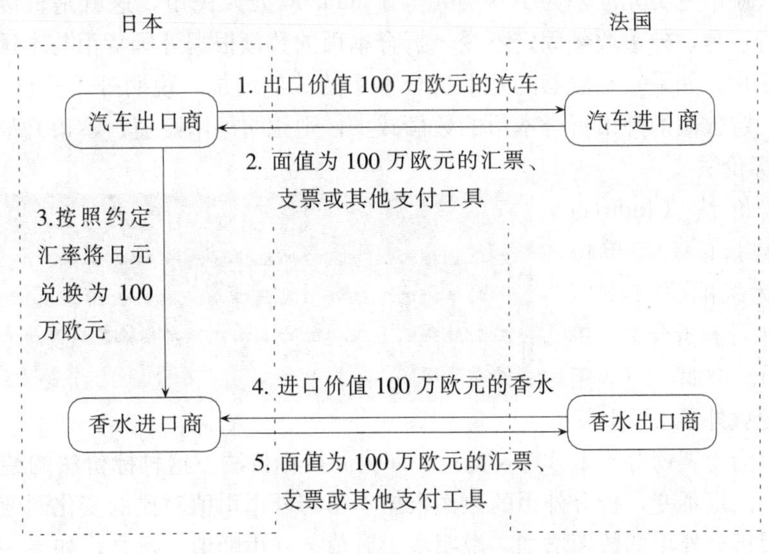

图 1－1 国际汇兑的过程

这个例子自然会涉及一个问题：日本香水进口商以多少日元向汽车出口商兑换 100 万

欧元呢？不同货币之间以什么样的比率相互兑换，这就是汇率问题。

1.2 外汇汇率

1.2.1 什么是汇率

外汇汇率（foreign exchange rate）又称外汇汇价，是不同货币之间兑换的比率或比价，也可以说是以一种货币表示的另一种货币的价格。

外汇是可以在国际上自由兑换、自由买卖的资产，也是一种特殊商品，汇率就是这种特殊商品的“特殊价格”。一般商品的价格是用货币表示的，但人们不能反过来用商品表现货币的价格。在国际汇兑中，不同货币之间却可以互相表示对方的价格，因此，外汇汇率也就具有双向表示的特点：既可用本币表示外币价格，也可用外币表示本币价格。这里，本币和外币都有同样的表示对方价格的功能。至于是用本币表示外币，还是用外币表示本币，则取决于采用的是哪一种汇率标价方法。

1.2.2 汇率标价方法

由于两种不同的货币可以互相表示，所以本币与外币就有两种基本的汇率标价方法：一是直接标价法；二是间接标价法。20 世纪五六十年代以后，西方各国的跨国银行又普遍同时采用了“美元标价法”。

1. 直接标价法

直接标价法（direct quotation）是指以一定单位的外国货币为标准（如 1，100，10 000等），来计算折合多少单位的本国货币。例如，2018 年 6 月 28 日，我国国家外汇管理局公布的人民币兑美元汇率为 100 美元等于 659.60 元人民币，这就是直接标价法。这种标价法的特点是，外币数额固定不变，折合本币的数额根据外国货币与本国货币币值对比的变化而变化。如果一定数额的外币折合本币的数额增加，说明外币升值、本币贬值；反之，如果一定数额的外币折合本币的数额减少，则说明外币贬值、本币升值。

2. 间接标价法

汇率的标价法可以分为直接标价法和间接标价法，前者是指以一定单位的外国货币为标准来计算折合多少单位的本国货币；后者是指以一定单位的本国货币为标准来计算折合若干单位的外国货币。

间接标价法（indirect quotation）是指以一定单位的本国货币为标准(如1,100,10 000 等)，来计算折合多少单位的外国货币。例如，2018 年 6 月 28 日，伦敦外汇市场上英镑兑美元汇率为 1 英镑等于 1.307 8 美元，即为间接标价法。这种标价法的特点是以本币为计价标准，固定不变，折合外币的数额根据本币与外币币值对比的变化而变化，如果一定数额的本币折合外币的数额增加，说明本币升值、外币贬值；反之，如果一定数额的本币折合外币的数额减少，则说明本币贬值、外币升值。

世界上采用间接标价法的国家主要是英国、英联邦国家、美国和欧元区国家。英国是资本主义发展最早的国家，英镑曾经是世界贸易计价结算的中心货币，因此，长期以来伦敦外汇市场上的英镑采用间接标价法。第二次世界大战后，美国经济实力迅速扩大，美元逐渐成为国际结算、国际储备的主要货币，为了便于计价结算，从 1978 年 9 月 1 日开始，纽约外汇市场也改用间接标价法，以美元为标准公布美元与其他货币之间的汇价，但美国对英镑和爱尔兰镑仍沿用直接标价法。

直接标价法和间接标价法都是针对本国货币和外国货币之间的关系而言的。对于某个国家或某个外汇市场来说，本币以外其他各种货币之间的比价无法用直接或间接标价法来判断。实际上，非本国货币之间的汇价往往是以国际上的一种主要货币或关键货币（key currency）为标准的。例如，第二次世界大战后由于美元是世界货币体系的中心货币，各国外汇市场上均以美元为标准公布外汇牌价，这种情况称为“美元标价法”。

美元标价法与两种基本的标价方法并不矛盾。银行汇价挂牌时，标出美元与其他各种货币之间的比价，如果需要计算美元以外的两种货币之间的比价，必须通过各种货币与美元的比价进行套算。

1.2.3 利用外汇行情表学习汇率及汇率的种类

表 1-1 是伦敦外汇市场某日公布的汇率信息。

表 1-1 外汇行情表

Jan 25 2008	Closing Mid-Point	Bid/Offer Spread	One Month Rate	Three Month Rate	One Year Rate
Europe					
Russia (Rouble)	24.528 0	220—340	24.549 2	24.585 0	25.023 0
Switzerland (SFr)	1.096 2	959—964	1.095 3	1.093 9	1.090 2
UK (£)	1.983 2	830—834	1.979 6	1.972 6	1.939 3
Euro (€)	1.469 8	696—699	1.468 7	1.466 3	1.453 4
Americas					
Canada (C$)	1.004 6	043—048	1.005 2	1.006 3	1.012 8
USA ($)	—	—	—	—	—
Pacific/Middle East/Africa					
Australia (A$)	1.133 1	329—334	—	—	—
Hong Kong (HK$)	7.808 6	082—090	7.800 8	7.790 0	7.758 1
Japan (¥)	107.300 0	280—320	107.049 0	106.616 0	105.040 0
Singapore (S$)	1.422 6	222—230	1.420 2	1.416 2	1.402 6

首先应当明确的是，行情表采用的是外汇市场上的惯例——美元标价法，即所有在外汇市场上交易的货币都对美元报价。因此，除去英镑和欧元两行外，其余各行表示的都是1美元等于多少该种货币；而英镑和欧元两行的信息表示的是1英镑或1欧元等于多少美元。

外汇行情表的第一列表示各主要国家（或地区）及其货币符号。自上至下，这些货币符号依次是俄罗斯卢布（Rouble）、瑞士法郎（SFr）、英镑（£）、欧元（€）、加拿大元（C$）、美元（$）、澳大利亚元（A$）、港币（HK$）、日元（¥）、新加坡元（S$）。

从外汇行情表的右边几列可以看出，汇率虽然被简单地概括为两种货币之间的兑换比率，但在实际应用中，汇率可以从不同角度划分为不同的种类。

1. 从银行外汇买卖的角度划分

从银行外汇买卖的角度出发，可以分为买入价、卖出价和中间价。

（1）买入价（buying rate），即买入汇率，是银行从客户或同业那里买入外汇时使用的汇率。

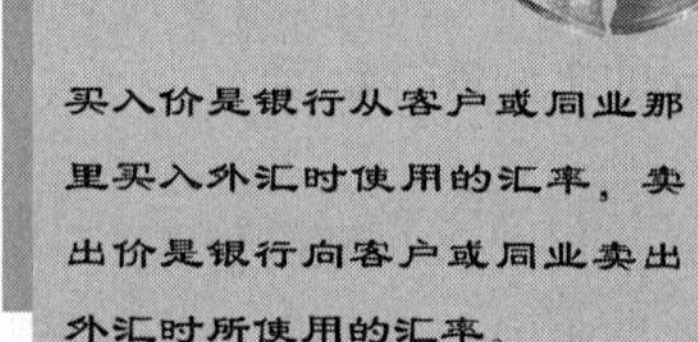

（2）卖出价（selling rate），即卖出汇率，是银行向客户或同业卖出外汇时所使用的汇率。

（3）中间价（middle rate），即买入价与卖出价的平均，常见于报刊或经济分析中。

买入价和卖出价都是从银行角度划分的，银行买入外汇的价格较低，卖出外汇的价格较高，低价买进与高价卖出之间的差价即为银行收取的经营费用和利润来源，其大小要根据外汇市场行情、供求关系以及不同银行的经营策略而定。

直接标价法中，较低的价格为买入价，较高的价格为卖出价。例如，客户需要与银行进行俄罗斯卢布兑美元交易，表1-1中，美元兑俄罗斯卢布的汇率为1美元等于24.522 0—24.534 0俄罗斯卢布，前者（24.522 0）为买入价，是银行从客户手中买入1美元需支付的俄罗斯卢布数额，后者（24.534 0）为卖出价，是银行卖出1美元时所收取的俄罗斯卢布数额，买入价与卖出价之间的差额为每美元0.012俄罗斯卢布。在外汇市场上，我们一般将0.000 1（日元为0.01）称为1点，因此价差是120点。而在间接标价法中，情况则相反，较低的价格为卖出价，较高的价格为买入价。

2. 按外汇买卖成交后交割时间长短划分

（1）即期汇率（spot exchange rate），也称现汇率，是交易双方达成外汇买卖协议后，在两个工作日内办理交割的汇率。这一汇率一般就是现时外汇市场的汇率水平。

（2）远期汇率（forward exchange rate），也称期汇率，是交易双方达成外汇买卖协议，约定在未来某一时间进行外汇实际交割所使用的汇率。这一汇率是双方以即期汇率为基础约定的，但往往与即期汇率有一定差价，其差价称为升水或贴水。直接标价法下，当远期汇率高于即期汇率时我们称之为外汇升水；当远期汇率低于即期汇率时我们称之为外汇贴水。升贴水主要受利率差异、供求关系、汇率预期等因素影响。另外，远期汇率虽然是未来交割所使用的汇率，但与未来交割时的市场现汇率是不同的。前者是事先约定的远期汇率，后者是未来的即期汇率。

表1-1中，第二、第三列为即期汇率，最后三列则为交割期限分别为一个月、三个月与一年的远期汇率。

3. 按汇率制定的方法划分

(1) 基础汇率 (basic rate) 是一国所制定的本国货币与基准货币 (往往是关键货币) 之间的汇率。与本国货币有关的外国货币往往有许多种，但不可能为本币与每种外币单独确定汇率，所以往往选择某一种主要货币 (即关键货币) 作为本国汇率的制定标准。由此确定的汇率是本币与其他各种货币之间汇率套算的基础，称为基础汇率。关键货币往往选择的是国际贸易、国际结算和国际储备中的主要货币，并且与本国国际收支活动的关系密切。第二次世界大战后美元在国际贸易与金融领域占据了主要地位，因此许多国家都将本币兑美元的汇率定为基础汇率。

(2) 套算汇率 (cross rate) 是在基础汇率的基础上套算出来的本币与非关键货币之间的汇率。

表 1-1 反映的是不同货币与美元的汇率，如果我们需要了解除美元之外的其他货币之间的汇率，就应当通过计算得到，也就是套算汇率。

例如，要计算日元与新加坡元之间的汇率，两者均采用直接标价法，标价法相同，使用除法计算套算汇率，由表 1-1 可知：

1 美元＝107.300 日元＝1.422 6 新加坡元

因此，有：

$$1\text{ 新加坡元}=\frac{107.300}{1.422\,6}=75.425\,3\text{ 日元}$$

而当两货币使用的标价法不同时，则使用乘法计算套算汇率。当要套算出买入价与卖出价时，情况就变得较为复杂。计算时要区分两种情况：一种情况是两种货币的标价方法一致时，应当将分隔符左右的相应数字交叉相除；另一种情况是两种货币的标价方法不同时，应当将分隔符左右的相应数字同边相乘。

△ 专栏 1.1

远期汇率的报价和计算

远期汇率的报价方式通常有两种：

第一种是直接报出远期外汇的买价和卖价。例如某银行三个月美元与港币的报价为 7.793 5/7.803 5，就表示银行愿意以 7.793 5 港币的价格买入三个月远期美元，以 7.803 5 港币的价格卖出三个月远期美元。

第二种是不直接报远期汇率，而是报出即期汇率和升贴水点数。即使即期汇率变动很大，但远期汇率和即期汇率之间的差价一般比较稳定，因此这种报价方式更为普遍。

直接标价法下，远期汇率＝即期汇率＋外汇升水，或远期汇率＝即期汇率－外汇贴水。

不过，如果标价中将买卖价格全部列出，并且远期汇率的点数也有两个，则无须考虑两种标价法的区别，只要按照下面的规则就可正确计算远期汇率。

(1) 若远期汇率的报价大数在前，小数在后，表示单位货币远期贴水，计算远期汇率时应用即期汇率减去远期点数。

例如，美元与新加坡元的即期汇率为 1.422 2/1.423 0，若某银行三个月远期外汇报价为 210—200，则表示该行愿意以 1.401 2 新加坡元（=1.422 2—0.021 0)的价格买入三个月远期美元，以 1.403 0 新加坡元（=1.423 0—0.020 0）的价格卖出三个月远期美元。

(2) 若远期汇率的报价小数在前，大数在后，则表示单位货币远期升水。

例如，美元与新加坡元的即期汇率为 1.422 2/1.423 0，若某银行三个月远期外汇报价为 200—210，则表示该行愿意以 1.442 2 新加坡元（=1.422 2+0.020 0)的价格买入三个月远期美元，以 1.444 0 新加坡元（=1.423 0+0.021 0）的价格卖出三个月远期美元。

1.2.4 汇率的其他种类

汇率还可以依据另外一些标准划分为不同的种类。

1. 按外汇交易中支付方式来划分

按外汇交易中支付方式的不同，可分为电汇汇率、信汇汇率和票汇汇率。

(1) 电汇汇率（telegraphic transfer rate，T/T rate)，也称电汇价，是以电汇方式支付外汇所使用的汇率。银行往往用电报、电传等通信方式通知国外分行支付款项，外汇付出迅速，银行占用利息减少，因而向对方收取的价格（汇率）也就较高。

(2) 信汇汇率（mail transfer rate，M/T rate)，也称信汇价，是银行用信函方式通知给付外汇的汇率。银行卖出的外汇需要用信函通知国外分行支付，所用时间较长，因此需将在途利息占用扣除，汇率也就比电汇汇率低。

(3) 票汇汇率（demand draft rate，D/D rate)，也称票汇率，是银行买卖即期汇票的汇率。买卖即期汇票所需时间较长，因而汇率较电汇汇率低。如果买卖的是远期汇票（如 30 天、60 天期)，其汇率水平取决于远期期限长短和该种外汇升贬值的可能性。

电汇汇率、信汇汇率和票汇汇率是以电汇、信汇或票汇方式结算时所使用的汇率。

2. 按外汇管制程度来划分

按外汇管制程度不同，分为官方汇率与市场汇率。

(1) 官方汇率（official rate)，也称法定汇率，是外汇管制较严格的国家授权其外汇管理当局制定并公布的本国货币与其他各种货币之间的外汇牌价。

(2) 市场汇率（market rate）是外汇管制较松的国家在自由外汇市场上进行外汇交易的汇率。市场汇率受外汇供求关系的影响，波动较频繁。

在一些逐步放松外汇管制、建立外汇市场的国家中，可能会出现官方汇率与市场汇率并存的状况，在官方规定的一定范围内使用官方汇率，而在外汇市场上使用由供求关系决定的市场汇率。

3. 按外汇使用范围来划分

在实行复汇率的国家中，因外汇使用范围不同，可以分为贸易汇率、金融汇率等。

(1) 贸易汇率（commercial exchange rate）是用于进出口贸易及其从属费用计价结算的汇率。

（2）金融汇率（financial exchange rate）是用于非贸易往来如劳务、资本移动等方面的汇率。

4. 按国际汇率制度来划分

（1）固定汇率（fixed exchange rate）是金本位制度和布雷顿森林体系下通行的汇率制度，这种制度规定本国货币与其他国家货币之间维持一个固定比率，汇率波动只能限制在一定范围内，由官方干预来保证汇率的稳定。目前许多发展中国家仍然实行固定汇率制度。

（2）浮动汇率（floating exchange rate）是本国货币与其他国家货币之间的汇率不由官方制定，而由外汇市场供求关系决定，可自由浮动，官方在汇率出现过度波动时才干预市场，这是布雷顿森林体系解体后西方国家普遍实行的汇率制度。由于各国具体情况不同，选择汇率浮动的方式也会不同，所以浮动汇率制度又可以进一步分为自由浮动、管理浮动、联合浮动、钉住浮动等等。

5. 按纸币制度下汇率是否经通货膨胀调整来划分

（1）名义汇率（nominal exchange rate）是由官方公布的或在市场上通行的、没有剔除通货膨胀因素的汇率。

（2）实际汇率（real exchange rate）是在名义汇率基础上剔除了通货膨胀因素后的汇率。从计算方法上看，它是在现期名义汇率的基础上用过去一段时期两种货币各自的通货膨胀率（价格指数上涨幅度）来加以校正，从而得出实际的而不是名义的汇率水平及汇率变化程度。由于消除了货币之间的通货膨胀差异，它比名义汇率更能反映不同货币实际的购买力水平。

1.3 汇率的经济分析Ⅰ——汇率决定与变动

1.3.1 金本位制度下的汇率决定与变动

各国货币之间的比价，即汇率，从根本上讲是各种货币价值的体现。也就是说，货币具有的或代表的价值是决定汇率水平的基础，汇率在这一基础上受其他各种因素的影响而变动，形成现实的汇率水平。而在不同的货币制度下，各国货币所具有的或者所代表的价值是不同的，也就是说，汇率具有不同的决定因素，并且影响汇率水平变动的因素也不相同，我们首先来看金本位制度下汇率的决定与变动因素。

1. 汇率决定因素：铸币平价

金本位制度是从19世纪初到20世纪初资本主义国家实行的货币制度。典型金本位制度的特点是：各国货币均以黄金铸成，金铸币有一定重量和成色，有法定含金量；金币可以自由流通、自由铸造、自由输出输入，具有无限清偿能力；辅币和银行券可以按其票面价值自由兑换为金币。

在国际结算和国际汇兑领域都可以按不同货币各自的含金量加以对比，从而确定货币比价。因此，金本位制度下两种货币之间的含金量之比，即铸币平价（mint par），就成为决定两种货币汇率的基础。

下面用英国和美国这两个典型例子来说明：在 1929 年经济危机以前的金本位制时期，英国规定 1 英镑含金量为 113.00 格令，美国规定 1 美元含金量为 23.22 格令。

因此，英镑与美元的铸币平价即各自含金量之比等于 4.866 5（=113.00/23.22），即 1 英镑金币的含金量等于 1 美元金币含金量的 4.866 5 倍。这就是英镑与美元之间汇率的决定基础，它建立在两国法定的含金量基础上，而法定的含金量一经确定，一般是不会轻易改变的，因此，作为汇率基础的铸币平价是比较稳定的。

2. 汇率变动因素：供求关系及黄金输送点

在外汇市场上，汇率也是以铸币平价为中心，在外汇供求关系的作用下上下波动的。当某种货币供不应求时，其汇价会上涨，超过铸币平价；当某种货币供大于求时，其汇价会下跌，低于铸币平价。

金本位制度下，外汇供求关系变化的主要原因在于国际债权债务关系的变化，尤其是由国际贸易引起的债权债务清偿。当一国在某个时期出口增加，有大量贸易顺差时，外国对该国货币的需求旺盛，同时本国的外汇供给增加，导致本币升值；反之，当一国在某个时期进口增加，出口减少，有大量贸易逆差时，该国的外汇需求增大，同时外国对该国货币需求减少，从而导致本币贬值。

值得注意的是，金本位制度下由供求关系变化造成的汇率变动并不是无限制地上涨或下跌，而是被界定在铸币平价上下各一定界限内，这个界限就是黄金输送点（gold point）。

黄金输出点所处的汇率等于铸币平价加上两国之间运输黄金所需要的运输费、保险费、包装费以及改铸费等额外费用；黄金输入点所处的汇率等于铸币平价减去两国之间运输黄金所需要的运输费、保险费、包装费以及改铸费等额外费用。

黄金输送点的存在，并作为汇率波动的界限，是由金本位制度的特点所决定的。金本位制度下黄金可以自由熔化、自由铸造和自由输出输入，使得黄金可以代替货币、外汇汇票等支付手段用于国际债务清偿。具体地，一方面，当外汇汇率上涨达到或超过某一界限时，本国债务人用本币购买外汇的成本会超过直接输出黄金支付的成本，于是引起黄金输出，引起黄金输出的这一汇率界限就是“黄金输出点”。另一方面，当外汇汇率下跌达到或低于某一界限时，本国拥有外汇债权者用外汇兑换本币所得会少于用外汇在国外购买黄金再输回国内所得，从而引起黄金输入，引起黄金输入的这一汇率界限就是“黄金输入点”。黄金输出点和黄金输入点共同构成了金本位制下汇率波动的上下限。因此，由供求关系导致的外汇市场汇率波动是有限度的，汇率制度也是相对稳定的。

1.3.2 纸币制度下的汇率决定因素

纸币制度在金本位制度崩溃之后出现，包括法定含金量时期和 1978 年 4 月 1 日以后的无法定含金量时期两个阶段。纸币作为价值符号，是金属货币的替代物，在金属货币退出流通之后，执行流通手段和支付手段职能。此时，货币的购买力对比就成为汇率决定的基础。

用通货膨胀程度衡量的货币实际价值是货币对内价值，对内价值是决定对外价值（即汇率）的基础。对内价值具体体现于货币在国内的购买力高低，货币购买力用能表明通货膨胀程度的价格指数计算。一国价格指数上涨，通货膨胀水平提高，该国货币购买力就相应下降，它在国际市场的汇率也会相应下跌；反之，当一国价格指数上涨程度较其他国家慢，通货膨胀水平较低，意味着该国货币购买力提高，它在国际市场的汇率也会相应上升。

1.3.3 纸币制度下的汇率变动因素

纸币制度下，国际汇率制度经历了布雷顿森林体系下的固定汇率和 20 世纪 70 年代以后的浮动汇率两个时期，与金本位制度下的汇率截然不同：一方面，纸币制度下的汇率无论是固定的还是浮动的，都已失去了保持稳定的基础，这是由纸币的特点造成的。另一方面，外汇市场上的汇率波动也不再具有黄金输送点的制约，波动就是无止境的，任何能够引起外汇供求关系变化的因素都会造成外汇行情的波动。

纸币制度下影响汇率变动的因素主要有以下几个方面。

1. 国际收支差额

一国国际收支差额既受汇率变化的影响，又会影响外汇供求关系和汇率变化，其中，贸易收支差额是影响汇率变化最重要的因素。当一国存在较大的国际收支逆差或贸易逆差时，说明本国外汇收入比外汇支出少，对外汇的需求大于外汇供给，外汇汇率上涨，本币对外贬值；反之，当一国处于国际收支顺差或贸易顺差时，说明本国出口等外汇收入增加，进口等外汇支付较少，外汇供给大于外汇需求，同时外国对本国货币需求增加，从而造成本币对外升值，外汇汇率下跌。

2. 利率水平

利率也是货币资产的一种“特殊价格”，它是借贷资本的成本和利润。在开放经济和市场经济条件下，利率水平变化与汇率变化息息相关，主要表现在当一国提高利率水平或本国利率高于外国利率时，会引起资本流入，由此对本国货币需求增大，使本币升值，外汇贬值；反之，当一国降低利率水平或本国利率低于外国利率时，会引起资本从本国流出，由此对外汇需求增大，使外汇升值，本币贬值。

利率对汇率的另一个重要作用是导致远期汇率变化。外汇市场远期汇率升水、贴水的主要原因在于货币之间的利率差异。高利率货币会引起市场上对该货币的需求，以期获得一定期限的高利息收入，但为了防止将来到期时该种货币汇率下跌带来的风险和损失，人们在购进这种货币现汇时往往会采取掉期交易，即卖出这种货币的远期，从而使其远期贴水；同样的道理，低利率的货币则存在远期升水。利率与远期汇率之间的这种关系可以在“利率平价理论”中得到进一步证明。

3. 通货膨胀因素

一国通货膨胀率升高，货币购买力下降，纸币对内贬值，进而对外贬值。进一步看，汇率是两国货币的比价，其变化受制于两国通货膨胀程度之比较。如果两国都发生通货膨胀，则高通货膨胀国家的货币会对低通货膨胀国家的货币贬值，而后者则对前者相对升值。

4. 财政、货币政策

一国政府的财政、货币政策对汇率变化的影响虽然是间接的，但也非常重要。一般来说，扩张性的财政、货币政策造成的巨额财政赤字和通货膨胀，会使本国货币对外贬值；紧缩性的财政、货币政策会减少财政支出，稳定通货，而使本国货币对外升值。但这种影响是相对短期的，财政、货币政策对汇率的长期影响，则要视这些政策对经济实力和长期国际收支状况的影响而定，如果扩张性政策能最终增强本国经济实力，促使国际收支顺差，那么本币对外价值的长期走势必然会提高，即本币升值；如果紧缩性政策导致本国经济停滞不前，国际收支逆差扩大，那么本币对外价值必然逐渐削弱，即本币贬值。

5. 投机资本

投机资本对汇率的作用是复杂多样且捉摸不定的。有时，投机风潮会使外汇汇率跌宕起伏，失去稳定；有时投机交易则会抑制外汇行市的剧烈波动。例如，当国际金融市场上出现利率、汇率等价格的地区差或时间差，或者利率预期、汇率预期等发生变化时，必然会吸引大批国际游资（hot money）涌入外汇市场，这会增大外汇交易规模，加剧汇率波动。而当外汇市场汇率高涨或暴跌时，投机性的卖空、买空交易会抑制涨跌势头，起到平抑行市的作用。

6. 政府的市场干预

当外汇市场汇率波动对一国经济、贸易产生不良影响或政府需要通过汇率调节来达到一定政策目标时，货币当局便可以参与外汇买卖，在市场上大量买进或抛出本币或外汇，以改变外汇供求关系，促使汇率发生变化，这就是作为货币政策工具之一的“公开市场业务”。它对汇率变化的作用一般是短期的。

7. 一国经济实力

一国经济实力的强弱是奠定其货币汇率高低的基础，而经济实力强弱通过许多指标表现出来。稳定的经济增长率、低通货膨胀水平、平衡的国际收支状况、充足的外汇储备以及合理的经济结构、贸易结构等都标志着一国较强的经济实力，这不仅形成本币币值稳定和坚挺的物质基础，也会使外汇市场对该国货币的信心增强。反之，经济增长缓慢甚至衰退、高通货膨胀率、国际收支巨额逆差、外汇储备短缺以及经济结构、贸易结构失衡，则标志着一国经济实力差，从而本币失去稳定的物质基础，人们对其信心下降，本币对外不断贬值。与其他因素相比较，一国经济实力强弱对汇率变化的影响是较长期的。

8. 其他因素

一些非经济因素、非市场因素的变化往往也会波及外汇市场。一国政局不稳定、有关国家领导人的更替、战争爆发等等，都会导致汇率的暂时性或长期性变动。其原因在于，无论是政治因素、战争因素还是其他因素，一旦发生变化，都会不同程度地影响有关国家的经济政策、经济秩序和经济前景，从而造成外汇市场上人们的心理恐慌，人们或者寻求资金安全、保值，或者乘机进行投机、获利，迅速地进行外汇交易，从而引起市场行情的波动。

另外，诸如黄金市场、股票市场、石油市场等其他投资品市场价格发生变化也会引致外汇市场汇率联动。这是由于国际金融市场的一体化，资金在各国间自由流动，使得各个市场间的联系十分密切，价格的相互传递成为可能和必然。

1.4 汇率的经济分析Ⅱ——汇率变化的经济影响

1.4.1 货币升值与贬值

汇率的变化表现为货币的升值与贬值，作为两种货币的比价，汇率的上升或下降必然是一种货币的升值，同时也是另一种货币的贬值。

货币的升贬值在不同的货币制度和汇率制度下有着不同的方式。在第二次世界大战以前的金本位制度下，由于汇率取决于货币的含金量之比，因此，货币的升贬值也就取决于各国货币法定含金量的变化。如果一种货币法定含金量减少，则它对黄金和其他货币贬值，其他货币对其升值。在第二次世界大战后的布雷顿森林体系下，实行的是金汇兑本位制，各国货币之间保持固定汇率，汇率水平以各种货币法定代表的黄金价值（即金平价）为标准来确定，所以汇率的调整也就以官方确定的金平价为准。尽管在金本位制和金汇兑本位制下也存在外汇市场和市场汇率的波动，但货币的升贬值主要是指法定的升贬值，这实际上就是政府对货币的价值调整。

在固定汇率制度崩溃后的浮动汇率制度下，西方国家货币汇率的变化主要是外汇市场上汇率的变化，它表现为汇率随市场上外汇供求关系的变化而随时波动。因此，在这些国家中货币的升贬值已不再是法定的升贬值（revaluation，devaluation），而是指市场汇率的上浮、下浮（appreciation，depreciation）。

不管在上述哪种制度下，货币升贬值都是指一种货币相对另一种货币而言的，升贬值的幅度可以通过变化前后的两个汇率计算出来。具体方法如下：

（1）在直接标价法下：

本币汇率的变化(%)＝(旧汇率/新汇率－1)×100%

外汇汇率的变化(%)＝(新汇率/旧汇率－1)×100%

（2）在间接标价法下：

本币汇率的变化(%)＝(新汇率/旧汇率－1)×100%

外汇汇率的变化(%)＝(旧汇率/新汇率－1)×100%

依据上述公式计算出来的结果如果是正数即表示本币或外汇升值，如果是负数即表示本币或外汇贬值。

1.4.2 汇率变化的经济影响

汇率变化对经济各方面产生的作用和影响是不同的，其中最为主要的是汇率对贸易收支、资本流动、外汇储备、价格水平、微观经济学活动以及国际经济关系的影响。

1. 汇率变化对贸易收支的影响

（1）汇率变化对进出口的影响。汇率变化对贸易产生的影响一般表现为：一国货币对外贬值后，有利于本国商品的出口，不利于外国商品的进口，而一国货币对外升值后，则有利于外国商品的进口，不利于本国商品的出口，因而会减少贸易顺差或扩大贸易逆差。

以本币贬值为例。本币贬值后，对出口会产生两种结果：一是等值本币的出口商品在国际市场上会折合成比以前（贬值前）更少的外币，使国外销售价格下降，竞争力增强，出口扩大；二是出口商品在国际市场上的外币价格保持不变，则本币贬值会使等值外币可兑换成比以前（贬值前）更多的本币，国内出口商品的出口利润增加，从而促使国内出口商积极性提高，出口数量增加。

这就是说，本币贬值或者会使出口商品价格下降，或者会使出口商品利润提高，或者二者兼而有之，这都会使出口规模扩大。如果出口数量增加的幅度超过商品价格下降的程度，则本国出口外汇收入净增加。

本币贬值对进口产生的作用与出口正相反，贬值后，以外币计价的进口商品在国内销售时折合成的本币价格比贬值前高，进口商成本增加，利润减少，进口数量相应减少。如果维持原有的国内销售价，则需要压低进口商品的外币价格，这又会招致外国商人的反对，因此，本币贬值会自动地抑制商品的进口。

如果本币贬值有效地促进了出口，限制了进口，则会改善一国的贸易条件，扭转贸易收支的不平衡。

但是，本币贬值起到扩大出口、限制进口的作用不是在任何条件下都能实现的。因此，还需要进一步分析作为改善贸易状况手段的本币贬值及其有效条件。

（2）马歇尔-勒纳条件（Marshall-Lerner condition）。这是西方汇率理论中的一项重要内容，它表明的是，如果一国处于贸易逆差，即 $V_x<V_m$，或$V_x/V_m<1$(V_x、V_m 分别代表出口总值和进口总值)，会引起本币贬值。本币贬值会改善贸易逆差，但需要的具体条件是进出口需求弹性之和必须大于 1，即$(d_x+d_m)>1$(d_x、d_m 分别代表出口和进口的需求弹性)。

进出口的需求弹性是指由进口商品或出口商品价格的百分比变动引起的对进口或出口商品需求的百分比变动。需求弹性对价格变化的反应是负向的，即价格越高需求越小，价格越低需求越大。但若具体到不同国家、不同商品的价格变化，对需求产生的影响则是不同的，即需求弹性有一定程度的差异。

当然，这一理论是以假定货币贬值时其他条件不变，而且所有有关产品的供给弹性极大为前提而推导出来的。但在现实应用中，关于弹性的统计计算等具体问题还有一定的技术困难或缺陷（这一理论的具体内容见第Ⅲ篇）。

（3）外汇倾销（exchange dumping）。如上所述，本币对外贬值在一定条件下有促进商品出口的功能，因而许多国家便以本币贬值作为促进出口、改善贸易状况的重要手段，这就是外汇倾销。

具体地说，外汇倾销是指在有通货膨胀的国家中，货币当局通过促使本币对外贬值，且货币对外贬值的程度大于对内贬值的程度，借以用低于原来在国际市场上的销售价格倾销商品，从而达到提高商品的海外竞争力、扩大出口、增加外汇收入和最终改善贸易差额的目的。

本币对外贬值程度是通过两种货币新旧汇率的比较计算出来的，而本币对内贬值程度则需用一定时期内的价格指数来计算，价格指数越高，意味着货币购买力越低，货币对内贬值程度越大，计算公式为：

$$纸币贬值(对内)=1-货币购买力=1-\frac{100}{价格指数}$$

式中，价格指数以 100 为基数。

只要存在通货膨胀，以 100 为基数的价格指数就总是大于 100，那么现时货币购买力（与价格指数成反比）就会低于过去的水平，即小于 1。其小于 1 的部分就是纸币在通货膨胀中失去的那部分价值，也就是对内贬值的幅度。

但是，一国外汇倾销条件具备并实施倾销手段后，要达到预期目的还需要一个收效期，收效期为 6 个月～9 个月。在这个收效期内外汇倾销还可能受到一些因素的干扰而失效，主要有两方面的因素：一方面是来自国内的干扰，如果国内物价持续上涨，使货币对内进一步贬值，且对内贬值程度赶上或超过对外贬值程度，则倾销的条件逐步消失，外汇倾销失效。因此，在收效期内需采取措施保持国内物价水平的稳定。另一方面是来自国外的干扰，外汇倾销会使本国产品冲击对方国家市场，并抢占其他国家在国外市场上的地位，因而很容易遭到倾销对象国和其他有关国家的反对，它们会相应地采取一些反倾销措施，从而使外汇倾销失效。

（4）J 曲线效应（J-curve effect）。汇率变化导致进出口贸易的变化在理论上和实践中都可以得到证实。但在实践中，货币贬值导致贸易差额的最终改善需要一个“收效期”，收效快慢取决于供求反应程度高低，并且在汇率变化的收效期内会出现短期的国际收支恶化现象（这一理论的具体内容详见第Ⅲ篇）。

J 曲线效应的期限为 9 个月～12 个月，即汇率变化之后要半年以上的时间才能对贸易差额产生正效应。如果在这个期限内，马歇尔-勒纳条件能够得到满足，那么国际收支就能得到理想的调节。

2. 汇率变化对资本流动的影响

本币对外贬值后，1 单位外币折合更多的本币，这会促使外国资本流入增加，国内资本流出减少；但是，本币对外价值将贬未贬时，也就是外汇汇价将升未升时，会引起本国资本外逃。本币对外升值后，1 单位外币折合更少的本币，使得外国资本流入减少，国内资本流出增加；但是本币对外价值将升未升时，也就是外汇汇价将跌未跌时，会引起外国资本流入。

资本流动对汇率变化的敏感程度还要受其他因素的制约，其中最主要的因素是一国政府的资本管制。资本管制严的国家，汇率变动对资本流动影响较小，资本管制松的国家，汇率变动对资本流动影响较大。除此之外，资本投资的安全性也是一个重要因素，如果一国货币贬值使资本流入有利可图，但同时该国投资安全性差，那么资本流入也不会成为现实。

3. 汇率变化对外汇储备的影响

外汇储备是一国国际储备的主要内容，由本国对外贸易及结算中的主要货币组成。在第二次世界大战后布雷顿森林体系下，美元是各国外汇储备的主要币种，20 世纪 70 年代以后，各国外汇储备逐渐走向多元化，由美元、日元、英镑、德国马克等主要货币组成，不论是以单一的币种为储备还是以多元化的币种为储备，储备货币汇率变化都会直接影响一国外汇储备的价值。

在多元化外汇储备时期，汇率变化的影响较为复杂，对此，需要从多方面进行分析。(1) 明确构成一国外汇储备的币种。各国选择作为储备的币种是不同的，主要是与本国对外经济、贸易关系最为密切的国家的货币，这些货币在外汇市场上的汇率变化常常是不相同的，它们会分别对外汇储备总体产生影响。(2) 需要将各储备货币分成升值的和贬值的两种，计算各自升值或贬值的幅度。(3) 根据构成外汇储备币种的不同权重，结合各种货币升贬值的幅度，衡量出一定时期内储备币种汇率变化对一国外汇储备的综合影响。(4) 还要考虑储备货币中软硬币的利息差异，与汇率涨跌相比较，从而得出一定时期内不同货币汇率变化及利率变化对一国外汇储备总体影响的分析结论。

4. 汇率变化对价格水平的影响

汇率变化对价格水平的影响体现在两个方面：一是贸易品价格；二是非贸易品价格。前者包括出口商品和进口商品，后者是指那些由于成本等原因不能进入国际市场的商品。

汇率变化后直接影响贸易品价格的变化：本币贬值后，出口商品和进口商品的国内价格都会有所提高；出口商品本币价格的提高主要体现在出口利润的增加上，对国内物价水平影响不大。相对而言，如果进口商品没有得到有效的控制，且进口商品在商品总额中占有较大比重，则进口商品价格提高会对物价上涨产生较大的压力。这种压力不仅表现在进口制成品价格水平的提高上，还表现在以进口商品为中间产品的商品的生产成本增加上。因此，货币贬值必须辅之以限制进口的措施，从而保持国内价格的稳定。

本币对外升值产生的作用正相反，它会使出口商品和进口商品的国内价格下降，对出口起到限制作用，对进口起到扩大作用。扩大了的进口商品价格较低，尽管会对国内市场产生冲击，但对总体物价水平不会产生上涨的压力。

汇率变化对价格影响的另一方面是对非贸易品价格的影响，与对贸易品价格影响相比，它是间接的。如果一国商品可以自由贸易，资源要素在部门间转移不受限制，汇率变化带来的贸易品价格变化会传导到非贸易品价格上。我们把非贸易品划分为以下三种：Ⅰ类商品，即随价格变化随时转化为出口的国内商品；Ⅱ类商品，即随价格变化随时可以替代进口的国内商品；Ⅲ类商品，即完全不能进入国际市场或进行替代的国内商品。

仍以本币贬值为例，本币贬值后，贸易品价格提高，会导致以下结果：

(1) Ⅰ类商品从国内市场转到国际市场，由非贸易品转为贸易品，从而国内非贸易品供应减少，需求相应增加，价格上升。

(2) 进口商品中国内无法替代的商品或原材料价格提高后，引起国内相关的非贸易品和以进口商品为原料、辅料的国内最终产品价格上涨。

(3) 进口商品中属于国内可以生产加以替代的部分会因价格高涨而受到自动限制，由Ⅱ类商品的扩大来补充。这样，进口商品价格上涨就不会全部转化为现实，Ⅱ类商品的增加在一定程度上抵消了进口商品价格上升幅度，但一般来说也不会全部抵消，而且随着对Ⅱ类商品需求的增加，其价格也会有所上升。

(4) 随着贸易品和部分相关产品价格的上升，以及出口商利润的提高，Ⅲ类商品生产商也会要求相同的利润水平，或者转移生产，或者提高销售价格，其结果也是促使价格总水平上升。

汇率与价格之间的关系是十分密切的，如前面已论及的，纸币制度下，用价格指数来计算的货币购买力是决定汇率的基本因素，而汇率变化又会反过来影响价格水平。现实中，一国发生通货膨胀会导致本币对外贬值，本币贬值又会产生物价上涨的压力。如果政府当局不能有效地加以控制，则会陷入“贬值→通货膨胀→贬值……”的恶性循环中。因此，汇率与价格水平之间的关系是汇率理论与政策研究中的一项重要内容。

5. 汇率变化对微观经济活动的影响

汇率变化对微观经济活动的影响主要表现在浮动汇率下汇率频繁变动使企业进出口贸易的计价结算在对外债权债务中的风险增加。具体来说，进口商品计价货币升值，或应偿还借款货币升值，都意味着债务方实际支付的增加；出口商品计价货币贬值，或应收贷款货币贬值，都意味着债权方实际收入的减少。因此，对进口商和外债债务方来说，货币升值不利，应力争使用软货币；对出口商和外债债权方来说，货币贬值不利，应力争使用硬货币。但是，软、硬货币只是相对而言的，而且市场汇率变化会使其不断地发生转变，这就要求企业和商人能够对汇率变化有一个较为准确的预测，否则，汇率变化的风险随时可能转化为现实的损失。

6. 汇率变化对国际经济关系的影响

如果一国实行以促进出口、改善贸易逆差为主要目的的货币贬值，则会使对方国家货币相对升值，出口竞争力下降，尤其是以外汇倾销为目的的本币贬值必然引起对方国家和其他利益相关国家的反抗甚至报复，这些国家会采取针锋相对的措施，直接地或隐蔽地抵制货币贬值国商品的侵入，“汇率战”由此而生。不仅如此，西方金融市场上某些货币汇率的持续坚挺也同样会引起国际经济矛盾的产生。例如，20 世纪 90 年代初德国马克凭借强大的经济实力和高利率而步步升值，给整个欧洲货币体系造成了巨大压力，其他国家货币（如意大利里拉、法国法郎等）在其强势之下大幅度贬值，西欧联合浮动汇率机制终于支持不住而扩大了浮动界限。这一切都使欧共体各国之间原有的经济矛盾进一步加深，欧洲经济货币联盟的一体化进程更加艰难。

1.5 人民币汇率

1.5.1 人民币汇率简述

人民币汇率是我国货币人民币兑外币的比价，是其对外价值的体现。

表 1－2 列出的是人民币汇率牌价。从中可以看出，人民币汇率采用直接标价法，以 100 单位外币为标准折合人民币若干元。

表 1－2　　人民币汇率牌价表

2018 年 6 月 28 日

货币名称	现汇买入价	现钞买入价	现汇卖出价	现钞卖出价	外管局中间价	中行折算价
美元	661.45	656.07	664.26	664.26	659.6	659.6
欧元	764.56	740.81	770.2	771.74	763.89	763.89
日元	5.983	5.797 1	6.027	6.027	5.996 6	5.996 6

续前表

货币名称	现汇买入价	现钞买入价	现汇卖出价	现钞卖出价	外管局中间价	中行折算价
港币	84.27	83.6	84.61	84.61	84.04	84.04
英镑	864.76	837.89	871.13	873.04	866.97	866.97
澳大利亚元	485.62	470.53	489.19	490.27	485.3	485.3
新西兰元	446.08	432.32	449.22	454.72	448.76	448.76
新加坡元	482.8	467.91	486.2	487.41	483.44	483.44
瑞士法郎	661.51	641.09	666.15	667.81	663.02	663.02
加拿大元	498.28	482.55	501.95	503.05	495.7	495.7
印度尼西亚卢比	—	0.044 5	—	0.047 7	—	0.046 5
澳门元	81.97	79.23	82.3	84.94	—	81.87
菲律宾比索	12.35	11.97	12.45	13.03	—	12.35
新台币	—	20.91	—	22.54	—	21.63

资料来源：中国银行官方网站。

现行的人民币汇率主要是以市场供求为基础、参考一篮子货币进行调节、有管理的浮动汇率。其中，人民币兑美元、欧元、英镑等 23 种主要货币的汇率，可在中国外汇交易中心进行直接交易而形成；人民币与港币及其他未挂牌货币之间的汇率，通过人民币兑美元汇率中间价与国际外汇市场汇率套算形成。

人民币汇率每天通过我国经营外汇业务的银行挂牌公布，具体分为现汇买入价、现钞买入价、现汇卖出价、现钞卖出价与中间价。外管局每日会公布部分外币的中间价作为市场汇率的基准价格，而对于没有外管局公布的货币基准价，中国银行会折算出中行折算价作为中间价的参考。银行买入外汇用现汇买入价。由于外币现钞买卖过程中包含运送、保管、保险等费用，因此银行现钞买入价一般低于现汇买入价，对于部分币种，现钞卖出价与现汇卖出价是相等的。

1.5.2 现行人民币汇率制度的基本内容

1994 年汇率并轨改革建立起了现行人民币汇率制度的基本框架。为建立和完善我国社会主义市场经济体制，充分发挥市场在资源配置中的基础性作用，建立健全以市场供求为基础的、有管理的浮动汇率制度，自 2005 年 7 月 21 日起，我国开始实行以市场供求为基础、参考一篮子货币进行调节、有管理的浮动汇率制度。人民币汇率不再钉住单一美元，而是形成更富弹性的人民币汇率机制。中国人民银行于每个工作日闭市后公布当日银行间外汇市场美元等交易货币兑人民币汇率的收盘价，作为下一个工作日该货币与人民币交易的中间价格。自 2007 年 5 月 21 日起，银行间即期外汇市场人民币兑美元交易价浮动幅度由 3‰扩大至 5‰，即每日银行间即期外汇市场人民币兑美元的交易价可在中国外汇交易中心对外公布的当日人民币兑美元中间价上下 5‰的幅度内浮动。

人民币汇率的调整有助于促进国际收支平衡，控制某些经济领域投资过热的问题。更重要的是，中国开始实行以市场供求为基础、参考一篮子货币进行调节、有管理的浮动汇率制度。中国“参考”而不是“钉住”一篮子货币确定人民币汇率，这种币种多元化的分散组合增强了汇率的弹性，符合中国的国情，是经济全球化和外贸多元化条件下的一种汇率制度上的重大创新。

在这一新阶段的汇改进程中，人民币汇率的基本走势是在不断升值的。从升值幅度看，2005 年 7 月—2006 年 5 月，人民币兑美元的汇率水平处在较为平稳的升值阶段，但一直维持在 8：1 以上。到了 2006 年 6 月中旬之后，人民币兑美元汇率突破 8：1 关口，而 2006 年 7 月—2008 年，人民币兑美元的汇率表现为明显的加速升值态势。截至 2008 年 4 月，人民币兑美元中间价为 7.002，人民币对美元累计升值已逾 16%。

2008 年国际金融危机爆发，世界主要货币的贬值情况普遍比较严重。为了应对当时的形势，我国在原定制度下收窄了人民币汇率的波动幅度，以期保持人民币汇率的基本稳定。

随着全球经济逐步复苏，我国对外经济形势得到改善。在这样的背景下，2010 年 6 月 19 日，中国人民银行表示，将“进一步推进人民币汇率形成机制改革，增强人民币汇率弹性”。进一步推进人民币汇率形成机制改革，重在坚持以市场供求为基础，参考一篮子货币进行调节。同时，继续按照已公布的外汇市场汇率浮动区间（5‰），对人民币汇率浮动进行动态管理和调节。此后，人民币兑美元汇率重新回到了人民币平稳升值的轨道，截至 2015 年 8 月，人民币兑美元汇率接近 6.1：1 关口，累计升值逾 35%。

2015 年 8 月 11 日，中国人民银行宣布完善人民币汇率中间价形成机制，规定做市商在每日银行间外汇市场开盘前，参考上日银行间外汇市场收盘汇率，综合考虑外汇供求情况以及国际主要货币汇率变化，向中国外汇交易中心提供中间价报价，并且将当日中间价较上一交易日贬值约 2%，以缩小在岸交易价与离岸交易价价差。此项改革有利于提高人民币汇率中间价的市场化程度及其基准性，中间价更透明、更接近市场汇率。

2015 年 12 月 11 日，中国外汇交易中心发布人民币汇率指数，加大了参考一篮子货币的力度，以更好地保持人民币兑一篮子货币汇率基本稳定，初步形成了“收盘价＋一篮子货币汇率变化”的人民币兑美元汇率中间价形成机制。2017 年 5 月 26 日，中国人民银行表示在汇率形成机制中引入逆周期因子，修改中间价报价模型。引入逆周期因子强化了汇率定价对宏观经济走势的反映程度，将中间价报价模型调整为“收盘价＋一篮子货币汇率变化＋逆周期因子”。自 2017 年 1 月开始，人民币兑美元汇率一改“8・11”汇改以来的贬值态势，重回升值通道。截至 2017 年 12 月 31 日，人民币兑美元中间价为 6.511 6，年累计升值 6.8%。

应当客观评价人民币汇率改革的成效，既要充分肯定人民币汇率市场化程度不断提高的发展趋势，也必须正视改革进程中暂时出现的“倒退”现象。比如，亚洲金融危机中钉住美元的汇率安排本是权宜之计，却持续存在多年，甚至在内外均衡形势发生重大调整的关键时期，汇率改革反而缺位，使得汇率并轨改革所收获的制度红利几乎被完全耗尽。

此外更要找准问题，“对症下药”。必须看到，尽管近年来外汇管理体制和汇率形成机制方面都有不同程度的改进，但银行间市场的汇率形成是否代表性不足、中央银行是否承担了过多汇率责任等问题尚未得到根本解决。彻底扭转外汇交易主体单一性，以及逐步淡化中央银行的汇率责任，是汇率市场化改革亟须解决的关键问题。从这个意义上说，人民币汇率制度改革仍将是一个极富挑战性的艰巨任务。

Summary

1. 外汇的确切含义需要我们从两个方面来理解：（1）它是一国货币通过汇兑活动换成另一国货币的实践过程，通过这种活动来清偿国际债权债务关系，是动态的外汇概念；（2）它是国家间为清偿债权债务关系进行的汇兑活动所凭借的手段和工具，或者说是用于国际汇兑活动的支付手段和工具，这是静态的外汇概念。全面解释什么是外汇就应该既包括动态的外汇概念，又包括静态的外汇概念。

2. 外汇汇率又称外汇汇价，是不同货币之间兑换的比率或比价，也可以说是以一种货币表示的另一种货币的价格。由于两种不同的货币可以互相表示，也就有两种基本的汇率标价方法：一是直接标价法；二是间接标价法。20 世纪五六十年代以来，西方各国的跨国银行又普遍采用了美元标价法。世界上采用间接标价法的国家主要是英国和美国。

3. 纸币制度下，国际汇率制度经历了布雷顿森林体系下的固定汇率和 20 世纪 70 年代以后的浮动汇率两个时期。一方面，与金本位制度下的汇率截然不同，纸币制度下的汇率无论是固定的还是浮动的，都已失去了保持稳定的基础，这是由纸币的特点造成的。另一方面，外汇市场上的汇率波动也不再具有黄金输送点的制约，波动是无止境的，任何能够引起外汇供求关系变化的因素都会造成外汇行市的波动。纸币制度下影响汇率变动的主要因素有：国际收支差额、利率水平、通货膨胀率、财政政策和货币政策、投机资本、政府市场干预、经济实力以及突发因素等。

4. 汇率变化对贸易产生的影响一般表现为：一国货币对外贬值后，有利于本国商品的出口，不利于外国商品的进口，而一国货币对外升值后，则有利于外国商品的进口，不利于本国商品的出口，因而会减少贸易顺差或扩大贸易逆差。

5. 汇率变化不仅受资本流动的影响，而且是影响资本流动的直接因素。其作用表现在：（1）本币对外贬值后，1 单位外币可折合更多的本币，会促使外国资本流入增加，国内资本流出减少；但是，本币对外价值将贬未贬时，也就是外汇汇价将升未升时，会引起本国资本外逃。（2）本币对外升值后，1 单位外币可折合更少的本币，使得外国资本流入减少，本国资本流出增加；但是本币对外价值将升未升时，也就是外汇汇价将跌未跌时，会引起外国资本流入。

6. 从 1994 年 1 月 1 日开始，我国外汇管理体制进行了重大改革，实行了汇率并轨和银行结汇售汇制，建立了银行间外汇交易市场。2005 年改进了汇率形成机制。2015 年 8 月 11 日，人民币兑美元中间价形成机制进一步改革，提高了人民币汇率的市场化程度。现行人民币汇率制度是为适应社会主义市场经济和人民币可兑换要求而建立的有管理的浮动汇率制度。

Key Terms

外汇	汇率	直接标价法	间接标价法	基础汇率
套算汇率	即期汇率	远期汇率	外汇升贴水	官方汇率

市场汇率　名义汇率　实际汇率　铸币平价　游资
货币升贬值　外汇倾销　J 曲线效应　人民币汇率指数　逆周期因子

Questions and Problems

1. 请列举 20 世纪 90 年代的一些重大国际金融事件，说明汇率波动对经济的重大影响。

2. 1994 年我国的通货膨胀率高达 24%，美国的通货膨胀率只有 6%，为什么 1995 年人民币对美元没有贬值反而升值了 1%？

3. 你是否搞清楚了直接标价法和间接标价法下的银行买价和卖价？

4. 2004 年 10 月 29 日，中国人民银行上调了金融机构存贷款基准利率，你认为这次调整会如何影响人民币汇率？

5. 如果你以电话向中国银行工作人员询问英镑/美元（英镑兑美元，斜线“/”表示“兑”）的汇价。中国银行工作人员答道：“1.690 0/1.691 0”。请问：

（1）中国银行以什么汇价向你买进美元？

（2）你以什么汇价从中国银行买进英镑？

（3）如果你向中国银行卖出英镑，汇率是多少？

6. 某银行工作人员询问美元兑新加坡元的汇价，你答复道：“1.640 3/1.641 0”。请问，如果该银行想把美元卖给你，汇率是多少？

7. 某银行询问美元兑港币汇价，你答复道：“1 美元＝7.800 0/7.801 0 港币”，请问：

（1）该银行要向你买进美元，汇价是多少？

（2）如果你要买进美元，应按什么汇率计算？

（3）如果你要买进港币，又是什么汇率？

8. 如果你是 ABC 银行的交易员，客户向你询问澳元①/美元汇价，你答复道：“0.768 5/0.769 0”。请问：

（1）如果客户想把澳元卖给你，汇率是多少？

（2）如果客户要买进澳元，汇率又是多少？

9. 如果你向中国银行工作人员询问美元/欧元的报价，回答是：“1.294 0/1.296 0”。请问：

（1）中国银行以什么汇率向你买入美元，卖出欧元？

（2）如果你要买进美元，中国银行给你什么汇率？

（3）如果你要买进欧元，汇率又是多少？

10. 如果你是银行工作人员，客户向你询问美元兑瑞士法郎汇价，你答复道：“1.410 0/1.411 0”。请问：

（1）如果客户要把瑞士法郎卖给你，汇率是多少？

（2）你以什么汇价向客户卖出瑞士法郎？

（3）如果客户要卖出美元，汇率又是多少？

---

① 本书中澳元如无特殊说明，一般指澳大利亚元。

11. 如果你是银行工作人员，你向客户报出美元兑港币汇率为7.805 7/7.806 7，客户要以港币向你买进100万美元。请问：

(1) 你应给客户什么汇价？

(2) 如果客户以你的上述报价，向你购买了500万美元，卖给你港币。随后，你打电话给一经纪人想买回美元平仓。几个经纪人的报价是：

经纪人A：7.805 8/7.806 5

经纪人B：7.806 2/7.807 0

经纪人C：7.805 4/7.806 0

经纪人D：7.805 3/7.806 3

你同哪一个经纪人交易对你最为有利？汇价是多少？

12. 假设银行同业间的美元/港币报价为7.890 5/7.893 5。某客户向你询问美元兑港币报价，如你需要赚取2～3个点作为银行收益，你应如何报出买入价和卖出价？

13. 根据下面的银行报价回答问题：

美元/日元：103.4/103.7

英镑/美元：1.304 0/1.305 0

请问：某进出口公司要以英镑支付日元，那么该公司以英镑买进日元的套汇价是多少？

14. 根据下面的汇价回答问题：

美元/日元：153.40/153.50

美元/港币：7.801 0/7.802 0

请问：某公司以港币买进日元支付货款，日元兑港币汇价是多少？

15. 根据下面汇率回答问题：

美元/瑞典克朗：6.998 0/6.998 6

美元/加拿大元：1.232 9/1.235 9

请问：某中加合资公司要以加拿大元买进瑞典克朗，汇率是多少？

16. 假设汇率为：

美元/日元：145.30/145.40

英镑/美元：1.848 5/1.849 5

请问：某公司要以日元买进英镑，汇率是多少？

17. 试评价现行人民币汇率制度。

18. 中国外汇交易中心为什么要推出人民币汇率指数？

Web Exercise

1. 国际外汇市场行情可以查阅伦敦《金融时报》网站：http://www.ft.com。

2. 人民币汇率行情可以查阅外汇管理局网站：http://www.safe.gov.cn，或中国银行网站：http://www.boc.cn。

3. 有关汇市评论可以查阅下列网站：

《华尔街日报》网站 http://wall-street.com。

和讯网 http://www.hexun.com。

国研网 http://www.drcnet.com.cn。

第二章

外汇市场

(Foreign Exchange Market)

学习目标

- 了解外汇市场的起源、功能及发展状况；
- 熟悉外汇市场的环境与结构；
- 掌握外汇市场的交易活动和交易产品。

本章预习

1997年，亚洲爆发了严重的金融危机。亚洲的新兴经济体在这场危机中受到了严重的打击，之后这场危机从亚洲蔓延至全世界，在全球范围内造成了巨大的冲击。这场危机的导火索正是如索罗斯和他的量子对冲基金所做的这类投机交易。索罗斯通过在外汇市场上利用杠杆做空泰铢，耗尽了泰国政府的外汇储备，迫使泰国政府放开泰铢的汇率，最终造成了泰铢的大幅度贬值，并最终引发了蔓延至整个东南亚的金融危机。在这之前，量子对冲基金不止一次地在外汇市场上进行这种对一国货币展开的狙击，英镑和墨西哥比索在此之前都曾经成为索罗斯瞄准的对象，而这些投机交易在给量子对冲基金带来了大量利润的同时，也给这些国家的经济和金融带来了灾难。什么是外汇市场？为什么外汇市场上的投机交易会对一国的金融经济产生如此重大的影响？外汇市场上的交易又是如何进行的呢？本章将对高度发达的非常专业化的成熟现代外汇市场进行整体的概述。

2.1 外汇市场概述

有固定交易场所的市场为有形市场，以电讯方式交易的市场为无形市场。

外汇市场是专门从事外汇交易的市场，它包括金融机构之间的同业外汇市场（或称外汇批发市场）和金融机构与客户之间的外汇零售市场。它们分为有形市场和无形市场。

2.1.1 外汇市场的起源

货币兑换的价格、时间、数量及交割都要在外汇市场上实现。

外汇市场确定了一种货币（本币）以另一种货币（外币）表示的价格。一般来说，我们将每种货币与一个国家联系在一起，并且假设在国内交易中只有本国货币是可以接受的。通常认为，国际贸易是外汇市场建立的最主要的原因。国际贸易中债权债务的清偿需要用一定数量的一种货币去兑换另一种货币，这个问题的解决则需要依靠外汇市场交易。

透过国际贸易需要跨国货币收付这种现象，挖掘外汇市场起源的本质，可以看出，外汇市场真正的起源在于：(1) 主权货币的存在；(2) 非主权货币对境外资源的支配权和索取权的存在；(3) 金融风险的存在，对于与预期的外币负债有关的汇率风险，外币资产可能会起到直接的防范作用，而且即使没有计划任何外国购买行为，外国资产也可以降低一个投资组合回报（以本币计价）的整体变动性；(4) 投机获利动机的存在，本国居民也许仅仅是认为外币资产被低估，因此他们可能只是出于纯粹的投机目的而持有外汇，以赚取更高额的回报。

2.1.2 外汇市场的功能

外汇市场为促进国际贸易的发展、国际投资和各种国际经济往来的实现提供了便利条件。其功能主要表现在以下方面：

1. 反映和调节外汇供求

一国对外经济、贸易收支以及资本金融项目的变化都最终反映到外汇市场供求状况上，政府、企业、个人通过外汇市场可以解决自己的外汇供求问题，进而实现对整个外汇市场的调整。

2. 形成外汇价格体系

外汇供求决定汇率水平。发现各种货币的相对价值和综合价值，是现代外汇市场的重要功能之一。

3. 实现购买力的国际转移

国际经济交易必然会产生国家之间的债权债务关系，需要进行国际支付，把货币购买力从债务人所在国向债权人所在国转移。结清国际债权债务关系，实现货币购买力的国际转移，是外汇市场最基本的功能。

4. 提供外汇资金融通

外汇市场通信设施完备，经营手段先进，资金融通便捷，是理想的外汇资金集散中心，从而成为世界资本再分配的重要渠道，同时发挥了为银行外汇业务提供平衡头寸的蓄水池作用。由于闲置的外汇资金大量涌向外汇市场，为外汇需求者提供越来越多的可筹资金，还对促进国际贸易发展、促进投资的国际化起到不可忽视的作用。

5. 防范汇率风险

浮动汇率制度下，汇率经常性的剧烈波动直接影响国际贸易和国际资本流动。外汇市场通过各种外汇交易活动（如远期外汇买卖、期货或期权交易等），可以减少或消除汇率风险，促进国际贸易的发展。

2.1.3 全球外汇市场的特征

1. 由区域性发展到全球性，24 小时连续交易

由于时区的关系，全球任何时间都有外汇交易发生，可以认为外汇交易是 24 小时不间断进行的。

2. 交易规模加速增长，但市场集中程度趋强

从外汇交易的地理分布来看，大部分外汇交易发生在少数区域内。英国和美国市场上的交易超过全球外汇交易的一半。

3. 全球范围的市场汇率趋向一致

套汇交易的一个有价值的结果是使汇率回归到国际普遍一致的水平上，最终导致各个外汇市场的汇率趋同。但由于现实交易存在成本，所以不同市场间的汇率可以存在一定差额，但不足以抵补套汇的成本，同样不存在套汇机会。

4. 电子经纪的市场份额和影响提升

艾特集团（Aite Group LLC）根据国际清算银行（BIS）统计数据分析认为，电子化交易占所有外汇交易的比重，5 年内有望从 2013 年的 66%攀升至 76%，这一比重在 2001 年仅为 20%。客户要求银行报价与收取的交易费等更加透明，从长远来看，外汇交易将更多转向电子化平台。

5. 交易日益复杂化，即期交易的重要性降低

远期交易的特点是提前把将来的货币兑换比率确定下来。自 1995 年以来，衍生品交易量一直高于即期交易量，并处于稳步上升中。衍生品占全部外汇交易量的比重，从 1995 年 4 月的 58%，上升到 2016 年的 68%，其交易量已达同期即期交易量的两倍之多。2016 年外汇衍生品的交易量占全部外汇交易量的六成多，是外汇即期交易量的近三倍。

2.2 外汇市场环境与结构

2.2.1 外汇市场环境

现代外汇市场通常是一个由经纪商、交易员、通信设备、电脑终端、电脑键盘以及坐落在世界各地的商业银行组成的 24 小时不间断的、非主权货币头寸的分散市场。

这些市场间的地理差异对应着重要的经济上的差异。在集中交易市场中，获知一种证券的价格相对来说比较容易。在一个地理位置比较分散的市场上，要想知道可以获得的最佳外汇价格相对来说比较困难。一个交易商如何确信他在众多的交易商之间获得了最有利的价格呢？每家银行的外汇报价往往是“仅供参考”，即实际交易有可能是按照这些价格进行，也有可能不按照这些价格进行。在这种分散的市场环境中，经纪人（代替买方或卖方调查市场的代理人，以降低搜寻的经济成本）的作用就显得十分重要了。

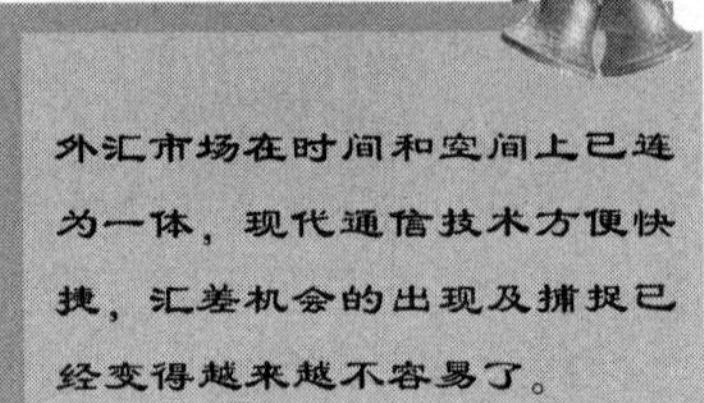

外汇市场在时间和空间上已连为一体，现代通信技术方便快捷，汇差机会的出现及捕捉已经变得越来越不容易了。

由于市场的分离，同时发生的外汇市场交易也许是以不同的价格记录在案。这些交易中的另一方各不相同，对手风险也不同。因为所有的做市商的资信品质可能并不相同，所以他们报价的质量也可能是不同的。这些因素也会导致价格的差别。

从另一个角度看，外汇市场的环境也使外汇交易具有很强的灵活性，能满足不同客户的需求。买方可以签订任意规模的即期合约和任意到期日的远期合约，也可以根据自己的实际情况选择不同报价进行交易。

2.2.2 外汇市场结构

外汇市场的参与者、交易对象和交易方式构成了外汇市场的结构。

1. 外汇市场的参与者

外汇市场的主要参与者有：

（1）商业银行。各发达国家的商业银行通常都有外汇买卖以及承办外汇存款、汇兑、贴现等业务。在一些实行外汇管制的国家中，外汇业务是由各国中央银行授权经营外汇业务的银行办理。这些银行通常是本国的商业银行、在本国的外国银行分支机构和一些金融机构。

商业银行不仅受进出口商的委托，办理进出口结汇业务，充当外汇买卖的中介人，还通过自行买卖外汇来获取利润。商业银行作为中间媒介进行外汇交易时，通常保持买卖平衡，即有出有进，从进出差价中获取利润，不冒积存的风险。如果它接受的进口商的委托多于出口商的委托，或者说它卖出的外汇多于买进的外汇，商业银行将使用自身的外汇账户出售自己的外汇以弥补差额。它也可以和其他银行进行交易，以保持原有的外汇平衡。当然，在某种情况下，如商业银行预期外汇将升值的时候，它也可以用这种方法保持自身外汇的不平衡状态，或者说留一个“敞口”，这样，如果外汇真如预期而升值，商业银行即可通过这一操作获取利润。商业银行对各种必要的外汇均保持一定水平，并随时根据情况进行各种外汇交易。商业银行是重要的经营外汇的场所。

（2）中央银行及政府主管外汇的机构。各国中央银行参与外汇市场上的活动有两个目的：一是储备管理，二是汇率管理。中央银行或直接拥有，或代理财政经营本国的官方外汇储备。中央银行这时在外汇市场的角色与一般参与者相同。另外，在外汇市场汇率急剧波动时，中央银行为稳定汇率，控制本国货币的供应量，实现货币政策，也经常通过参与市场交易进行干预，在外汇过多时买入或在外汇短缺时抛出。中央银行在外汇市场发挥的这种监督市场运行、干预汇率走势的作用表明，中央银行不仅是一般的外汇市场参与者，在一定程度上可以说是外汇市场的实际操纵者。不过，中央银行并不直接参与外汇市场上的活动，而是通过经纪商和商业银行进行交易。

（3）外汇经纪商。这是专门从事介绍成交或代客买卖外汇，从中收取手续费的公司或汇兑商。外汇经纪商主要是依靠其与外汇银行的密切联系，熟知外汇供求情况的优势，利用现代化的通信工具，接洽外汇交易，促使多种多样的市场参加者找到合适的交易价格和合适的交易对手成交。由于外汇经纪商大都从事数额较大的外汇买卖，故其与商业银行的交易往来最密切，商业银行一般通过经纪商调整其外汇存量。相比之下，外汇经纪商与实际外汇需求者和供给者接触不多。

经纪商分两种：凡是用自己的资金参与外汇买卖，并自己承担外汇买卖的损益者，是一般经纪商；仅以收取佣金为目的，代客买卖外汇者，称跑街或掮客。

（4）外汇交易商。这是指专门从事外汇交易，经营外国票据业务的公司或个人。外汇交易商大多从事数额较大的外汇买卖，利用时间与空间的差异获取外汇买卖价格上的差额利润。

（5）外汇的实际供给者和需求者。从事进出口贸易的工商企业、旅行者、投资者、投机者、留学生、移民等都是外汇的最终需求者或供给者。他们通过外汇市场进行买卖，以获得或兑换外汇。个人需求者大多是通过外汇专业银行进行买卖。

（6）外汇投机者。外汇投机者是专门利用不同货币在不同时间、不同地点的外汇市场上汇率的变动，进行买空卖空、套汇套利的投机活动，以获取利润的机构或个人。

2. 外汇市场的层次

以上外汇市场的参与者，构成了外汇市场的三个层次：银行与客户之间，银行同业之间，商业银行与中央银行之间。这三个层次交易的功能是不同的。

（1）银行与客户之间的外汇交易。客户出于各种各样的动机，需要向外汇银行买卖外汇。银行在与客户的交易中，一方面从客户手中买入外汇，另一方面又将外汇卖给客户。实际上它是在外汇的供给者与需求者之间起中介作用，赚取外汇的买卖差价。这种银行与客户间的外汇交易市场，被称为零售性外汇市场。

（2）银行同业间的外汇交易。商业银行在经营外汇业务中，不可避免地会出现买进与卖出外汇之间的不平衡情况。如果卖出多于买进，则为“空头”；如果买进多于卖出，则为“多头”。商业银行为避免因汇率波动造成的损失，在经营外汇业务时，常遵循“买卖平衡”的原则。这就是当一种外汇出现“多头”时，则将多余部分的外汇卖出；当出现“空头”时，则将短缺部分的外汇买进。当然，这并不意味着商业银行在买卖外汇以后立即进行平衡。它们根据各国的金融状况、本身的资金实力以及对汇率变动趋势的预测，或者决定立即平衡，或者加以推迟。

此外，银行还出于投机、套利、套汇等目的从事同业的外汇交易。银行间的外汇交易构成了绝大部分的外汇交易。同业交易占外汇交易总额的90%以上。因此，银行同业间外汇市场，也被称为批发性外汇市场。

银行同业间的外汇买卖差价一般要低于银行与客户之间的买卖差价。

(3) 商业银行与中央银行之间的外汇交易。中央银行干预外汇市场所进行的交易是在它与商业银行之间进行的。通过调节外汇市场上的货币供求量，中央银行可以使外汇的市场汇率相对地稳定在某一范围内。如果某种外币兑本币的汇率低于界限值，中央银行就会从外汇市场购入这种货币，增加市场对该外币的需求量，促使银行调高其汇率；反之，如果中央银行认为该外币的汇率偏高，就会向银行出售该外汇的储备，促使其汇率下降。

2.3 外汇市场交易活动与交易产品

2.3.1 外汇市场交易活动

参与外汇市场交易活动的交易者，其交易动机是不同的，因此使外汇交易活动呈现出多样化。其中，中央银行或外汇管理当局是市场活动的领导者，它在外汇市场上的价格出现异常变化时，或是朝一个方向连续几天剧烈波动时，往往会干预外汇市场，以试图缓解外汇行市的剧烈波动。所谓干预外汇市场，是指货币当局在外汇市场上的任何外汇买卖，以影响本国货币的汇率为目的。其途径可以是用外汇储备、中央银行之间调拨或官方借贷等。其实，要真正认清中央银行干预外汇市场的性质和效果，还必须认清这种干预对该国货币供应及政策的影响。因此，中央银行干预外汇市场的手段，可以分为“消毒的干预”和“不消毒的干预”。

所谓“消毒的干预”，即不改变现有货币政策的干预。它是指中央银行认为外汇价格的剧烈波动或偏离长期均衡是一种短期现象，希望在不改变现有货币供应量的条件下，改变现有的外汇价格。换言之，一般认为利率变化是汇率变化的关键，而中央银行试图不改变国内的利率而改变本国货币的汇率。中央银行在进行这种干预时可采取双管齐下的手段：一是在外汇市场上买进或卖出外汇，同时在国内债券市场上卖出或买进债券，从而使汇率变化而利率不变化。二是中央银行还可以在外汇市场上通过查询汇率变化情况，通过发表声明等做法影响汇率的变化，达到干预的效果。这被称为干预外汇市场的“信号效应”。中央银行这样做是希望外汇市场能得到这样的信号：中央银行的货币政策将发生变化，或者说预期中的汇率将有变化等等。一般来说，外汇市场在初次接收到这些信号时总会做出反应。但是，如果中央银行经常靠“信号效应”来干预市场，而这些信号又不全是真的，就会在市场上起到“狼来了”的效果，很可能达不到干预市场的目的。

“不消毒的干预”，就是改变货币政策的干预。它是指中央银行直接在外汇市场上买卖外汇，并听任国内货币供应量和利率朝有利于达到干预目标的方向变化。这种干预方式一般来说非常有效，但其代价是国内既定的货币政策会受到影响，这种干预是在中央银行看到本国货币的汇率长期偏离均衡价格时才愿意采取的。

商业银行在外汇市场上的活动离不开其交易动机，它们根据不同的动机产生不同的交易活动，主要有套期保值，投机获利，调剂头寸，融通资金等等。

2.3.2 外汇市场交易产品

外汇市场上的交易产品，主要有以下几种传统类型。

1. 即期交易

所谓即期外汇交易，是指在外汇买卖成交后，原则上在 2 个工作日内办理交割的外汇交易。实际上，一般是在成交后的第二个营业日进行。如果交割的那一天正逢银行节假日，就顺延。即期交易采用即期汇率。

即期交易方式可分为汇出汇款、汇入汇款、出口收汇和进口付汇四种类型。

(1) 汇出汇款。需要向外国支付外币的客户，如无外币，则要支付本币并兑换成外币，委托银行向国外的收款人汇出外汇。银行接受了汇款人的委托，便请求收款人的往来银行从本行的外币结算账户中借记相应金额，支付给收款人。

(2) 汇入汇款。汇入汇款是收款人从国外收到以外币支付的款项后，可以存入自己的外币账户，也可将外汇收入结售给银行取得本币（我国目前规定出口收入必须向外汇指定银行结汇）。

(3) 出口收汇。出口商将出口货物装船后，立即开立以双方商定的结算货币计价的汇票，并在汇票下面附上有关单证，请银行议付，以便收回出口货款。银行议付后，将汇票等单据寄往开证行，按照汇票即期支付的条件，接受以外币支付的款项，并让支付行将应付款项记入自己的外币结算账户中。

(4) 进口付汇。进口付汇是为进口商开出信用证的银行按照出口商开出的附有全部单证的即期汇票条件，将以外币计价的进口货款通过外币结算账户垫付，然后向进口商提示汇票，请其按照即期付款条件支付。进口商以本币（或外币）向银行支付了款项，进口结汇就完成了。

2. 远期交易

远期外汇交易与即期交易不同，交易货币的交割（收款、付款）通常是在 2 个工作日以后进行的。外汇市场上的远期外汇交易最长可达 1 年，1～3 个月的远期交易是最为常见的。远期买卖成交后，双方必须按约定的日期和约定的汇率进行交割。由于这种交易提前把将来的汇率确定下来，因此买方实际上把未来的汇率风险转嫁给了卖方。当然，对方也会调整自己的头寸来防范和转嫁风险。举例来说，美国某进出口公司计划从日本进口一套设备，预计 3 个月后付款112 000 000日元。为防止日元升值、美元贬值所带来的汇率损失，该公司可向银行购买 3 个月的远期日元。假定当时 3 个月的远期日元汇率为 112.00 日元/美元，那么该客户只需准备 100 万美元即可。如果不购买远期日元，而美元对日元又持续下跌，例如下跌到 102.00 日元/美元，该客户就需要多付出将近 10 万美元。

当然，也存在另一种可能，就是 3 个月后美元升值、日元贬值，这样到付款时再购入日元是会比较便宜的。但对于正常外汇交易者来说应当从成本核算、外汇保值的目的出发，排除侥幸心理，多考虑做远期买卖。

远期外汇交易的汇率是以在即期汇率基础上加减升水和贴水的方法表示。某种货币的远期汇率大于即期汇率时，其差额就是升水；远期汇率小于即期汇率时，其差额就是贴水。甲种货币对乙种货币的远期汇率有升（贴）水，就是乙种货币对甲种货币的远期汇率有贴（升）水。归纳起来公式如下：

$$远期汇率 = 即期汇率 \pm 升(贴)水$$

升水和贴水的大小，主要取决于两种货币利率差异的大小和期限的长短。利率较高的货币在远期市场上表现为贴水；利率较低的货币在远期市场上表现为升水。

两种货币的利差是决定它们远期汇率的基础。因此，货币市场上利率的变化会直接影响升水和贴水的大小。当甲乙两种货币的相同期限利率水平无差异时，那么，从理论上讲，升水和贴水就等于零，也就是远期汇率等于即期汇率。

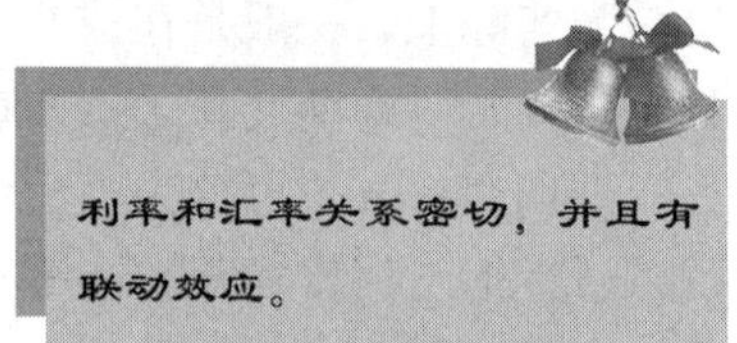

利率和汇率关系密切，并且有联动效应。

3. 掉期交易

掉期外汇交易是在某一日即期卖出甲货币，买进乙货币的同时，反方向地买进远期甲货币，卖出远期乙货币的交易，即把原来手中持有的甲货币进行一个掉期。

例如，某公司从外国借入一笔瑞士法郎，想把它转为美元使用。与此同时，为了防止瑞士法郎将来升值，蒙受大的汇率损失，可以做一个掉期交易：卖出即期瑞士法郎，买进即期美元；买进远期瑞士法郎，卖出远期美元。

掉期外汇买卖实际上由两笔交易组成：一笔是即期交易，另一笔是远期交易。以上述情况为例，瑞士法郎的金额相同，差别只是在于卖出即期瑞士法郎和买入远期瑞士法郎的汇率是不同的。假设美元利率高于瑞士法郎利率，远期买卖要扣除贴水，由此客户在买进即期美元卖出即期瑞士法郎时，会损失美元高利息的收入。我们可以通过表 2－1 进行分析。

表 2－1　　掉期交易资金表

即期交易	金额	汇率	远期交易（半年）	金额	汇率
一瑞士法郎	1 502 000	1.501 0/20	＋瑞士法郎	1 502 000	1.467 6/86
＋美元	1 000 000		一美元	1 023 439.63	

说明："一"表示卖出；"＋"表示买入。

在掉期交易中，报价时要注意的是掉期率和掉期的时间，其他与即期交易的报价基本相同。

△ 专栏 2.1

外汇交易市场的有效性

有效市场理论适用于任何金融市场的理论分析和实际分析，对它的提法和研究，首先出现在资本市场。"有效市场"的概念，首先是由法马（Fama）在 1965 年提出的。他认为，有效市场是这样一个市场，它包含"大量相互竞争的、理性的追逐最大利润者，他们力图预测未来市场各种证券的价值，而且在该市场上所有参加者均可几乎完全自由地获悉所有当前重要的信息"。外汇市场有效性理论是"有效市场"理论在外汇市场中的应用。在一个有效的外汇市场中，价格作为资源配置的信号，必须准确地反映所有可利用的信息，因此市场就是信息源，它传递着决定汇率模式的外生变量，也传递物价、利率等基础条件和预期条件的信息。外汇市场有效性通常有三种类型：弱式、半强式和强式。

外汇市场的有效性可以采用数字方式定义如下：假设在时间 t，市场参与者拥有的信息集合为 Ω'_t，信息成本忽略，另一个信息集合 Ω_t 为包含价格形成中所有必要信息的集合。因此，市场有效就是 $\Omega'_t=\Omega_t$。由于在时间 $t-j(j=1,2,\cdots)$ 的所有信息也包含在时间 t 的信息中，所以 $\Omega_{t-j}=\Omega_{t-j+1}=\cdots=\Omega_t$。有效市场的参与者不仅了解 Ω_t，而且完全理解 Ω_t 的含义。即 Ω_t 对市场的影响，$f'(P_{t+n}\mid\Omega'_t)=f(P_{t+n}\mid\Omega_t)$。其中，$f$ 表示 Ω_t 作为自变量关于因变量未来价格 P_{t+n} 形成的函数关系，f' 表示 Ω'_t 作为自变量关于 P_{t+n} 形成的函数关系。若上式成立，则意味着市场参与者了解正确的经济模型，并将所有相关信息用于预测，从而对未来的价格运动形成理性预期。对于弱式、半强式、强式三种不同的有效性程度而言，Ω_t 的含义是不同的。弱式的 Ω_t 只包含过去价格中所包含的所有信息，半强式、强式的集合更大一些，具体内容可根据上述定义得出。

2.4 中国的外汇市场

2.4.1 现行外汇市场的基本框架

为顺应社会主义市场经济的发展需要，1994 年我国外汇管理体制进行了重大改革，建立了全国统一的银行间外汇市场。从此，我国外汇市场进入了新的发展阶段。从市场结构来看，我国外汇市场有两个层次。

第一个层次是客户与外汇指定银行之间的零售市场，又称银行结售汇市场。在结售汇制度下，办理结售汇业务的银行是外汇指定银行。外汇指定银行根据中国人民银行公布的基准汇率，在规定的浮动幅度内制定挂牌汇率，办理对企业和个人的结售汇。1998 年 12 月 1 日，原有的外汇调剂业务被正式取消。

第二个层次是银行间外汇市场，包括银行相互之间进行的外汇交易，以及外汇指定银行与央行进行的外汇交易。它主要为银行结售汇后的头寸平衡服务，其基本功能是形成人民币市场汇价，是汇率形成机制的核心。银行间外汇市场运作的操作系统是总部设在上海的中国外汇交易中心。央行既是外汇市场的调控者，又是银行间外汇市场的参与者，它在外汇交易中心设立公开市场操作室，参与银行间外汇交易，对人民币汇率进行适时和适度的调控。

▲ 专栏 2.2

中国外汇市场的历史演进

我国的外汇市场，其实在旧中国就已经存在，但那时的外汇交易完全被帝国主义及其代理人——官僚买办资本所控制。我国真正独立管理外汇市场，是从中华人民共和国建立后开始的。

1. 中华人民共和国成立初期外汇交易所的开办

1949 年 6 月 10 日，上海外汇交易所成立，并开始外汇挂牌和外汇收兑，有效地制止了外币流通的混乱局面。随着我国经济步入计划经济体制和统收统支外汇管理体制的建立，外汇交易所这种市场分配外汇资源的形式宣告结束。

2. 计划经济时期

1953 年起，我国进入社会主义改造和建设时期，国民经济全面计划化，对外贸易实行国家垄断，对外汇实行统收统支。具体表现如下：

(1) 对外贸易统一经营，统负盈亏。

(2) 外汇收支两条线，统收统支。

(3) 非市场化的人民币汇率。

3. 改革开放后

自 1978 年实行改革开放以来，我国整个经济体制和经济发展发生了显著变化，外汇领域也进行了相应的改革，其中主要的一项措施就是 1980 年开办外汇调剂业务，建立起外汇调剂市场。

1985 年末，深圳经济特区设立了外汇交易所。随后，其他经济特区也相继设立了外汇交易所。从 1986 年起，我国外汇调剂业务发生了很大变化，初步形成了外汇调剂市场。1987 年，国务院决定外贸企业的轻工、工艺、服装三个行业作为自负盈亏试点行业，扩大留成比例，同时建立外汇调剂中心。1988 年 9 月，上海开办了我国第一个外汇调剂市场，随后，厦门、福州、深圳、海南、浙江、大连等地也相继开办了外汇调剂公开市场。

1994 年，中国建立了全国统一的银行间外汇市场，从根本上改变了原来地区分割、价格各异的分散市场格局，使外汇资源得以在全国范围内进行分配，同时确立了以市场供求为基础的、单一的、有管理的浮动汇率制度。

2005 年 7 月 21 日起，我国开始实行以市场供求为基础、参考一篮子货币进行调节、有管理的浮动汇率制度，人民币汇率不再钉住单一美元。

2.4.2 中国外汇市场发展现状

我国外汇市场的挂牌交易币种已有 24 种，参与主体从银行类金融机构扩大至非银行金融机构和非金融企业。但是总体来看，目前人民币汇率形成机制的市场化程度还比较低。十多年来，银行间外汇市场上人民币兑美元的汇率水平过于平稳，显得人民币汇率管理有余而浮动不足，与我国实行管理浮动汇率制的本意并不相符。由于市场价差过小，外汇指定银行不愿意在外汇市场过多地从事买卖活动，而仅仅将其视为平盘的场所，这也是央行不得不进行被动干预的重要原因。同时，过于稳定的汇率也可能导致人民币汇率产生偏离均衡汇率的风险。从长远来看，人民币兑美元汇率的浮动幅度应适当扩大，让造市者能在规定幅度内竞价成交，并对汇率信号做出反应，使汇率更加合理。

但是汇率市场化并非单纯的汇率波动数值的变化，“常态式”的外汇干预、资本项下的兑换限制以及市场参与主体代表性有限等，都阻碍着汇率市场化进程的深化。从强制结售汇转向意愿结售汇；最大限度地允许外汇指定银行自由参加外汇交易，成为真正的市场主体和造市者；发展短期货币市场，推进利率市场化进程——都将直接促进人民币汇率水平的合理化和人民币汇率形成机制的市场化进程。

1. 增加交易品种和工具

要使外汇市场发挥市场机制的作用，同时又使央行在市场法则下进行有效的调控，主要出路之一在于增大市场容量，强化市场的功能，让外汇供求全面反映国际收支的基本状况，除政策和外部经济环境的推动之外，更在于新业务、新工具的不断开拓。

第一，扩大外汇市场交易主体。应当逐步放松银行的结售汇周转头寸限制和个人资本项下的外汇管制，让更多符合条件的金融机构、非金融机构和个人能够参与到外汇市场的交易中来，实现汇率真正由市场决定，提高人民币汇率的市场化程度。第二，规范和完善大额外汇代理买卖制度。为与国际外汇市场接轨，在继续推广外汇代理交易的同时，可规定银行间外汇市场上的代理买卖应以大额为主，小额外汇买卖则可以通过银行结售汇业务来实现，从而使银行间外汇市场真正成为一个批发性的市场，提高交易效率。第三，进一步发展多元化的外汇市场交易工具。随着人民币国际化进程的推进和资本出入总量的扩大，有必要推出更多的外汇衍生工具品种，从而在满足交易主体汇率避险需求的同时也有助于完善汇率形成机制和央行对外汇市场进行宏观调控。

2. 完善现代外汇交易平台

在外汇市场上，外汇交易的达成方式主要有竞价式、撮合式和询价式三种。2007 年 4 月 9 日，中国外汇交易中心（CFETS）成功推出新一代外汇交易系统，人民币外汇即期、远期、掉期交易和外币对交易统一在该平台上交易。新一代外汇交易系统是中国外汇交易中心对自身的业务流程、管理、市场的深刻理解与国际先进开发方法和技术的结合，顺应了中国市场发展的要求。如今，中国外汇交易中心已经建成了涵盖交易、交易后处理、信息、增值、监管等服务领域的 82 个系统，为外汇市场的参与者提供全方位的数字化服务。交易平台电子化水平的提升顺应了中国市场发展的要求，有利于提高外汇市场的效率和活力，也与人民币的国际化进程相辅相成。

3. 开拓无形市场

无形市场已经成为国际外汇市场发展的主流。无形市场依靠现代的通信手段进行交易，其覆盖面广，市场信息传递快，交易成本低，并适合进行多种交易工作的交易，更加有利于市场机制的发挥。总之，随着我国外汇市场的逐步健全和完善，它将逐渐与国际外汇市场接轨，将更加规范化。而我国外汇市场的不断发展，对于完善国内金融市场，推进金融、外汇体制的进一步改革，促进国民经济持续、快速、健康地发展都将发挥更为重要的作用。

▲ 专栏 2.3

中国外汇交易中心

中国外汇交易中心暨全国银行间同业拆借中心（以下简称“交易中心”）于 1994 年 4 月 18 日成立，是全国银行间外汇市场、货币市场、债券市场以及汇率和利率衍生品市场的具体组织者和运行者。

一、为全国银行间外汇市场提供电子交易平台

中国外汇交易中心受中国人民银行和国家外汇管理局委托，为银行间外汇市场提供统一、高效的电子交易系统，该系统提供集中竞价与双边询价两种交易模式，支持人民币对24种外币（美元、港币、欧元、日元、英镑、澳大利亚元、新西兰元、新加坡元、瑞士法郎、加拿大元、马来西亚林吉特、俄罗斯卢布、南非兰特、韩元、阿拉伯联合酋长国迪拉姆、沙特阿拉伯里亚尔、匈牙利福林、波兰兹罗提、丹麦克朗、瑞典克朗、挪威克朗、土耳其里拉、墨西哥比索和泰铢）的即期、远期和掉期交易，提供人民币对6种外币（美元、欧元、日元、港币、英镑、澳元）的货币掉期交易，提供人民币对5种外币（美元、欧元、日元、港币、英镑）的期权交易以及9组外币对（欧元/美元、澳元/美元、英镑/美元、美元/日元、美元/加拿大元、美元/瑞士法郎、美元/港币、欧元/日元、美元/新加坡元）的即期、远期和掉期交易，同时还包括交易分析、数据直通处理和即时通信工具等辅助功能。

二、形成并发布人民币汇率

2005年7月21日人民币汇率形成机制改革后，交易中心根据中国人民银行授权，每个工作日上午9时15分发布人民币兑美元等主要外币汇率中间价。(1) 人民币兑美元汇率中间价的形成方式为：交易中心于每日银行间外汇市场开盘前向外汇市场做市商询价，并将全部做市商报价作为人民币兑美元汇率中间价的计算样本，去掉最高和最低报价后，将剩余做市商报价加权平均，得到当日人民币兑美元汇率中间价，权重由交易中心根据报价方在银行间外汇市场的交易量及报价情况等指标综合确定。(2) 人民币兑港币汇率中间价由交易中心根据当日人民币兑美元汇率中间价与上午9时国际外汇市场港币兑美元汇率套算确定。(3) 人民币兑其他挂牌货币汇率中间价的形成方式为：交易中心于每日银行间外汇市场开盘前向银行间外汇市场相应币种的做市商询价，去掉最高和最低报价后，将剩余做市商报价平均，得到当日人民币兑欧元、日元、英镑、澳大利亚元、新西兰元、新加坡元、瑞士法郎、加拿大元、马来西亚林吉特、俄罗斯卢布、南非兰特、韩元、阿拉伯联合酋长国迪拉姆、沙特阿拉伯里亚尔、匈牙利福林、波兰兹罗提、丹麦克朗、瑞典克朗、挪威克朗、土耳其里拉、墨西哥比索和泰铢汇率中间价。

三、清算服务

交易中心为银行间外汇市场人民币/外币、外币/外币即期竞价交易提供直接清算服务。人民币资金清算通过中国人民银行支付系统办理，外汇资金清算通过境外清算系统办理。

交易中心为人民币外汇即期询价交易提供净额清算业务。该业务以多边净额清算为基础，并通过清算限额和保证金等风险管理措施，严格防范风险，保证参与各方的合法权益。

资料来源：中国外汇交易中心，http：//www.chinamoney.com.cn/。

Summary

1. 外汇市场是专门从事外汇交易的市场，包括金融机构之间的同业外汇市场（或称批发市场）和金融机构与客户之间的外汇零售市场。

2. 外汇市场的功能有：调节外汇供求、形成外汇价格、实现购买力的国际转移、提供外汇资金融通、防范汇率风险。

3. 近年来，外汇市场的特征表现为：全球外汇市场交易量加速增长，外汇交易主要集中于欧洲和美国；外汇市场上即期交易的重要性下降；电子经纪的市场份额和影响上升；由区域性发展到全球性，24 小时连续交易；全球范围的市场汇率趋向一致。

4. 外汇市场的参与者主要有：商业银行、中央银行及政府主管外汇的机构、外汇经纪商、外汇交易商、外汇的实际供给者和需求者、外汇投机者。

5. 外汇市场上的交易产品主要有：即期交易、远期交易、掉期交易。

6. 外汇市场有效性有以下几种类型：弱式有效市场、半强式有效市场、强式有效市场。

7. 中国的外汇市场经过了十多年的发展，参与主体越来越多，交易规模越来越大，交易的中介形式也越来越多样化，另外，外汇市场汇率形成机制的市场化程度也越来越高。

Key Terms

多头	空头	即期交易	远期交易
弱式有效市场	半强式有效市场	强式有效市场	外汇批发市场
外汇零售市场	中国外汇交易中心		

Questions and Problems

1. 为什么全球存在着外汇市场？
2. 外汇市场有哪些功能和特征？
3. 外汇市场的结构如何？
4. 政府在外汇市场上的主要作用是什么？
5. 人民币与哪些外币已经实现了直接交易？人民币对主要外币汇率中间价的形成方式有哪些？

第三章 外汇衍生产品市场
(Foreign Exchange Derivatives Market)

学习目标

- 熟悉外汇衍生产品的特征；
- 掌握远期、期货、期权、互换等主要外汇衍生产品的交易机制和交易方法；
- 了解外汇衍生产品市场的现状和未来。

本章预习

著名的巴林银行破产事件，堪称金融衍生工具操作失败的经典案例。1995 年 2 月 26 日，巴林期货（新加坡）公司经理尼克·里森投资日经 225 股指期货失利，导致巴林银行遭受合计 14 亿美元的巨额损失，最终无力继续经营而宣布破产。从此，这个有着 233 年经营史和良好业绩的老牌商业银行在全球金融界消失。

2004 年，中航油在新加坡石油衍生产品交易中损失 5.5 亿美元。这一事件震动了全球金融界，也再一次证明了衍生产品交易的两面性。

3.1 外汇衍生产品交易的特征

外汇衍生产品，属于特殊的金融衍生产品，其特殊性表现在基础资产（或原生资产）即货币或外汇本身上。与金融衍生产品一样，外汇衍生产品的价值也与基础资产价值密切相关。衍生市场的复杂性和巨大的交易规模，已成为对金融机构风险进行管理的重要挑战。

3.1.1 外汇衍生产品的基本特征

1. 风险性

外汇衍生工具是在国际金融市场动荡不安的环境下，为实现交易保值和风险防范而产生的金融创新。其内在的杠杆作用和工具组合的复杂性、随意性以及高度投机性，同时也决定了金融衍生交易的高风险性。

外汇衍生产品通常采用保证金交易方式，即只要支付一定比例的保证金就可以进行全额交易，不需要实际上的本金转移，合约的终止一般也采用差价结算方式进行，只有在到期日以实物交割方式履约的合约才需要买方交足货款。财务杠杆作用使衍生产品成为一种威力巨大的武器。一旦启用，套期保值者（hedger）可以迅速为庞大的金融资产找到避险的港湾，投机者（speculator）也可以以承担高风险为代价迅速地获取高收益。

> 金融衍生产品交易具有双刃剑作用。一方面它能显著提高资金利用率和经济效益，另一方面也给参与者带来新的、更为严重的金融风险，即金融衍生风险。

此外，外汇金融衍生产品市场是一个充满不确定性的市场，外汇衍生产品的价格高低在很大程度上取决于买卖双方在各自掌握信息的基础上对未来价格形成的预期。因此，当一种金融产品价格进入上升周期时，价格越是上涨，就越是有人因预期价格继续上涨而入市抢购，从而使得价格真的进一步上涨。这种自我实现机制，显然又会增强价格上涨的市场预期。当这种正反馈过程得到足够的资金支撑时，就会导致金融衍生产品价格完全脱离实体经济基础而过度膨胀。

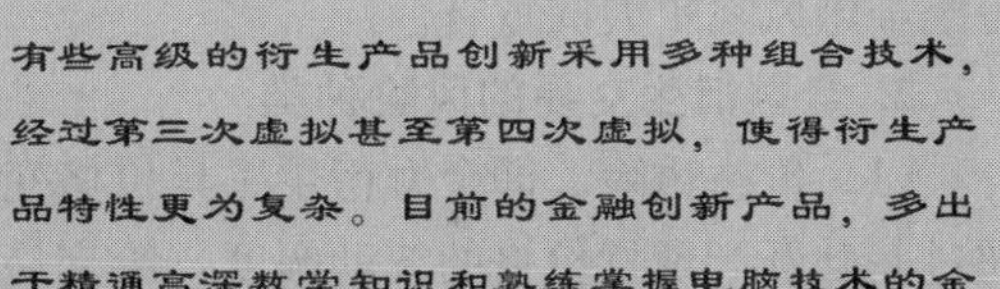

> 有些高级的衍生产品创新采用多种组合技术，经过第三次虚拟甚至第四次虚拟，使得衍生产品特性更为复杂。目前的金融创新产品，多出于精通高深数学知识和熟练掌握电脑技术的金融专家之手，日趋艰涩精致。

2. 灵活性

金融衍生产品由于种类繁多，其创造具有一定的灵活性，故较传统金融产品更能适应不同市场参与者的需要。一方面，对以场外交易方式进行的非标准化衍生产品合约来说，金融专家可以就时间、金额、杠杆比率、价格、风险级别等进行设计，以满足客户独特的非标准化要求，使之充分实现保值避险的目的。另一方面，那些在交易所挂牌交易的标准期货、期权等衍生产品合约，也能迅速地适应时势，根据市场需求提供更加细分的衍生产品品种。从理论上讲，金融衍生产品可以有无数种不同形式。可以把不同时间、不同基础工具、不同现金流量的种种工具组合成不同的合约。这种组合而成的金融合约，在数学上表现为一种模型、公式或者图表。正因为如此，金融工程师们常常通过建立数学模型来装配或组合新的衍生产品。但无论怎么组合，产品多么复杂，其基本构成元素仍是若干个简单的基础工具和普通衍生产品。

在衍生产品交易的发展过程中，场外交易工具发展更为迅速，目前约有 2/3 的衍生产品交易是以场外交易方式进行的。客户主要通过金融机构作为中介参与衍生产品交易，金融机构代为寻找对手或干脆直接推荐自己为交易对手来达成交易。

3. 账外性

金融衍生工具独立于现实资本运动，能给金融衍生工具的持有者带来一定收入。具有虚拟性的衍生产品本身并没有什么价值，它只代表获得收入的权利，是一种所有权证书。而且，衍生产品的交易价值是按照利息资本化原则计算的。外汇金融衍生产品是对未来的交易。按照现有的财务规则，在交易结果形成之前，交易双方的资产负债表中都不会记录这类交易的情况。因此，其潜在的盈亏或风险无法在财务报表中体现。

3.1.2 外汇衍生产品交易的风险与回报

外汇衍生产品可以避险保值，也可以投机获利，可能降低风险，也可能增加风险。这种独特的双重性使衍生产品很难控制风险，所以外汇衍生产品具有高风险、高回报的特点。

1. 金融衍生交易的风险

金融衍生交易的风险，是由金融衍生工具的特性所决定的。金融衍生工具有高度的灵活性和杠杆性，同时也具有高风险性和高投机性。衍生工具就像一柄双刃剑，既可用于规避风险，也有可能因此产生更大的风险。不仅如此，越来越多的市场参与者不是运用金融衍生工具来保值，而是利用其高杠杆比率以小博大，从事投机活动。更为严重的是，金融衍生交易规模不断扩大，同时交易越来越集中于少数大型金融机构及跨国集团，交易各方的相互联系日益紧密，这使得交易的任何一方出现问题都会产生严重的连锁反应，带来比传统金融风险更大的危害。

2. 金融衍生交易的风险种类

（1）价格风险。即金融衍生工具价格变化产生的风险。金融衍生工具价格的波动幅度超过基础资产现货价格的波动幅度，给交易者带来极大的风险。

（2）信用风险。即因交易对手违约而蒙受损失的可能性，场外交易的违约风险相对更高。

（3）流动性风险。即某些金融衍生工具难以在二级市场流通转让的风险。

（4）操作风险。金融衍生交易的操作风险来自两个方面：一方面是由于金融衍生工具均采用先进通信技术和计算机网络进行交易，因此存在着电子转账系统故障，以及计算机犯罪等风险；另一方面是从事金融衍生交易的主体违规操作，从而给自身及交易对手带来的风险。

（5）法律风险。即由于金融衍生工具创新速度较快，可能游离于法律监管之外，从而存在某些金融合约得不到法律承认和保护的风险。

（6）管理风险。是指金融衍生工具的复杂化可能给交易主体内部管理带来困难和失误，并导致监管机构难以实施统一监管的风险。

外汇衍生产品交易的各种风险可以同时存在，又可以各自独立存在。

3. 高风险与高回报并存

金融衍生工具通过对传统金融工具的风险进行分解和重新组合，为风险规避者提供新的风险管理手段。但在高杠杆比率作用下，金融衍生交易的市场风险和信用风险加倍。即使是微小的市场行情变化，也可能给交易者带来致命的损失。在低利率甚至负利率环境中，投资者受高回报吸引，更多地参与高风险的衍生工具交易。推出新产品和经营新产品的金融机构迫于竞争压力，在介绍新产品时往往对其高风险特性宣传不足，这也是投资者超越本身风险承受能力进行交易的原因之一。鉴于此，监管机构规定中介机构有义务解释衍生产品，保证客户充分理解这一产品。通常的做法是，与客户签订协议时订立风险披露声明的条款。

风险与收益永远正相关，外汇衍生产品交易虽然可能有理想的高预期收益，但交易主体必须同时承担潜在的高风险。

3.2 外汇衍生产品的交易机制

3.2.1 外汇远期交易

外汇远期（foreign exchange forwards），本质上是一种预约买卖外汇的交易，即买卖双方先行签订合同，约定买卖外汇的币种、数额、汇率和交割时间；到规定的交割日期或在约定的交割期内，按照合同规定条件完成交割。

外汇远期交易可分为固定交割日期的外汇远期交易和不固定交割日期的外汇远期交易。前者又称为定期外汇远期交易，即典型远期交易，指买卖双方在成交的同时就确定了未来交割日期。简单地说，就是在成交日顺延相应远期期限后进行交割。后一种情况又称为择期外汇远期交易，简称择期交易（optional forward transactions），指在零售外汇市场上，银行在约定期限内给予客户交割日选择权的外汇远期交易。也就是说，从成交后的第三个营业日起至约定日期止，客户有权在其间的任何一个交易日要求按照预先约定的远期汇率完成外汇交割。

外汇远期合约在场外交易，也没有标准化的、具有透明性的条款。远期合约的交易双方经常面临信用风险，所以合约的一方可能要求另一方提供一定的担保。远期合约到期前一般不可转让，合约签订时没有价值。

外汇远期合约只是一种约定，在签订时不需要付款。因此，外汇远期合约既非资产也非负债。

1. 交易主体和期限

外汇市场上，外汇远期合约的需求者有进口商、短期外币债务人和对外汇远期看涨的投机者；外汇远期合约的提供者有出口商、持有即将到期的外币的债权人和对外汇远期看跌的投机者。商业银行等金融机构通常扮演中介角色，在外汇远期交易中发挥重要作用。

外汇远期业务的期限是按月来计算的，在外汇零售市场上一般为 1～6 个月，也可以长达 1 年，3 个月的远期交易比较常见。经过交易双方的协商，外汇远期交易也可延期。在发达国家的银行间外汇市场上，除了上述期限外，也可能存在长期外汇远期交易，期限最长可达 10 年。

2. 业务特点

（1）外汇远期交易一般通过电话、电传等通信工具完成。

（2）在外汇远期合约中，价格、币别、交易金额、清算日期、交易时间等项内容因时因地因对象而异，由买卖双方议定，无通用的标准和限制。外汇远期合约到期时大多采用现金交收。

（3）外汇远期交易是无限制的公开活动，任何人都可以参加，买卖双方可以直接进行交易，也可以通过经纪商进行交易。

（4）外汇远期交易主要在银行之间进行，个人和小公司参与买卖的机会很少。买卖价格由各银行自己报出，且交易中没有共同的清算机构，交易的盈亏在规定的清算日结算。

（5）外汇远期交易除银行偶尔对小客户收一点保证金外，没有缴纳保证金的规定。绝大多数交易都是不用交保证金的。款项的交收全凭交易对手的信用，相对来说风险要大一些。

3. 报价方法

对于固定交割日期的典型外汇远期合约来说，报价方法主要有两种。

一种是远期汇率（outright rate）直接报价法，即外汇银行直接报出远期外汇交易使用的汇率。瑞士和日本等国家采用这种方法。

远期升贴水是用一定货币单位来表示远期汇率与即期汇率的差额，掉期率用基点来表示。二者只是表示方式不同，本质上都反映即期汇率与远期汇率之间的关系。

另一种是远期差价（forward margin）报价法，或掉期率（swap rate）报价法，即外汇银行只在即期汇率之外，标出远期升贴水或掉期率。客户必须先计算实际使用的远期汇率，然后才能进行外汇交易。英国、美国、法国和德国等均采用这种方法。

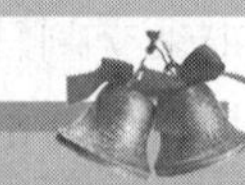

直接标价法下，如果远期外汇升水，远期汇率就等于即期汇率加上升水数字；如果远期外汇贴水，远期汇率等于即期汇率减去贴水数字。平价时，汇率不变。间接标价法下情况则相反。

在远期差价报价法下，有升水（at premium）、贴水（at discount）和平价（at par）三种情况。升水是指远期外汇比即期外汇昂贵，表示外汇汇率趋升；贴水是指远期外汇比即期外汇便宜，表示外汇汇率趋降；平价是指远期汇率与即期汇率相等，表示两种货币的相对价值不变。

例如，在多伦多外汇市场上，某外汇银行公布的加元与美元的即期汇率为 USD 1＝CAD 1.781 4/1.788 4，3 个月远期美元升水 CAD 0.06/0.10，则 3 个月远期汇率分别为 1.781 4＋0.06/100＝CAD 1.782 0 和 1.788 4＋0.10/100＝CAD 1.789 4。又如，在伦敦外汇市场上，某外汇银行公布的即期汇率为 GBP 1＝USD 1.460 8/1.466 8，3 个月远期英镑贴水 USD 0.09/0.07，则 3 个月远期汇率为 1.460 8－0.09/100＝USD 1.459 9 和 1.466 8－0.07/100＝USD 1.466 1。

全球主要外汇市场上，除了报远期升贴水数，也可以采用报标准远期升贴水的做法。所谓标准远期升贴水，是指在计算远期升贴水率的基础上，分别进行年度化和百分化处理而得到的数字。计算公式为：

$$\text{标准远期升贴水}=\frac{F_N-S}{S}\times\frac{12}{N}\times 100\%$$

其中，S 为即期汇率，F_N 代表 N 个月远期汇率。值得注意的是，远期汇率表明一种货币远期升水时，必然同时意味着另一种货币远期贴水，但标准远期升贴水的数值并不相同。例如，若某日伦敦外汇市场报英镑兑美元即期汇率1.478 0，已知 6 个月远期汇率为 1.468 5，则容易计算：6 个月英镑的标准远期贴水为$\frac{1.4685-1.4780}{1.4780}\times\frac{12}{6}\times100\%=-1.2855\%$（英镑有贬值趋势），6 个月美元的标准远期升水为$\frac{\frac{1}{1.4685}-\frac{1}{1.4780}}{\frac{1}{1.4780}}\times\frac{12}{6}\times100\%=1.2938\%$（美元有升值趋势）。

掉期率报价法是银行间外汇市场上常见的远期汇率报价方法，通常用基点（basic point）表示。汇率数字中，小数点后第 4 位为一个基点。外汇银行为外汇远期交易报价时，一次性给出两个大小不等的基点。这时，远期汇率要根据掉期率的排列方式决定。如果掉期率是前小后大排列，远期汇率应等于即期汇率加上相应的远期基点。如果掉期率是前大后小排列，远期汇率等于即期汇率减去相应的远期基点。无论是直接标价法还是间接标价法，均按此原则计算。

4. 择期远期汇率的确定

择期远期汇率的确定，在原理上与固定交割日期的远期汇率确定并无不同，所依据的都是利率平价定理（随后介绍）。但是，由于交割日期不确定，所以外汇银行在确定择期汇率时，要考虑在整个合约有效期内选择哪一时点的典型远期汇率作为择期合约的交割汇率。

我们用图 3－1 进行说明。横轴 t 代表时间，纵轴代表本币金额，曲线代表用本币表示的外汇价格。如果远期外汇有升水，外汇价格曲线就会随着时间推移而向右上方延长。银行与客户签订择期外汇交易合约时，由于无法确定客户要求交割的具体日期，客户处于有利地位，银行处于被动地位。为此，银行将在特定范围内选择一个对自己最有利的汇率水平作为择期远期交易的报价。

如果远期外汇有贴水，外汇价格曲线会向右下方倾斜。

（1）远期外汇升水时的报价策略。当远期外汇升水时，银行选择最接近择期期初时点的远期汇率，也就是以 $t(0)$时刻的汇率作为择期外汇买入汇率，这是择期有效期内，外汇的相对最低价格。选择最接近择期期末时点的远期汇率，也就是 $t(1)$时刻的汇率作为择期外汇卖出汇率，这是择期有效期内，外汇的相对最高价格。

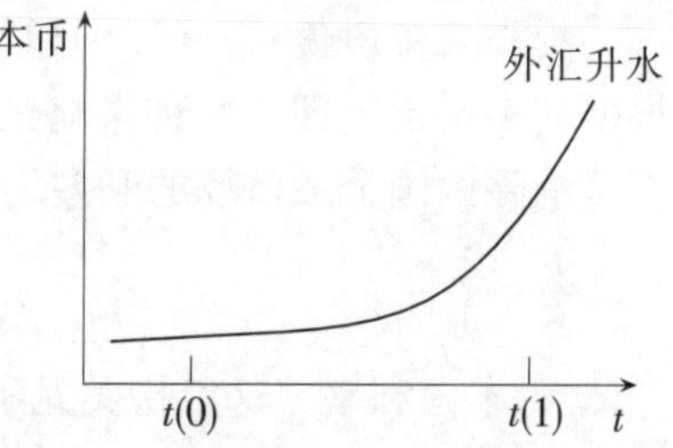

图 3－1　远期外汇升水下的择期汇率确定

（2）远期外汇贴水时的报价策略。当远期外汇贴水时，银行选择最接近择期期末时点的远期汇率，也就是 $t(1)$ 时刻的汇率作为择期外汇买入汇率，这是择期有效期内，外汇的相对最低价格。选择最接近择期期初时点的远期汇率，也就是$t(0)$时刻的汇率作为择期外汇卖出汇率，这是择期有效期内，外汇的相对最高价格。

不难看出，银行选取$t(0)$时刻的汇率作为择期远期汇率，相当于银行买入升水的择期远期外汇时不计升水；而在$t(1)$时刻卖出升水的择期远期外汇时，向客户收取了最大幅度的升水。同理，在买入贴水的择期远期外汇时扣除最大的贴水，卖出贴水的择期远期外汇时不计贴水。

5. 利率平价定理

利率对远期汇率的决定作用，主要表现为国际金融市场的套利活动使资金跨国移动，并推动不同国家相似金融工具的收益率趋向一致，这通常被称作利率平价定理。究其本质，利率平价无非是“一价定律”在国际金融活动中的具体体现。但要实现这一机制，还需满足三个假设条件：首先，资金跨国移动没有障碍，资金在一国国内运动也无障碍；其次，两国收益率趋向一致，不是指名义收益率，而是指经过汇率调整的收益水平；最后，不考虑交易成本。

除了利率因素外，心理预期因素也会引起大范围的投机活动，从而影响远期汇率的确定。

简单地讲，如果两国同类金融工具的收益水平经过汇率调整后仍然表现出明显差异，就会引起大规模的国际金融套利活动。资金从收益率较低的国家流出，进入收益率较高的国家，从而即期外汇市场出现汇率变动压力，汇率变动就会缩小两国收益率的差距。如果考虑到资金跨国流动改变了两国可贷资金市场的供求格局，迫使两国收益水平相应调整，即资金流出国的可贷资金供给减少，利率趋升；资金流入国的可贷资金供给增加，利率趋降。一方面两国收益率对比由此发生逆转，另一方面套利资金也有变现要求，势必再度影响跨国资金流向，从而提高未来外汇市场汇率调整的可能性。要规避汇率变动风险，自然可以考虑购买外汇远期合约进行保值，从而迫使远期外汇市场供求变化，远期汇率水平相应调整。于是，两种货币的利率差异就与远期汇率决定建立起紧密联系。

假定某美元持有者，可选择投资 1 年期美元国债或英镑国债：两种金融工具风险特征相同，票面利率分别为 $R_{\$}$ 和 $R_{£}$；英镑兑美元即期汇率为 S，1 年期远期汇率为 F；为防范汇率变动风险，如果考虑投资英镑国债，则同时购买 1 年期美元远期合约。在此情景下，两种投资策略的收益状况分别为：

投资美元国债　　$1+R_{\$}$

投资英镑国债　　$(1/S)(1+R_{£})F$

根据利率平价定理，两种策略的投资收益应当相等，否则就会引起国际金融套利活动，直至消除两国金融市场的利差为止。整理后可得到利率平价公式：

$$\frac{F}{S}=\frac{1+R_h}{1+R_f} \tag{3.1}$$

其中，R_h 为本国利率（这里指美元利率），R_f 为外国利率（这里指英镑利率）。如果用

$$\frac{F}{S}=\frac{F+S-S}{S}=1+\frac{F-S}{S}$$

进一步改写公式（3.1），容易得到：

$$R_h-R_f=\frac{F-S}{S}+\left(\frac{F-S}{S}\right)R_f$$

考虑到 R_f 和 $(F-S)/S$ 都是远小于 1 的数，二者乘积接近于零，可以忽略不计。于是近似得到：

$$R_h-R_f=\frac{F-S}{S} \tag{3.2}$$

该式表明，两种货币的远期升贴水率近似等于两国金融资产利差。容易发现，利率较

高的货币远期有贴水，利率较低的货币远期有升水。因为使用了外汇远期合约进行套期保值，公式（3.2）被称作抛补利率平价条件（covered interest parity condition）。其含义是，如果该条件成立，则两国间不会发生引起资金跨国流动的国际金融套利活动；否则，市场行为将自行纠正利率与即期汇率、远期汇率之间的偏差，直至实现均衡。换言之，抛补利率平价条件应视为确定远期汇率的重要标准。

6. 外汇远期合约的应用

（1）套期保值（hedging）。

为了在货币折算或兑换过程中保障收益或锁定成本，通过外汇衍生产品交易规避汇率变动风险的做法称为套期保值。外汇远期合约是进行套期保值的最基本的金融衍生工具之一。其优点在于：当金融市场体系不完备、运行效率低下时，它是成本最低的套期保值方式。原因是交易程序相对简单，不需要保证金，涉及资金流动次数少，公司财务决策方式简明等。

例如：某英国进口商达成了一笔大豆交易，合同约定3个月后支付300万美元。为避免3个月后美元对英镑的即期汇价上升，使公司兑换成本增加，该进口商可与外汇银行签订一份美元远期多头合约，即买入3个月远期美元。这样，公司可以在贸易合同签订后，立即固定英镑和美元的换汇成本，将3个月后汇率变动的不确定性变为确定不变。从而无论到期日汇率如何变化，英国进口商需支付的英镑数量都完全固定。

运用远期合约进行套期保值不需要保证金。这意味着公司不需要初始投资资金，可以节省大量资金。如果签订贸易合同时，即期汇率为GBP 1＝USD 1.800 0。而公司以GBP 1＝USD 1.788 0的汇率签订外汇远期合约，则公司锁定3个月后英镑和美元的换汇成本，只需支付300万/1.788 0＝1 677 852英镑。若3个月后的即期汇率为GBP 1＝USD 1.780 0，则通过远期合约套期保值节约了300万/1.780 0－1 677 852＝7 541英镑。但如果3个月后美元反而贬值，则套期保值的效果可能比不进行套期保值更糟。这表明套期保值的目的是使最终结果更加确定，但它不一定改进最终结果。

（2）投机（speculating）。

利用外汇远期合约投机，就要在预期外汇远期汇率将要上升时，先买进后卖出同一交割日期的外汇远期合约；在预期外汇远期汇率将要下降时，先卖出后买进同一交割日期的外汇远期合约。

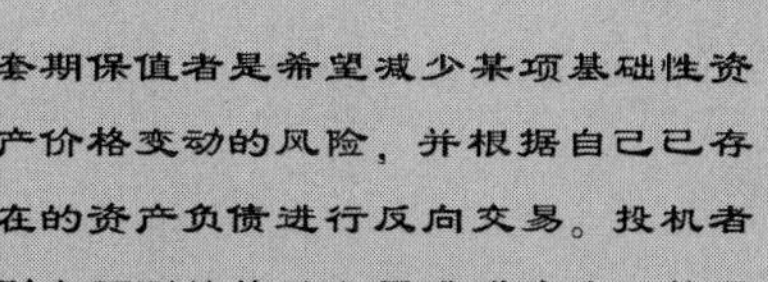

例如：9月18日在伦敦外汇市场上，3个月美元的远期汇率为GBP 1＝USD 1.824 5，一投机者判断美元在今后3个月中将升值，美元远期汇率将下降。于是决定买入100万3个月远期美元，交割日为12月20日。如果美元果然升值，到10月18日时，2个月美元的远期汇率为GBP 1＝USD 1.823 0，则卖出100万2个月远期美元，交割日也为12月20日。到期日投机者共获利451英镑[＝1 000 000×(1/1.823 0－1/1.824 5)]。但如果预测错误，利用远期合约投机也会产生损失。

（3）套利（arbitrage）。

套利者（arbitrageur）是金融衍生产品市场上第三类重要的参与者。套利性交易，指交易者在同一时点进入两个或多个市场做反方向的交易组合，以锁定一个无风险的收益；也可以利用两种货币即期、远期汇率差小于同一期限两种货币利差的情况进行套利。前者被称为瞬时套利，后者被称为掉期性抛补套利。

①瞬时套利。如果套利者在询价中发现，两个市场的英镑兑美元3个月远期报价出现汇差：纽约某机构报价GBP 1＝USD 1.720 0，而伦敦某机构报价GBP 1＝USD 1.735 0。于是在纽约市场上买进英镑，同时在伦敦市场上卖出。若不考虑交易成本，就可以获得无风险收益。每英镑可获利：

USD 1.735 0－USD 1.720 0

＝USD 0.015

> 如果是两个市场，交易组合应该是一个市场买进、一个市场卖出的对冲交易，也称为两地套汇。如果是两个以上市场，通过组合交易抵消，最终仍是买卖对冲交易，也称为三角套汇。

交易成本会减少投资者的收益，但是大型机构的外汇交易金额巨大，交易成本很低。

> 这种套利机会不可能长期存在。随着套利者在纽约市场买入，供求关系将会使3个月远期的美元价格上升。与此同时，随着他们在伦敦市场出售英镑，英镑价格就会下降。很快就会使这两个价格达到均衡。由于套利者的存在，不同市场或报价系统中极少存在明显的无风险套利机会，偶尔出现也会瞬间消失。

②掉期性抛补套利。典型的操作策略为：借入利率较低的货币，在现汇市场上兑换为利率较高的另一种货币，并进行投资；同时签订一份外汇远期合约，在到期日按约定汇率卖出后一种货币的本利和以偿还借款。如果某投资者持有1 000万日元，日元年利率4%，美元年利率10%，即期汇率USD 1＝JPY 100。若3个月远期汇率有两种情况：USD 1＝JPY 101.50或者USD 1＝JPY 98.00。不考虑其他因素，则不难计算两种远期汇率下采用掉期性抛补套利的收益情况（见表3-1）。从而表明，若远期汇率不满足抛补利率平价条件，就必然存在套利机会。

> 现实中，有利可图的抛补套利机会很少。因为国际外汇市场上的远期汇率就是根据抛补利率平价条件确定的，而且一旦出现套利机会，大规模的套利、投机活动也将迅速使利润空间消失。

表3-1　两种远期汇率下的掉期套利收益比较

在日本投资的本利和(以日元计价)	在美国投资的本利和(以日元计价)
1 000×(1+4%×3/12)＝1 010(万)	1 000/100×98×(1+10%×3/12)＝1 004.5(万) 1 000/100×101.5×(1+10%×3/12)＝1 040.375(万)

3.2.2　外汇期货交易

外汇期货（foreign exchange futures）交易，是指外汇买卖双方在有组织的交易场所内，以公开叫价方式确定价格（汇率），买入或卖出标准交割日期、标准交割数量的某种外汇。1972 年 5 月 16 日，芝加哥商品交易所国际货币市场（International Money Market，IMM）率先开办了包括英镑、德国马克、加拿大元、意大利里拉、日元、瑞士法郎、墨西哥比索、澳大利亚元等币种在内的外汇期货合约，创立了世界上第一个外汇期货交易市场。

普通交易者不能直接进入期货交易所交易，需要通过限价指令委托有交易所会员资格的经纪公司完成交易。

1. 主要特征

外汇期货交易和外汇远期交易都是在未来日期按约定价格交割一定数量的标的物，但二者之间也存在许多重大区别，这主要是由期货市场运行规则决定的。外汇期货合约被视为标准化的外汇远期合约，同时还有效地规避了外汇远期合约交割日期不灵活和违约风险较高等缺点。

（1）交易合约标准化。外汇远期交易的合约金额和交割日期是交易双方协商决定的。而外汇期货合约的金额、期限、交割日等要素都是标准化的，由各期货交易所统一制定。所有交易者在此基础上选择交易。

（2）集中交易和结算。远期外汇市场是无形的分散市场。期货交易则是在有形的交易所内进行，所有交易者通过会员公司在交易所内集中、公开地进行交易。外汇远期交易的结算，由交易双方通过银行转账完成。期货交易则由期货交易所专门设立的独立的清算机构为买卖双方分别结算。

（3）市场流动性高。外汇远期合约一般不能转让或直接对冲平仓，远期合约到期交割的比率在 90%以上。期货合约的市场流动性很高，绝大多数期货合约都在到期日之前通过对冲交易的方式平仓。

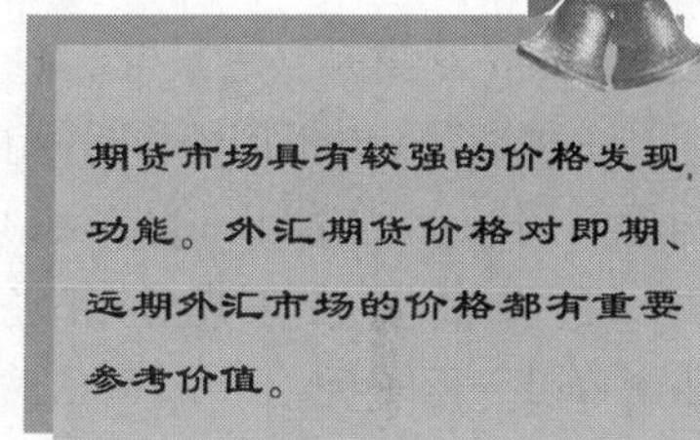

（4）价格形成和波动限制规范化。外汇远期交易使用的远期汇率由外汇银行报出，交易额大的客户还可以与银行讨价还价，协商确定交割汇率。期货合约的价格形成遵循公开集中竞价制度，在交易所内统一挂牌交易。此外，期货交易所还为每个外汇期货品种规定合约价值的最小变动和单日最大变动限额。

（5）履约有保证。相对而言，外汇远期交易的违约风险较高，所以银行对客户信用等级的要求比较严格，以此作为履约保证。期货交易所的清算机构要求场内经纪公司、经纪公司要求委托交易人分别开立保证金账户，作为履约的保证。期货交易所一般有初始保证金和维持保证金的规定。所有未平仓的外汇期货头寸，都需根据每天的市场结算价计算账面盈亏，并相应调整保证金账户金额。当期货合约的保证金账户余额低于维持保证金要求时，必须追缴差额，否则将被强行平仓。因此，期货交易的保证金制度是维持期货市场安全性和流动性的重要保证（见表 3－2）。

表 3－2　外汇远期交易与外汇期货交易

	外汇远期交易	外汇期货交易
交割日期	将来	将来
合约特点	量身定做，满足多样化需求	高度标准化

续前表

	外汇远期交易	外汇期货交易
交易地点	场外交易	交易所内交易
交易信息	通常不公开	公开、透明
保证金要求	无	有初始保证金和维持保证金
合约实现方式	到期交割	提前对冲平仓或到期交割
组织	由双方信誉保证	清算所组织结算，为所有交易者提供保护
价格确定	银行报价或双方协商	公开叫价，撮合成交
价格波动限制	无	有

（6）投机性强。保证金制度虽然使外汇期货交易有效防范了违约风险，但同时也刺激了投机性交易。

2. 外汇期货合约的应用

（1）套期保值。

［例 3-1］ 3 月 20 日，美国进口商与英国出口商签订合同，进口价值 125 万英镑的货物，约定 6 个月后以英镑付款提货。合同签订日现汇市场上的英镑汇率是 GBP 1=USD 1.620 0。为预防汇兑成本上升，美国进口商可以买进 20 份价格为 GBP 1=USD 1.630 0 的英镑期货合约（因为 IMM 每份英镑期货合约价值 62 500 英镑）。按照这一汇率，需要支付 203.75 万美元（=1.630 0×125 万）。在合约到期时可能出现两种情况：

一种情况是外汇市场和期货市场上英镑汇率都上升，分别升至 GBP 1=USD 1.632 5 和 GBP 1=USD 1.642 5。这时，进口商如果在现汇市场上购买英镑，需要花费 204.062 5 万美元（=1.632 5×125 万），与 3 月份购买即期英镑相比，多付 1.562 5 万美元（=204.062 5 万－1.620 0×125 万）。而在期货市场上，美国进口商如果卖出 20 份英镑期货合约，与初始头寸对冲，可以净盈利 1.562 5 万美元(=1.642 5×125 万－203.75 万)。于是，进口商在现汇市场的损失由期货市场的盈利来弥补（见表 3-3）。

表 3-3　利用外汇期货套期交易

	时间	现货市场	期货市场
汇率	3 月 20 日	GBP 1=USD 1.620 0	GBP 1=USD 1.630 0
	9 月 20 日	GBP 1=USD 1.632 5	GBP 1=USD 1.642 5
交易过程	3 月 20 日	不做任何交易	买进 20 份英镑期货合约
	9 月 20 日	买进 125 万英镑	卖出 20 份英镑期货合约
结果	现货市场上，与预期相比，损失：1.632 5×125－1.620 0×125=1.562 5（万美元）； 期货市场上，通过对冲，获利：1.642 5×125－1.630 0×125=1.562 5（万美元）； 亏损和盈利相互抵消，汇率风险得以转移。		

另一种情况恰恰相反，两个市场的英镑汇率同时下跌。那么，进口商在现汇市场上获利，同时在期货市场上亏损，两者同样可以相互抵消。显然，套期保值在转移风险的同时，一并将可能的盈利也转移出去，但是将不确定性转变成为确定性，这正是套期保值的本质特征。

(2) 套利。

如果发现两个期货市场的同种货币期货合约存在一定价差，而且超过交易成本，套利者就可以采取低买高卖的策略，赚取汇差利润。

[例3-2] 一美国套利者发现国际货币市场（IMM）和新加坡国际货币交易所（SIMEX）的3月期英镑期货价格分别为GBP 1=USD 1.545 5 和 GBP 1=USD 1.545 1。于是在SIMEX大量买进英镑期货，同时在IMM大量卖出英镑期货。如果不考虑交易成本，则每份期货合约可为套利者实现25美元[=(1.545 5−1.545 1)×62 500]的无风险利润。

3.2.3 外汇期权交易

外汇期权（foreign exchange options），也称货币期权（currency options），指合约购买方（holder or buyer）在向出售方（writer or seller）支付一定期权费后，所获得的在未来约定日期或一定时间内，按照规定汇率（也称执行汇率）买进或者卖出一定数量外汇资产的选择权。

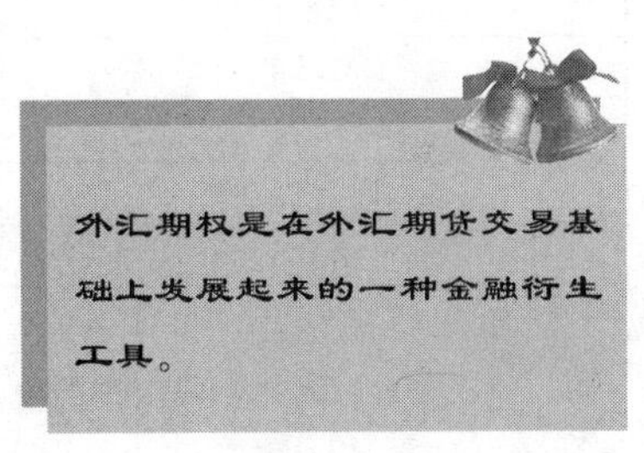

1. 合约种类

(1) 按期权持有者的交易目的，可分为买入期权（call option），也称看涨期权，以及卖出期权（put option），也称看跌期权。

(2) 按产生期权合约的原生金融产品，可分为现汇期权（options on spot exchange）和外汇期货期权（options on foreign currency futures）。现汇期权以外汇现货为期权合约的基础资产，外汇期货期权以货币期货合约为期权合约的基础资产。

(3) 按期权持有者可行使交割权利的时间，可分为欧式期权（European style）和美式期权（American style）。欧式期权交易，指期权持有者只能在期权到期日决定执行或不执行期权合约。而美式期权交易，指期权持有者可以在期权到期日或之前的任何一个工作日选择执行或不执行期权合约。美式期权比欧式期权更为灵活，故其期权费较高。

2. 交易特点

(1) 期权费不能收回。

(2) 期权费的费率不固定。期权费反映同期远期外汇升贴水水平，费率高低主要受到以下因素制约：

①货币期权供求关系：货币期权需求大于供给，则期权费趋高；货币期权供给大于需求，则期权费趋低。

②期权的执行汇率（exercise exchange rate）：执行汇率越高，则买入期权的期权费越低，而卖出期权的期权费越高；相反，执行汇率越低，则买入期权的期权费越高，卖出期权的期权费越低。

③期权的时间价值（time value）或期限（maturity）：期权合约期限越长，期权费越高，反之越低。

④预期的汇率波动性（expected volatility）：一般来说，期权货币的汇率较稳定，其期权费较低；期权货币的汇率波动较大，其期权费较高。

3. 基本交易策略

（1）买入看涨期权。

如果市场对外汇汇率有牛市预期，为了在外汇汇率上升中寻求收益或避免损失，可以购买外汇看涨期权，从而将损失风险限制在期权费范围之内，同时享有无限的收益潜力。

［例 3－3］ 某机构预期欧元对美元会升值，但又不想利用期货合约来锁定价格。于是以每欧元 0.06 美元的期权费买入一份执行价格为 EUR 1＝USD 1.18 的欧元看涨期权。由图 3－2 可知，欧元看涨期权购买方的盈亏平衡点为 B＝1.24 美元，具体收益情况见表 3－4。

表 3－4　　买入看涨期权的收益情况

欧元现汇汇率	收益情况
＞1.24	收益随欧元汇率上升而增加，潜力无限
＝1.24	盈亏平衡
(1.18，1.24)	损失随欧元汇率上升而减少
＜1.18	最大损失等于期权费

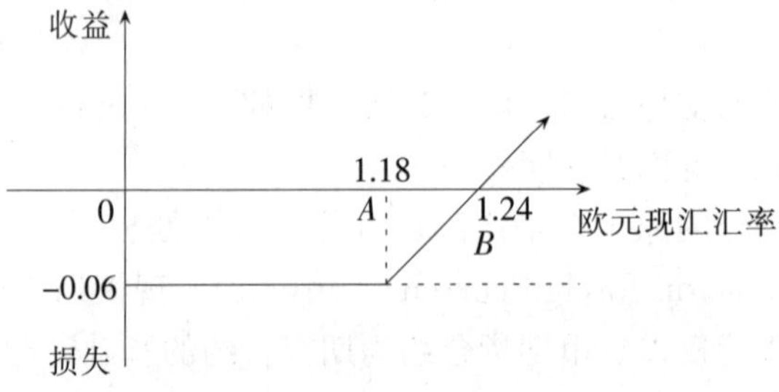

图 3－2　买入看涨期权的收益曲线

（2）卖出看跌期权。

某基金公司发现一段时间以来英镑对美元贬值幅度已经超过 10%，尽管仍有继续贬值的可能，但认为短期内不会跌破 GBP 1＝USD 1.60，而且应该很快回升。为了在此判断基础上谋利，投机者可以卖出以该汇率水平为执行价格的英镑看跌期权，并收取每单位英镑 0.10 美元的期权费。上述投资策略比较适用于预期外汇汇率稳定或轻微上升的场合。英镑看跌期权出售者的收益情况见表 3－5，收益曲线见图 3－3。

表 3－5　　卖出看跌期权的收益情况

英镑现汇汇率	收益情况
＞1.60	最大收益等于期权费
(1.50，1.60)	收益随英镑汇率上升而增加
＝1.50	盈亏平衡点
＜1.50	损失随英镑汇率下降而增加

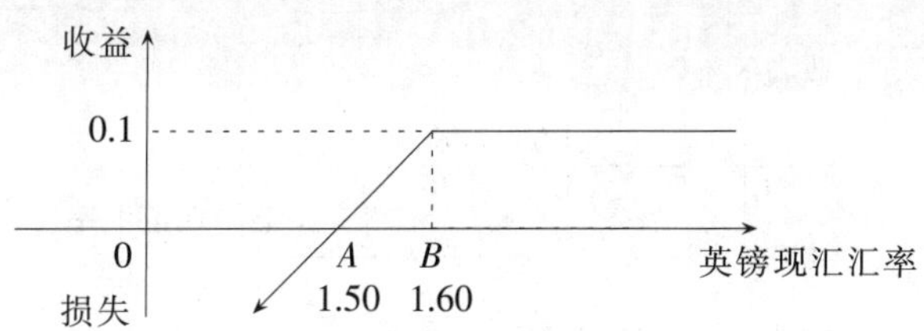

图 3-3 卖出看跌期权的收益曲线

(3) 卖出看涨期权。

如果某商业银行认为未来几个月内加元兑美元汇率将保持稳定或略微下降，可以考虑卖出执行价格为 CAD 1=USD 0.75 的加元看涨期权，并收取每单位加元 0.05 美元的期权费。加元看涨期权出售者的收益情况见表 3-6，收益曲线见图 3-4。

表 3-6　　卖出看涨期权的收益情况

加元现汇汇率	收益情况
>0.80	损失随加元汇率上升而增加
=0.80	盈亏平衡点
(0.75，0.80)	收益随加元汇率下降而增加
<0.75	最大收益等于期权费

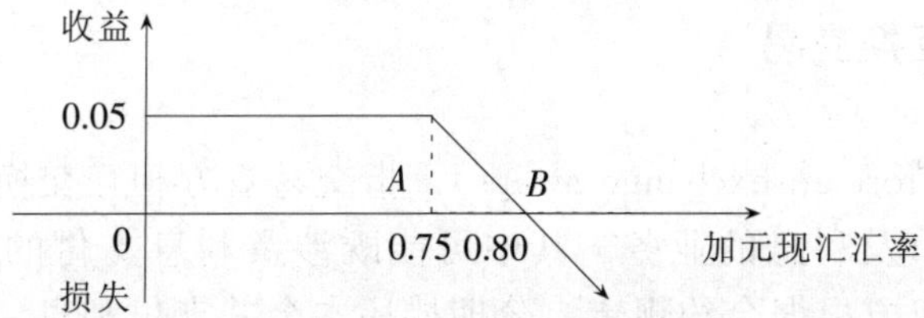

图 3-4 卖出看涨期权的收益曲线

(4) 买入看跌期权。

假定某美国公司向一英国公司出口电脑，货款将在 3 个月后用英镑支付。因为担心 3 个月后英镑汇率下降，美国出口商随即购买一份执行价格为 GBP 1=USD 1.66 的英镑看跌期权，并支付了每英镑 0.03 美元的期权费。该出口商购买英镑看跌期权的收益曲线见图 3-5，具体收益情况见表 3-7。

表 3-7　　买入看跌期权的收益情况

英镑现汇汇率	收益情况
>1.66	最大损失等于期权费
(1.63，1.66)	损失随英镑汇率下跌而减少
=1.63	盈亏平衡点
<1.63	收益随英镑汇率下跌而增加

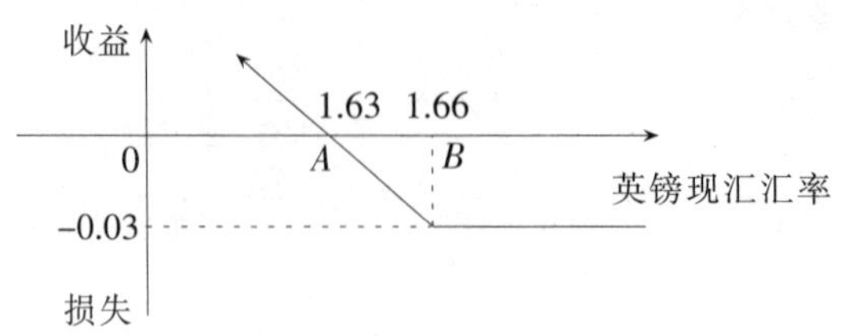

图 3-5　买入看跌期权的收益曲线

4. 外汇期权合约的应用

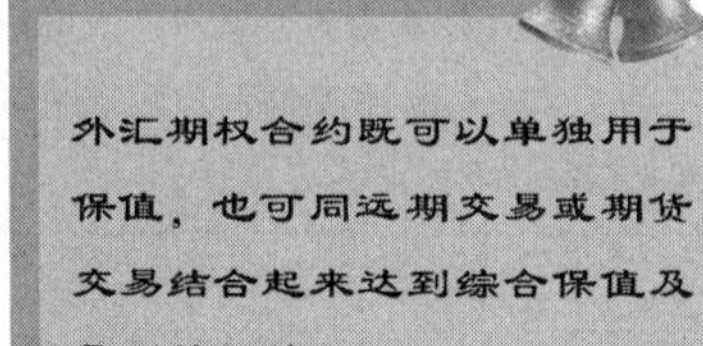
外汇期权合约既可以单独用于保值，也可同远期交易或期货交易结合起来达到综合保值及盈利的目的。

外汇期权合约相对于零成本的远期合约，通常是一种次优选择。但是，期权交易的不对称性和套期保值的灵活性使其备受企业财务经理和交易商青睐。外汇期权合约的期权费固定了期权买方在汇率行情不利时的风险，从而为外汇资产或头寸（如进出口企业延期收付外汇等情况）提供有效保值。外汇期权买方无必须履约的义务，对可能发生但不一定实现的资产或收益（如进行国际投标时不能确定是否中标等情况）是最理想的保值方式。另外，外汇期权不必逐日清算，到期前无现金流产生，而且能够为客户提供一系列协定汇价。种种优点使得外汇期权成为实际运作中优于外汇远期和外汇期货的保值避险方式。

3.2.4　外汇互换交易

1. 基本原理

外汇互换交易（foreign exchange swaps），指交易双方相互交换币种不同但期限相同、金额相等的货币及利息的业务。其中可能既涉及利息支付的互换，又涉及本金支付的互换。交易双方根据合约规定，分期摊还本金并支付利息。

2. 运作方式

LIBOR，是 London Inter-Bank Offered Rate 的简写，指伦敦银行间同业拆放利率，是国际金融市场最重要的基准利率之一。

举例来说，A 公司需要借入一笔浮动利率的美元款项，只是目前市场所报的利率较高。不过，该公司能够以 3%的优惠固定利率筹措到 7 年期的欧元。与此同时，B 公司能以一年期 LIBOR 的浮动利率筹措到 7 年期的美元，但只能以 3.5%的利率筹措所需要的长期欧元。双方可以通过外汇互换交易同时降低筹款成本，并得到各自所需外汇。如果通过银行中介，则可以具体操作如下：

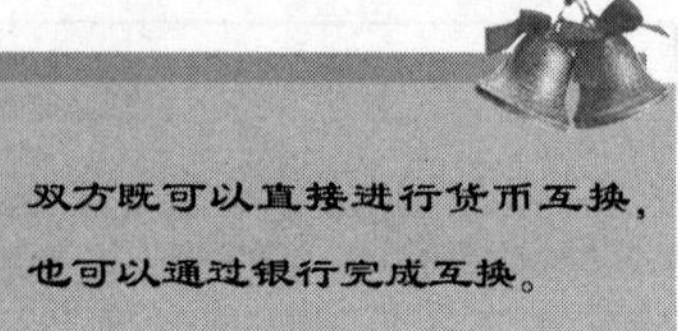
双方既可以直接进行货币互换，也可以通过银行完成互换。

（1）双方进行本金交换。A 公司和 B 公司各自从其相应的资金市场筹集资金，A 公司以 3%的利率筹集到 7 年期固定利率的欧元资金，B 公司则以 LIBOR 的浮动利率筹集到 7 年期的美元资金。双方一般以即期汇率交换货币本金。

（2）双方交换利息支付。在互换期间，根据本金总量和各自利率，双方交换利息支付。利息支付周期可以是1年，也可以是半年，通常由相关借款的利息支付周期决定。银行以欧元对美元的货币互换为交易双方提供各自所需货币：银行向提供欧元的A公司支付3.2%的固定利率，对需要欧元的B公司收取3.25%的固定利率。

如果A、B公司直接进行货币互换交易，则意味着在一笔即期外汇交易之外，同时为未来7年内的互换利息签下一系列的外汇远期合约。

(3) 双方在期末再交换本金。在互换到期时，A公司与B公司以最初的汇率再一次交换本金。

互换的结果是，A公司在国际金融市场借入欧元，通过货币互换将固定利率的欧元换成浮动利率的美元，净成本约为（LIBOR−0.2%）。同理，B公司通过货币互换得到了欧元，与直接借入固定利率的欧元相比，可以节省25个基点的利息支付。

3. 定价方式

对外汇互换合约的定价进行分析，要区别两个概念：一是合约的价格，二是交易双方互相支付的价格（表现为支付流量）。前一价格，对于双方在互换合约初始时期，理论上是相等的（为零）；后一价格，对于双方在互换合约持续期间始终是不同的（如果相同就没有进行货币或利率互换的意义）。我们称前一价格为互换合约价格，称后一价格为互换交易价格。前一价格是后一价格的基础。互换交易价格主要涉及利率价格和汇率价格。

目前流行的外汇互换报价方式是：本金互换采用即期汇率，即本金部分交换从期初到期末均使用即期汇率，而不采用远期汇率。货币互换中的利息交换则参考交叉货币利率互换报价。

实践中的货币互换，也可以在期初交换本金时使用即期汇率，而在期末交换本金时使用远期汇率。

4. 风险分析

事实上，只有当交易双方都是套期保值者，即使自己负债的利率风险敞口或汇率风险敞口对冲为零，且又充分利用各自的比较优势，才可能得出真正的“双赢”结果。如果不是对冲者，或者虽然是对冲者但并未真正实现风险头寸为零，那么互换的结果就可能不是“双赢”，而是单赢。

互换合约尽管是管理风险的工具，但交易自身也存在风险，主要是市场风险和信用风险。

以下三种情形都可能产生市场风险：(1) 互换交易的最终用户在应该成交而来不及成交，或者刚刚成交时，市场价格就发生了急剧变化。(2) 存在中间商的市场风险。由于竞争的加剧，现在大多数中间商一般是与互换交易的某一最终用户先达成一个互换协议。当对冲交易尚未完成，或者只做了一部分套期保值交易时，市场利率或汇率已经发生了变化，则该中间商必定会承受价格变动的风险。(3) 由于互换交易价格与基础参考价不匹配，或互换期限与自身存量资产、负债期限不匹配，市场价格波动可能给交易各方主体造成风险损失。

信用风险是指互换交易一方违约使另一方遭受损失的可能性。外汇互换存在着较大的信用风险，因为：（1）汇率波幅比利率波幅大；（2）外汇互换需要交换本金，所以违约涉及的资金量比利率互换大得多；（3）外汇互换合约比利率互换合约流动性更低。外汇互换的信用风险损失程度将视现行市场的汇率水平而定。一般来说，外汇互换中支付贬值币种的交易者承担的风险较大。外汇互换除了要承受汇率风险外，两种货币市场利率发生变化造成的风险损失程度同利率互换的信用风险损失程度相似。

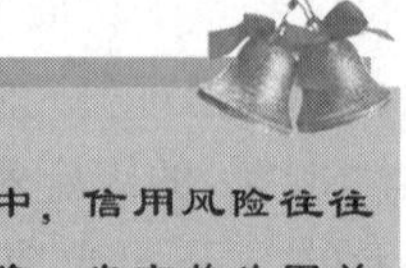

> 在互换合约中，信用风险往往源于市场风险，也有单纯因为对手的非市场因素导致的违约。

3.3 外汇衍生产品市场的现状及发展

3.3.1 国际金融衍生产品市场的发展动向

国际金融衍生产品种类繁多，活跃的金融创新活动接连不断地推出新的衍生产品。这些衍生工具在金融原生工具基础上组合再组合，衍生再衍生，形成全球巨大的交易市场。

1. 主要国家金融衍生产品市场发展概览

自 1972 年美国芝加哥商品交易所推出外汇期货合约以来，短短的 40 多年时间，国际金融市场上金融衍生工具得到空前发展，交易品种迅速增加。总体上，表现出以下几个特点：（1）金融衍生工具是从简单到复杂的过程，新型工具力求在分解了原生金融工具基本特征的基础上增加新的因素。衍生工具组合的随机性很强，始终不同程度地存在着法律上的不确定因素，新型衍生工具的操作难度增大。（2）新型衍生工具的投机性更强、风险更大。这是因为其中的新增因素在度量、预测和管理等方面的难度更大。除了利率和汇率变化、证券指数走势、产业前景、经济周期以外，甚至未来的政治格局变动、自然灾害等也相继发展成为影响合约价格的因素。而作为主要交易主体的金融机构，特别是一些投资基金，往往偏离稳健型分散风险的传统操作风格，热衷于追逐高风险的金融衍生交易。（3）金融衍生工具变幻莫测，难以用现有的法规加以界定，也难以实施统一、有效的监管。

因此，金融衍生产品市场表现出极强的不稳定性。由于金融衍生交易的杠杆效应太大，原有的监管措施不能系统地对衍生交易中的负面影响加以疏导、制约和控制，结果导致金融衍生产品市场发生了一系列震荡和危机。所以各国多以制度、法律约束为先导，由国家采取综合措施推动市场建立。这样，各国政府间接地成为金融衍生产品市场发展的竞争者，各国在监管方面呈现一致性与多样性并存的局面。

> 根据金融工程的基本原理，各种金融原生工具和衍生工具的风险和收益要素都可以分解、组合、再分解、再组合，从而衍生再衍生，不断地创造出新的衍生产品。

2. 国际社会对金融衍生产品市场的监督

经过 20 多年的发展，金融衍生产品市场所具有的巨大风险已经得到广大跨国金融机构的充分认识，加强衍生产品市场的监管力度及在监管方面的相互协调已经成为共识。针对衍生产品市场的重大问题，以国际清算银行（BIS）为代表的国际金融组织从 1995 年开始每三年对场外衍生交易规模进行统计调查，并公开披露。巴塞尔银行监管委员会根据国际银行业务结构的改变和衍生产品市场交易风险对银行稳健性的要求，推出《新巴塞尔资本协议》，提出了最低资本金要求、监管当局对银行资本充足性的检查和市场约束等三个支柱。为增强三个支柱性措施的可操作性，巴塞尔银行监管委员会仍在进一步探索表外业务风险特别是衍生交易风险的度量和监控。

3. 衍生产品市场国际监管中的主要问题

第一，对场外衍生产品市场监管乏力。IMF 认为，衍生产品市场在全球金融市场的运作中发挥核心作用。交易所交易的衍生产品和场外交易的衍生产品都大大改进了金融风险的定价与分配。在两者之间，场外衍生产品更具灵活性和创新性。从正面效应看，场外衍生产品市场在分配金融风险、提高金融市场效率方面更灵活、更有效，是场内市场所不能替代的。场外衍生交易的工具及交易这些工具的市场机构支撑着所有主要债券、股票、外汇市场的价格形成、交易、风险管理以及市场环境，而且场外衍生产品市场大部分进行的是跨国交易。因此，场外市场的稳定具有系统性意义。

但是对场外交易基本没有有效的直接管制。一是缺乏信息，导致监管部门和金融机构自身缺乏对市场动态和风险的总体把握。二是缺乏有组织的清算系统，使交易对手风险管理主要靠市场纪律约束。而市场纪律在很大程度上受人们对风险理解力的局限。三是缺乏稳定的法律基础和监管措施，这与场外衍生产品交易的创新性、跨国性有关系。

目前国际金融组织、金融行业协会、会计行业协会等组织正致力于完善法律法规，强化市场纪律约束，促进加强信息披露。在上述诸多环节中，信息披露的改善是关键。因为有了充分的信息，对动态风险的预测评价、对敞口风险的控制就有了基础。但信息披露又是难点。在金融领域，特别是衍生工具交易中，信息是经济租金的源泉。

第二，监管的覆盖面问题。由于存在巴塞尔资本协议框架，国际社会对商业银行的监管要比对证券机构和对冲基金的监管有力得多。目前，国际金融衍生产品市场的稳定性在很大程度上取决于场外衍生产品市场的稳定性，证券机构、对冲基金是场外衍生产品市场的主力机构，它们的风险控制主要来自市场纪律约束和机构的自我约束。

第三，对风险的认识不够充分。在监管方面，主要表现为对风险的易变性把握不准，以及缺乏评价、预警风险的有效工具。

3.3.2 中国外汇衍生交易的现在和未来

我国外汇衍生产品市场有了长足的发展，但市场规模与经济发展水平不相符，外汇衍生交易以场外合约为主，缺乏场内产品，市场参与者以商业银行为主，结构较为单一。然而无论是从微观主体的套期保值需求还是从宏观监管层面的实现汇率市场化改革来看，丰富中国外汇衍生交易品种，推动外汇衍生交易市场完善是必由之路。

1. 中国外汇衍生产品交易现状

(1) 外汇互换业务。

外汇互换交易在我国的运用，可以从两个方面来看：一是外币对人民币的互换交易，二是外币对外币的互换交易。由于目前人民币还不是可自由兑换的货币，所以，对于前者来说，国内还存在一些具体的限制。2018 年 5 月 2 日，中国外汇交易中心基于新一代外汇交易平台 CFETS FX2017 推出人民币对美元、欧元、英镑、日元、港币、澳元共 6 种币种的利率互换交易，允许有资质的会员机构进行外币利率互换交易。对于后者，各大商业银行的国际业务部都曾经积极尝试开展，但结果并不理想。究其原因，主要在于：①经济主体缺乏多样性融资渠道。外汇互换交易是交易各方利用在不同市场上筹资的比较优势来实现利益共享，经济主体只有面临直接、间接、国际、国内等多重筹资渠道的选择时，才有利于发现自己的比较优势，才能创造出潜在的互换机会。可是，国内的银行和企业大多缺少外币融资渠道。②金融市场发展不够成熟完善。金融市场发展不仅为拓宽融资渠道创造出形式各异的债务工具和权益工具，而且可以为开展互换业务的金融机构提供套期保值和定价的场所。然而，目前我国的金融市场仍以现货市场为主，期货、远期、期权产品虽有所发展，但市场规模较小，活跃程度不足，这无疑是互换业务受阻的又一原因。③银行的金融信息活动能力欠缺。货币互换交易需要银行与大型机构有密切的关系，熟悉其财务状况、筹资能力及需求信息，同时还要精于分析，深谙金融行情，善于捕捉有利可图的交易机会。尽管我国商业银行长期与各大企业有密切联系，有望提出合意的互换方案，但是在国际金融市场上，与发达的商业银行相比，信息活动能力尚欠缺。

（2）外汇远期交易。

2005 年 8 月中国人民银行发布了《关于加快发展外汇市场有关问题的通知》，该通知允许符合条件的银行进行银行间人民币对外币的远期交易，人民币远期合约产品由此诞生。目前远期合约有人民币对美元、港币、日元、欧元、英镑、澳元、加元等 7 种币种，交易量稳步增长。2016 年交易量为 1 529.03 亿美元，2017 年交易量更是突破 1 713 亿美元。远期结售汇业务已经扩大到所有具有即期结售汇资格的银行。交易期限从 7 天至 12 个月共分为 14 个档次，并允许择期交易和展期交易。远期结售汇的范围扩展至经常项目和部分资本项目，其中包括用于偿还自身的境外贷款和经国家外汇管理局登记的境外借款。远期结售汇业务的发展，对于拓宽国内经济单位的汇率风险管理手段、培育国内人民币对外币衍生产品市场、完善人民币汇率形成机制发挥了重要作用。

（3）外汇掉期业务。

2005 年 8 月，中国人民银行发布的《关于扩大外汇指定银行对客户远期结售汇业务和开办人民币与外币掉期业务有关问题的通知》批准凡获准办理远期结售汇业务 6 个月以上的银行，在向国家外汇管理局备案后即可在商业银行对客户的柜台市场上办理不涉及利率互换的掉期业务。2006 年 4 月 24 日人民币外汇掉期交易系统正式推出。人民币外汇掉期业务凭借风险管理成本上的优势，交易量处于持续增加状态，截至 2017 年 12 月，当月掉期交易金额已超 10 万亿元，掉期业务正逐步成为占据中国外汇衍生产品市场主导地位的合约。

（4）外汇期货交易。

1992 年 6 月 1 日，上海外汇调剂中心试办人民币外汇期货交易成功，首次成交 620 万美元，标志着中国第一个外汇期货交易市场的成立。主要外汇期货品种有：美元期货、英镑期货、欧元期货、日元期货、港币期货等。但由于当时中国外汇市场的种种缺陷，外汇期货交易从一诞生就先天不足，到 1993 年和 1994 年，上海的外汇期货试点已经名存实亡了。截至 2018 年 8 月，中国外汇衍生产品仍没有交易所场内产品。

(5) 外汇期权交易。

由于在中国尚未形成规范的场内外汇衍生产品，交易所内的外汇期权交易则无从谈起。场外交易的外汇期权在中国却是由来已久，中国银行、中国建设银行等国有商业银行一向都将外汇期权交易作为传统的代国内客户办理外汇买卖的重要方式。2011 年 2 月，国家外汇管理局发布《关于人民币对外汇期权交易有关问题的通知》，该通知自 2011 年 4 月 1 日起实行，表明在银行间外汇市场推出了人民币对外汇的期权产品。外汇期权，也称为货币期权，是指合约购买方在向出售方支付一定期权费后，所获得的在未来约定日期或一定时间内，按照规定汇率买进或者卖出一定数量外汇资产的选择权。它是期权的一种，分为"看涨期权"和"看跌期权"，以人民币作为期权费币种，客户行权应以约定的执行价格对期权合约本金全额交割，原则上不允许进行差额交割，客户以其经常项目外汇账户存款在开户银行做买入外汇看跌期权，可以进行全额或差额交割，但期权到期前，客户若支取该存款，须将对应金额的期权合约进行反向平仓。

▲ 专栏 3.1

外汇 NDF 交易

无本金交割外汇远期交易（non-delivery forward，NDF)，是一种由银行、金融机构充当中介，供求双方基于对汇率的看法（目的）不同，签订非交割远期交易合约，该合约确定远期汇率，合约到期时只须将该汇率与实际汇率差额进行交割清算，结算的货币是可自由兑换货币（一般为美元)，无须对 NDF 的本金（受限制货币）进行交割。NDF 与外汇远期合约最大的区别在于：NDF 不需要交割本金，只需要交割到期日参考汇率与 NDF 成交日交易协定汇率的差额。NDF 主要用于实行外汇管制的货币。传统人民币远期结售汇需要遵循实需原则，而人民币 NDF 交易不要求交易者有真实的贸易背景。人民币 NDF 交易从 1996 年开始，新加坡和香港的人民币 NDF 市场是亚洲最主要的离岸人民币远期交易市场。在形成初期，人民币离岸 NDF 市场的发展缓慢，交易不算活跃。2002 年后，在东南亚金融危机影响逐渐消退、中国贸易顺差和宏观经济持续增长等因素的影响下，人民币离岸 NDF 市场对人民币的预期从贬值转向升值，交易也逐渐活跃起来。2010 年国务院批准开展跨境贸易人民币结算试点，离岸人民币 CNH 市场随之启动。随着 CNH 市场的建立和发展，境外很多银行可以提供远期、掉期和货币掉期等可交割风险对冲产品。在这种局面下，人民币离岸 NDF 市场规模不断萎缩。但对于不可自由兑换货币，传统的 NDF 工具仍然是管理汇率风险敞口、对冲汇率风险的有效工具。

2. 中国外汇衍生交易的发展规划

金融衍生工具是金融体系高度发达的产物。如果不考虑其生存发展的基础，揠苗助长，或是生搬硬套国外的经验，就会招致客观经济规律的惩罚。一般而言，建立和发展金融衍生产品市场需要满足以下几个前提。

首先是市场基础。金融衍生工具具有转移和分散风险的功能，但要通过为风险合理定价来实现。这就要求基础资产市场在定价上是有效率的。如果非经济因素成为影响基础资产市场价格的重要因素，则无疑表明建立金融衍生交易市场的条件还不完备。

其次是交易制度和交易者。国内金融市场尚未引入做空机制，对交易主体的资格审核和行为约束也不够完善，导致市场定价机制的效率大打折扣。

最后是法律框架。法律体系的建立和完备是控制风险、促进交易、保障市场健康运行和提供有效监控手段的关键。在金融体系不够强大的国家，金融衍生产品市场的建立必须由政府主导、由法律推动的观点已经得到了普遍认同。

在建立外汇衍生产品市场方面，我国应当坚持趋利避害的主导思想和循序渐进的发展模式。

作为金融市场发展成熟的产物和高度现代化的标志，金融期货市场是现代金融市场不可或缺的组成部分。随着我国经济持续高速增长，各类金融现货市场不断发育成熟，机构投资者队伍不断壮大，我国的金融期货也应运而生。2010 年 4 月 16 日，历经几次论战的股指期货正式上市交易。建立一个统一、完善的金融期货市场体系，是外汇期货适时推出和有效运作的前提。

而从外汇期权交易的发展来看，需要在场外和场内两个方面同时做出努力。首先是完善现有柜台交易。目前柜台的外汇远期、掉期以及期权交易与大型跨国银行提供的外汇期权服务相比，仍有较大的局限性。主要表现在：(1) 币种较少，主要以人民币对美元、港币、日元、欧元、英镑、澳元、加元等品种为主。(2) 参与者需要资质认定。目前场外外汇衍生产品交易的机构需要满足一系列条件，才能够具有远期、掉期、期权等外汇衍生产品交易资格。(3) 交易品种单一，目前以典型的场外合约为主，缺少外汇期货和外汇期权等常见场内交易合约品种。

其次是加强外汇衍生产品创新。外汇期权与场外复杂的外汇衍生产品相比，属于标准化的、相对易懂的金融产品，如果推出外汇期权，不仅能够满足大多数人规避汇率风险的需要，而且可以使人民币变得更加国际化和全球化。并且，党的十八届三中全会也提出了“鼓励金融创新，丰富金融市场层次和产品”的要求。所以，随着人民币汇率形成机制的不断改革，在合适的时机下尽快推出人民币外汇期权合约对中国外汇衍生产品市场具有重大的现实意义和战略价值。

最后要完善外汇衍生产品市场的监管体制。中国外汇衍生产品市场尚不成熟，实行多元监管是我国目前的最佳选择，政府在中国外汇市场监管体系中处于核心地位，政府需要明确划分各部门的监管职责，设立统一的监管标准，并在完善我国多元监管体系的同时，将国外先进经验和我国国情结合起来，研究出一套符合我国特色的监管体系。

Summary

1. 外汇衍生产品通常是指从原生资产派生出来的外汇交易工具。该交易的基本特征有：保证金交易，即只要支付一定比例的保证金就可以进行全额交易，不需要实际的本金转移，合约的终结一般也采用差价结算的方式进行，只有在到期日以实物交割方式履约的合约才需要买方交足货款。因此金融衍生产品的交易具有杠杆效应。保证金越低，杠杆效应越大，风险也就越大。

2. 外汇远期交易，即预约买卖外汇的交易，亦即外汇买卖双方先行签订合同，约定买卖外汇的币种、数额、汇率和将来交割的时间，到规定的交割日期或在约定的交割期内，买卖双方再按合同规定条件办理交割的外汇交易。

3. 外汇期货交易，是指外汇买卖双方在有组织的交易场所内，以公开叫价的方式确定价格（汇率），在将来某日买入或卖出某一标准数量的某种外汇的交易活动。

4. 外汇期权交易，指期权合约的买方在向期权卖方（即立权人）支付一定的期权费后，所获得的在一定时间内按照协定汇率买进或卖出一定数量外汇资产的选择权。

5. 外汇互换交易，是交易双方相互交换币种不同但期限相同和金额相等的货币及利息的业务。外汇互换交易既涉及利息支付的互换，又涉及本金支付的互换。

6. 随着我国外汇市场不断发展和完善，外汇套期保值的需求不断增大。但我国外汇兑换的限制没有完全放开，衍生交易的法律法规较为滞后，衍生交易的组织者和参与者还不够成熟，这些都限制了外汇衍生产品市场的发展。

Key Terms

杠杆效应	外汇远期交易	外汇择期交易
掉期率报价法	标准远期升贴水	抛补利率平价条件
套期保值	套利	外汇远期合约
外汇期权	期权费	执行汇率
外汇互换交易		

Questions and Problems

1. 金融衍生产品有哪些特点？

2. 比较外汇期货交易与外汇远期交易的异同。

3. 简述外汇期权的种类。

4. 根据交易目的和交易原理，试比较外汇互换与外汇掉期的异同。

5. 假定芝加哥商品交易所交易的 3 个月期的英镑期货价格为 1.502 0 美元/英镑，某银行报同一交割日期的英镑远期合约价格为 1.500 0 美元/英镑。

（1）如果不考虑交易成本，是否存在无风险套利机会？

（2）应当如何操作才能谋取收益？试计算最大可能收益率。

（3）套利活动对两个市场的英镑价格将产生何种影响？

（4）结合以上分析，试论证外汇期货市场与外汇远期市场之间存在联动性。

6. 假定一美国企业的德国分公司将在 9 月份收到 125 万欧元的货款。为规避欧元贬值风险，该公司购买了 20 张执行汇率为 0.900 美元/欧元的欧式欧元看跌期权，期权费为每欧元0.021 6美元。

（1）请画出该公司购买欧元看跌期权的收益曲线，标出盈亏平衡点汇率。

（2）若合约到期日的现汇汇率为 0.850 美元/欧元，计算该公司的损益结果。

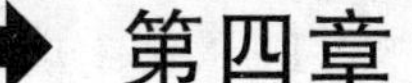

第四章

离岸金融市场
(Offshore Markets)

学习目标

- 认识离岸金融市场；
- 掌握欧洲货币市场的产生、特点和影响；
- 了解欧洲债券市场。

本章预习

2014 年 2 月，在香港银行开展人民币业务十周年前夕，金融管理局总裁陈德霖在官网撰文对香港离岸人民币中心的发展进行回顾与展望。他表示，离岸人民币市场的发展，是人民币国际化的必然条件和结果。人民币跨境贸易和投资交易的扩大，必会提升离岸人民币市场资金量和流动性，进而提升离岸企业和金融机构采用人民币的意愿和空间。

2012 年是香港人民币离岸市场走向成熟发展的关键转折点。全年经银行处理的人民币贸易结算交易达到 26 325 亿元人民币，较 2011 年增长 37%。人民币点心债市场也持续活跃，2012 年发行量达到 1 122 亿元人民币，而未偿还点心债的余额为 2 372 亿元人民币，较 2011 年底上升 62%。银行的人民币贷款增长更为明显，由 2012 年初的 308 亿元人民币增长 157%至年底的约 790 亿元人民币。2012 年底，客户存款和银行发行的存款证的余额共为 7 202 亿元人民币，比年初的 6 616 亿元人民币增长近 9%。

香港人民币离岸市场的深度和广度正在提升。到了 2014 年，香港人民币离岸外汇交易市场每天的交易量（包括即期和远期交易）已达到 50 亿美元等值的交易，主要的银行亦已经开始为客户提供人民币兑欧元、英镑和亚洲主要货币的直接外汇报价。人民币金融产品也更加多元化，投资 A 股的人民币 ETF、人民币期货以及人民币股票已经在市场推出。其中，已上市的 4 只 A 股人民币 ETF 的市值合计超过 400 亿元人民币。

同时，海外银行在香港银行开设的人民币代理账户数目，从 2010 年底的 187 个，增加至 2011 年底的 968 个，以至 2012 年底的 1 402 个。香港与海外银行的应付与应收款项，均为 1 000 亿～1 200 亿元人民币，而净额显示应收款项较多，即香港向海外银行提供了人民币头寸。另外，根据环球银行金融电信协会（SWIFT）的统计，香港银行的人民币收付交易量占全球进出内地和离岸市场交易总量的八成。

国际金融市场的核心部分，是从事境外金融业务的离岸市场。离岸市场（offshore market）不是指某一市场的地理位置，而是相对于在岸（onshore）市场（传统的国内市场）而言，以区别市场中交易货币的性质。20 世纪 50 年代以后，国际金融领域出现重大变化，将特定货币的存放业务转移到货币发行国境外进行，从而摆脱发行机构的管制和影响，人们将此类市场称作离岸市场。

离岸市场最早形成于欧洲，故也称为欧洲货币市场，即在一国货币当局管辖之外的市场。

目前，全球主要国际金融中心都经营离岸市场业务。通常，离岸业务与国内金融市场完全分开，不受一国国内金融、外汇政策限制，可以自由筹措资金，进行外汇交易，实行自由利率，无须缴纳存款准备金。也有一些国际金融中心的离岸市场是与国内或地区内市场融合在一起的，比如香港等新兴国际金融中心干脆就以离岸金融业务为主。实际上，尽管离岸市场在业务规定、制度结构、利率决定以及资金借贷方式等方面都和国内金融市场有所差别，但仍然在信用工具、资金利用方面与之保持密切联系。

4.1 欧洲货币市场

欧洲货币（Eurocurrency），指由货币发行国境外银行体系所创造的该种货币存贷款业务，而非特指欧洲某个国家的货币。因为最早的境外货币是出现在欧洲国际金融市场上的美元，于是就有了欧洲美元的说法。欧洲美元并不是一种特殊的美元，它与美国国内流通的美元是同质的，具有相同的流动性和购买力。不同的是，欧洲美元不由美国境内金融机构经营，不受美联储相关银行法规、利率结构的约束。由于这种性质，欧洲美元业务增长很快，然后相继出现了欧洲英镑、欧洲马克、欧洲瑞士法郎、欧洲法国法郎、欧洲日元等。因此，经营离岸金融业务的市场也称欧洲货币市场，或境外货币市场。

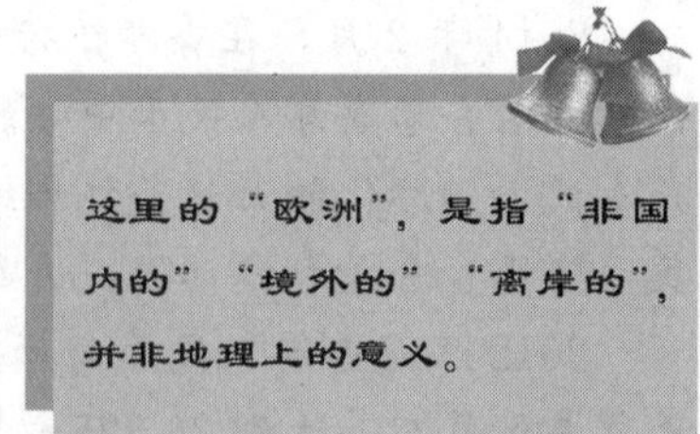

4.1.1 欧洲货币市场的形成与发展

20 世纪 50 年代初期，朝鲜战争爆发，美国政府冻结了中国存放在美国的全部美元资产。苏联与其他东欧国家唯恐遭到同样的危险，纷纷将存放在美国的资产转移至位于英国伦敦的莫斯科人民银行和法国巴黎的北欧商业银行的账户上。这些资产形成了最早的欧洲美元存款。由于数量不大，没有引起人们的重视。

> 欧洲货币存贷业务，既游离于货币发行机构的管辖权限之外，也丝毫不受经营机构所在国金融市场的规则约束，带有极强烈的“自由主义”倾向。

1956 年，英法不顾美国反对，联合入侵埃及，重新控制苏伊士运河。美国于是采取报复行动，在国际外汇市场上大量抛售英镑，使英国的国际金融条件迅速恶化。为了控制外汇市场上的英镑供给，英格兰银行开始限制本国银行对外发放英镑贷款。出于保持客户关系的目的，同时也看到市场上对美元的需求旺盛，放贷利润相当可观，当时伦敦的一些商业银行便把自己吸收的境外美元存款贷出，从而出现了最早的欧洲美元贷款。到了 20 世纪 60 年代，欧洲货币贷款业务迅速发展起来。

> IBF的成立使欧洲货币从“境外货币”演变为“治外货币”。即欧洲货币是不受发行机构管辖的货币资金，不论这些资金及其相关业务是在发行国境内还是境外。

随着经营欧洲美元业务的跨国银行机构遍布全球，欧洲美元的活动范围也逐步扩大。美国于 1981 年 12 月批准在其境内建立国际银行业设施（international banking facility，IBF）。主要内容包括：（1）允许美国银行和在美国的外国银行吸收外国居民、银行、公司以及美国海外公司的存款；（2）免除存款准备金要求，不受存款利率上限的约束，同时免除联邦存款保险公司规定的保险总额和保险课税；（3）允许上述银行向外国居民、公司及美国的海外公司提供贷款，但贷款必须用于美国境外。以纽约为代表的 IBF 成为依靠政策主动培育境内金融业务与离岸金融业务严格分离的离岸市场类型。由于美国政府除了把在美国境内流通的外国货币视为欧洲货币外，又将在美国境内流通但不受美国金融当局管理的非居民美元存贷款定义为欧洲美元，所以欧洲货币的概念从此突破了特定地理区域限制，表现出鲜明的国际借贷机制的特点。

欧洲货币市场的迅速发展，有其内在原因和外在原因。

从内在原因来看，第二次世界大战后，资本主义国家经济加快复苏，各国间经济联系越来越密切，西方国家的生产、市场日趋国际化，促进了货币市场和资本市场的国际化。

从外在原因来看，则集中表现在以下四个方面：

（1）美国国际收支逆差。20 世纪 50 年代，美国海外军事开支庞大，海外投资增加，美元大量外流，国际收支出现巨额逆差。相应地，境外美元数量明显增加。

（2）美国政府金融政策的影响。为改善国际收支状况，美国从 20 世纪 60 年代起采取了一系列限制美元外流的措施。1963 年开始征收利息平衡税（interest equalization tax），规定美国人购买外国债券所得收益高出本国证券投资收益的差额部分，必须作为税款交给国家。结果，这一措施导致美国人纷纷转向境外筹资，海外企业也不愿把利润汇回国内，而是存入境外银行。这一时期，受美联储“Q 条例”的限制，美国商业银行支付的存款利率最高不能超过 6%，大批美元存款从美国国内转移到欧洲货币市场。1965 年，美国政府开始限制本国银行向外国人扩大借贷额度；1968 年，美国政府又禁止美国企业汇出美元到国外投资，导致美国银行纷纷到海外设点开展业务，以摆脱国内政策的限制。

（3）其他国家的政策影响。1958 年，西欧各国基本上取消了外汇管制，货币可自由兑换，资本流动自由，免交存款准备金。宽松的环境成为欧洲货币市场发展的有利条件。另外，一些新兴的工业国和苏联、东欧等国，为加快经济发展，也积极进入欧洲货币市场筹资，进一步扩大了欧洲货币市场的业务。

（4）美元币值降低。20 世纪 60 年代以后，美元的霸主地位动摇。发生美元危机时人们纷纷抛售美元，购买黄金和德国马克、英镑、法国法郎等硬货币，加之有些国家对非本国居民存入的本国货币施加种种限制，而对外国货币的存入不加限制或较少限制，这也使一部分资金转存到该种硬货币发行国国境以外的银行中，形成欧洲英镑、欧洲马克、欧洲法国法郎等。

4.1.2 欧洲货币市场结构

1. 欧洲资金市场

欧洲资金市场是办理短期信贷业务的市场，主要进行 1 年以内的短期资金存放。

欧洲货币存款分为两种：一种是通知存款，即隔夜至 7 天的存款，可随时发出通知提取；另一种是定期存款，分为 7 天、1 个月、2 个月、3 个月、5 个月等多种期限，通常以 1 个月和 3 个月的短期存款居多。其中，3 个月的短期存款利率是衡量欧洲货币利率水平的标准。

> 欧洲货币市场还可以通过发行可转让定期存单和欧洲商业票据等方式筹集资金。

欧洲货币市场短期资金拆放是产生最早、规模最大的业务。这种交易也称银行同业拆放。期限最短为隔夜，多则 3 个月，最长不超过 1 年。这种拆放活动主要凭借信用，无须提供担保，也不需要签订合同，通过电话或者电传即可成交。利率一般以伦敦银行间同业拆放利率（LIBOR）为基础，酌量增加一定幅度的加息率，幅度根据情况由借贷双方自行议定，一般在 0.25% 和 1.25% 之间。伦敦银行间同业拆放利率是代表性、系统重要性银行上午 11 点的相互间存款（或放款）利率的算术平均数。欧洲资金市场的存款利率一般高于国内，而贷款利率往往较低，欧洲银行存放款之间的利差很小。因此，欧洲资金市场对存款人和借款人都很有吸引力。

欧洲资金市场的主要特点包括：（1）它是“批发市场”，因为大部分借款人和存款人都是大客户，每笔交易金额很大，少则数万美元，多则可达数十亿美元。数目大，周转快，调拨迅速，反应灵敏。（2）它是银行间市场，银行同业交易占很大比重。由于有一系列银行的参与，贷款人的资金可以迅速到达借款人手中。（3）这个市场没有一个中央管理机构，几乎不存在任何管制，经营比较自由。（4）它是高度竞争的市场。市场限制很少，因而竞争激烈，效率很高。（5）它有独特的利率结构。由于不受管制又不需要留存存款准备金，所以利差可以保持很低的水平。

△ 专栏 4.1

LIBOR 被操纵?

LIBOR 作为全球利率市场的重要基准利率（benchmark rate），自 2009 年以来接连曝光的操纵丑闻在全球金融市场引发剧烈反响。2012 年 6 月 20 日，英国巴克莱银行与三家监管机构达成和解，巴克莱银行因人为更改 LIBOR 报价，试图抬高或降低基准利率，以增加衍生品交易的利润而支付 2.9 亿英镑罚金。德意志银行、荷兰合作银行、瑞士银行、苏格兰皇家银行、法国兴业银行等数十家银行也参与了 LIBOR 操纵案，被处以巨额罚金。LIBOR 操纵事件暴露出基础利率形成机制的先天缺陷，也暴露出全球金融体系监管的巨大漏洞。

LIBOR 报价机制存在缺陷。按照 LIBOR 的定价机制，由指定的大型银行在每天伦敦时间上午 11 点向英国银行家协会提交借贷利率估值，英国银行家协会去除 25%的最高利率和最低利率的异常值后得出平均值。该定价机制明显存在两个问题：一是无法保证银行报价的准确性。银行间市场是一个双边市场，只有交易双方在确定交易条款、交易信息后才能合理估计出实际交易利率。二是无法保证银行报价的真实性，易被操纵。由于各银行向英国银行家协会提供的并非真实交易数据，存在操纵造假可能。根据现行 LIBOR 定价机制，如果几家银行串谋，持续压低或抬高报价，都可能对最终结果产生影响。

相关金融监管有所疏失。LIBOR 是一个每日公开的数据，但 LIBOR 的异常并没有引起及时关注，监管的缺失在一定程度上纵容了各银行的操纵行为。2007 年，巴克莱银行就曾向英美金融机构反映 LIBOR 报价存在低估问题，国际清算银行也在 2008 年的《国际银行业和金融市场发展》报告中提到 LIBOR 的可靠性存在问题，但监管当局并未及时做出反应和加强监管。

LIBOR 操纵问题使得整个金融市场定价基准失真，基准利率的信任度下降。作为当今全球两大最主要市场基准利率形成机制之一，如何完善 LIBOR 的形成机制或选取适当的替代指标以维持市场基准利率的公允性呢？一方面，LIBOR 形成机制应进行适度改革。一是增加报价银行的数量，纳入更多系统重要性银行作为 LIBOR 的报价行，以降低单个银行报价的影响，提高群体串谋的难度。二是在报价制度上，应基于实际交易利率报价，加强对利率报价流程的监管。另一方面，需要培育市场基准利率的替代性指标，考虑真实交易利率，如回购利率、隔夜指数掉期利率、美国国债收益率等。

资料来源：环球外汇网、华尔街见闻。

2. 欧洲中长期借贷市场

这是欧洲货币市场放款的重要形式，用于政府或企业进口成套设备或大型工程项目的投资。期限一般在 1 年以上，大部分为 5～7 年。中长期借贷需签订合同，有时还需借款国的官方机构或政府担保。

中长期借贷的主要特点不在于期限的长短，而在于利率的规定。贷款利率在伦敦银行间同业拆放利率基础上加一个附加利率，并根据市场利率变动情况定期调整，故亦称浮动利率放款。借款人除支付利息外，还要承担与借款有关的各种费用。与短期信贷一样，长期信贷的用途也由借款人自行安排，贷款人不加以限制。中长期信贷的资金来源绝大部分是短期存款，也有少数长期存款。金额大、期限长的贷款，往往采用银团贷款方式，它是构成欧洲中长期信贷的主要方式。

银行发放中长期贷款的方式有独家银行贷款（sole bank loan）和银团贷款（syndicated loan）两种。

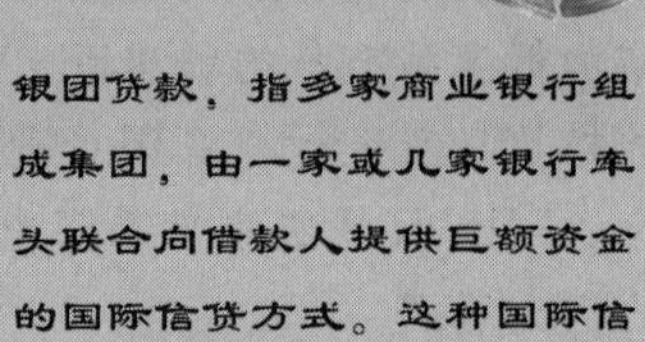

银团贷款，指多家商业银行组成集团，由一家或几家银行牵头联合向借款人提供巨额资金的国际信贷方式。这种国际信贷方式最早出现在1930年，直至今天仍在使用。

独家银行贷款亦称双边中期贷款，每笔贷款金额为几千万美元，最多达到1亿美元，贷款期限为3～5年。

银团贷款亦称辛迪加贷款，是指多家商业银行组成一个集团，由一家或几家商业银行牵头向借款人共同提供巨额资金的一种贷款方式。银团贷款金额巨大，一般在5亿～10亿美元，且专款专用。贷款的对象多为各国的政府机构（包括中央银行）或跨国公司。通常，申请银团贷款要遵循以下程序：（1）选择牵头银行。可以固定一家国际银行，也可以为保持与多家国际大银行的良好关系而轮流选择，或采用招标方式，选择较为满意的银行做牵头银行。（2）谈判及组成经理集团。牵头银行确定后，可以针对贷款条件与借款人进行初步谈判，并同时联系其他银行参加经理集团。按照约定，经理集团对于借贷款项可以承担完全责任，也可以承担部分责任，或者只是代理筹集资金而不负任何法律责任。（3）准备和发布贷款备忘录。经理集团组成后，要着手准备贷款备忘录，其中包含有关借款人经营和财务状况、贷款用途、担保以及贷款条件等资料，完成后发布给各有意银行。不过，参加行往往还要单独对贷款进行风险分析。

3. 欧洲债券市场

欧洲债券市场与欧洲中长期信贷一起构成国际资本市场的主要部分。

4.1.3 欧洲货币市场的供求

1. 欧洲货币市场的资金来源

（1）商业银行。欧美商业银行为解决国内企业分布于世界各地的跨国公司对资金融通的需求或避开本国限制资金外流的措施，纷纷到海外设立分支机构，并拥有了巨额资产，这成为欧洲货币市场的重要资金来源。

（2）跨国公司及其他工商企业、个人及非银行金融机构。由于欧洲货币市场的存款利率较高，调拨灵活，手续简便，又可以不受某些金融法令、规章的限制，所以跨国公司及一些较大的工商企业都愿意把资金投入欧洲货币市场，达到增值的目的。

（3）各国政府与中央银行的外汇资金和外汇储备。为了谋取高额利息，对外贸易持续顺差国家的中央银行往往把其持有的外汇直接投放到欧洲货币市场，或者间接通过本国商业银行或国际金融机构把美元资金投放到该市场。

（4）石油美元（petrodollar）存款。在第二次世界大战后以美元为中心的布雷顿森林体系下，美元是最重要的贸易、投资和储备货币。作为最大宗的贸易商品，绝大多数石油进出口一直以美元计价和结算。1973年主要石油输出国大幅度提高石油价格并积累了大量石油盈余资金，故称石油美元。大部分石油美元投放到国际金融市场谋利，成为20世纪70年代欧洲货币市场重要的资金来源。

（5）银行发行中短期欧洲票据和欧洲货币存款单，以此聚集大量欧洲银行贷款资金。

2. 欧洲货币市场的资金运用

(1) 跨国公司。跨国公司是影响欧洲货币市场和国际游资活动的一股庞大力量。欧洲货币市场自然成为跨国公司所需资金的主要提供场所。

(2) 非产油国家。石油输出国将大量石油美元存入西方国家的商业银行，使这些资金成为国际信贷的重要部分。由于石油进口国家大量利用欧洲银行贷款来弥补因石油价格上涨造成的贸易收支逆差，石油美元在产油国和非产油国家之间不断循环，这种现象被称为“石油美元环流”（recycling of petrodollar）。

(3) 外汇投机者。自 1973 年浮动利率制度实施以来，利用利率变动进行外汇投机的交易增多了，从而扩大了对欧洲货币贷款的需求。

△ 专栏 4.2

石油美元

1973 年的中东战争导致石油价格大幅度上涨，形成世界性的能源危机。1977 年 10 月，石油输出国组织宣布石油价格由每桶 3.011 美元提高至 5.11 美元，之后又再度提高到 11.65 美元，使得世界的国际收支结构发生很大变化。这些变化表现在：因石油输出收入大增，石油输出国家的国际收支出现巨额顺差，而石油消费国家的国际收支因石油输入支出剧增，出现了巨额赤字。

在石油消费国家中，发达国家遭受的打击较为严重，发达国家的经常收支因石油提价而多呈现庞大逆差。相反，石油输出国的经常账户则发生巨额的顺差——这就是“石油美元”。对于这种资金的规模，有各种不同的估计，根据一般推算，1974 年石油输出国家的石油输出总收入约为 1 150 亿美元，经常输入则约为 400 亿美元，因而盈余约为 750 亿美元。作为 20 世纪 70 年代中期石油提价后出现的一种金融力量，石油美元大量投放到欧洲货币市场，成为欧洲美元的组成部分。石油美元在美国纽约市场上也十分活跃。20 世纪 90 年代以来，大量的阿拉伯石油美元流入东京市场和新加坡亚洲美元市场进行各种存放和投资。石油进口国家大量利用欧洲银行贷款来弥补因石油价格上涨造成的贸易收支逆差，石油美元在产油国和非产油国之间不断循环，这种现象被称为石油美元环流（recycling of petrodollar）。

总的来看，石油美元出现之后，对世界经济和国际金融产生了巨大影响：

第一，为产油国提供了丰富的资金，促进这些国家经济的发展，改变了它们长期存在的单一经济结构，逐步建立起独立自主的、完整的国民经济体系。

第二，使不同类型国家的国际收支出现了新的不平衡，国际储备力量的对比发生了结构性变化。

第三，加剧了国际金融市场的动荡。石油美元投放到国际市场之后，一方面充实了国际信贷力量，满足了许多国家对长、短期信贷资金的需要；另一方面又造成大量游资在各国之间流动，时而投资于股票，时而投资于黄金和各国货币，导致股票、黄金和外汇市场更加动荡不定。

4.1.4 欧洲货币市场发展与信用膨胀

欧洲货币市场作为实现国际资本转移的场所，其加速国际贸易的发展，促进国际金融密切联系的作用是其他国际金融市场和转移渠道无法相比、无法替代的。

欧洲货币市场庞大的规模除了其自身存放款业务的因素之外，还同外汇交易紧紧交织在一起。欧洲货币存款是非居民的外币存款，而外币可以在外汇市场上买到。最直接的方法是买进即期外汇，随后存入该货币的欧洲市场。但通常人们在买进即期外汇的同时，还要卖出远期外汇以规避风险。这种一边买进即期外汇、一边卖出远期外汇的做法，叫作抵补或掉期。由于这个缘故，尽管欧洲货币市场是信用市场，但它仍同远期外汇市场有着紧密的联系。事实上，在一些国际大银行中，欧洲货币交易往往就是通过其外汇业务部门而不是信贷部门进行的。

欧洲货币市场与外汇市场的联系机制还表现在，当人们需要远期外汇时有了新选择。除了从远期外汇市场上直接购买外，人们也可以进行该货币的即期交易，然后将其存入欧洲货币市场，到期后（如 3 个月）提出，进行支付。这样，通过将即期交易和欧洲货币存款业务结合起来进行，也可以获得同传统的远期外汇交易一样的结果。

总之，欧洲货币市场与外汇市场的结合，给市场带来了更广阔的活动空间。与此同时，各国际金融中心除了信用评级机构和中央结算体系外，并没有任何正规的金融管理部门对欧洲货币市场上的金融机构以及它们所进行的信贷业务活动实施管理，在这种情况下，如何控制各个金融中心，乃至全球的欧洲货币市场信贷规模是一个重要问题，会不会由于该市场不断膨胀而引发世界性的通货膨胀？对这个问题的回答人们已达成共识，即欧洲货币市场并不大量增强金融系统创造货币和信贷的能力。

例如，一家伦敦银行现持有一家纽约银行的活期存款，它不可能让这笔资金闲置起来。相反，这家伦敦银行将其贷给一家公司或政府单位，或者将这笔资金“放”到欧洲美元银行同业市场。在前一种交易中，借款人取得在纽约银行活期存款的所有权，导致信贷扩张。在后一种交易中，另一家银行（如一家巴黎银行）在美国银行取得资金而没有发生最后的信贷扩张，这笔存款在到达最终借款人之前可能在许多银行之间周转。而这笔存款的最终出路，可能有以下几种情况：

（1）收款人收到欧洲美元存款后希望把这笔资金兑换成其本国货币，从而导致它从欧洲美元市场退出。

（2）欧洲银行将这笔资金贷给一家公司或政府单位，世界贷款增加。

（3）贷出的欧洲美元又存入欧洲美元市场，信贷多倍增加。

可见，第三种情况可以造成欧洲美元市场的信用膨胀，但这种情况的产生有一个前提，即各国（至少是各国际金融中心所在国）中央银行要允许欧洲美元兑换为其本国货币再存入欧洲美元市场。而这一条件在大多数国家是无法实现的。一般地，各国中央银行严格区分商业银行的境内业务和境外业务。这也是防止国际游资冲击本国市场的防护堤。

当然，这并不意味着欧洲货币市场没有信用膨胀。由于欧洲货币市场没有准备金规定，只受对借贷资本的需求和贷款机构本身谨慎态度的限制，信用膨胀的可能性也很大。

应该认为，一个经济社会越开放，越难进行贷款倍数分析。很难通过欧洲货币的准备金率和再贷款率确定欧洲货币扩张的固定倍数，而且，欧洲货币市场的增长并未经历西方传统意义上的倍数扩张过程，它并不存在那种传统意义上的倍数扩张的“货币基础”。所以根据欧洲货币的“基础”来确定欧洲货币体系扩张的倍数也是不科学的，因此，关于欧洲货币市场的信用膨胀程度，目前尚难做出准确的定量结论。

4.1.5 欧洲货币市场发展与国际金融稳定

欧洲货币市场是一个国际性市场。它的活动量很大，又不受任何国家的法律约束，所以具有很大的竞争性、投机性和破坏性。

1. 经营欧洲货币业务的银行要承担更大的风险

欧洲货币的如下特点决定了它的高风险性：（1）借款人除了本国客户外，还有外国客户，或虽为本国客户，但又转手给外国客户，所以它具有极复杂的国际连锁关系；（2）借款金额巨大，而又缺乏抵押担保；（3）有时借款人把资金转借出去，几经倒手后，甚至连最终用款人是谁也不能完全掌握。银行难以与实际客户取得紧密联系，对资金运用情况更难进行了解。另外，银行的资金来源多是居民或非居民的短期美元存款或同业拆放的款项，银行有义务随时偿付。而资金运用多为中长期信贷，这种存短放长的矛盾在经济出现衰退或信贷过度集中在一个国家或一个对象时，很容易诱发偿还危机。

2. 证券市场动荡加剧

欧洲货币市场上的资金具有很强的流动性，每当主要货币间的汇率大幅波动或出现升贬值可能时，它的流动就进一步加剧。时而抢购黄金，时而抢购硬通货，还通过套汇进行投机，这会影响受冲击国家的货币稳定。同时，这些资金还投向证券市场抢购股票和其他有价证券，1987 年 10 月，纽约市场引发的西方股市风暴主要是由于欧洲货币市场的资金横冲直撞，到处兴风作浪。股市下跌后，这些资金时而冲向国债，时而套购硬通货，造成西方金融市场剧烈动荡。此外，硬通货国家则由于外币涌入，迫使本币升值，不利于商品出口，还加剧了国内的通货膨胀。

3. 影响各国金融政策的实施

对参与欧洲货币市场的国家来说，如果对欧洲美元等资金运用过多，依赖过深，或这种资金流入流出过于频繁，数额过大，在一定程度上将会影响该国国内货币流通的状况。该国货币当局控制国内货币流通量和信贷额度将更加困难，金融政策的作用越来越小。该国银行或大企业一旦在市场上遭受巨额倒账，很可能引起连锁反应，从而引起该国货币金融的紊乱，影响本币汇率的稳定，甚至威胁中央银行的黄金外汇储备。

欧洲货币市场的利率不受任何国家的法律限制，完全由市场供求决定。而各种货币的利率又是各国金融政策的主要工具，在这个意义上必然受各国经济发展状况的影响。各国为了刺激本国经济，鼓励固定资本投资，利率水平往往超低。反之，为了抑制通货膨胀，各国往往采取紧缩信贷、提高利率的措施。但这些措施往往因欧洲市场利率的影响而受到较大干扰，预期目标不易实现。

总之，欧洲货币市场对国际经济金融局势的稳定是一个潜在的威胁，西方国家已在探讨对它加强管制的问题，但设想的提出和各种方案绝非短期所能实现。

> 可以认为，欧洲货币市场将有长时间存在和发挥作用的可能性和必要性。

欧洲货币市场的发展，包括交易规模的扩大、活动方式的多样化、货币种类的增加，无一不是上述矛盾发展的结果。

▲ 专栏 4.3

人民币离岸市场

全球人民币离岸市场实现了突飞猛进的发展。

亚洲的境外人民币资金池已具备一定规模，欧洲市场的离岸人民币交易量快速增长，非洲和美洲国家也开始积极争抢离岸人民币业务。中国香港是全球最大的人民币离岸市场，这里既是跨境贸易人民币结算最主要的平台，也形成了最大的境外人民币资金池。目前香港银行体系的人民币存款规模超过 7 000 亿元，是继港币和美元之后的第三大币种。在亚洲其他地区，随着人民币清算协议的签署，更多的人民币离岸市场快速发展起来。目前，中国台湾的人民币存款余额已突破 3 000 亿元，新加坡的人民币存款近 1 500 亿元，中国澳门的人民币存款也超过了 1 000 亿元。

在欧洲，伦敦、卢森堡、巴黎、法兰克福、苏黎世等多个国际金融中心都积极表示希望建设成为人民币离岸金融中心。2013 年，全球人民币外汇交易中的 21.3%是在伦敦市场完成的，卢森堡和法兰克福在人民币结算业务和人民币债券发行方面也都增长较快。但作为欧洲最大的人民币资金池，卢森堡的人民币存款只有 500 多亿元。欧洲人民币离岸市场规模目前明显落后于亚洲。不过，2014 年以来我国相继与德、英、法、卢等国分别签署了人民币清算协议，很有可能成为扭转这一局面的关键。未来一段时间，欧洲地区的人民币离岸市场发展值得期待。

短期内离岸市场的快速发展为人民币国际化排除了技术障碍，也为资本账户改革赢得了必要时间，创造了有利条件。

快速发展的人民币离岸市场，不仅满足了在资本账户有管制的条件下企业使用人民币结算的需求，增加了流动性供给，还通过多元市场和金融产品创新提供投融资、套期保值等金融服务，满足了非居民对人民币资产的保值增值需求，极大地增强了人民币的市场吸引力和信心。对内来看，离岸市场提供了新的融资渠道，使得企业能够充分利用境外市场充足的低成本资金，解决融资难问题，提高金融效率；同时也为企业“走出去”提供大规模、可持续的资金支持，有利于培育具有国际竞争力的本土跨国公司，加速改变我国长期处于国际供应链低端的局面。另外，离岸市场可以促使中资金融机构接受国际竞争洗礼，尽快提高服务水平和创新能力，推动中资金融机构国际化。在此过程中，跨国资本流动，特别是短期投机资本形成的冲击风险，被隔离在有限的离岸市场范围内，可有效避免引发国内系统性金融危机。离岸人民币交易在一定程度上具备的“可兑换性”，再加上本币使用的便利性，二者共同助推了人民币国际化水平的快速提高。

从长远看，强大的离岸金融市场对人民币国际化具有重大意义。

未来人民币要想成为主要国际货币之一，既要满足国际货币基金组织“可自由使用货币”的要求，也必须通过有效的离岸市场机制来确保人民币的自由使用和便利性。历史经验表明，美元在各国官方外汇储备中始终占有最大份额，关键在于拥有发达的全球美元离岸市场，所以一直被广泛地用于第三方交易，在主要国际金融中心保持较高的交易份额，很难被其他国际货币取代。所以从长远来看，伦敦、法兰克福等主要国际金融中心的人民币离岸金融业务规模与交易比重，将是检验人民币是否已经成为主要国际货币之一的重要标志。

资料来源：人民币国际化报告 2014. 北京：中国人民大学出版社，2014.

4.2 欧洲债券市场

4.2.1 欧洲债券及其种类

1. 欧洲债券的含义

国际债券市场可以分为两大部分：外国债券（foreign bonds）和欧洲债券（Eurobonds）。

外国债券是指借款人在国外资本市场发行的以发行国货币标价的债券。外国债券的发行者是一个外国主体。最重要的外国债券市场包括苏黎世、纽约、东京、法兰克福、伦敦和阿姆斯特丹等。

外国债券市场的个别子市场被冠以有趣的名字。例如：在美国市场发行和承销的非美国公司的美元债券被称为扬基债券（Yankee bonds）；在日本市场发行和承销的非日本公司的日元债券被称为武士债券（Samurai bonds）；在英国市场发行和承销的非英国公司的英镑债券被称为猛犬债券（Bulldog bonds）；境外机构在中国发行的人民币计价债券被称为熊猫债券（Panda bonds）。

人民币债券市场逐步开放，熊猫债市场出现井喷式发展。据统计，2016 年，共有 26 个境外发行人在中国债券市场获得熊猫债发行核准或注册，金额共计 2 337 亿元，发行规模达 928 亿元。发行人涵盖了国际开发机构、境外金融和非金融企业、国际性商业银行、外国政府等，发行主体日益丰富。

欧洲债券是指借款人（债券发行人）在其他国家发行的以非发行国货币标价的债券。这种境外债券通常是由一些国家的银行和金融机构建立的国际承销辛迪加发行，并由有关国家向投资人提供担保，因此，这个市场作为本国资本市场和外国债券市场以外长期资金筹措的第三个来源，其特点是对借贷双方来说都具有国际性。

第一笔欧洲债券于 1961 年 2 月 1 日在卢森堡发行。市场建立的初期主要是发行美元债券，后来由于美元汇价动荡不定，美元债券的发行减少，而以联邦德国马克、法国法郎、卢森堡法郎、加拿大元、澳大利亚元、丹麦克朗、荷兰盾等货币发行的债券相继出现。但进入 20 世纪 80 年代以后，欧洲债券迅猛增长，发行额远远超过外国债券。各类机构在香港离岸金融市场上发行的人民币债券，也属于欧洲债券。由于规模较小，在香港离岸市场发行的人民币债券经常因超额认购而被抢购一空，所以也被称为点心债（Dim Sum bonds）。

2. 欧洲债券的种类

（1）按照发行期限的长短，可分为短期债券（一般是 2 年）、中期债券（2～5 年）和长期债券（5 年以上）。

（2）按利率情况，可分为固定利率债券、浮动利率债券和混合利率债券。混合利率债券即把债券的偿还期限分为两段，一般债券在前一段的计息按浮动利率，在后一段的计息按固定利率。

（3）按出售方式，可分为公募债券和私募债券。前者指公开发行，在证券交易所挂牌出售，并可在市场上自由买卖或转让的债券；后者是指不公开发行，不在市场上自由买卖或转让的债券。

（4）按清偿的要求，可分为到期清偿本息或每半年、一年付息一次，到期偿还本金，或者把债券的清偿与股票相联系。此外，还有与另一种货币挂钩的债券，这种债券的面值货币与另一种货币挂钩，发行时规定两种货币的比价。购买债券和还本付息使用面值货币，但要以挂钩货币计算。其目的在于使投资者避免因面值货币贬值而蒙受损失。近年来，由于金融证券化的发展，各种形式的证券已出现在欧洲债券市场上，如浮动利率与固定利率互换、不同货币互换等等。

4.2.2 欧洲债券市场的特点

欧洲债券相对于外国债券来说具有较大的优势，这也决定了欧洲债券市场的快速发展。欧洲债券的特点可以从筹资者和投资者两个方面加以考察。

对于筹资者来讲：第一，发行欧洲债券进行融资的成本更低。比如，欧洲美元债券比在美国发行的美元债券成本低大约0.2%。第二，由于是境外市场，不需要向有关国家申请批准，不受各国金融法令的约束，而且在审批手续、资料提供、评级条件掌握等方面都比较宽松。第三，可以自由选择货币面值，通常以1 000美元或与1 000美元等值的其他欧洲货币为面值发行。第四，可以用一种货币发行，也可以用两三种货币发行，到期时由贷款人选择使用对自己最为有利的货币还本付息。

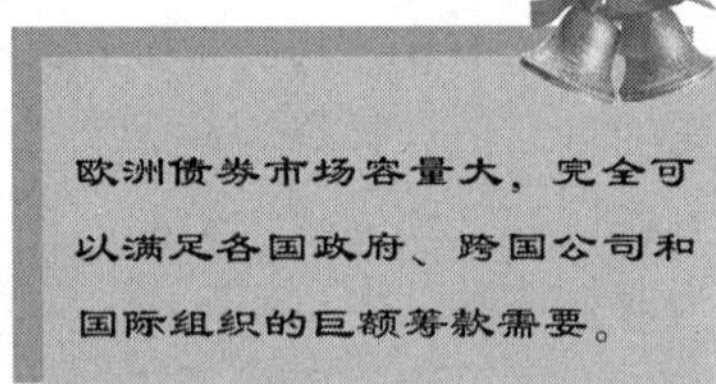

此外，由于债券可以转让，金额分散，地理范围广大，一般又有政府担保，所以欧洲债券市场比一般债券市场的容量大，可以筹集到大额资金，并且利率低，期限长。以前，欧洲债券期限多为5～12年，现在延长到20～30年，甚至还出现了无偿还期的永久性债券。

发行欧洲债券，通常要由几家大型国际银行牵头组成国际辛迪加，并承销大部分债券；在承销辛迪加的基础上还要组织一个更大的认购集团，一般由50家以上的代理机构组成。债券发行时，首先在认购集团内部分配，然后再由认购机构转到二级市场销售。

对于投资者来说，由于发行人一般是各国政府、国际金融机构和信誉卓越的公司，所以投资比较安全，而且，债券利息收入在多数国家免税，可以获得较多的收益。

Summary

1. 国际金融市场的核心部分，是从事境外金融业务的境外市场，也称离岸市场。离岸市场不是指某一市场的地理位置，而是相对于在岸市场（传统的国内市场）而言，以区别市场中交易货币的性质。

2. 人民币离岸市场是在中国境外经营人民币业务的境外市场。由于人民币在境外市场的积累，香港、新加坡、台湾、伦敦等人民币离岸市场业务快速发展，境外人民币可以通过离岸市场交易流通、保值增值。人民币离岸市场对人民币国际化具有重要意义。

3. 欧洲货币是指某种货币发行国境外的银行体系所创造的该种货币存贷款业务，它并非指欧洲某个国家的货币。欧洲货币市场发端于欧洲美元市场，即美国境外的美元存款或者美元贷款。

4. 按照借贷期限的长短，可以把欧洲货币市场分为资金市场、中长期借贷市场和债券市场三部分。一般欧洲资金市场也称为欧洲货币市场。

5. 外国债券与国内债券都是以发行国货币为面值，在该国国内市场报价出售，区别在于外国债券的发行者是一个外国主体。欧洲债券是指借款人（债券发行人）在其他国家发行的以非发行国货币标价的债券。

Key Terms

离岸市场　在岸市场　欧洲货币　欧洲美元
国际银行业设施（IBF）　利息平衡税
伦敦银行间同业拆放利率（LIBOR）　石油美元　石油美元环流
外国债券　扬基债券　武士债券　猛犬债券
欧洲债券　熊猫债券　点心债

Questions and Problems

1. 说说欧洲美元是什么意思。

2. 欧洲美元市场的出现会影响美联储的货币政策吗？

3. 试评述：“国际银行纷纷在离岸金融中心设立‘账簿式’分行，因为在这一市场上可以享受税收优惠，不受各国条例约束，商业秘密受法律的严密保护，并且便利的地理位置能使银行资金逃避邻国的管辖。如果早期的欧洲货币市场为苏联提供了匿名服务，那么这同样也能服务于资产剥夺者、毒品走私分子、私营军火商、逃税者和国家情报机构，更不用说一些‘普通’公民了，这些‘普通’公民在自己的晚年十分关注自己的经济安全，力图远离贫民窟和秘密警察。”

4. 欧洲货币市场是否存在信用膨胀问题？欧洲货币市场规模不断扩大是否会威胁国际金融稳定？

5. 试比较欧洲债券与外国债券的异同。

6. 观察香港市场离岸人民币汇率与上海外汇交易中心在岸人民币汇率的走势，说说你有什么发现。

第五章

国际资产组合投资

(International Portfolio Investment)

学习目标

- 掌握国际组合投资的原理和渠道；
- 了解国际金融市场一体化的衡量方法以及收益和风险；
- 熟悉国际金融市场上的机构投资者。

本章预习

全球范围的金融自由化、放松管制、技术进步和金融创新，刺激了国际金融市场的迅速发展，极大地推动了国际金融市场的一体化进程。金融市场开放和国际金融市场的发展使得国际投资成为可能，但国际金融市场一体化程度的加深又会弱化国际投资的分散化效应。本章探讨随着国际金融市场一体化发展而产生的国际组合投资问题。

按照交易工具的期限，国际金融市场可以分为国际货币市场和国际资本市场。20 世纪 80 年代以来，无论是以国际信贷为主导的国际货币市场，还是以国际证券为主导的国际资本市场，市场的绝对规模都经历了快速增长。与市场规模增长相伴随的是国际金融市场一体化程度的加深。所谓国际金融市场一体化，是指国内和国外金融市场之间日益紧密的联系、协调，它们相互影响、相互促进，逐步走向统一金融市场的状态和趋势。从理想状态来看，一个高度一体化的国际金融市场应该符合“一价定律”，即不同国家同种金融资产的价格是一致的，国际金融市场上不存在无风险套利机会。金融市场一体化的程度可以通过四种方法来衡量：抛补利率平价、非抛补利率平价、实际利率平价、储蓄与投资模型。

国际金融市场的迅速发展使得国际市场上诞生了一些国际机构投资者，它们与金融市场发展之间形成一种相互促进的关系。由于拥有的资金量巨大，机构投资者在国际金融市场上一般采用组合投资方法。本章将介绍典型的机构投资者及其所使用的组合投资方法。

5.1 国际组合投资概览

20 世纪 70 年代以来，由发达国家率先掀起的金融自由化大大消除了资本跨国流动的壁垒，使得跨国投资活动成为可能。而通信技术和计算机技术的发展也大大降低了跨境交易的成本，推动国际金融市场上的跨国投资更快发展。国际组合投资使得投资者在全球范围内配置资金，从而更好地分散风险。

跨国投资可以分为直接投资和证券投资，本节将详细介绍国际证券投资活动。

5.1.1 国际组合投资简介

现代投资组合理论最早是由美国著名经济学家哈里·马科维茨于 1952 年系统提出的。1952 年 3 月，他在《金融杂志》上发表题为《资产组合选择——投资的有效分散化》一文，该文堪称现代金融理论史上的里程碑，标志着现代组合投资理论的开端。

1945 年随着第二次世界大战结束，世界经济进入战后恢复阶段，美国成为资本主义世界的头号强国，伴随着战后重建的逐渐深入，资本主义经济体又迎来了发展的“黄金时期”。实体经济的发展和国际关系的缓和推动了各国的经济交往。与此同时，1945 年以美国为主导建立了布雷顿森林体系，各国均严格遵守固定汇率制度，保持汇率的稳定，这一稳定的国际货币体系又大大地推动了国际贸易的发展。据统计，1948—1971 年，资本主义世界的出口贸易平均年增长 8%，大大高于第一次世界大战期间的 0.8%。经济和贸易的发展也极大地推进了国际资本流动，但是由于这一时期西方国家对国内金融市场实行严格监管，对国际资本流动实行控制，当时的国际投资主要以直接投资为主，组合性的证券投资规模较小。

从 20 世纪 80 年代开始，国际组合投资进入了高速发展阶段。表 5-1 简要列示了国际组合投资的概况。从表中我们可以看出，到 2017 年，各个国家拥有的国际证券资产达 53 万亿美元，其中股票类资产超过 26 万亿美元，规模相当大。

表 5-1 截至 2017 年国际组合投资概况 单位：百万美元

国家	股票	长期债券	短期债券	合计
美国	8 076 222	2 588 262	411 898	11 076 382
英国	2 068 200	1 168 595	145 059.7	3 381 855
日本	1 526 145	2 484 034	37 106.61	4 047 286

续前表

国家	股票	长期债券	短期债券	合计
卢森堡	1 969 187	1 938 213	348 982.3	4 256 382
德国	1 164 329	2 096 390	22 715.59	3 283 434
法国	868 215	1 703 113	242 106.6	2 813 434
爱尔兰	1 129 846	1 197 120	480 390.4	2 807 357
荷兰	929 181	914 273.5	52 492.92	1 895 947
瑞士	688 341.2	610 761.3	58 457.51	1 357 560
意大利	954 572.4	589 998	10 506.22	1 555 077
其他国家	7 065 295	8 488 575	1 348 179	16 902 049
合计	26 439 534	23 779 335	3 157 894	53 376 763

注：个别合计数由于四舍五入原因与各行加总略有差异。

资料来源：IMF. The Coordinated Portfolio Investment Survey.

美国是当今世界上最发达的国家，拥有全球最发达的金融市场。通过考察美国金融市场上投资者的国际化投资，也可以窥视国际组合投资的发展状况。首先来看外国投资者对美国证券市场的投资。由图 5-1 可知，20 世纪 50 年代以来，外国投资者对美国证券市场投资比例总的趋势是上升的。尤其是随着美国在 70 年代末逐渐取消资本流动的限制，外国投资者所拥有的美国证券类资产的比例迅速增大。到 2004 年，由外国投资者持有的美国国债所占比例高达 43%，股票的比例相对较低，但也超过了 10%。

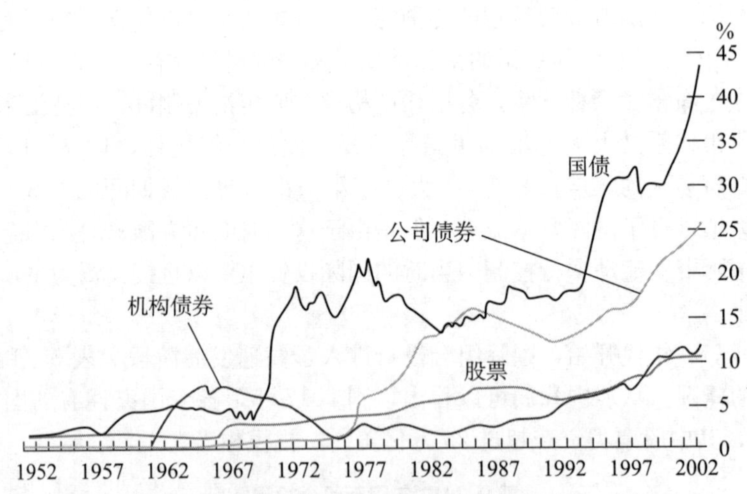

图 5-1　外国投资者持有的美国证券类资产比例

资料来源：IMF. Global Financial Stability Report，2004.

美国证券市场吸引了大量的国外资金，众多外国投资者把美国证券加入自己的投资组合当中。同时，美国也把大量的资金投向国外市场，构筑自己的国际投资组合。到 2015

年，美国对外国股票的投资增加到了 6.8 万亿美元，与 2010 年相比增长了 37.8%。美国投资者把外国股票作为自己投资组合中的重要资产，到 2015 年，外国股票在美国投资组合中的比例高达 27.2%（见图 5-2）。

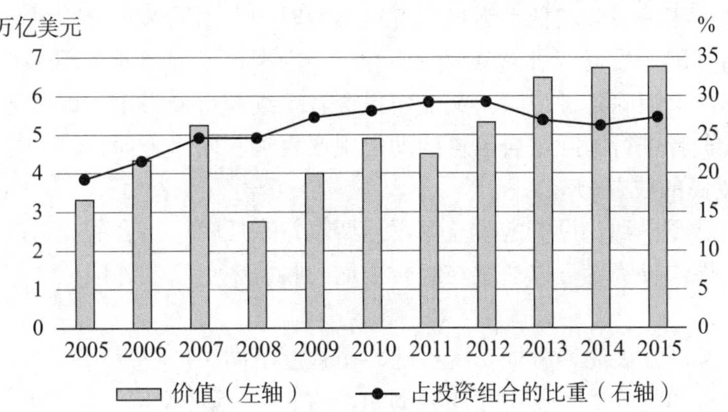

图 5-2　美国对外国股票的投资统计

资料来源：Federal Reserve Bank. Financial Accounts of the United States Flow of Funds, Balance Sheets, and Integrated Macroeconomic Accounts.

在当前的国际组合投资中，发达国家的证券市场仍然是投资的主要流向，但是新兴市场正日益成为国际组合投资的一个重要投向。同世界发达的证券市场相比，新兴证券市场具有如下两个基本特征：其一是主要位于新兴工业化国家和发展中国家或地区。根据国际金融公司编制的“新兴市场可投资综合指数”，目前全球共有 36 个证券市场被列入新兴证券市场之列，其中拉美有 12 个，亚洲有 11 个，非洲有 8 个，欧洲有 3 个，中东有 2 个。其二是这些市场以国内迅猛的经济增长为背景，规模扩张极为迅速，投资收益率也相对较高。新兴市场提供的高收益率以及风险分散化优势使得国际投资组合加速进入新兴市场。

外国投资者主要通过基金进入新兴证券市场。例如，直到 20 世纪 80 年代末，在美国注册的墨西哥基金一直是美国投资者投资墨西哥的唯一途径。又如，尽管韩国 1991 年才启动证券市场自由化进程，但早在 1984 年，在纽约证券交易所上市的韩国基金就已经进入韩国市场。目前，发达国家的绝大多数个人、一半以上的养老基金，都通过共同基金投资新兴市场。据世界银行的一项调查，1997 年养老基金对新兴市场的投资占其总资产的 1.5%～2%，约为 500 亿～700 亿美元。据新兴市场基金研究公司和国际金融公司的统计，全世界新兴市场基金的股票投资达到较高的水平，1996 年底对部分亚洲经济体的投资达 772 亿美元，占其股市总市值的 5%；1997 年底对拉美部分经济体的投资为 397 亿美元，占其股市总市值的 7%。20 世纪 90 年代以来，美国的基金大幅度增加了对新兴市场的投资。1991—1998 年，美国专门针对新兴市场的基金从 3 只增至 165 只，同期基金净资产从 1.42 亿美元增加到 135 亿美元。1997 年基金净资产最高时曾达到 170 亿美元，但亚洲金融危机之后有所回落。进入 21 世纪，随着新兴市场国家从危机中走出，新兴市场高速增长的经济和较高的投资收益又吸引了大量资本涌入。

5.1.2 国际组合投资的动机

国际证券投资理论认为，投资于多个国家的证券市场比仅投资于一国证券市场，能更有效地分散风险，并保持不变的收益水平。各国经济波动周期的差异以及国际证券市场一体化程度不高，相关系数较低，为投资者在不同时期、不同国家分散风险，提供了必不可少的条件。通过国外投资，可部分消除证券组合中来自本国商业循环周期波动的影响，这既能在较大程度上消除各种风险，又能使投资者持续获得局限于一地所无法保持的长期收益。所以，投资者进行国际组合投资的动机主要表现在两个方面：

1. 获取更高的收益

前面我们已经提到，投资的收益率用预期收益来反映，组合的收益等于各项资产收益的加权平均结果。投资者可以通过在组合中加入收益率更高的外国证券来提高整个组合的收益率。

各个国家经济发展周期不同，资本的丰裕程度不同，产业发达程度不同，这些差异决定了各国证券市场的收益也各不相同。例如，图 5－3 是典型经济体 1989—2015 年的平均收益率比较。从图 5－3 中我们可以看到，在这 27 年间，瑞典、中国香港、比利时等经济体股票市场的年均收益率均高于美国市场。对于美国投资者而言，只要将这些市场纳入其投资组合当中，便可以提高其组合的收益率。

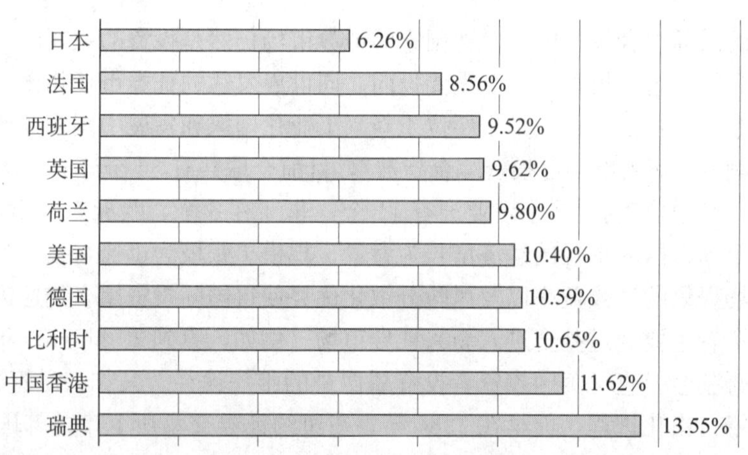

图 5－3 典型经济体股票市场年均收益率比较（1989—2015 年）

资料来源：Standard & Poor's Micropal，Morgan Stanley Capital International，Global Financial Development Database.

国际组合投资所带来的收益增值主要来自两个渠道。第一，如果外国证券市场无效率，那么外国证券的价格就不能反映全部信息。准确把握交易时机的投资者可以获得超额利润。第二，外国证券市场与本国证券市场分隔，这意味着外国市场的投资者承担证券投资风险而获得的报酬与本国市场上的投资者不同。例如，假定一个资本缺乏的小国必须向股权投资者提供 4％的实际收益率，而资本充裕的大国对于具有相似风险的项目只需提供 2％的实际收益率。如果这些市场始终被各种壁垒所分隔，那么这些收益差异就会持续下去。投资者始终可以通过国际组合投资来获得增值收益。不过，对于瑞典的投资者而言，由于瑞典市场的收益率是最高的，其对外国证券市场的投资似乎并不能获得收益的增长。那么现实中他们为什么还进行跨国投资呢？这就涉及国际组合投资的第二个动机。

2. 获取风险分散化收益

投资是有风险的，按照能否分散，风险可以划分为系统性风险与非系统性风险。系统性风险是由那些影响整个金融市场的风险因素所引起的，这些因素包括经济周期、国家宏观经济政策的变动等等。这一部分风险影响所有金融变量的可能值，因此不能通过分散投资相互抵消或削弱，因此又称为不可分散风险。换言之，即使投资者持有的是充分分散化的投资组合，也要承受这一部分风险。非系统性风险是一种与特定公司或行业相关的风险，它与经济、政治以及其他影响所有金融变量的因素无关，也就是说与整个市场无关，所以分散投资能够降低非系统性风险，而且如果分散是充分有效的，这种风险还能被消除，因此，又被称为可分散风险。资产组合理论证明，资产组合的风险随着组合所包含的证券数量的增加而降低，资产间相关度极低的多元化资产组合可以有效地降低非系统性风险。全球化进程的日益发展使我们能够利用国外的证券，将其作为一种可行的更大范围上的分散化途径。

一国国内证券组合投资一般只能分散本国市场上的非系统性风险，而国际证券组合投资不仅可以降低非系统性风险，还可以起到降低相对于一国而言的系统性风险的作用。对于分散化风险而言，构建国际证券组合比构建国内证券组合要理想得多。但是，这一结论成立的前提是各国之间证券投资收益的相关性较低。从组合投资的角度看，与国内证券之间或国内不同证券市场之间的相关性相比，不同国家证券市场之间的相关性要小得多。研究表明，美国国内证券之间的平均相关性为 0.4，美国国内各证券市场之间的相关性则在 0.9 以上，而各发达国家证券市场之间的平均相关性只有 0.133，远远低于美国国内证券市场之间的相关性。这表明，如果投资者能够对其投资实施国际分散化措施，那么就能大大降低风险。

5.1.3 国际组合投资的特殊风险

从投资个别证券的角度来看，投资外国证券比投资本国证券所涉及的风险要多。投资者期望未来从外国证券投资中获得现金收入，但是这些现金收入会以外国货币计值，如果不把它兑换成投资者所在国的货币，那么，这些现金对投资者而言就是一文不值。而在将以外国货币计值的现金兑换成本国货币的过程中，投资者还面临着各种不确定性。也就是说，与投资本国证券相比，投资者投资外国证券还面临额外的风险，主要包括国家风险和汇率风险。

所谓国家风险，指的是投资者进行货币兑换的能力的不确定性。具体地说，外国政府可能限制甚至完全禁止货币间的兑换，或者对货币兑换征收各种各样的税负或费用，从而加大货币兑换的成本，或者是该国经济环境突然发生变化导致投资者遭受损失。国家风险的一个典型例子就是 2011 年爆发的利比亚战争，当时在利比亚境内的投资者损失惨重。

汇率风险是指货币兑换比率的不确定性，即投资者在购买外国证券时，其未来的以外国货币计值的投资在兑换成本币时面临着不确定性。为了说明这一点，我们考察一个例子。假设一位美国投资者期初投资 20 000 美元，购买无风险的英国国债，该国债年收益率为 10%。假设现在的汇率是 1 英镑兑换 2 美元，那么美国投资者的期初投资额就相当于 10 000 英镑，一年以后能获得 11 000 英镑的本利和。如果在这一年当中英镑兑美元的汇率发生了变动，比方说年末汇率变成 1 英镑兑换 1.8 美元，英镑贬值。那么 11 000 英镑只能兑换 19 800 美元（=11 000 英镑×1.80 美元/英镑），相对于期初的 20 000 美元，反而损失了 200 美元。于是，尽管以英镑为计算单位的收益率为正的 10%，但是由于汇率变动，导致以美元计算的收益率变成了负的 1%。

要想彻底消除国际组合投资所带来的额外风险几乎是不可能的。国家风险可以通过国际投资保护协定、税收饶让协定来解决，但不可能做到完全消除。汇率风险可以通过在远期外汇市场和外汇衍生产品市场上进行相应的操作来规避，但也无法完全消除。

5.1.4 国际组合投资渠道

投资者可以通过多种途径进行国际投资，每一种途径都有其自身的优点和缺点。下面我们简单地介绍三种主要的投资渠道。

1. 在外国证券市场上直接购买外国证券

随着各国资本流动控制政策的取消和各国证券市场的对外开放，越来越多的投资者通过直接购买外国证券市场上的证券来实现国际组合投资。直接购买外国证券的好处是投资者可以完整地实现自己的投资意图，贯彻自己的投资政策。但对于投资者而言，这样一种投资在技术层面可能存在一些障碍，例如跨境交易成本过高、外汇兑换成本加大、对外国证券的信息掌握不充分等等。因此，对于个人投资者来讲，直接购买外国证券是一个综合成本较高的国际组合投资形式，却是较大规模的投资机构在国际投资中首选的一种方式。例如，目前就有许多机构投资者通过 QFII 制度直接投资于中国证券市场。

△ 专栏 5.1

QFII

QFII（qualified foreign institutional investor）制度，即合格境外机构投资者制度，是指允许经核准的合格境外机构投资者，在一定规定和限制下汇入一定额度的外汇资金，并转换为当地货币，通过严格监管的专用账户投资当地证券市场，其资本利得、股利等经批准后可转换为外汇汇出的一种市场开放模式。这种制度是在货币没有完全自由兑换、资本账户尚未开放的情况下，有限度地引进外商投资于本国证券市场。限制和审查的主要内容是：外资进入市场的渠道和数额、汇入汇出期限；监控外资流入量和投资状态的登记体系等。

资本市场国际化是 QFII 产生的动因。20 世纪 80 年代中期以来，新兴市场经济体普遍开始致力于发展国内金融市场和资本账户自由化，QFII 制度在印度、巴西、波兰、韩国、中国台湾地区应运而生。2002 年 11 月 5 日，中国人民银行和中国证监会正式发布了《合格境外机构投资者境内证券投资管理暂行办法》，启动了中国证券市场对外国投资者开放的进程。2003 年合格境外机构投资者投资于中国证券市场从办法变为现实，2003 年 7

月 9 日瑞士联合银行首次以 QFII 的身份买入四家内地 A 股公司股票，为 QFII 在中国股票市场投下了第一单。此后，QFII 在中国证券市场上四处出击，先后投资于股票、债券、基金等法律所允许的金融工具，成为 2003 年中国低迷的证券市场中最具活力的一股力量。

2. 购买本国市场上的外国证券

现在，有很多公司的股票不仅在国内上市，还在其他国家的多个证券市场上做异地上市。这就为投资者在本国市场上购买外国证券提供了可能。目前，大多数公司的海外发行采取了存托凭证的形式，购买存托凭证也成为一国投资者构建国际组合的重要渠道。

存托凭证（depository receipts，DR），又称预托凭证，是指在一国证券市场流通的代表境外公司有价证券的可转让凭证，属于公司融资业务范畴的金融衍生工具。存托凭证实际上是境外公司存托股票（depository shares）的替代证券。存托凭证发行后，与其他证券一样，可以在外国证券交易所或柜台市场自由交易。以股票为例，存托凭证产生过程如下：经纪商在国内证券市场购买一定数额的股票，并交付当地的托管银行（也称受托银行）保管，然后由托管银行通知外国的存托银行在当地发行代表该股份的存托凭证（见图 5-4）。

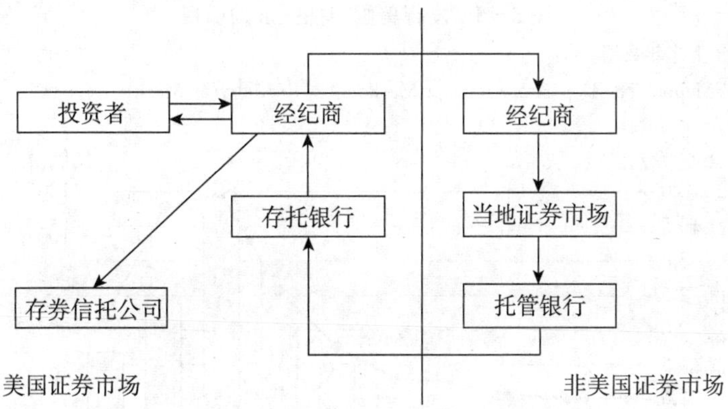

图 5-4 美国存托凭证发行示意图

从投资者的角度看，存托凭证是由存托银行所发行的几种可转让股票凭证，证明一定数额的某外国公司股票已寄存在该银行在外国的保管机构，而存托凭证的持有人实际上是寄存股票的所有人，其拥有的权力与原股票持有人相同。以美国存托凭证为例，国内公司可以通过发行该种存托凭证快速筹集到大量外汇资金，拓宽公司的股东基础，提高其长期筹资能力，提高公司证券的流动性并分散风险。而且，发行存托凭证可以规避直接发行股票与债券的法律要求，手续简单，成本低。对于美国居民而言，投资中国公司在美国发行的存托凭证，既可以分散化投资，以实现组合投资的多元化，而且以美元交易非常方便。存托凭证一般代表公司股票，但有时也代表债券。存托凭证的参与人在本地有证券发行公司、保管机构，在国外有存托银行、证券承销商及投资者。按其发行或交易地点不同，存托凭证被冠以不同的名称，如美国存托凭证（American depository receipt，ADR）、欧洲存托凭证（European depository receipt，EDR）、全球存托凭证（global depository receipt，GDR）、中国存托凭证（Chinese depository receipt，CDR）等。从世界范围来看，目前存托凭证交易最为活跃的地区以欧美为主，美国存托凭证的发行量一直遥遥领先。美国存托凭证通过减少或消除诸如交割延误、高额交易成本以及其他与跨国交易有关的不便之处，为美国投资者购买非美国证券以及为非美国公司的股票在美国交易提供了变通的渠道。从清算、交割、过户和所有权的角度来看，存托凭证都可以如同美国证券一样进行交易。

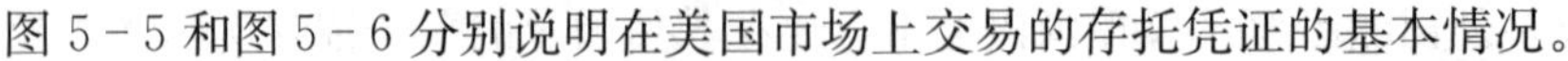

图 5－5 和图 5－6 分别说明在美国市场上交易的存托凭证的基本情况。

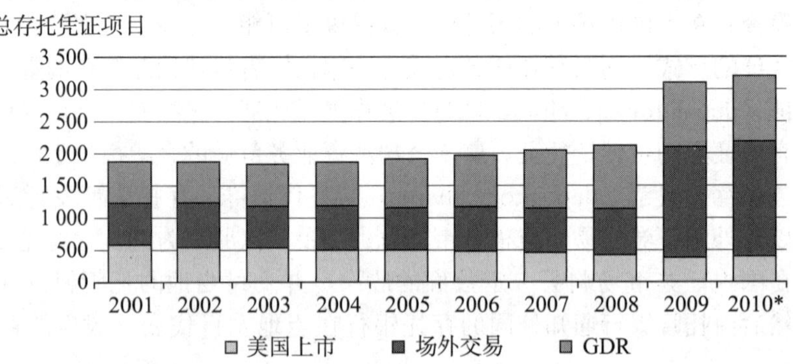

图 5－5　发行美国存托凭证的项目

注：* 代表 2010 年上半年数据。

资料来源：BNY Mellon. The Depository Receipt Markets：2010 Mid-year Market Review.

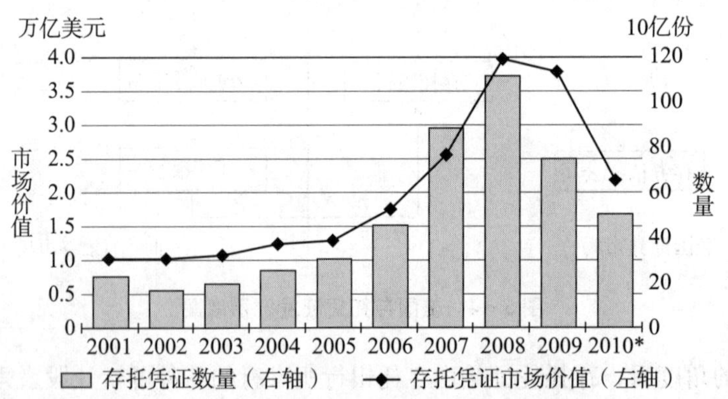

图 5－6　美国上市的存托凭证的交易量

注：* 代表 2010 年上半年数据。

资料来源：BNY Mellon. The Depository Receipt Markets：2010 Mid-year Market Review.

▲ 专栏 5.2

阿里巴巴借助存托凭证赴美上市

2014 年 9 月 6 日，阿里巴巴集团向美国证券交易委员会提交更新后的招股文件，文件声称集团将以每股美国存托凭证 60～66 美元的价格挂牌上市，这创下美国市场上有史以来按市值计算的最大的IPO交易。

招股说明书显示，阿里巴巴集团将通过IPO交易筹集243亿美元资金。按定价区间的中值计算，其市值将为1 550亿美元左右。数据提供商Dealogic统计的数据显示，这将令其成为按估值计算的最大规模IPO交易，令维萨、通用汽车、Facebook以及多家大型中国上市公司相形见绌。

2014年9月19日，阿里巴巴集团将其IPO价格确定为每股68美元，也就是此前定价区间的上限，这项交易创下全球范围内规模最大的IPO交易之一。阿里巴巴集团于19日晚正式在纽约证券交易所挂牌交易，股票代码BABA。

2014年9月20日，阿里巴巴在美国纽约证券交易所挂牌上市，首日报收于93.89美元，较发行价上涨38.07%，以收盘价计算，其市值破2 300亿美元。从50万元人民币初创到上市市值达到2 300亿美元左右，阿里巴巴仅用了15年。

▲ 专栏5.3

中国存托凭证

中国存托凭证（CDR）是在中国证券市场流通的代表境外公司基础股票的可转让凭证，实际上是以境外上市公司的股权为基础的在境内筹资的一种手段。

中国存托凭证的发行对促进资本项目开放，完善我国证券市场，提高我国证券交易所的国际地位有着重要意义。

首先，中国存托凭证的发行有助于实现我国人民币资本账户可兑换的目标。中国存托凭证可以成为我国资本账户可兑换的一个重要突破口和标志；同时，中国存托凭证的引入为中国资本市场的对外开放过程提供了一种对国内投资者相对有效的保护手段。

其次，发行中国存托凭证对我国证券市场的开放具有促进作用。我国证券市场的国际化有明显的单边开放特征，发行中国存托凭证有助于国内资金向外投资，缓解目前这种单边不对称的开放格局。

最后，中国存托凭证的引入有助于提升我国证券交易所的国际地位。借鉴世界范围内现有存托凭证的发行经验，促进境外的公司发行中国存托凭证符合我国证券交易所的国际化发展战略，不仅为中国的投资者提供对境外的投资机会，促进证券市场投资品种的多样化，也为我国交易所更快、更有效地融入国际金融市场提供良好契机。

2018年3月30日，国务院办公厅转发了中国证监会《关于开展创新企业境内发行股票或存托凭证试点的若干意见》，中国存托凭证即将正式落地。然而，发行中国存托凭证还面临四大障碍。

一、市场监管障碍

近年来，我国虽然不断加大金融监管力度，监管水平也日益提高，但综观我国当前的证券市场，缺陷还是较为明显，如上市公司信息披露不规范，惩罚力度不够，诚信缺失等。由于CDR的发行公司主要是按照境外证券市场的规定运行和披露信息，不一定符合境内的监管要求和惯例，客观上增加了境内监管部门的监管难度。

二、外汇体制障碍

我国目前的外汇制度尚未允许人民币在资本项目下自由兑换，若基础股票与CDR分别处于不同的市场之中，并且市场之间相互割裂，这样会导致基础股票与CDR之间的转换出现困难；另外，由于境内市场相对较高的市盈率，就会形成同股不同价的情形，使CDR失去原有的性质。

三、法律及制度障碍

CDR业务的运作涉及投资者、存托银行、托管银行、存券信托公司以及经纪商等不同的利益主体，需要有较为完善的法律制度作为保障。尽管证监会、上交所和深交所出台了大量针对CDR业务的配套规则，但到目前为止，我国的《公司法》和《证券法》对CDR的发行、交易、监管等方面还没有相关的法律规定，《信托法》和《合同法》中关于信托契约的规定也不是很严格，有关CDR的专门法律制度更是一片空白。

四、存托机构障碍

在存托凭证发行中，存托机构的作用举足轻重。相对于国际大型金融集团而言，我国银行业水平整体还较弱，缺乏存托凭证业务的相关经验和机制。

3. 投资共同基金

投资者也可以通过购买投资于外国证券市场的共同基金来实现国际组合投资，这也是个人投资者最好的选择。这些投资于外国证券市场的共同基金可以分为五类：

（1）全球基金。全球基金有时也被称为世界基金，这种基金广泛投资于全球证券市场，包括美国等发达国家证券市场和亚洲、拉美、欧洲的新兴市场。但全球基金并不一定意味着在全球范围内的广泛投资，这些全球基金可能会集中投资于几个证券市场。例如，Idex全球股票基金将26%的资产投资于美国，11%投资于英国，8%投资于法国，日本和德国各投资6%。

（2）国际基金。国际基金也叫外国基金，这种基金广泛投资于除本国市场以外的其他国家的证券市场。国际基金和全球基金的差异就在于是否对基金注册所在国市场进行投资。同全球基金一样，国际基金可以有各不相同的投资重点和投资战略。例如，忠诚国际分散基金将其资产投资于44个不同的国家，而Oakmark国际中小市场基金则将其资产投资于世界上几个快速增长的市场——泰国、韩国、中国香港和土耳其。

（3）区域基金。区域基金投资于世界上某一特定地理区域的证券市场。例如，区域基金可以将其资产集中投资于欧洲、拉美或亚太地区。

（4）国家基金。国家基金在本国市场外的单一国家市场进行投资，例如中国基金、日本基金、韩国基金等。

（5）新兴市场基金。新兴市场基金是专门投资于新兴市场的基金。新兴市场基金近年来在国际市场上发展很快。

5.2 国际组合投资与金融市场一体化

金融市场一体化消除了跨境投资的壁垒，使得国际组合投资成为可能。但金融市场的一体化也逐渐提高了各国金融市场之间的相关性，使得各国证券资产的相关性也逐渐提高。如果某类资产和投资组合中的一类资产高度正相关，那么在投资组合中加入该类资产所带来的风险分散化效应就非常弱。因此，金融市场一体化程度的不断加深将大大减少国际组合投资的分散化收益，给国际组合投资带来挑战。

5.2.1 金融市场一体化的概念

所谓金融市场一体化，是指国内和国外金融市场之间日益紧密的联系和协调，它们相互影响、相互促进，逐步走向统一金融市场的状态和趋势。正如罗里·C. 史密斯（Rory C. Smith）和英格·沃尔特（Ingo Walter）所指出的，国际金融市场一体化包含三层含义：第一，各国银行和金融机构跨国经营而形成的各国金融市场的关联链；第二，各国金融市场之间关联链的形成，极大地促成了各国金融市场之间金融交易量的增长；第三，基于以上两个方面，各国金融市场的利率决定机制相互影响，具体表现为相同金融工具在不同金融市场上的价格趋于一致。

一般来说，实现金融市场一体化有两条主要路径，二者之间彼此促进、相互伴随。(1) 金融活动一体化。指国际金融领域中的各种壁垒及障碍需要尽可能消除，在业务活动中各种交易工具、交易市场、交易规则、资金价格、结算汇兑、货币种类等趋于一致或具有较大的趋同性，主要表现在金融市场、机构、工具乃至货币的一体化上。(2) 金融制度一体化。指通过契约法律条文和一定的组织形式将金融活动一体化固定下来，形成多个必须遵守的制度。这是较高级的层次，带有一定的主观性。这一进程要曲折和复杂得多，会涉及国家利益的放弃、政治经济主权的削弱与让渡，因此主权国家对此都极为慎重。

5.2.2 金融市场一体化的衡量标准

经济学家们已经建立了多种方法来衡量金融一体化的程度。目前比较常见的有四种方法：抛补利率平价、非抛补利率平价、实际利率平价和储蓄与投资模型。

1. 抛补利率平价

在完全理想的条件下，如果同一种金融工具或两种相似的金融工具在两个国家的预期收益不同，储蓄者会将资金从一个国家转移到另一个国家。只有预期收益率相等时，这种转移才会停止，市场达到均衡。也就是说，在国际金融市场上应该存在一个利率平价，在利率平价下，各国的利率相同，确保资金不发生流动。抛补利率平价就是根据这一思想推导出来的。

抛补利率平价指的是这样一种条件：国内金融资产的利率与国外金融资产的利率之差应该等于两国远期汇率的升水或贴水。用公式表示就是：

$$R-R^{*}=(F-S)/S \tag{5.1}$$

其中，R 代表本国利率，R^{*} 代表外国利率，F 为远期汇率，S 为即期汇率。公式的右边代表外汇的远期升贴水。

如果抛补利率平价不成立，就存在抛补利率套利机会，人们会将资金从一个国家转移到另一个国家。

2. 非抛补利率平价

非抛补利率平价是一个比抛补利率平价更加宽泛的定义。非抛补利率平价说明其他所有特征都相同的两国金融工具的利率差异，应该等于两国货币即期汇率的预期变动率。其一般表达式为：

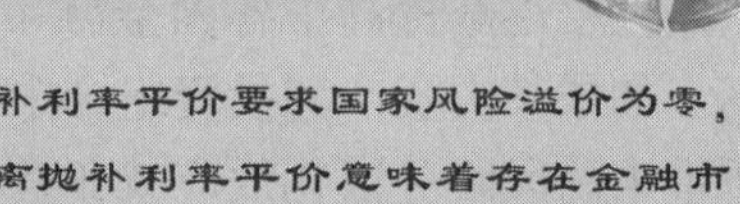

抛补利率平价要求国家风险溢价为零，偏离抛补利率平价意味着存在金融市场一体化的障碍。

$$R-R^{*}=(S_{+1}^{e}-S)/S \qquad (5.2)$$

其中，S_{+1}^{e}代表预期的未来即期汇率。

在非抛补利率平价条件下，不可能存在国家风险溢价或者是汇率风险溢价。

相对于抛补利率平价，非抛补利率平价不仅要求国家风险溢价为零，还要求汇率风险溢价为零。

3. 实际利率平价

实际利率平价是根据费雪方程式、相对购买力平价和非抛补利率平价推导出来的。根据相对购买力平价，可以得到：

$$\pi^{e}-\pi^{*e}=(S_{+1}^{e}-S)/S \qquad (5.3)$$

其中，π^{e}代表本国预期通货膨胀率，π^{*e}代表外国预期通货膨胀率。

结合前面讲到的非抛补利率平价，我们可以推导出：

$$\pi^{e}-\pi^{*e}=R-R^{*} \qquad (5.4)$$

稍加调整，可得到：

$$R-\pi^{e}=R^{*}-\pi^{*e} \qquad (5.5)$$

根据费雪方程式，实际利率 $r=R-\pi^{e}$，于是得到 $r=r^{*}$。这个等式就是实际利率平价条件。它表示在均衡状态下，两国的金融工具在其他特征都相同的情况下，剔除了通货膨胀因素的实际利率水平是相等的。

如果实际利率平价成立，那就意味着各国之间的实际利率不存在任何差异，一价定律成立，国际金融市场高度一体化。

r 为本国实际利率，r^{*} 为外国实际利率。

4. 储蓄与投资模型

以上所介绍的三种利率平价方法都属于价格型平价方法，即通过各国之间资产价格的关系来判断金融市场一体化的程度。储蓄与投资模型则是一种数量型平价方法，它是由哈佛大学的经济学家马丁·费尔德斯坦（Martin Feldstein）和查尔斯·霍里奥卡（Charles Horioka）于1980年提出的。他们认为由于一国总储蓄和（或）总投资的变化会引起经常账户变动，于是经常账户余额就等于国民储蓄减去国内投资。若金融市场完全一体化，经常账户的赤字（盈余）就会被资本账户的流入（流出）所平衡，个人和企业可以

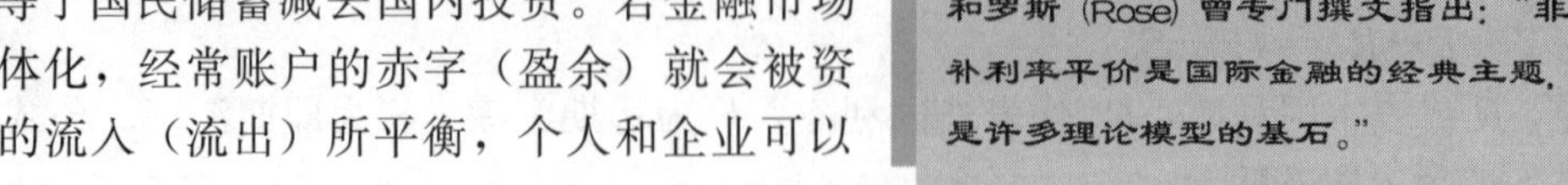

在以上三种利率平价方法中，非抛补利率平价最为常用。弗兰克尔（Frankel）和罗斯（Rose）曾专门撰文指出："非抛补利率平价是国际金融的经典主题，它是许多理论模型的基石。"

在全球范围内寻找投资所需的资金，这样一国的储蓄决策将独立于投资，储蓄和投资就变得不相关。通过检验国家间储蓄和投资的相关性，可以判断金融市场一体化的程度。

费尔德斯坦和霍里奥卡以16个OECD国家1960—1974年的储蓄和投资数据为基础，依据提出的储蓄与投资模型进行实证检验，结果发现这些国家的储蓄与投资相关系数达到了88.7%，标准误差为0.074。这说明发达国家间的金融市场一体化程度较低。

费尔德斯坦和霍里奥卡的储蓄与投资模型所指的一体化标准较为严格，而且模型是建立在一系列严格的假设条件基础之上，在现实中难以完全满足。因此，运用储蓄与投资的相关性来衡量金融市场一体化仍然存在较大争议。

根据弗兰克斯·朗金和索尔尼克的研究，在1960—1990年的约30年间，美国和其他6个国家之间的相关性平均提高约0.36。其他一系列实证研究也表明美国市场与其他市场之间的相关性在不断提高。表5-2和表5-3反映了两个时期亚洲各经济体股票市场收益率的相关系数，通过对比我们可以发现，在20世纪90年代，虽然亚洲各经济体股票市场的相关性仍然不是很强，但是与上一时期相比，市场之间的相关性提高了。

表5-2　　亚洲各经济体股市收益率相关系数矩阵（1977年1月—1987年3月）

	中国香港	韩国	中国台湾	马来西亚	泰国	日本
中国香港		0.005 9	0.082 4	0.330 9	0.016	0.212 5
韩国			0.010 2	0.059 5	−0.034 1	0.151 7
中国台湾				0.143 1	0.049 4	0.150 5
马来西亚					0.052 4	0.163 8
泰国						0.010 4
日本						

表5-3　　亚洲各经济体股市收益率相关系数矩阵（1987年4月—1997年6月）

	中国香港	韩国	中国台湾	马来西亚	泰国	日本
中国香港		0.105 3	0.316 8	0.649 1	0.486 2	0.327 9
韩国			0.024 6	0.093 8	0.099	0.187 7
中国台湾				0.336 9	0.382 6	0.293 7
马来西亚					0.617 3	0.402 8
泰国						0.318 6
日本						

5.2.3 机构投资者与金融市场一体化

随着各国金融市场的开放和金融市场一体化程度的加深，机构投资者也开始走出国门，进行国际性投资。同时，机构投资者的这一行为也进一步加深了金融市场一体化。

机构投资者可以从广义和狭义两个角度来理解。从广义上讲，用自有资金或者从分散的公众手中筹集资金专门进行投资活动的法人机构都可以称为机构投资者，包括商业银行、证券公司、投资公司、保险公司、基金等。从狭义上讲，机构投资者可以定义为一类特殊的金融机构，即通过自己的经营活动从投资者手中募集资金，代表小投资者管理他们的资产，在可接受的风险范围内，利用这些资产进行投资，获得最大收益。在国际金融市场上活跃的机构投资者主要有商业银行、证券公司、保险公司、养老基金和投资基金等。

1. 商业银行

商业银行作为机构投资者在国际金融市场上的投资，主要表现为对有价证券的投资。各个国家对商业银行能否从事投资业务的规定并不一致。在采取德国式的全能银行体制的国家，银行的证券投资可以包括企业的普通股股票。日本允许银行和企业之间的交叉持股，因此，日本的银行拥有大量的股权性投资资产。在美国，1999 年以前银行主要投资于在一定期限内支付固定利息的债券；1999 年的《金融服务现代化法案》废除了银行、证券分业经营的限制，银行也可以投资于股票。而在中国，由于实行严格的分业经营、分业管理体制，商业银行不得投资于股票，只能持有法律许可的一些固定收益债券。

银行的证券投资是银行资产管理的重要部分。通过证券投资，银行既可以满足不可预见的流动性需要，同时又能获得较高的投资收入，使得证券投资起到银行资产负债管理“缓冲区”的作用。

2. 证券公司

证券公司是指依法设立的可在证券市场上经营证券业务的金融机构，它不仅是证券市场主要主体之间进行沟通的重要桥梁，也是证券市场上的主要参与者。证券公司的主要业务包括证券发行与承销、证券自营买卖、证券经纪业务、资产管理及企业财务顾问等。

证券公司同时也是国际金融市场上重要的机构投资者，它广泛投资于证券市场上的多种金融工具。作为一个机构投资者，证券公司的资金主要来自自有资金和资产管理。在成熟国家，自有资金在证券公司投资中所占的比重一般很小，大部分资金均来自受托管理的资产，即证券公司的资产管理业务。证券公司的资产管理是指证券公司作为受托投资管理人，根据有关法律、法规和投资委托人的投资意愿，与委托人签订受托投资管理合同，用委托人委托的资产在证券市场上从事股票、债券等金融工具的组合投资，以实现委托资产收益最优化的行为。通过资产管理业务，证券公司把分散于个人投资者的资金集中起来，按照事先约定的规则或自己的意愿进行投资。资产管理使得证券公司成为国际金融市场上重要的机构投资者。

3. 保险公司

投资是保险行业的核心业务，没有投资就等于没有保险业。保险存在的主要目标是风险的转移，保费是风险转移的价格，但由于市场竞争，这个价格往往不够支付转移风险的成本。所以，如果没有保险投资，保险公司的经营是很难维持下去的。从保险公司的利润来源来看，由于保险公司之间在承保业务上的过度竞争，保险公司的承保利润日益下滑，甚至出现承保亏损，保险投资正成为保险公司经营的生命线。保险公司对投资的重视使其逐渐成为国际金融市场上重要的机构投资者。

1990—1999 年，美国、英国、德国、日本等七个主要国家保险公司的投资增长了 150%，达到 100 万亿美元的水平。即使在日本这样一个传统上以银行为主导的金融环境中，保险公司持有的金融资产份额仍然获得大幅增长，从1990年的15%增长到1999年的28%。

根据国际劳工组织提供的资料，允许社会保险基金投资的国家，其保险基金投资比例一般为：公司股票60%、公司债券17%、政府债券6%、短期贷款3%、抵押贷款11%、房地产3%。

4. 养老基金

养老基金是指通过发行基金份额或受益凭证，募集社会上的养老保险资金，委托专业基金管理机构用于产业投资、证券投资或其他项目的投资，以实现保值增值的一种投资基金。近年来全球养老基金总额迅速增长，1999年达到13万亿美元，比1994年增长了95%。美国的养老基金占全球总额的3/5，日本的养老基金位居第二，英国的养老基金位居第三。其他欧洲国家的此类基金在全球所占的比例均很小。亚洲养老基金的规模目前大约相当于美国的1/4，到2030年可能达到12万亿美元。在亚洲国家中，养老基金市场增长最快的是中国、印度尼西亚、菲律宾、印度和马来西亚。据世界银行估计，到2030年，中国的养老基金市场将达到8万亿美元。

从国际经验来看，各国近年来纷纷放松对养老基金投资组合的限制，养老基金对国外证券投资的比重有增大的趋势。由表5-4可知，除了加拿大养老基金对外国债券投资的比重与1999年持平外，其他几个发达国家养老基金对外国股票和外国债券的投资比重都在上升。发展中国家和新兴市场国家的情况也类似。20世纪90年代中期，拉美、东欧地区几个进行养老保险体制改革的国家还未出现养老基金的国外投资；而到2000年，智利、哥伦比亚、秘鲁等国家养老基金对国外证券投资占各自证券总投资的比重已分别达到11%、23%和7%。

表5-4　1999年部分发达国家养老基金的资产组合及变化趋势（%）

国　家	本国股票	本国债券	外国股票	外国债券
美　国	53（—）	27（—）	11（↑）	2（↑）
加拿大	31（↓）	33（↓）	23（↑）	3（—）
英　国	49（↓）	16（↑）	24（↑）	3（↑）
日　本	25（—）	45（↓）	15（↑）	6（↑）
法　国	10（↑）	48（↓）	2（↑）	6（↑）
德　国	19（↑）	59（↓）	6（↑）	3（↑）
意大利	4（↑）	38（↓）	0（↑）	2（↑）
西班牙	17（↑）	45（↓）	9（↑）	11（↑）

说明：“↑”、“↓”和“—”分别表示未来上升、下降和保持不变。

▲ 专栏5.4

养老基金为何进行国际投资？

养老基金从事国际投资的原因主要在于：

（1）全球投资组合可以更好地实现投资组合管理的最优化，降低系统性风险；

(2) 投资于国际市场可以更好地享受各国经济增长的成果，并获得更稳定的资本市场投资回报；

(3) 投资于离岸金融市场可以降低非系统性风险；

(4) 对于小型开放经济体来说，由于国内资本市场容量的有限性，投资于国际市场是必不可少的；

(5) 对于新兴市场来说，由于国内金融市场发育的不健全，养老基金投资于国际市场可以获得更大的降低风险和增加收益的好处。

从以上这些原因可以看出，通过国际多样化投资分散投资风险是养老基金进行国际投资最根本的理由。根据投资组合理论，当不同资产收益的相关性较弱时，将这些资产纳入一个投资组合，可在保持平均收益不变的情况下，降低投资风险。通常国外投资与国内投资的相关系数相对较小，因此进行国际投资可降低投资组合的风险。

对小国而言，由于国内市场狭小、投资渠道有限，风险分散的好处尤为明显。即使是对美国这样的金融市场非常发达的大国，分散投资风险也很有意义。据测算，1970—1997年，美国社会保障基金年平均收益率为0.24%，标准差为2.16%。假设社会保障基金也进行国内外各种证券投资，将导致不同的收益和风险组合。在投资收益率为3%的情况下，如果仅投资美国国内证券，则标准差为5.8%；如果还投资外国证券，标准差可降至5.1%。在投资收益率为8%的情况下，如果仅投资美国证券，标准差为14.7%；如果还投资外国证券，标准差可降至12.3%。分别计算各种投资组合的收益风险比（预期收益/收益的标准差），可发现如果投资组合中包括外国证券，该指标就会上升，即在预期收益不变的情况下，收益的标准差减小。这表明，投资外国证券确实有助于降低风险。

当然，外国证券在投资组合中的比重并非越大越好。根据1977—1997年美国和其他发达国家股票指数的变化，假设美国某一投资者的资产组合中外国证券的比重分别为0、20%和50%，其他资产为美国国内证券，则该投资者的收益风险比分别为1.17、1.19和1.13，即外国证券比重为20%时最优。可见，外国证券的比重并非越大越好，尤其是当国内外证券市场收益率较为相关时，国际多样化投资分散风险的好处不一定很明显。

资料来源：王信．养老基金的国外投资：国际经验与中国的选择．证券市场导报，2003(3)：60-65.

5. 投资基金

投资基金是一种利益共享、风险共担的集合投资制度。它是通过发行基金证券，集中具有共同目的的不特定多数投资者的资金，委托专业的金融投资机构进行管理和运用，在分散投资风险的同时满足投资者对资产保值增值要求的一种投资制度或方式。它是一种投资者通过购买基金进行投资的间接方式，投资对象包括各类有价证券、金融衍生品及房地产、贵金属等。在我国目前货币市场和其他各类金融交易市场尚未发育的条件下，投资基金的投资范围主要集中于资本市场，以契约型的证券投资基金为主。

目前，投资基金已经成为国际金融领域的一支重要力量，尤其在美国等一些国家与地区，甚至已经成为普通大众的日常理财方式。在最近几年内，投资基金在世界各国得到了迅速的发展。据统计，从2008年到2017年，世界投资基金的数量从91 363只增加到了

126 040只，管理的总资产由22.65万亿美元增加到了53.12万亿美元。其中非美国地区的投资基金数量从81 757只增加到了114 852只，管理的总资产由12.03万亿美元增加到了28.76万亿美元。

在投资基金的发展中，对冲基金尤其引人关注。对冲基金是私人投资库，通常定居于离岸金融中心，以便利用税收和监管上的优越条件。数据显示，2003年以来，全球对冲基金发展迅猛，到2017年底基金总数已达到9 754个，管理的总资产达到创纪录的3.2万亿美元。对冲基金已迅速成为金融市场中炙手可热的投资新手段。

△ 专栏5.5

对冲基金：天使还是魔鬼?

近年来对冲基金之所以快速成长，一方面是由于富人和机构追求更高的投资回报，另一方面是对冲基金确实表现出优于其他投资工具的业绩，正好满足了上述需求。据美国VAN对冲基金咨询公司对全球1 300家对冲基金的统计，近5年来对冲基金的业绩表现持续优于共同基金和一些资本市场指数（比如标准普尔500指数和全球股市指数）。具体来说：

(1) 对冲基金因不同的投资策略而业绩有所不同，但总有一些类型的基金业绩持续高于其他类型的基金。比如应变策略基金（21.7%）、特殊题材基金（21%）、垃圾股基金（21%）、新兴市场基金（20.5%）的5年年均回报率均高于对冲基金的平均水平（17.8%）。

(2) 对冲基金在熊市中比共同基金和标准普尔500指数有更好的业绩。与专门投资于股票市场或债券市场的共同基金相比，对冲基金在熊市中的损失更小。

(3) 少量对冲基金表现出超水平的业绩。比如在1993—1998年，美国10%业绩最好的对冲基金比10%业绩最好的股权共同基金的回报高出7个百分点（25.4%∶18.4%）。

(4) 在传统的投资组合中加入对冲基金的投资份额，将大大改善投资业绩。这是由于对冲基金与资本市场变动的相关度较低，不同投资策略的对冲基金之间的相关度也较低，所以在共同基金和养老基金中加入对冲基金的投资将会改善业绩。

对冲基金的一般业绩良好并不排除它在运作中隐藏的重大风险和失误。有一些对冲基金专门利用金融市场的不稳定性来赚钱，但这种赌博并不注定能赢。在1998年对亚洲和俄罗斯等新兴市场的投资中，老虎基金、量子基金、奥马加基金、长期资本管理公司等一些著名的对冲基金发生巨额亏损，其中以长期资本管理公司的损失最为惨重，达23亿美元。

资料来源：凌晓东．对冲基金：现状、问题与对策．国研网（www.drcnet.com.cn）．

△ 专栏5.6

主权财富基金

主权财富，是通过特定税收与预算分配、国际收支盈余和自然资源收入等方式积累形成的，由政府控制与支配的，通常以外币形式持有的公共财富。近年来，随着规模的迅速增加，主权财富管理成为一个日趋重要的议题。主权财富基金在此背景下应运而生。

主权财富基金（sovereign wealth fund）是指一种国家拥有的由股票、债券或其他金融资产组成的基金，因其经营实体主要是主权国家的中央银行、政府投资公司、国家公共养老基金等机构而得名。其资金来源主要有：一是外汇储备盈余，主要以近年来外汇储备增长迅速的亚洲地区尤其是中国为代表。二是自然资源出口的外汇盈余，主要以盛产石油、天然气、铜和钻石等自然资源的中东、拉美地区国家为代表。三是国际援助，主要以乌干达的贫困援助基金为代表。不同于传统的政府养老基金与那些简单持有储备资产以维护本币稳定的政府机构，主权财富基金是一种全新的专业化、市场化的积极投资机构。

全球主权财富基金的规模从1990年的5亿美元迅速增长到2007年底的2.5万亿美元。目前全球有36个国家和地区设立了主权财富基金，其中规模最大的阿拉伯联合酋长国阿布扎比投资公司资金总额已接近9 000亿美元。从资金规模上来看，主权财富基金已经超过对冲基金和私募基金。到2012年，全球已经有50多个主权财富基金，规模超过5万亿美元。

同时，主权财富基金的资产分布不再集中于定息债券类工具，而是着眼于包括股票和其他风险性资产在内的全球性多元化资产组合，甚至扩展到了外国房地产、私人股权投资、商品期货、对冲基金等非传统投资类别。

主权财富基金市场影响力不断增强，已成为国际金融市场一个日益活跃且重要的参与者。

我国的主权财富基金是中国投资有限责任公司，简称“中投公司”，它于2007年9月29日成立，下设中投国际有限责任公司、中投海外直接投资有限责任公司和中央汇金投资有限责任公司三个子公司。中投公司业务涉及公开市场股票、固定收益、另类资产，以及现金产品。截至2017年底，中投公司的总资产已达9 414亿美元。

在过去的几十年中，主要国家的机构投资者得到了长足发展。这不仅体现在机构投资者本身绝对资产规模的扩大上，也体现在机构投资者持有的资产相对于GDP比例的上升上。表5-5列示了成熟市场上机构投资者的发展。

表5-5　成熟市场*机构投资者的资产

	1993年	1994年	1995年	1996年	1997年	1998年	1999年	2000年	2001年
	资产总额（10亿美元）								
机构投资者	18 248	20 153	23 141	25 432	27 686	32 435	36 596	36 253	34 723
保险公司	6 991	7 822	8 980	9 369	9 702	11 010	11 960	11 519	11 146
养老基金	5 332	5 868	6 660	7 545	8 281	9 527	10 337	10 298	9 515
投资公司†	4 050	4 478	5 309	6 200	7 293	9 201	11 168	11 293	11 091
其他机构投资者	1 876	1 986	2 192	2 318	2 409	2 697	3 132	3 143	2 971
银行资产	4 491	4 798	5 453	5 613	6 074	5 301	5 699	5 917	6 192

续前表

	1993年	1994年	1995年	1996年	1997年	1998年	1999年	2000年	2001年
	资产占GDP的比例（%）								
机构投资者	94.7	97.6	102.0	111.9	124.2	143.5	154.4	151.4	147.2
保险公司	36.3	37.9	39.6	41.2	43.5	48.7	50.5	48.1	47.3
养老基金	27.7	28.4	29.4	33.2	37.1	42.2	43.6	43.0	40.3
投资公司†	21.0	21.7	23.4	27.3	32.7	40.7	47.1	47.2	47.0
其他机构投资者	9.7	9.6	9.7	10.2	10.8	11.9	13.2	13.1	12.6
银行资产	23.3	23.2	24.0	24.7	27.2	23.5	24.0	24.7	26.2

注：* 成熟市场国家包括所有的OECD成员国。

† 投资公司包括封闭式管理的投资公司、共同基金和单位投资信托。

计算存在四舍五入。

资料来源：IMF. Global Financial Stability Report，2004.

风险是任何经济主体都必须考虑的一个经济因素，理论研究表明，风险可以通过资产的多元化来分散。资产的多元化在国内表现为持有多种形式的资产，在国际上就表现为持有多个国家的资产。机构投资者一方面希望通过多元化来分散风险，另一方面又希望通过对一些新兴市场的投资来增加收益，这就产生了国际化投资，机构投资者开始在全球范围内配置收益和风险。

机构投资者在国际市场上的投资一方面促进了各国金融市场和国际金融市场的发展，另一方面也给国际金融市场带来了风险。在金融市场开放后，机构投资者的进入或退出可能造成或加剧本国金融市场价格波动的风险。如果本国市场规模本来就不大，市场的流动性也不充分，那么一定规模的外资流入或流出都会明显地影响本国市场的价格走势，加剧市场的波动。此外，一旦一国发生金融危机，共同基金持有人或基金经理由于对其他类似国家的心理预期变化和投资信心危机造成的情绪变化而抛售所持有的这些国家的资产，可能产生金融危机的溢出和传染。例如，墨西哥金融危机发生后，基金经理们可能决定大量卖出持有的巴西金融资产，引起危机传染。又如，泰铢贬值后，共同基金的持有人可能决定卖出其他亚洲货币资产，从而引发金融危机在整个东南亚蔓延。

机构投资者是国际金融市场上最重要的投资主体，它们的投资行为对国际金融市场的走势影响重大。机构投资者在国际市场上的投资行为促进了国际金融市场的一体化。那么，金融市场能否完全实现一体化呢？金融市场一体化后还有没有所谓的国际组合投资？这些问题都有待我们好好思索。

5.2.4 金融基础设施与金融市场一体化

金融基础设施是能够使金融中介更有效运行的一套系统，包括支付系统、征信系统、结算系统以及法律和监管框架等。完善的金融基础设施可以促进金融发展，提升金融业务的效率，促进金融市场的一体化。

在全球经济一体化的过程中，随着跨境金融活动的增加，跨境货币清算体系的作用尤为凸显。随着人民币国际化进程的不断推进，人民币的使用范围不断扩大。为了满足日益增长的人民币跨境业务需求，有必要在国际范围内建立起配套的金融基础设施。人民币跨境支付系统（cross-border interbank payment system，CIPS）就是在这样的背景下建立起来的。人民币跨境支付系统可以提供人民币业务的跨境清算和结算，实现国内支付和国际支付的统筹。人民币跨境支付系统的建立提升了人民币的跨境支付效率，完善了人民币全球清算服务体系，对于提升人民币的国际地位，促进人民币的国际化具有重要意义。

Summary

1. 国际化投资使得原来局限于国内投资时不可分散的国家风险可以通过对不同国家金融资产的投资得以分散。但是随着金融市场国际化、一体化程度的提高，各国金融市场之间的相关性越来越强，给风险在全球范围内的分散增加了难度。

2. 通过国际投资，可部分地消除证券组合中来自本国商业循环周期波动的影响，既能在较大程度上消除各种风险，又能使投资者持续获得局限于一地所无法保持的长期收益。因此，国际组合投资的两个动机主要在于获取更高的投资收益和风险分散化收益。

3. 国际组合投资将使投资者面临国内投资所没有的特殊风险，主要包括汇率风险和国家风险。

4. 投资者可以通过多种渠道实现国际组合投资，典型的有：在外国证券市场上直接购买外国证券、在本国市场上购买外国证券、购买投资于外国市场的共同基金。

5. 国际金融市场一体化是指 20 世纪 80 年代开始的国内和国外金融市场之间日益紧密的联系、协调，它们相互影响、相互促进，逐步走向一个统一的金融市场的状态和趋势。国际金融市场一体化包含三层含义：第一，各国银行和金融机构跨国经营而形成的各国金融市场的关联链；第二，各国金融市场之间关联链的形成，极大地促进了各国金融市场之间金融交易量的增长；第三，基于以上两个方面，各国金融市场的利率决定机制相互影响，具体表现为相同金融工具在不同金融市场上的价格趋于一致。

6. 在国际宏观经济学领域，经济学家们已经建立了多种方法来衡量金融市场一体化的程度。目前被经济学家们广泛用来衡量金融市场一体化程度的主要有四种方法：抛补利率平价、非抛补利率平价、实际利率平价和储蓄与投资模型。

7. 任何事物都可能存在两面效应，金融市场一体化同样如此。一方面，它可以促进经济的持续增长，促进各国金融机构之间的合作并提高效率，促进投资活跃和新市场兴起，有利于跨国金融监管体系的形成。另一方面，各国政府对本国金融市场的控制能力会削弱，一国很难坚持自主的货币政策，并且金融体系特有的风险传递“多米诺骨牌效应”会表现得更为明显，导致金融风险加剧且快速蔓延，从而产生更大破坏力。

8. 从类型上看，国际金融市场上的机构投资者主要包括商业银行、证券公司、保险公司、养老基金和投资基金等。不同机构投资者的资金来源是不一样的，资金的性质也不同，这就决定了其在国际金融市场上的投资行为也会有所差异。

9. 人民币跨境支付系统是我国重要的金融基础设施，对于人民币的国际化具有重要意义。

Key Terms

投资组合理论	金融市场一体化	抛补利率平价
非抛补利率平价	实际利率平价	储蓄与投资模型
美国存托凭证	合格境外机构投资者制度（QFII）	机构投资者
对冲基金	主权财富基金	人民币跨境支付系统

Questions and Problems

1. 分散化投资对风险有什么影响？
2. 抛补利率平价和非抛补利率平价之间有什么联系？
3. 讨论金融市场一体化和国际组合投资之间的关系。
4. 试分析国际金融市场上不同种类的机构投资者的投资行为特征。
5. 有哪些中国企业已借助美国存托凭证完成了在美国市场的融资活动？你有何评价？

第Ⅱ篇

国际金融管理

第六章

外汇风险管理

(Foreign Exchange Risk Management)

学习目标

- 熟悉企业面临的外汇风险种类及成因；
- 学习常用的外汇风险管理方法。

本章预习

我国航空公司通常以美元贷款或租赁方式获得飞机，但其收入大多为人民币，所以人民币汇率波动对航空公司的利润有很大的影响。例如，2015年、2016年因人民币对美元贬值，中国国航的汇兑损失分别为51.56亿元、42.34亿元，相反，2017年因人民币对美元升值，该公司的汇兑收益高达29.38亿元。实际上，跨国公司、进出口企业的国际经营活动大多涉及货币兑换，其经营业绩容易受到汇率波动的影响，外汇风险管理在其经营管理中占据越来越重要的地位。

6.1 外汇风险概述

跨国经营的一大特点是业务涉及多种货币，需要进行货币兑换才能实现国际贸易、跨国投融资和红利分配等。汇率波动造成的外汇风险增加了企业的现金流不确定性，不利于企业的价值稳定。外汇风险逐渐成为企业跨国经营管理的重点。

6.1.1 外汇风险含义

外汇风险（foreign exchange risk），又称汇率风险，是指在不同货币的相互兑换或折算中，因汇率在一定时间内发生始料未及的变动，致使有关国家金融主体实际收益与预期收益或实际成本与预期成本发生背离，从而蒙受经济损失的可能性。在理解外汇风险的概念时，要弄清楚两个问题：外汇风险对象和风险构成要素。

1. 外汇风险对象

并非所有的外币资产和负债都要承担外汇风险，只有其中一部分，即“受险部分”、“敞口”（exposure）或“风险头寸”（exposure position）才承担外汇风险。具体地讲，在外汇买卖中，风险头寸表现为外汇持有额中“超买”（overbought）或者“超卖”（oversold）的部分。在企业经营中则表现为其外币资产与外币负债不相匹配的部分，如外币资产大于或小于外币负债，或者外币资产与外币负债在金额上相等，但是期限不一致。

外汇风险由风险头寸、货币兑换或折算、受险时间、风险事故（指汇率变动）和风险结果（指经济损失）等要素构成。

2. 风险构成要素

通常，企业的国际业务涉及本币和外币兑换，外币可以是一种或者多种。进口或对外投资需要用本币（或者某种外币）向银行购买特定的外汇；出口或引进外资需要通过银行结汇将外币换成本币（或者另一种外币）。由于国际贸易信贷的发展及外汇结算方式的特点，外汇收支结算需要或长或短的一段时间，即使是即期交易，从成交到交割完成也有两天的时间间隔。而这段时间里，汇率完全可能发生变化，给企业造成风险损失。（图6-1列出了美元兑日元、欧元、人民币的汇率走势。）因此，风险头寸、两种以上的货币兑换、成交与资金清算之间的时间间隔、汇率波动等共同构成外汇风险因素。

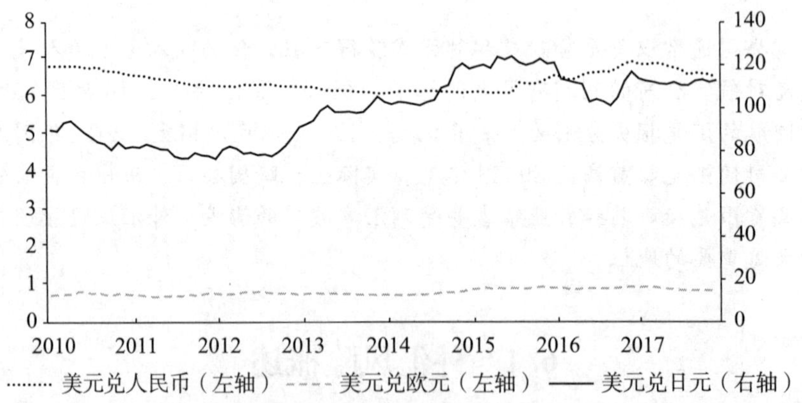

图6-1 美元兑日元、欧元、人民币的汇率走势

资料来源：International Monetary Fund.

例如，某中国企业与巴基斯坦开展进出口业务，如果只用人民币计价并结算，则不涉及货币兑换，就没有外汇风险。或者，该企业因进出口业务需要，同一天收入一笔100万美元的外汇，并支出100万美元，尽管发生了人民币与美元的兑换，但没有风险头寸和受险时间，同样没有外汇风险。

6.1.2 外汇风险种类

1. 外汇交易风险

外汇交易风险，是指企业或个人在交割、清算对外债权债务时因汇率变动而导致经济损失的可能性。这些债权债务在汇率变动前已经发生，但在汇率变动后才清算。交易风险是一种常见的外汇风险，存在于应收款项和所有货币负债项目中。由于进行本国货币与外币的兑换，或者不同的外币兑换才会产生外汇风险，开办外汇买卖业务的商业银行因此面临大量的外汇交易风险；工商企业在以外币进行贸易结算、贷款或借款以及伴随外币贷款、借款而进行外汇交易时，也要面临同样的交易风险；个人买卖外汇也不例外。此外，一些表外业务也包含着外汇交易风险，如买入和卖出外汇工具，如外汇远期合约、期货合约、期权合约及互换合约等，以及购买尚未清算的、价格早已确定的涉外商业合同等。

2. 外汇折算风险

涉外企业在进行会计处理以及进行外币债权债务决算的时候，经常会碰到如何以本国货币评价这些对外经济活动的价值和效益问题。比如在进行财务决算时，由于汇率一直处于变化之中，经济活动发生日与财务决算日的汇率已经不一样了，选用不同时点的汇率评价外币债权债务，往往会产生差异很大的账面损益，我们称汇率波动造成的会计账面损益为“评价风险”或“外汇折算风险”。企业在一国注册，根据主权原则，会计报表应该使用注册国货币作为记账货币，这就要求本国企业实际发生的外汇收支项目按某一汇率折算为本国货币。此外，本国企业设在国外的分公司按合并报表原则，收支也应该折算为本国货币。由于汇率在不断变动，按不同汇率折算的财务状况也大不相同，企业的折算风险在会计上暴露无遗，因而折算风险是涉外企业最明显的一种外汇风险。

3. 经济风险

经济风险，是指由于外汇汇率变动使企业在将来特定时期的收益发生变化的可能性，即企业未来现金流量折现值的损失程度。收益变化幅度的大小，主要取决于汇率变动对企业产品数量、价格、成本可能产生影响的程度。例如，当一国货币贬值时，一方面出口商因出口货物的外币价格下降，有可能刺激出口使其出口额增加而获益；另一方面如果出口商在生产中所使用的主要原材料为进口品，因本国货币贬值会提高用本币表示的进口品的价格，出口品的生产成本增加。结果该出口商在将来的纯收入可能增加，也可能减少，该出口商的市场竞争能力、市场份额将发生相应的变化，进而影响到该出口商的生存与发展潜力，此种风险就属于经济风险。

▲ 专栏 6.1

外汇风险案例：中信泰富

中信泰富是大型国企中信集团在香港的 6 家上市公司之一。中信泰富在澳大利亚有一个名为 SINO-IRON 的铁矿项目，项目中需要的设备和大量成本支出都必须以澳元来支付。为了降低澳元升值带来的外汇风险，锁定公司成本开支，该公司签订了若干累计期权(accumulator option)的杠杆式外汇买卖合约。

中信泰富与汇丰、花旗和法国百富勤等13家外资银行签约承诺（据推测签约时点应锁定在2007年12月前后，合约到期日为2010年10月），每月（部分是每日）以0.87美元/澳元的平均兑换汇率向交易对手支付美元并接受澳元。每份澳元合约都有最高利润上限，当达到这一利润水平时，合约自动终止。所以在澳元兑美元汇率高于0.87时，中信泰富可以赚取差价。但如果该汇率低于0.87却没有自动终止协议，中信泰富必须不断以0.87的价格购入双份澳元，理论上亏损可以无限大。据报道，中信泰富的真实澳元需求只有30亿澳元，而当价格大幅下跌时则需购入最多90亿澳元，巨大的风险敞口为日后澳元贬值造成巨额损失埋下了祸根。

2008年7月以来美元对主要货币开始持续升值。2008年10月美元兑澳元汇率已从0.952 3升值到0.606 6，美元升值幅度已超过30%。10月20日中信泰富公告因澳元贬值跌破锁定汇价，仍在生效的杠杆式外汇合约按公允价值损失约147亿港币。2008年末巨额亏损已扩大到186亿港币。几个月之内，公司股价暴跌，因中信泰富涉嫌延迟披露、非法陈述，香港证监会确认对其展开调查。

6.2 外汇风险管理技术

外汇风险是涉外经济中不可避免的一种市场风险，在外汇风险管理中应该遵循一些共同的指导思想和原则，如全面重视原则、管理多样化原则和收益最大化原则。

全面重视即要求发生涉外经济业务的政府部门、企业或个人对自身外汇风险高度重视；管理多样化即要求涉外企业或跨国公司灵活多样地进行外汇风险管理；收益最大化即要求涉外企业或跨国公司精确核算外汇风险管理的成本和收益。在这些原则的指导下运用风险管理技术，进行外汇风险管理，能更好地达到控制或消除外汇风险不利影响的目标。

6.2.1 外汇风险管理程序

企业确定了外汇风险管理的总体目标、原则、战术后，接下来就需要制定外汇风险管理程序，对每一程序安排相应的任务，实施具体的管理方法。

(1) 风险识别，即识别各种可能减少企业价值的外汇风险。外汇风险包括交易风险、经济风险和折算风险，不同的企业面临着不同种类的风险，企业必须根据自己的业务活动判别可能面临的风险状况，以便对症下药。

(2) 风险衡量，即衡量外汇风险带来潜在损失的概率和程度。识别出企业可能面临的各种外汇风险后，需要对所涉及的不同外币的未来汇率波动进行预测。通过外汇风险衡量，企业可以比较准确地知道外汇风险带来损失的概率和程度，从而为企业下一步选择风险管理方法奠定基础。

（3）风险管理方法选择，即选择适当的风险管理方法，最有效地实现企业预定的外汇风险管理目标。每一种方法都有自身的优势和劣势，企业需要根据自己所处的风险状况进行甄别和筛选。不同的外汇风险管理战略在一定程度上决定了不同的风险管理方法。

（4）风险管理实施，即通过具体的安排，落实所选定的外汇风险管理方法。企业需要进行内部的业务调整、资金调整、币种调整，以及在外部寻找合作伙伴、交易对手、签订外汇交易合同等，具体实施风险转移和控制。

（5）监督与调整，即对外汇风险管理方法实施后的效果进行监督与评估，每种方法都有评估的依据，如根据成本收益准则做出判断，选择收益最大化的方法。另外，外汇市场风云变幻，没有哪种方法拿来后便一劳永逸。企业必须持续地对风险管理方法和风险管理战略的实施情况和适用性进行监督，根据市场和自身的情况对自己的战略战术进行监控管理，适时做出调整。

6.2.2 外汇风险管理手段

外汇风险管理手段从总体上可以分为三类：外汇风险控制、外汇风险融资和内部外汇风险抑制。风险控制和内部风险抑制通常包括为了提高企业价值而进行的各种投资（或放弃投资）决策，风险融资是指为弥补损失而进行的各种融资决策。

外汇风险管理方法实际上与企业的投资与融资管理方法在本质上是一致的。它们与企业在其他方面的投资决策和融资决策具有相同的含义，类似于是否购买新厂房的决策，或者是通过借债还是发行股票来购买新厂房的决策。

1. 外汇风险控制手段

外汇风险控制是指通过降低风险损失概率以及风险损失程度（规模）来减小风险成本的各种行为。通常把主要为了降低损失概率的行为称为风险防范手段，而把主要为了降低损失程度的行为称为风险降低手段。

进行外汇风险控制通常可以从两个方面做出努力：

（1）减少外汇风险业务。涉外企业或跨国公司可以通过减少风险业务数量来降低风险。例如，减少使用的外币种类，或者根本不持有任何外币净头寸。对风险行为的数量加以控制，主要是为了降低风险发生的概率。最极端的情况是将风险行为降到零，也就是公司不从事任何与外币沾边的活动，或者无论进出口、投融资活动都要求使用本币计价结算，这种极端的方法称为风险回避。这种做法的最大缺陷在于，更多地考虑和回避了风险业务的损失，却因此丧失了风险业务可能带来的收益。而且在开放经济条件下，即使根本不涉及货币兑换或折算，也无法彻底规避汇率变动带来的经济风险的影响。

（2）提高外汇风险预防能力。企业根据市场需要和业务发展计划开拓海外业务，不必害怕风险业务数量多，而是提高这些业务的风险预防能力，提高外汇风险业务的安全性，从而降低风险的损失概率和损失程度。具体讲，就是要增强企业外汇风险防范与管理的能力，提高汇率预测的准确度及风险管理办法的有效性。

2. 外汇风险融资手段

风险融资也称为损失融资（loss financing），是指获取资金并用来支付或抵偿外汇风险损失的各种手段。根据风险补偿的资金来源，风险融资方法可以分为三种：自留、购买保险和套期保值。这些方法并不是完全相互独立的，企业根据风险补偿的实际需要，经常将它们结合在一起使用。

（1）自留。是指企业自己承担部分或全部的外汇风险损失。自留往往也称为自我保险。许多大型跨国公司在其财务与资金管理中，都有一个正式的损失融资计划，例如，有的公司建立外汇风险防范基金，有的公司每年按照销售额或者外汇风险 VAR 的一定比例提取外汇风险准备金。

有的公司虽然没有自留资金计划，也可以用自己的资本金弥补经营中的外汇风险损失。

在自留融资方法下，企业可以用内部资源和外部资源来弥补损失。内部资源包括：正常生产活动的现金流、自由运营资金、专门为风险融资而进行的流动资产投资，以及通过变卖其他资产获取的资金。外部资源包括：对外借债以及发行新股。但在遭受了重大损失后，外部资源的筹资成本通常比较高。即使利用外部资源弥补风险损失，最终仍然是企业用自己的利润进行了风险补偿，因此也属于自留范畴。

（2）购买保险。通过购买保险，企业可以把外汇风险损失转嫁给保险公司。国际上有许多保险公司提供与外汇风险有关的保险险种，例如种类繁多的汇率波动险和利率波动险等。购买相关的保险，对涉外企业而言是一种省时省力的好办法。但是，在我国和许多发展中国家，保险市场不够发达，还没有开发出分担企业外汇风险的相关险种，因此还无法大量通过购买保险的方法来弥补企业的外汇风险损失。

（3）套期保值。本书第Ⅰ篇曾经详细介绍了外汇交易中使用的金融衍生工具，它们都是典型的外汇风险管理工具。外汇衍生产品能够在一定程度上消除汇率的不确定性，企业只承担约定汇率与当前即期汇率之间的价差风险，而由交易对手承担约定汇率与未来即期汇率之间的价差风险，从而在企业与套期保值对手之间实现了外汇风险的分摊。

3. 内部外汇风险抑制手段

内部外汇风险抑制是指企业通过内部业务的管理调整来降低外汇风险的各种手段。

内部外汇风险抑制主要有两种方法：分散化和信息投资。

（1）分散化。企业的经营活动使用多种货币，此时可利用货币的相关性实现外汇风险对冲，合理安排外币风险头寸组合，从内部来降低风险。

这种分散化是广义的，不仅包括国别币种的多样化，还要考虑不同币种各自的波动性和彼此的相关性，甚至应当涉及业务的多样化。

（2）信息投资。充分占有信息并具有较强的处理、分析信息的能力，是企业提高外汇风险管理水平的前提条件。由于国际业务的复杂性，以及汇率波动的无序性，需要专业的投资公司或咨询公司进行信息收集、处理和分析。涉外企业大多没有如此专业的人才，因此需进行必要的信息投资，购买决策所需信息甚至购买外汇风险管理方案，提高外汇风险管理效率。

6.2.3 运用衍生工具管理外汇风险

套期保值是企业最常用的交易风险管理手段。在做出任何相关的套期保值决策前，企业都需要逐一测定每种货币的净交易流量，估计和评价各币种的交易风险和企业总的交易风险，并对套期保值的必要性进行判断。决定企业是否进行套期保值的因素主要有两个：一是企业管理层的风险偏好，比较保守的公司倾向于更多的套期保值。二是汇率预测，如果汇率预测显示企业将受到汇率波动的不利影响，企业就会乐意进行套期保值；相反，如果汇率波动带来的是好处，企业就不会进行套期保值。

许多跨国公司，比如百得（Black & Decker）、柯达、默克、华为、中兴、Zenith Electronics 等公司，一般不会对所有的外币净头寸做套期保值，而只有在预期的汇率变动程度将使套期保值有利的情况下才采取实际行动。当然，也有一些跨国公司倾向于对大部分或全部的外币净头寸做套期保值，从而避免汇率变化对其业绩产生重大影响。

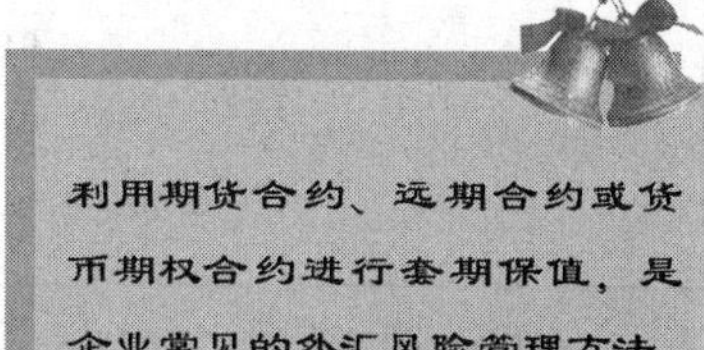

1. 期货合约套期保值

买进货币期货合约的企业，可以在特定时间以特定价格取得一定数量的特定货币。未来有应付外币账款的企业，可以买入期货合约进行套期保值；而未来有应收外币账款的企业，可以出售期货合约进行套期保值。通过持有期货合约，企业锁定了应收或应付账款的本币金额。

尽管购买外汇期货能降低交易风险，但有时也会发生意外。因为锁定的外汇期货价格偏离未来即期汇率的程度，有可能导致买入或卖出期货合约的套期保值行为反而使企业受损。如果企业事先预料到这种情况，就不应该通过期货合约进行套期保值。

2. 远期合约套期保值

远期合约与期货合约类似，也是双方约定未来的交易价格。大企业普遍运用远期合约进行套期保值。例如，我国一家企业需要在 30 天后向瑞士企业支付 100 万瑞士法郎，可同银行签订远期合约来锁定这一未来支付款的人民币金额。相反，如果企业在未来将收到一笔瑞士法郎，就可以通过出售远期合约来为未来的外币长头寸套期保值。

是否使用远期合约规避外币头寸风险，可以通过比较套期保值前后的现金流量或者套期保值的实际成本来做决定。假定 90 天后我国一家企业需要支付进口款项 10 万美元，现在的 90 天远期汇率为 USD 1＝CNY 6.65，该公司可以在预计未来美元即期汇率概率分布的基础上，计算套期保值的实际成本：

$$RCH = NCH - NC \tag{6.1}$$

其中，RCH 代表套期保值的实际成本，NCH 代表套期保值的名义成本，NC 代表不套期保值的名义成本。

从公式（6.1）可知，如果 $RCH>0$，意味着套期保值的名义成本高于不套期保值的名义成本，所以进行套期保值反而对企业不利；如果 $RCH<0$，意味着套期保值的名义成本低于不套期保值的名义成本，套期保值具有经济价值。表 6-1 最右侧一栏反映了 RCH 的估计值。由于 NC 取决于未来即期汇率，是不确定的，导致 RCH 也不确定，只能采用历史数据和概率进行估计。

表 6-1　　套期保值实际成本估计

可能情形	90 天后美元兑人民币即期汇率 (1)	概率(%) (2)	套期保值 10 万美元的名义成本(元) (3)=6.65×100 000	不套期保值所需要的名义成本(元) (4)=(1)×100 000	套期保值 10 万美元的实际成本(元) (5)=(3)−(4)
1	6.6	10	665 000	660 000	5 000
2	6.62	25	665 000	662 000	3 000
3	6.65	30	665 000	665 000	0
4	6.67	25	665 000	667 000	−2 000
5	6.7	10	665 000	670 000	−5 000

尽管企业难以事先确定 RCH，但是企业可以估算 RCH 的期望值，判断套期保值是否有经济价值，然后做出是否进行套期保值的决定。RCH 的期望值计算如下：

$$E(RCH)=\sum P_i \times RCH_i \tag{6.2}$$

其中，$E(RCH)$ 代表 RCH 的期望值，P_i 代表第 i 个 RCH 估计值发生的概率，RCH_i 代表第 i 个 RCH 的估计值。

结合表 6-1 的相关信息，将 P_i、RCH_i 代入公式（6.2），得到该企业对美元应付款进行套期保值的实际成本期望值：

$$\begin{aligned} E(RCH) &= \sum P_i \times RCH_i \\ &= 10\%\times 5\,000+25\%\times 3\,000+30\%\times 0+25\%\times(-2\,000)+10\%\times(-5\,000) \\ &= 250 \end{aligned}$$

由于 $E(RCH)=250>0$，表明企业如果进行美元的套期保值将受到不利影响。所以，在这个例子中，企业的最佳选择是不进行套期保值。

尽管 RCH 的期望值对企业做出是否进行套期保值的决策很有用，但它无法清楚地说明 RCH 的概率分布情况。因此在企业做出不进行套期保值的决定之前，还要对表 6-1 做进一步分析。容易知道，$RCH<0$ 的可能性为 35%。对此，一些比较保守的公司可能愿意对美元进行套期保值。而对那些特别注重自由现金流数量的公司，或者比较进取的公司来说，在不套期保值名义成本低于套期保值名义成本的概率达到 65%的情况下，它们是不会对美元净头寸进行套期保值的。

如果远期汇率能够准确反映未来即期汇率，或者可以作为未来即期汇率的无偏估计，则 RCH 的期望值就应该等于零，因为远期汇率同未来各种可能的即期汇率之间的差异会相互抵消。如果企业认定远期汇率就是未来即期汇率的无偏预测值，那么就应该对所有的外币净头寸进行套期保值。因为 RCH 的期望值为零，企业不仅没有为套期保值多支付成本，而且可以消除所有的外汇交易风险。

3. 货币期权套期保值

以上两种套期保值方法只有在汇率变动不利于企业的时候才能发挥积极作用，否则可能造成企业额外的成本支出，还不如不进行套期保值。理想的外汇风险管理应该既能使企业摆脱不利的汇率波动，又能使企业从有利的汇率波动中受益。货币期权就是能够满足这种需要的常用工具。根据期权合约的特性，企业可以通过买入看涨期权为应付账款套期保值：当有效期满外币升值时，可以行使期权合约，按约定价格买入外汇，否则就放弃这一权利，按当时的即期汇率买入外汇。同理，企业可以通过买入看跌期权为应收账款套期保值。运用货币期权进行套期保值，名义套期保值成本是已知的，即企业在购买期权之初支付的期权费。我们也可以计算期权套期保值的实际成本，从而判断该套期保值策略是否具有经济价值。

4. 交易风险套期保值方法比较

企业为短期外汇净头寸套期保值时，可以运用期货、远期、期权等多种方法。每一种方法都有各自的特点，需要支付不同的实际成本，因此企业在选择套期保值策略时还需要权衡比较。

［**例 6-1**］ 一家国内公司 180 天后会发生 200 000 美元的对外支出。考虑到这笔美元净头寸的外汇风险问题，公司需要在以下套期保值策略中做出选择：（1）远期合约保值；（2）期权合约保值；（3）不进行套期保值。

相关市场信息包括：当前美元兑人民币的即期汇率为 USD 1＝CNY 6.63，银行报 180 天美元兑人民币远期汇率为 USD 1＝CNY 6.6750，执行汇率为 USD 1＝CNY 6.68 的 180 天美元看涨期权的期权费为每美元 0.03 元人民币，执行汇率为 USD 1＝CNY 6.69 的 180 天美元看跌期权的期权费为每美元 0.02 元人民币。

以下是该公司对 180 天后美元兑人民币即期汇率的预测结果。

可能结果（元/美元）	概率（%）
6.55	20
6.65	70
6.75	10

根据上述信息，我们对几种方法进行如下分析：

（1）远期合约套期保值。公司买入 180 天远期美元，到期需要支付 1 335 000 元人民币（＝200 000×6.6750）。

（2）看涨期权套期保值。公司购买美元看涨期权，成本收益结果见表 6-2。

表 6-2　　购买美元看涨期权的成本与收益

180 天后可能的美元兑人民币即期汇率	单位美元期权费（元）	是否执行期权合约	单位美元成本（含期权费）（元）	美元支出总成本(元)	概率（%）
6.55	0.03	否	6.58	1 316 000	20
6.65	0.03	否	6.68	1 336 000	70
6.75	0.03	是	6.71	1 342 000	10

（3）不进行套期保值。180 天后公司在即期外汇市场买入 200 000 美元，根据对未来即期汇率的预测，公司需要支付的成本见表 6－3。

表 6－3　不套期保值的成本

预期 180 天后美元兑人民币即期汇率	购买美元支付的人民币成本(元)	概率(%)
6.55	1 310 000	20
6.65	1 330 000	70
6.75	1350 000	10

（4）结论。对上述几种风险管理方法的名义人民币成本进行分析，不难发现哪一种方法相对更加有利。远期保值的成本一目了然，期权和不套期保值方法的成本则要取决于 180 天后的市场即期汇率。

由图 6－2 可知，远期套期保值成本低于看涨期权成本的概率达到 80%，因此，远期套期保值优于期权套期保值；不套期保值的成本低于远期套期保值成本的概率达到 90%，因此，公司不进行套期保值时支付的成本最低。如果公司决定进行套期保值，那么应该选择远期套期保值方法。

当然，做出不套期保值的决定是基于对 180 天后未来即期汇率波动的预测。由于预测不准确，容易导致公司的决策失误。因此，公司最好定期重新评价套期保值决策。例如，每隔 60 天进行一次上述分析，并根据评价结果对下一期应该使用的套期保值方法重新进行选择。企业所进行的套期保值交易时间越长，越需要这种动态调整。

使用类似的方法也可以对应收账款的外汇风险管理方法进行经济分析，从而选择是否进行套期保值，或者判断哪一种套期保值方法更有利。

5. 利用外部资源进行外汇风险管理

绝大多数企业都专注于自己的商品与服务的生产与销售，若管理层对外汇风险管理的程序、技术以及工具非常不熟悉，往往导致一些本来可以很容易就规避的外汇风险演变成实实在在的损失。例如，许多有美元外债的国内企业在 2015—2016 年都因美元升值而蒙受了 7%左右的额外成本支出。其实，中国银行和其他三大国有商业银行都提供远期外汇业务，外汇管理当局也鼓励企业加强外汇风险管理，但还是有不少企业因为无知而遭受损失。在银行经营市场化过程中，特别是在我国金融市场日益开放的过程中，国内各家银行都以客户为中心建立了客户经理制度，提供越来越多的金融产品，基本上能够满足企业进行外汇风险管理的需要。银行的国际业务部、资金交易部、投行业务部均能够提供个性化的贴身服务。例如，中国银行每两天就提供一期《国际金融快讯》，披露主要国际金融市场的价格信息、影响这些价格的经济因素以及主要国家的经济金融政策等。一些著名的跨国银行，如美国的花旗银行、英国的汇丰银行等，能够提供更多优质的外汇风险管理方案。所以，加强企业与银行的沟通，关注银行的金融产品与服务，货比三家，充分利用外部资源，企业就可以更加有效地控制国际业务中的外汇风险。

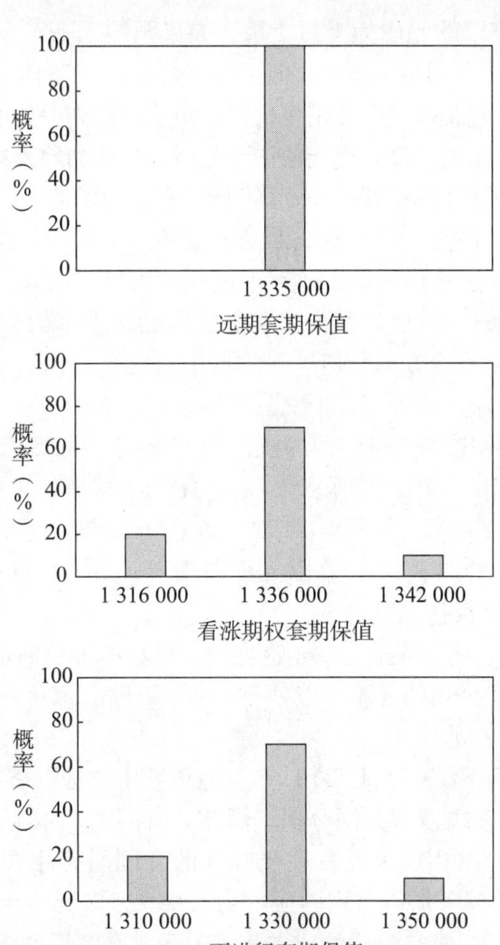

图 6-2 美元应付账款的名义人民币成本

6.2.4 其他外汇风险管理方法

有些企业由于不了解衍生工具或者因套期保值的实际成本不确定，不愿意运用衍生工具对交易风险进行管理；有些企业的外汇风险头寸相对较小，因此不愿意专门花费人力和财力管理风险。在这种情况下，企业可以直接将套期保值措施融入日常的业务活动，特别是直接体现于商品销售的定价政策中。价格策略也是一种降低潜在外汇风险的有效方法。

运用定价政策管理外汇风险的效果，取决于企业对长期汇率趋势的预测准确性，以及商品市场对销售价格变化的接受程度。企业可以将价格策略贯穿于日常的涉外业务活动中，以达到防范交易风险的目的。

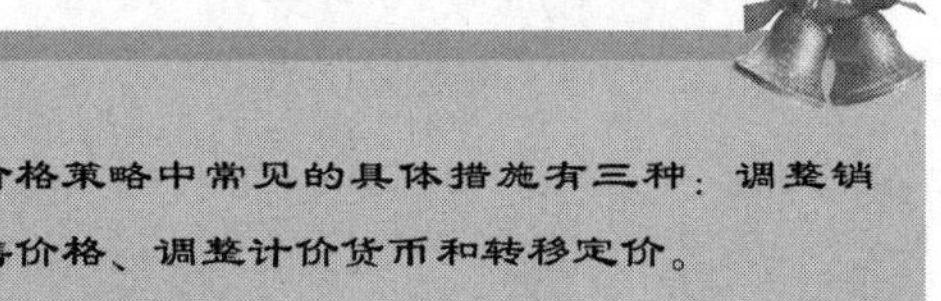

1. 调整销售价格

货币贬值国企业可以通过经常调整产品销售价格的方式降低外汇风险。例如，一家美国公司在德国的子公司一直以欧元作为交易货币。如果预测未来三个月内欧元对美元将贬值5%，则尽管不会给德国子公司带来损失，但还是会影响公司整体的美元价值。所以，美国总公司可以指令德国子公司提高其欧元销售价格。当然，提高销售价格可能相当困难。因为价格的提高可能伴以销售量的下降，可能使该子公司产品在当地市场暂时失去竞争力。

一般来说，企业对销售价格的调整不可能与汇率变动保持同一幅度和同一频率。通常的做法是，交易双方经过协商，为了达成商品与服务的交易，各自分担一部分外汇交易风险，以避免其中一方承担过多的风险。这种方法被称为外汇风险分担法。交易各方通常在合同中订立“价格调整条款”，通过调整基本价格来反映汇率的变动。双方在合同中确定了一个汇率波动区间，作为双方不分担风险的“中立区”。一旦汇率波动超出了这个“中立区”，双方将调整价格，共同分担外汇交易风险。

［**例 6-2**］ 美国通用电气公司向德国汉莎航空公司出售飞机发动机叶片，合同总价值 2 000 万欧元，假定以美元作为结算货币，双方确定的汇率“中立区”为 EUR 1＝USD 1.13～1.15；基本汇率为 EUR 1＝USD 1.14。这意味着通用电气公司报出的合同基本价格为 2 280 万美元（＝2 000×1.14）；在欧元汇率跌至 EUR 1＝USD 1.13 或升至 EUR 1＝USD 1.15 之前，合同价格保持不变。

（1）在“中立区”内，汉莎航空公司必须按合同基本价格向通用电气公司支付 2 280 万美元。因而，汉莎航空公司的成本可能处于 1 983 万欧元（＝2 280÷1.15）至2 018 万欧元（＝2 280÷1.13）之间。

（2）如果欧元贬值至 EUR 1＝USD 1.09，超出“中立区”下限 0.04 美元（＝1.13－1.09），这部分变动金额就由双方共同分担。因此，合同的基本汇率调整为 EUR 1＝USD 1.12（＝1.14－0.04÷2）。相应地，发动机叶片的合同新价格调整为 2 240 万美元（＝2 000×1.12），这意味着汉莎航空公司的成本为 2 055 万欧元（＝2 240÷1.09）。如果没有这个风险分担协议，汉莎航空公司的成本将上升至 2 092 万欧元（＝2 280÷1.09）。而合同美元价格的调整，使通用电气公司的收入减少了 40 万美元（＝2 280－2 240），却为汉莎航空公司节省了 37 万欧元（＝2 092－2 055）的支出。

（3）如果欧元升值至 EUR 1＝USD 1.19，超过“中立区”上限 0.04 美元（＝1.19－1.15），变动金额也要由双方分担。合同的基本汇率调整为 EUR 1＝USD 1.16（＝1.14＋0.04÷2）。相应地，发动机叶片的合同新价格调整为 2 320 万美元（＝2 000×1.16），这意味着汉莎航空公司的成本为 1 950 万欧元（＝2 320÷1.19）。如果没有这个风险分担协议，汉莎航空公司的成本可下降至 1 916 万欧元（＝2 280÷1.19），则通用电气公司实现的美元收入的欧元价值降低了 84 万（＝2 000－1 916）。合同美元价格的调整，使通用电气公司的收入增加了 40 万美元（＝2 320－2 280），而汉莎航空公司则放弃了 34 万欧元（＝1 950－1 916）的支出节约。

调整销售价格，实质上是将汇率变动造成的损失变相地转嫁给交易对手。这样的行为容易造成交易对手取消交易、损失市场份额的不良后果。通常，只有那些在市场上具有很强竞争力的企业才能够以规避外汇风险为目的调整销售价格。

2. 调整计价货币

企业还可以通过调整计价货币来降低交易风险。如果预计计价货币将长期贬值，企业不应该通过调整销售价格来避险，而是彻底改变计价货币本身。例如，20 世纪 80 年代初，市场预期在很长一段时期内德国马克将对美元贬值。因此，德国企业在签订出口协议时纷纷要求使用美元而非德国马克计价。结果，到 1984 年德国马克价值下降了 45%，而德国出口企业也因此避免了较大的交易风险损失。

调整计价货币并未消除外汇风险，而是将外汇风险转嫁给了对方。所以，这一方法又被称为风险转移法。

为了在企业经营、会计处理和营销决策等方面保持一致，企业不应该经常更换计价货币。因此，只有当财务人员预测某种货币将长期贬值时，企业才可能采用这一战略。

(1) 本币计价法。即在任何对外经济交往中，只接受以本企业所在国货币计价。例如，一家美国出口商在向一家法国进口商出口商品时，只接受美元计价。对于美国出口商来说，他完全避免了外汇交易风险，但采用美元计价只是把风险转嫁到了法国进口商头上。采用美元计价后，法国进口商面临着美元升值的风险。如果同样预期美元将会升值，则法国进口商很可能拒绝使用美元计价。

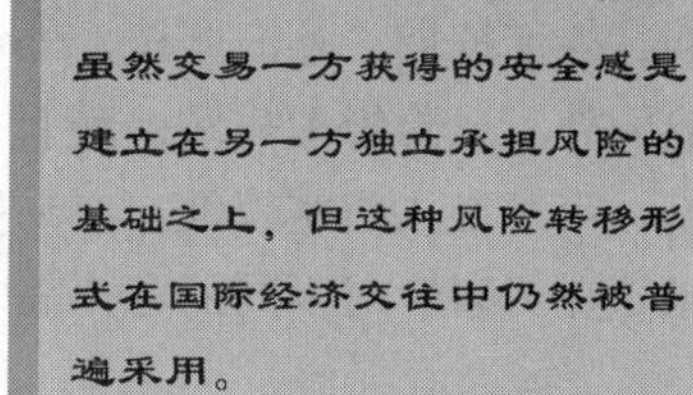

(2) 选择币值趋硬的货币作为出口交易的计价货币，选择币值趋软的货币作为进口交易的计价货币。这种风险转移方式损人利己的动机更为明显。由于进口商和出口商都想将风险完全转嫁给对方，他们选择计价货币的标准恰恰相反。因此，双方的利益冲突使这种避险方法在国际业务中更难运用。

(3) 进出口货款一半用硬货币、一半用软货币计价。这种方法考虑了交易双方的利益，也中和了汇率的波动，容易被各方主体接受，是一种规避外汇交易风险的简便方法。

值得注意的是，调整计价货币是一种比较明显的损人利己行为。除非跨国公司在交易中占据绝对的主导地位，否则，如此行动很难收到预期效果。

3. 转移定价

如果跨国公司在货币贬值国家或欠发达国家拥有分支机构，那么在将利润从子公司汇回母公司时可能会遇到麻烦。一方面，持有的软货币资产在折算成母公司所在国货币时会产生损失；另一方面，这些国家往往实行外汇管制，限制资本流出。对于这样一个严峻的问题，跨国公司通常运用转移定价来减少相关损失。

转移定价是为了在公司内部转移收入而提高或降低内部销售价格。转移定价与其说是一种保值战略，倒不如说是一种现金管理工具。跨国公司通过转移定价在将资金从受限制的国家转出时，希望达到两个主要目标：第一，将收入从软货币国家转移到硬货币国家；第二，将税前收入从高税率国家转移到低税率国家。

假定由于外汇管制方面的原因，一个制造商无法将自己在货币贬值国子公司的利润汇回国内。如果该制造商与其子公司进行大量的交易，就可以考虑将销往子公司的商品价格抬高一些，同时，将向子公司购买的商品价格压低一些。结果，由于子公司营业成本的提高以及销售收入的减少，子公司的收入会因此而减少。子公司所失去的收入通过母公司销售收入的提高和营业成本的降低转移给了母公司。同样的操作方法可以实现企业收入向税收更加优惠的国家转移。

转移定价政策需要对公司内部的资金流动进行细致的、集中的管理。它特别适合拥有大量公司内部交易的企业。但是，应该特别注意的是，各国外汇管理当局和税收管理当局对这类活动非常敏感，往往采取各种措施加以制止。因此，企业的转移定价政策不能随汇率波动而频繁调整，应该具有连贯性。

4. 转移风险给银行

充分利用外汇衍生产品，将外汇风险进行外部对冲。此方式更加符合现代金融市场的运行逻辑，将专业的事交给专业的人来做。外汇市场是全球金融市场中流动性最高的市场之一，根据国际清算银行 2016 年的统计，外汇市场每个交易日的成交规模为 5.1 万亿美元。同时，外汇市场的衍生产品市场也相当发达，市场上主流的外汇衍生产品如外汇远期、外汇掉期、外汇期权、外汇期货等，市场价格透明，产品成交活跃，完全可以满足企业的外汇风险管理需求。而且操作上也较为简便，可以通过商业银行或者交易所进行交易，市场准入门槛较低、交易费用较为合理、市场价差较窄、流程标准化程度较高，商业银行还可以针对不同的客户需求设计相应的 OTC 产品，满足各种外汇风险对冲需求。

学习指导

下面是中兴通讯的两个真实案例。请认真阅读，并理解其中的国际金融术语。

案例一

中兴通讯股份有限公司，创立于 1985 年，是中国最大的通信设备上市公司，并在深圳证券交易所和香港证券交易所成功上市。公司集“设计、开发、生产、销售、服务”等于一体，聚焦于运营商网络接入服务、政企客户大数据服务、消费者数据终端服务，为客户提供 ICT 产品及解决方案，是中国电信市场的主导通信设备供应商之一，其各大类产品已经成功进入国际电信市场。目前，公司已向全球 160 多个国家和地区的电信服务运营商和政企客户提供创新技术与产品解决方案，语音、数据、多媒体、无线宽带、有线宽带等全方位沟通的服务已覆盖世界各地。

作为国际领先的通信解决方案提供商，中兴通讯的业务遍及世界各地，境外业务收入占总收入的一半左右，是一家名副其实的跨国公司。根据中兴通讯股份有限公司 2017 年年报，2017 年，中兴通讯实现营业收入 1 088.2 亿元人民币，其中国际市场实现营业收入 468.6 亿元人民币，占比约 43.1%。如表 6－4 所示，2015—2017 年，中兴通讯境外业务收入占比分别为 46.99%、42.16%和 43.06%，可见中兴通讯的营业收入很大程度上依赖国际市场，公司面对较大的外汇风险敞口。

表 6-4　　中兴通讯 2015—2017 年营业收入及境外收入占比

时间	2017 年		2016 年		2015 年	
报告期	年报		年报		年报	
报表类型	合并报表		合并报表		合并报表	
营业总收入（万元）	10 881 527.30		10 123 318.20		10 018 638.90	
	绝对值（万元）	占比	绝对值（万元）	占比	绝对值（万元）	占比
境内	6 195 860.00	56.94%	5 855 005.60	57.84%	5 310 850.00	53.01%
境外	4 685 670.00	43.06%	4 268 312.60	42.16%	4 707 790.00	46.99%
其他业务（地区）	−2.70				−1.10	

资料来源：中兴通讯股份有限公司 2015—2017 年年报。

跨国企业于全球建厂并就地销售是规避经营风险、外汇风险的良策。如表 6-5 所示，2013—2017 年中兴通讯的非流动资产中境外占比一直在 20%以下，与 50%的境外收入相比，该比重相对较低。这表明中兴通讯经营使用对冲程度较低，无法有效规避汇率波动产生的风险。

表 6-5　　中兴通讯 2013—2017 年境内外非流动资产比较

	2017 年		2016 年		2015 年		2014 年		2013 年	
	绝对值（万元）	占比	绝对值（万元）	占比	绝对值（万元）	占比	绝对值（万元）	占比	绝对值（万元）	占比
境内	1 594 067	84.48%	1 447 458	85.06%	1 270 869	82.56%	1 181 231	81.37%	1 148 618	83.71%
境外	292 926	15.52%	254 252	14.94%	268 472	17.44%	270 480	18.63%	223 581	16.29%

资料来源：中兴通讯股份有限公司 2013—2017 年年报。

由于中兴通讯经常采用外币的方式支付境外子公司的相关费用支出，流入公司的现金也是种类多样的外币，导致中兴通讯的交易敞口巨大，在计算合并报表时都包含金额较大的折算差异，导致中兴通讯面临较大的外汇风险。尤其是新兴市场国家的货币，其汇率的大幅变动，以及汇路受限、本地资金滞留当地、货币贬值等问题，更可能给公司带来不容小觑的汇兑损失。2011 年，中兴通讯汇兑损失高达 8.36 亿元人民币（见表 6-6）。

表 6-6　　中兴通讯 2013—2017 年财务费用及汇兑损益　　单位：万元

时间	2017 年	2016 年	2015 年	2014 年	2013 年
财务费用	104 348	20 777	143 079	210 098	246 030
其中：汇兑损益	−42 000	61 897	−26 725	−59 009	−86 472

资料来源：中兴通讯股份有限公司 2013—2017 年年报。

通过在实践中不断探索，中兴通讯逐步完善了适合自身发展模式的外汇风险管理体系，并取得了显著成效。2013—2017年，中兴通讯的财务费用（含汇兑损益）连年下降。其中，综合汇兑损益从2013年的损失8.65亿元人民币转变为2016年的收益6.19亿元人民币。由于2017年人民币汇率产生较大幅度波动，截至2017年12月18日，相较2016年12月31日，境内人民币相对美元、欧元、英镑、日元分别升值4.8%、贬值6.0%、贬值3.4%和升值1.5%，中兴通讯于2017年又产生4.2亿元人民币的汇兑损失。

案例二

我们仍旧以中兴通讯股份有限公司为例，因为中兴通讯多年对外汇风险进行衍生工具的套期保值，且成效显著，具有一定的代表意义。

中兴通讯的业务跨越多个国家，涉及的币种繁多，具有业务分布广、风险敞口大的特点。2011年，中兴通讯汇兑损失高达8.36亿元人民币。积极运用金融衍生产品进行外汇保值能够较好地规避外汇风险。

2010年起，中兴通讯通过金融机构提供的金融产品积极开展衍生产品投资业务，正是由于购买这些金融衍生产品，降低了公司的净利润对外汇风险变动的敏感度。

表6-7是中兴通讯用于对冲外汇风险的金融衍生资产，主要表现为远期外汇合约。2013—2017年公司金融衍生资产在1亿～2亿元。

表6-7 单位：万元

金融衍生资产	2017年	2016年	2015年	2014年	2013年
境外经营净投资套期工具	—	86	113	—	—
以公允价值计量且其变动计入当期损益的金融衍生资产	11 679	5 400	898	24 097	21 745
合计	11 679	5 486	1 011	24 097	21 745

注：公司签订了多种远期外汇合约以管理外汇风险。其中部分远期外汇合约被指定为用于境外经营净投资套期，因此以公允价值计量且其变动计入其他综合收益；部分远期外汇合约未被指定为用于套期目的，多是与内地及香港多家信用等级为A－或以上的知名银行进行的远期外汇合约，因此以公允价值计量且其变动计入当期损益。

此外，中兴通讯与国内外银行签订了外汇远期利率协议。协议规定，中兴通讯和该银行商定在未来的某一时间，根据协议规定的本金，一方按照浮动利率，另一方按照固定利率相互交换支付利息。当然双方可以在交割日按照净额支付对方差价。这些协议都有同一个目的，即中兴通讯通过远期合约锁定利率，将风险转嫁到对方，从而也锁住了公司的外汇成本以及对应的现金流。

除了利用金融衍生工具对冲风险外，公司还能通过选用“硬通货”的方式规避外汇损失。比如在合同签订前，公司就设计好合同模式和签约币种以规避汇兑损失。比如合同计价收款采用美元、欧元等流动性较好的可自由兑换货币，同时提高合同定金比例等。

另外，随着我国国力增强，人民币正式加入 SDR，人民币被越来越多的国家所认可和接受。

未来，人民币将成为国际贸易中的计价和结算货币。特别是对于“一带一路”沿线的新兴市场国家或与中国进行货币掉期的国家，中兴通讯将优先使用人民币作为合同约定和收款的货币，以减少外汇风险，同时简化贸易流程。2016 年初，中兴终端印度代表处最先完成一笔使用人民币签约和结算，并使用远期汇率报价转化为人民币的订单。

2018 年 3 月 16 日，为有效管理中兴通讯股份有限公司及其控股子公司（以下简称“公司”）国际业务的外汇风险和外币借款所面临的利率风险，以降低汇率、利率波动对公司利润和股东权益造成的不确定性风险，中兴通讯通过了一项股东会决议，即 2018 年度拟申请折合 36 亿美元的保值型衍生品投资额度（即在授权有效期内任意时点的投资余额不超过等值 36 亿美元，且此额度在授权有效期限内可循环使用），具体如下：

（1）外汇衍生品投资额度折合 30 亿美元，外汇衍生品投资的保值标的包括经营性资产或负债敞口、指定净投资、交叉货币敞口等。

（2）利率掉期额度折合 6 亿美元，利率掉期的保值标的为浮动利率外币借款等。

对金融衍生工具的运用在一定程度上弥补了外汇变动带来的损失，这一经验也正为中兴通讯所发扬。

Summary

1. 外汇风险又称汇率风险，是指在不同货币的相互兑换或折算中，因汇率在一定时间内发生始料未及的变动，致使有关国家金融主体实际收益与预期收益或实际成本与预期成本发生背离，从而蒙受经济损失的可能性。风险头寸、货币兑换或折算、成交与资金清算之间的时间间隔、汇率波动等共同构成外汇风险因素。根据外汇风险作用对象、表现形式的不同，可以划分为三类，即外汇交易风险、外汇折算风险和经济风险。

2. 外汇交易风险、外汇折算风险、经济风险的对象不同，需要用不同的方法分别进行衡量。一般地，计量交易风险需要两个步骤：首先确定各外币预计的流入量或流出量净额，然后确定这些货币的总体风险。净风险头寸、货币的波动性、货币之间的相关性是决定交易风险的关键因素。在衡量经济风险时，首先要明确企业在国际业务中受汇率波动影响的现金流入和流出科目，然后计算汇率波动产生的影响。跨国公司折算风险的大小取决于三个因素：在国外经营的程度、国外子公司所在地和所使用的会计方法。

3. 外汇风险管理的目标是充分利用有效信息，力争减少汇率波动带来的现金流量的不确定性，控制或者消除业务活动中可能面临的由汇率波动带来的不利影响。为了实现这一目标，在外汇风险管理中应该遵循一些共同的指导思想和原则——全面重视原则、管理多样化原则、收益最大化原则。外汇风险管理的关键程序包括：风险识别、风险衡量、风险管理方法选择、风险管理实施、监督与调整。外汇风险管理的主要手段分为三类：外汇风险控制、外汇风险融资、内部外汇风险抑制。企业需要根据自身的业务规模、金融市场发达程度及管理需求制定适当的外汇风险管理策略，并选择正确的管理手段。

4. 运用衍生工具进行套期保值是涉外企业最常用的交易风险管理手段。期货合约、远期合约、货币期权是企业在外汇风险管理中运用最多的衍生工具。世界上没有免费的午餐，套期保值是有代价的。是否使用衍生工具来规避外币头寸风险，或者使用哪一种衍生工具来管理外汇风险，应该通过比较套期保值前后的现金流量或者套期保值的实际成本来做决定。

5. 在金融衍生工具不发达的国家，或者在外汇风险管理技术不发达的企业，可以通过制定价格策略来有效地降低潜在的外汇风险。价格策略中常见的措施有三种：调整销售价格、调整计价货币和转移定价。当然，价格策略容易招致贸易伙伴或者东道国的反对甚至报复，需慎用。

Key Terms

外汇风险	外汇交易风险	外汇折算风险
经济风险	风险识别	风险衡量
外汇风险控制	外汇风险融资	内部外汇风险抑制
转移定价		

Questions and Problems

1. 对于一个纯国内经营的企业而言，本国货币升值和贬值会带来什么样的经济风险？

2. 外汇风险管理应该遵循哪些原则？

3. 叙述外汇风险管理的一般程序以及每道程序的具体内容。

4. 涉外企业在做出交易风险管理方法选择的决策时，需考虑哪些问题？

5. 既然有时不进行套期保值更经济，为什么许多企业还要运用衍生工具进行套期保值？

6. 比较远期合约、期货合约、期权合约、货币互换这四种套期保值方法在企业交易风险管理中的利弊。

7. 在金融市场不发达的情况下，涉外企业可以用哪些方法来降低外汇风险？这些方法有什么局限性？

8. 运用 2013—2017 年人民币兑欧元的月汇率，以及 3 个月、6 个月、12 个月移动平均汇率。根据本章所介绍的汇率预测方法，完成以下任务：

（1）运用 2013 年至 2017 年 4 月的数据，用不同的时间序列方法，建立三个汇率自回归预测模型。然后预测欧元 2017 年 5—12 月的汇率。

（2）对所建预测模型进行参数和模型检验，确定模型是否有效。

（3）对比预测值与实际值，对这三个模型进行预测精度比较，选出最优模型。

（4）检验最优模型是否存在系统偏差？如果有，应该如何调整？

时间	月汇率	3 个月移动平均	6 个月移动平均	12 个月移动平均
2013 年 1 月	8.509	8.325	8.227	8.177
2013 年 2 月	8.242	8.350	8.267	8.159
2013 年 3 月	8.034	8.262	8.239	8.128
2013 年 4 月	8.132	8.136	8.230	8.114
2013 年 5 月	8.037	8.068	8.209	8.129
2013 年 6 月	8.081	8.083	8.172	8.139
2013 年 7 月	8.200	8.106	8.121	8.174
2013 年 8 月	8.167	8.149	8.108	8.188
2013 年 9 月	8.303	8.223	8.153	8.196
2013 年 10 月	8.377	8.282	8.194	8.212
2013 年 11 月	8.338	8.340	8.244	8.227
2013 年 12 月	8.416	8.377	8.300	8.236
2014 年 1 月	8.252	8.335	8.309	8.215
2014 年 2 月	8.455	8.374	8.357	8.233
2014 年 3 月	8.483	8.397	8.387	8.270
2014 年 4 月	8.529	8.489	8.412	8.303
2014 年 5 月	8.396	8.469	8.422	8.333
2014 年 6 月	8.403	8.443	8.420	8.360
2014 年 7 月	8.251	8.350	8.420	8.364
2014 年 8 月	8.130	8.262	8.365	8.361
2014 年 9 月	7.742	8.041	8.242	8.314
2014 年 10 月	7.697	7.856	8.103	8.258
2014 年 11 月	7.659	7.699	7.980	8.201
2014 年 12 月	7.429	7.595	7.818	8.119
2015 年 1 月	6.938	7.342	7.599	8.009
2015 年 2 月	6.910	7.092	7.396	7.881
2015 年 3 月	6.608	6.819	7.207	7.724
2015 年 4 月	6.857	6.792	7.067	7.585
2015 年 5 月	6.713	6.726	6.909	7.445
2015 年 6 月	6.841	6.803	6.811	7.315
2015 年 7 月	6.709	6.754	6.773	7.186

续前表

时间	月汇率	3 个月移动平均	6 个月移动平均	12 个月移动平均
2015 年 8 月	7.166	6.905	6.815	7.106
2015 年 9 月	7.127	7.000	6.902	7.054
2015 年 10 月	6.995	7.096	6.925	6.996
2015 年 11 月	6.768	6.963	6.934	6.922
2015 年 12 月	7.067	6.944	6.972	6.891
2016 年 1 月	7.181	7.006	7.051	6.912
2016 年 2 月	7.129	7.126	7.045	6.930
2016 年 3 月	7.363	7.224	7.084	6.993
2016 年 4 月	7.394	7.295	7.151	7.038
2016 年 5 月	7.345	7.367	7.247	7.090
2016 年 6 月	7.377	7.372	7.298	7.135
2016 年 7 月	7.394	7.372	7.334	7.192
2016 年 8 月	7.435	7.402	7.385	7.215
2016 年 9 月	7.445	7.424	7.398	7.241
2016 年 10 月	7.410	7.430	7.401	7.276
2016 年 11 月	7.323	7.393	7.397	7.322
2016 年 12 月	7.326	7.353	7.389	7.343
2017 年 1 月	7.400	7.350	7.390	7.362
2017 年 2 月	7.279	7.335	7.364	7.374
2017 年 3 月	7.367	7.349	7.351	7.375
2017 年 4 月	7.539	7.395	7.372	7.387

9. 2015 年 12 月，一家中国超市连锁公司正在考虑一项进口计划，该公司在未来 3 年中将每月进口 50 吨优等牛肉。公司目前有两个潜在的供货商，一个是加拿大公司（以加元标价），另一个是法国公司（以欧元标价）。按当前汇率，公司从这两个国家进口所支付的人民币（包括运费）进口价格刚好相同。假设该中国公司没有其他汇率波动风险，而且比较偏好较低的外汇风险，请通过计算交易风险，说明该公司应选择哪个供货商。

10. 假定你是一个出口商，产品出口到英国。你坚信今天英镑的远期汇率对未来的即期汇率远远低估，公司要求你对未来的英镑收入做套期保值。你认为使用远期合约和卖出期权哪种方式更合适？

11. 中国的一家跨国公司获得了 5 亿欧元的德国政府采购合同，合同将延续 3 年，德国政府以欧元付款。德国政府的采购约占该家公司销售额的 60%，公司 10%的经营费用是欧元，其他是人民币。公司的财务主管要求你提供一份报告：

（1）该公司在未来 3 年中会出现多大的经济风险？

（2）应该采取哪些行动来降低欧元汇率波动所带来的经济风险？

（3）可以获得哪些外部资源来实现外汇风险管理？

第七章

国际直接投资

(Foreign Direct Investment)

学习目标

- 了解国际直接投资的主要形式和发展趋势；
- 从优化资源配置和分散风险角度理解跨国公司直接投资的经济利益；
- 学习分析和编制跨国公司母公司的资本预算；
- 熟悉国家风险的评估和管理。

本章预习

走在大街上，或是读报、看电视时，经常会发现身边有许多外国公司。比如，家乐福超市、麦当劳快餐店、宜家家居、普华永道会计师事务所、汇丰银行等等。年轻人找工作时，也往往将高薪的外企作为优先选择。截至2017年底，在中国的外商投资企业接近54万家，而我国累计对外直接投资总额也超过14 820亿美元，“引进来”与“走出去”双向的直接投资发展势头如雨后春笋般生机勃勃。为什么要进行跨国投资？跨国公司面临哪些特殊风险？企业对外直接投资要取得成功必须考虑哪些问题？

7.1　国际直接投资概述

7.1.1　国际直接投资方式

国际直接投资是指投资者跨越国界，通过创立、收购等手段，以掌握和控制国外企业经营活动从而谋取利润的一种投资活动。由于世界各国的文化传统、经济发展程度、政体和管理体制存在差异，企业组织形式也不相同。因此，企业在做出对外直接投资决策前，首先应该根据不同国家、不同企业形式的法律特点和跨国企业本身的实际情况，选择一种最合适的直接投资方式。

国际直接投资的基本方式有两种：合营（资）和独资，每一种方式又可细分出不同的组织形式。

合营方式主要有两种：股权式合营（equity joint venture）和契约式合营（contractual joint venture）。在我国，通常将前者称为合营企业，而将后者称为合作企业。

股份制企业是国际上通行的现代企业模式，包括股份有限公司和有限责任公司两种形式。股份有限公司是指注册资本由等额股份构成，通过发行股票（或股权证）筹集资本，股东以其所认购的股份对公司承担有限责任，公司以其全部资产对其债务承担有限责任的企业法人。有限责任公司是指由一人及以上的股东，以其所认缴的出资额对公司承担有限责任，公司以其全部资产对其债务承担有限责任的企业法人。我国的中外合资企业主要采用有限责任公司形式，如零售企业中的家乐福、百盛、沃尔玛、宜家等。

契约式合营是对外直接投资中的一种重要方式。例如国际知名的四大会计师事务所[①]在华投资设立的机构，就是合作企业。合作企业，在我国具体是指由中国企业或其他经济组织与外国企业、其他经济组织或个人在中国境内以实施联合经营为目的，双方以平等的地位通过签订合约，明确双方权利和义务、履行合同规定条款而产生的经济组织。中外合作企业既可以作为企业法人并负有限责任，也可以不是法人，类似于国外的合伙企业。

独资企业，是指一国投资者（公司、企业、其他经济组织或个人），按照东道国法律，经政府批准，在其境内单独投资、独立经营、自负盈亏的一种国际直接投资方式。独资企业基本形式主要有两种：一种是独资子公司（wholly-owned subsidiary），另一种为分公司（branch company）。前一种的概念如上述定义，后一种在法律上、经济上没有独立性，仅仅是母公司的附属机构。分公司没有自己的名称、章程，没有自己的财产，并以母公司的资产对分公司的债务承担法律责任。

选择合营方式还是合作方式，或者是独资方式，对于跨国投资者、东道国政府与企业而言，权利与义务是不一样的，各有利弊（见表 7-1）。

---

① 普华永道、毕马威、德勤、安永会计师事务所。

表 7-1 不同经营方式下的经济利益与代价

	经济利益		代价与弊端	
	外国投资者	东道国及被投资企业	外国投资者	东道国及被投资企业
股权式合营企业	1. 有限责任，投资风险较小。 2. 东道国给予一定的保护。 3. 利用东道国的资金，广开筹资渠道。 4. 利用合作伙伴的优势，获得有比较优势的人力资源、紧缺的原材料。 5. 轻易突破东道国的贸易壁垒，进入东道国的市场。	1. 引进先进技术和设备，促进本国产业结构升级和产品结构调整。 2. 学习国外先进的管理经验，培养本国的技术人员和管理人员。 3. 借助外国投资者的销售渠道，扩大产品出口。 4. 防止外资垄断或控制东道国的某些行业和经济部门。	1. 企业的组建、审批程序相对复杂，费用较高。 2. 股东多，需要定期公布企业经营状况等信息，保密性差。 3. 投资者赋税较重，必须缴纳双重所得税，以及母国与东道国存在税收差异。	1. 与国外投资者之间存在目标差异。 2. 容易造成合营企业的不同经营者在企业经营方针、发展方向方面产生分歧，协调成本较高。 3. 与其股份持有者在产品市场或原料市场上形成竞争关系，产生利益冲突。 4. 打击国内的民族工业。
合伙企业	1. 设立简单，有些国家甚至无须注册登记。 2. 实现合伙人的优势互补。 3. 许多国家不对合伙企业单独征税。		1. 承担无限连带责任，风险大。 2. 采取所有权和管理权相一致的管理原则，影响决策效率。 3. 存续期不够稳定。一般规定，只要有一个合伙人死亡或退出，企业即告解散。	
独资企业	1. 受政府控制较少，多数国家没有规范的独资企业法。 2. 经营管理灵活主动。 3. 容易保守企业秘密，不必定期向股东汇报。 4. 容易通过转移定价避税。 5. 充分使用投资者的先进技术、管理经验，保证产品质量和效益。		1. 风险较大，对企业全部负债承担无限责任。 2. 发展受到限制，只能利用利润积累和借贷的方式扩大再生产，资金来源受到限制。 3. 没有现成的生产基地，缺乏合作伙伴，难以与有影响的政府机构取得联系。	

7.1.2 东道国对直接投资的态度

在表 7-1 中，我们清楚地看到了国际直接投资对东道国及企业的经济影响。一旦接受跨国直接投资，东道国的诸多经济资源将不得不与国外投资者分享，东道国将与投资国建立更加紧密的经济乃至政治联系。这对东道国的经济发展模式、传统文化、民族工业和国际竞争力都有直接和深远的影响，因此各国政府对国际直接投资的态度迥然不同。有的大力鼓励，有的严格限制，有的加以部分限制，有的根据国情在不同阶段实施不同的鼓励或限制政策。但从 19 世纪和 20 世纪世界经济的发展史来看，那些对国际直接投资持鼓励态度，对外资开放比较早的国家，几乎都取得了令人瞩目的经济成就，例如美国和拉美国家。

然而，这并不意味着政府应采取放任自流的态度。多数东道国政府都通过制定一系列合营（资）法律或法规来设置外资进入的门槛，规范外资企业的行为，保护本国的民族工业和特定的经济利益。即使是宣称对资本流动不加管制的美国、日本等最发达的国家，对外国的直接投资也以各种名目设立了不少的障碍。例如，美国对中国收购美国高科技企业进行严格审查。发展中国家总体上对国外的直接投资持欢迎态度，但也是在小心翼翼地保护民族工业、核心资源的前提下，引导外资进入一些鼓励发展的行业。例如，墨西哥政府规定，合资企业在国内市场销售的汽车零部件的国产化程度需达到65%，用于外销的汽车零部件的国产化程度也要达到30%，以便保护本国的汽车工业。

当然，各国对国际直接投资的态度并非一成不变。随着国内外经济形势的发展变化，国际直接投资给本国带来的潜在收益和成本也会改变。如果潜在收益高于潜在成本，东道国政府就会制定一些鼓励措施。常见的鼓励措施包括：降低所得税税率，无偿出租土地和厂房，提供低息贷款，降低对企业的环保要求等。这些措施的鼓励程度主要取决于外资能够给东道国带来多大的经济利益。全球 FDI 流入额分布见表 7-2。

表 7-2　FDI 流入额分布（2014—2016 年）　单位：10 亿美元

地区	2014 年	2015 年	2016 年
全球	1 324	1 774	1 746
发达经济体	563	984	1 032
欧洲	272	566	533
北美	231	390	425
发展中经济体	704	752	646
非洲	71	61	59
亚洲	460	524	443
拉丁美洲和加勒比海	170	165	142
转型经济体	57	38	68

注：数据不包括加勒比海地区的金融中心。

资料来源：联合国贸易和发展会议（UNCTAD）。

▲ 专栏 7.1

迫于美国政府压力，华为放弃收购美国三叶系统公司

2011 年 2 月 21 日，在深圳的华为总部相关负责人向新华社记者证实，已经在近日与 CFIUS（美国外国投资委员会）达成协议，撤回了“收购 3Leaf（美国三叶系统公司）特定资产交易”的申请。

“这是一个艰难的决定，我们决定接受 CFIUS 的建议，撤回‘收购 3Leaf 特定资产交易’的申请。”21 日，华为在对新华社记者的回应中称。

据中国之声《新闻纵横》报道，这也意味着华为第二次进军北美市场以失败告终。

2008 年，美国外国投资委员会也是以涉及美国国家安全为由驳回了华为收购 3Com 公司的要求。

就在 2011 年 2 月 15 日，华为曾表示拒绝接受 CFIUS 的要求，希望等待美国总统奥巴马做出最终决定。之前有五位美国众议员联名致信奥巴马政府，鼓吹华为收购 3Leaf 将对美国的计算机网络构成威胁。而华为表示，这一说法是毫无根据的。

中国商务部有关负责人 21 日发表谈话，对该案结果表示遗憾，称此次收购是华为公司依据市场经济规则、根据自身发展需要进行的正常商业活动。

资料来源：南京报业网，2011－02－22.

7.1.3 中国的国际直接投资

对外直接投资的规模与纵深水平，是由投资国在国际商品与劳务市场的地位决定的。只有那些拥有先进技术、充裕资金、先进管理，并在国际市场上具有很强竞争优势的企业，才最有可能跨越国境设立分支机构。我国从改革开放之初在全球 GDP 排名第 100 多位上升到今天的第 2 位，生产结构、生产能力和国际竞争力有突飞猛进的改善，初步具备了扩大对外投资的条件。

2017 年，我国境内投资者共对全球 174 个国家和地区的 6 236 家境外企业进行了直接投资，累计实现非金融类直接投资 1 200.8 亿美元，同比下降 29.4%，截至 2017 年底，我国累计非金融类对外直接投资 10 545 亿美元。我国对外直接投资呈现出以下特点：

（1）投资主体多元化，国有大中型企业占主导地位。投资者遍布各行各业，以制造业、批发零售业为主。国有企业是最大的对外投资者，占我国对外投资总量的 54.3%（见图 7－1）。

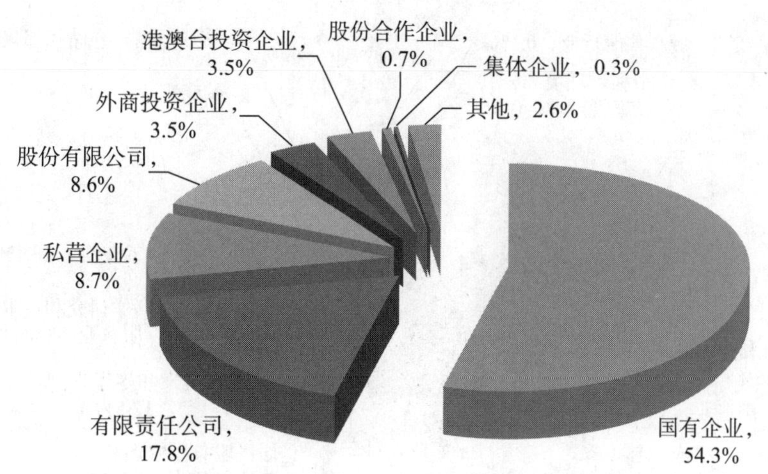

图 7－1 我国对外投资企业分布情况（2016 年）

资料来源：中国商务部官方网站。

（2）对外投资区域不均，主要集中在亚洲。2016 年我国在亚洲地区的直接投资存量为 9 094.5 亿美元，占总量的 67%。其次是拉丁美洲地区，直接投资存量为 2 071.5 亿美元，占总量的15.3%，主要分布在开曼群岛及英属维尔京群岛。对欧洲的投资主要分布在荷兰、英国、俄罗斯和卢森堡。近年来中国对非洲的投资增长很快，主要分布在南非、刚果（金）、赞比亚、阿尔及利亚等国家。在大洋洲地区投资存量为382.4亿美元，占总量的2.8%，主要分布在澳大利亚、新西兰。对北美洲地区的投资占比较小，主要分布在美国（见图7-2）。

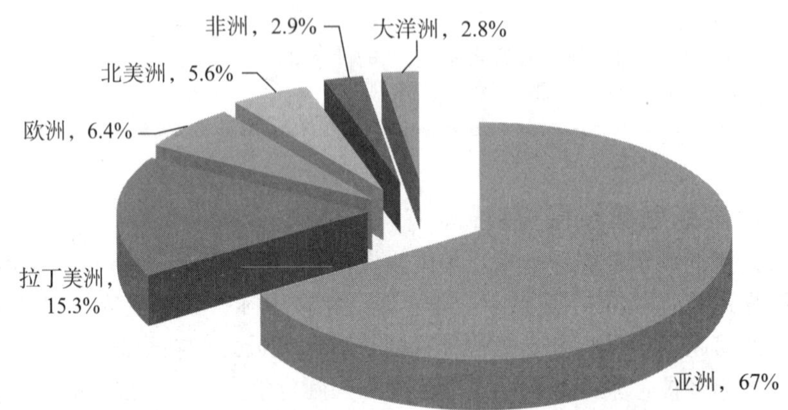

图7-2　截至2016年中国累计对外直接投资净额地区分布

资料来源：中国商务部官方网站。

（3）涉及行业广泛，行业重点突出。各行各业都有对外投资，重点投资行业是租赁和商务服务业，其存量约占总量的34.9%；其次是金融业（含货币金融服务、保险业、资本市场服务及其他金融业等），约占总量的13.1%（见图7-3）。

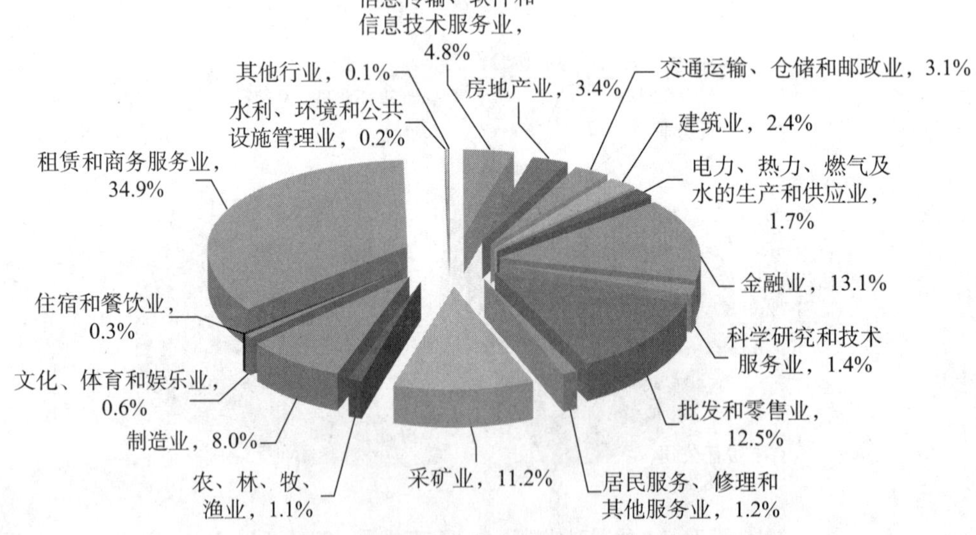

图7-3　我国对外直接投资存量分行业分布情况（2016年）

资料来源：中国商务部官方网站。

外商直接投资在我国呈现出以下几个鲜明的特点：

（1）制造业是投资最集中的行业。中国部分制造业已经具备了相当强大的实力，在许多消费品上，如冰箱、彩电、手机、服装、玩具等，中国企业颇具国际竞争力。因此，这些领域的跨国公司往往不再投资建立新厂，而是转向订单采购，加强在华采购力度，或者对某些制造业项目进行收购。

（2）研发投资迅猛增加。中国加入 WTO 后，国内资本市场开放程度提高，国际贸易和投资环境也得到较大的改善，特别是中国的知识产权保护法律日益健全，公民的知识产权保护意识加强。此外，中国人口众多，政府非常重视基础教育和国民素质的提高，这些有利因素促使跨国公司加大了在中国的研发项目投资。

（3）服务业成为跨国公司进入的热点。随着中国加入 WTO 时所做承诺的兑现，中国服务业的大门对外商逐渐敞开。跨国公司开始进入以前由政府垄断经营的服务业领域。例如，包括银行、保险和证券在内的金融业，以及包括增值电信和基础电信在内的电信服务业。商业、物流、法律、会计、管理、公关、教育等服务业的地域限制减少后，也受到外商的格外青睐。

（4）投资地点集中。跨国公司投资地点的选择，一方面受我国各级政府招商引资政策的影响，另一方面取决于环境和资源的分布。例如，石油化工和芯片等制造业上游项目对基础设施等投资硬环境要求较高，往往设立在沿海港口地区或者制造业中心地区；研发和金融流通等服务项目要求高素质的人才和宽广的应用市场，因而投资集中在经济发达、人才济济的东部沿海地区，特别是以京津地区为中心的环渤海经济圈、以上海为中心的长江三角洲和以香港为龙头的珠江三角洲地区。

7.2 跨国公司直接投资的经济利益

直接投资意味着在国外建立生产线，涉及巨额的初始资金投入、管理和技术投入，涉及市场的分割，有可能造成技术的扩散、培养出更有力的竞争对手，最终导致投资的失败。因此，跨国公司在进行直接投资前必须进行深入、系统的可行性研究，仔细分析各种潜在的收益和成本。

7.2.1 获取比较利益与垄断利润

1. 扩大市场范围和产品销量

如果企业在本国面临激烈的市场竞争，或者企业所占市场份额已接近潜在的最大份额，为了确保预期利润额，使企业价值不下降，企业不得不通过直接投资的方式开拓海外市场。

2. 谋求比较利益和超额利润

各国经济发展水平不同，产业结构存在较大的差异。特别是同一行业的生产能力、技术、市场供求关系，在不同国家之间存在着明显“级差”。具有比较优势国家的企业能够在该行业水平较低的国家获得超额利润从而扩大产量，增加市场份额，而且可以降低产品单位成本，获取规模经济效益。

3. 利用国外的生产优势

信息不完全、行业壁垒等因素，都会造成各国的劳动力成本、土地以及其他相对稀缺资源的价格水平悬殊。跨国公司可以选择生产要素成本低廉的市场进行投资，充分利用国外的资源优势组织生产，以降低产品成本。例如，东亚和东南亚发展中国家具有劳动力价格低廉、土地便宜、资本和技术相对稀缺的特点，特别适合拥有先进技术和充裕资金的外资企业。

4. 利用国外的原材料资源

各国地理位置不同，自然禀赋大相径庭。从控制成本角度考虑，通常企业应该尽量避免采用从国外进口原材料的方式组织生产，在资金和技术条件许可的情况下，企业应选择在原材料来源国投资建厂组织生产。

5. 突破贸易壁垒

尽管在 WTO 框架下，成员方对商品国际贸易的关税有大幅的削减，但是各种形式的非关税贸易壁垒依然存在。因此，跨国公司直接对外投资，与其说是一种扩大国外市场份额的进攻型策略，倒不如说是避免国外市场份额减少的防御型策略。

7.2.2 降低经营风险

1. 规避长期外汇风险

货币币值的波动，特别是本国货币出现升值或贬值的长期趋势时，跨国公司合并财务报表将受到重大影响。根据货币走势和全球经营状况，在不同国家直接投资组织生产，以便规避外汇风险，稳定企业的利润和股票价格，是跨国公司风险管理的重要内容。通常，当本币对外币出现长期升值时，投资费用支出会相对降低，企业应该转移到国外进行生产，对外直接投资将增加。同理，当本币长期贬值时，国内生产有优势，到本国来投资的外国公司会增加。

2. 稳定收入和现金流量

尽管经济全球化、国际分工和贸易的发展使得各国的经济周期逐渐接近，但各国经济发展仍然不完全同步。在经济周期不同的国家组织生产和销售产品，进行跨国直接投资，可以减少经济周期对企业现金流量波动的影响。稳定的现金流可以降低跨国公司的资本成本。

7.3 跨国投资项目资本预算

资本预算是跨国公司进行直接投资的决策依据。理论上直接投资的利益在多大程度上能够成为现实，必须根据具体的投资项目进行可行性分析，在考虑各种风险因素的基础上，对投资收益、现金流状况进行详细的测算，这一过程就是资本预算。某一投资项目资本预算结果有利可图，跨国公司就可以进行直接投资，否则就应该拒绝。跨国公司制定资本预算时需考虑许多要素，包括税收、汇率、资本管制、市场需求、产品的市场价格、项目生命周期、可变成本、固定成本、初始投资额、清算价值等等。通过一个案例，我们具体说明跨国公司在考虑长期项目投资决策时如何进行资本预算。案例先从简单分析入手，然后通过附加一些符合现实情况的限制条件，逐步说明如何处理复杂情况的资本预算。

7.3.1 跨国公司资本预算操作案例

1. 简单分析

［例 7-1］ 一家中国自行车制造企业——日光公司计划向法国出口自行车。由于中国政府对进口的法国纸业征收了反倾销税，法国政府可能会采取报复性措施，限制进口中国自行车。为了规避法国政府的贸易壁垒，日光公司考虑在法国直接投资建厂，在当地进行生产并销售。通过前期调研，日光公司得到如下决策信息：

（1）初始投资额：700 万欧元，包括项目所需的营运成本。

（2）项目周期：投资期 4 年。4 年后如果子公司被法国政府购买，可以得到一定补偿。

（3）产品价格、需求量和产品单位变动成本在今后 4 年的预测值（见表 7-3）：

表 7-3 日光公司对法投资的预测信息

年份	产品单价（欧元）	法国市场的需求量（辆）	产品单位变动成本（欧元）
第 1 年	160	30 000	90
第 2 年	180	30 000	90
第 3 年	210	50 000	110
第 4 年	250	60 000	130

（4）固定成本：办公场地租金每年 50 万欧元，其他制造费用每年 50 万欧元。

（5）汇率：以现行人民币汇价 EUR 1＝RMB 10.8 作为未来 4 年各期汇率的估计值。

（6）东道国对子公司的征税管理：法国政府允许日光公司投资建厂，征收 20%的所得税，对子公司汇回母公司的资金征收 10%的预提税。

（7）中国政府对子公司汇回资金给予税收抵免，不再对法国政府已征税资金重复征税。

（8）对汇回资金的要求：子公司在每年年末将本年度产生的现金流全部汇回母公司。

（9）固定资产折旧：法国政府允许子公司每年计提不超过 80 万欧元的厂房和固定设备折旧。

（10）清算价值：法国政府对出售子公司不征收资本利得税。4 年后清算时，法国政府支付 350 万欧元给母公司，以获得该子公司的所有权。

（11）内部收益率：母公司要求获得 12%的内部收益率。

考虑到子公司每年必须将其运营所得资金汇回母公司，日光公司决定从母公司角度进行资本预算管理。现金流出的标志是母公司向子公司投资，现金流入的确认时间为母公司收到现金。投资项目的内部收益率是以母公司的资金运用成本为基础计算的折现率。如果资本预算计算出的投资项目的净现值为正值，或者大于零，意味着母公司有利可图，将在法国直接投资建厂，否则就取消投资计划。具体计算见表 7-4。

表 7-4　　日光公司对外投资项目的资本预算

	第 0 年	第 1 年	第 2 年	第 3 年	第 4 年
1. 需求量（辆）		30 000	30 000	50 000	60 000
2. 单位价格（欧元）		160	180	210	250
3. 总收入=1×2（万欧元）		480	540	1 050	1 500
4. 单位变动成本（欧元）		90	90	110	130
5. 总变动成本=1×4（万欧元）		270	270	550	780
6. 年租金（万欧元）		50	50	50	50
7. 其他年固定费用（万欧元）		50	50	50	50
8. 非现金费用（折旧）（万欧元）		80	80	80	80
9. 总成本=5+6+7+8（万欧元）		450	450	730	960
10. 子公司税前利润=3-9（万欧元）		30	90	320	540
11. 东道国税收（20%）（万欧元）		6	18	64	108
12. 子公司税后利润=10-11（万欧元）		24	72	256	432
13. 子公司净现金流量=12+8（万欧元）		104	152	336	512
14. 从子公司调回资金（100%）（万欧元）		104	152	336	512
15. 对调回资金征收预提税（10%）（万欧元）		10.4	15.2	33.6	51.2
16. 子公司汇回税后现金流=14-15（万欧元）		93.6	136.8	302.4	460.8
17. 清算价值（万欧元）					350
18. 外汇汇率（元/欧元）		10.8	10.8	10.8	10.8
19. 流入母公司的现金流（万元）		1 010.88	1 477.44	3 265.92	8 756.64
20. 流入母公司的现金流的现值（万元）		902.57	1 177.81	2 324.62	5 565
21. 母公司初始投资（万元）	7 560				
22. 累计的 NPV（万元）		−6 657.43	−5 479.62	−3 155	2 410

从表 7-4 中可以看出，日光公司在法国项目的初始投资为 7 560 万元，投资产生的净现值是 2 410 万元，投资收益率为 31.88%，项目具有很强的可行性，日光公司应该在法国投资建厂。然而，在上述分析中我们也不难发现，日光公司在进行资本预算时忽略了一些重要因素，这些因素的波动性实际上对该投资项目的现金流有较大影响。

2. 考虑影响因素波动性后的分析

（1）东道国政府的优惠政策。

跨国公司的一些投资项目将促进东道国经济发展，特别是生产那些东道国短缺的产品、能够提升产业结构的产品、进口替代产品等等。这类投资项目会受到东道国政府的鼓励，享受优惠政策。例如，低利率贷款、税收减免、廉价的厂房、建厂投资补助等等。所有这些优惠政策都能够增加跨国公司的收入，减少其支出，从而增加各期的现金流量。在本案例中，日光公司的生产不属于法国政府给予政策优惠的范围，没有获得政策优惠。

（2）汇率波动。

在简单分析中，日光公司假设汇率水平在未来4年中保持当前的10.8元人民币/欧元不变，实际上这是不可能的。人民币钉住美元，对欧元的汇率波动幅度是比较大的。因此，日光公司需要运用情景分析方法，对乐观情景下欧元升值和悲观情景下欧元贬值进行估计，计算汇率波动对母公司现金流的影响。加入欧元汇率变动后，例7-1的结论可能要随之改写了。

（3）资金冻结。

在遇到金融危机或特殊事件干扰时，东道国政府很可能将子公司汇回母公司的资金冻结，使母公司现金流受到较大影响。例如，一些国家明文规定，子公司所获收益在汇回母公司之前必须在当地至少再投资三年。假设法国政府规定，外商投资的子公司产生的所有现金必须留在法国进行再投资，直至子公司清算为止。一旦子公司再投资收益率低于母公司对该项目的预期收益率，再投资决策就会侵蚀该投资项目的收益，使之成为不经济的失败投资。并且在资本冻结情况下，子公司的收益只能于第4年一次性汇回，其外汇风险会明显上升。如果第4年汇回所有现金流时欧元对人民币大幅贬值，公司的投资收益将严重下降。

（4）通货膨胀因素。

在对例7-1资本预算的简单分析中，已假设产品的可变成本和市场价格中包含了通货膨胀因素。但是它所包含的只是法国的通货膨胀因素，如果法国子公司的生产原配件来源于中国，最终产品自行车在法国当地市场销售，那么中国的通货膨胀就会对产品的成本核算产生影响。一旦在未来4年中国的通货膨胀率比较高，法国子公司的可变成本就要上升，收入则相应地要减少。一般地，当公司从国外市场进口配件然后在国内生产和销售时，本国通货膨胀对公司收入水平有较大影响，进口国通货膨胀对公司成本有较大影响。因此，若法国子公司产品配件的来源渠道不同，该公司利润水平、现金流等将会产生很大差异。

（5）项目的机会成本。

为了实现扩大国外市场份额的目的，跨国公司既可以采取直接投资的方式，也可以简单地采取出口的方式。具体选择哪一种方式更有利，取决于公司的发展战略、被投资国的贸易政策和具体项目的预算成本。然而，无论选择哪一种方式，都有一定的机会成本。例如，假设在例7-1中，法国政府对进口自行车不施加贸易限制，日光公司通过对法国正常出口就可以获得每年50万欧元（即540万人民币）的收入。一旦在法国设立子公司，日光公司将失去这笔出口收入。考虑机会成本后，日光公司的资本预算还应该进行相应的调整，投资的吸引力很可能下降。

（6）清算价值的不确定性。

当跨国投资期限比较短时，跨国公司比较看重投资期满可以收回的清算价值。一方面清算价值对投资项目的净现值有重要影响，另一方面清算价值本身也可以作为跨国直接投资的决策指标。清算价值往往是不确定的，跨国公司需要对清算价值进行预测，根据清算价值的各种可能性来评估投资项目的净现值，从而做出投资决策。当然，跨国公司可以根据预期的内部收益率来计算清算价值的盈亏平衡点，即估算投资项目净现值为零时的清算价值。如果预期清算价值大于或等于盈亏平衡点，则投资项目可行，否则就应该放弃。假设 NPV 为净现值；I 为初始投资额；C_t 代表第 t 期的净现金流；SV_n 为投资期满时的清算价值；n 为投资期限；r 为投资的预期内部收益率。

根据净现值公式：

$$NPV = -I + \sum_{t=1}^{n} C_t / (1+r)^t + SV_n / (1+r)^n$$

假设净现值为零，求得清算价值盈亏平衡点为：

$$SV_n = [I - \sum_{t=1}^{n} C_t / (1+r)^t] \times (1+r)^n$$

以下我们仍然以例 7－1 来说明清算价值盈亏平衡点及其应用。假设由于种种原因，日光公司难以预测投资项目 4 年后的清算价值，希望通过盈亏平衡点方法进行推算。计算步骤如下：

①估算未来各期现金流量的现值（除去项目残值）；

②减去期初支出资金的现值；

③乘以 $(1+r)^n$。

用例 7－1 的期初现金支出数据，现金流量现值可计算如下：

$$\begin{aligned}\text{日光公司未来各期现金流量现值} &= \frac{104}{1.12} + \frac{152}{(1.12)^2} + \frac{336}{(1.12)^3} + \frac{512}{(1.12)^4} \\ &= 778.6(\text{万欧元})\end{aligned}$$

如果日光公司预计初始投资增加至 1 000 万欧元，清算价格盈亏平衡点计算如下：

$$\begin{aligned}SV_n &= [I - \sum_{t=1}^{n} C_t / (1+r)^t] \times (1+r)^n = (1\,000 - 778.6) \times (1+12\%)^4 \\ &= 348.38(\text{万欧元})\end{aligned}$$

只要 4 年后预期清算价值不低于 348.38 万欧元，日光公司就可以获得预期的 12% 的内部收益率。

（7）融资安排。

现实生活中，跨国投资项目并非完全要由母公司来提供资金，许多子公司能够从当地获得一定的融资。如果子公司能够提供一部分资金，投资项目的资本结构就会发生改变，内部收益率将由母公司和子公司的资本成本共同决定。下面我们将改变投资项目的融资结构，分析这种改变对日光公司直接投资的影响。假设日光公司不租厂房，而是自己投资建厂房，投资额为 300 万欧元；4 年后，法国政府不收购在法国的子公司，母公司得不到 350 万欧元的补偿金；母公司将收到 350 万欧元的清算价值，其中出售办公楼获得 200 万欧元，出售公司其他资产得到 150 万欧元。

①办公场地由子公司提供。假设日光公司在法国的办公场地由子公司提供，子公司用所购买的厂房作为抵押在当地借款，为此子公司需要每年支付 50 万欧元的利息，在第 4

年末支付借款的本金。资本结构发生上述调整后，日光公司的资本预算将做出如下修订：

A. 子公司借钱购买厂房。无须缴纳每年 50 万欧元的厂房租金，取而代之的是缴纳 50 万欧元的利息费。因此，子公司每年的现金流出量依然相同。

B. 子公司预期在第 4 年末出售厂房和办公大楼，用收回的现金偿还借款本金。因此，在子公司融资购买厂房的情况下，母公司收到的现金流量与租借厂房没有差异。

②办公场地由母公司提供。母公司融资购买厂房和办公大楼，每年支付 50 万欧元的利息，日光公司的初始投资额增加至 1 000 万欧元。母公司的初始投资增加了，收到的现金流量却没有增加，计算表明日光公司的投资收益的净现值为负值，表明该项投资不具可行性。

一般地，母公司提供全部投资会使其承担更大的外汇风险，因为母公司的外汇风险头寸将增加：

A. 子公司无须负债，也无须支付利息，利润会增加。

B. 自己购买厂房，公司的清算价值会增加。

母公司收到越多的现金流，受汇率变动的影响就越大。因此，对日光公司的投资收益而言，与其由母公司融资购买厂房，不如租赁厂房或者由子公司筹资购买厂房。

7.3.2 资本预算的风险调整

决定国际直接投资资本预算准确性的因素很多，其中最关键的是投资项目产生的未来现金流。而未来现金流容易受到市场份额、价格、东道国政策等诸多不受跨国公司左右的因素影响，很难准确预测。这就意味着跨国公司的每一项资本预算，实际上都有不能实现的风险，还需要针对未来现金流的不确定性进行风险调节。

（1）敏感性分析。

导致现金流量波动的各种因素的作用机制不同，因此需要对一些重点因素的变化做敏感性分析。测算净现值对这些影响因素的敏感性，常见做法是对投资项目中产生的未来现金流进行情景分析。前面我们已经介绍了影响投资收益现金流的诸多因素，在进行资本预算时应该对这些因素进行敏感性分析。以东道国通货膨胀率变化为例，就其对公司投资收益的影响设定乐观场景、悲观场景、较可能场景、最可能场景，计算出每种场景下投资收益的净现值。如果无论哪种场景净现值都是正数，表明通货膨胀因素不会导致投资项目的预期收益落空，同时也说明投资项目的预期收益对通货膨胀因素不敏感。如果在通货膨胀率变化的不同场景中，投资收益净现值的取值有正有负，表明跨国公司的投资收益在一定场景中达不到预期的目标，会受到通货膨胀变化的不利影响，公司需要运用其他计量方法，如蒙特卡洛模拟、VAR 来进一步探讨各种场景发生的概率，准确计算净现值随影响因素变化的程度。

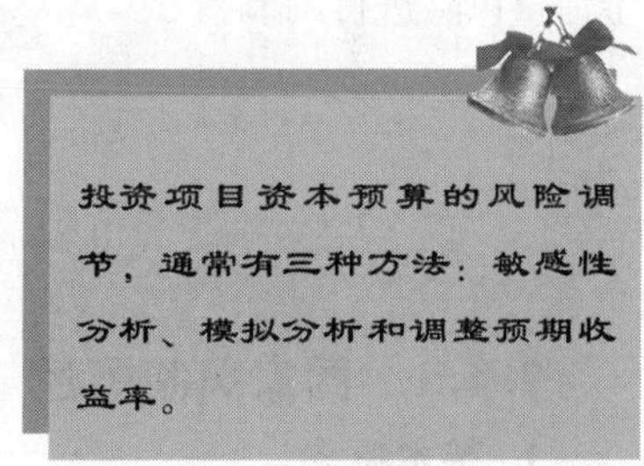

（2）模拟分析。

模拟分析是一种根据场景变化的概率来测算、调整现金流的方法，要求较高的技术和大量的计算，通常需要借助计算机来完成。假设在例 7－1 中，日光公司预期欧元兑人民币汇率每年波动幅度在3%和7%之间。模拟法将考虑每年欧元汇率各种取值的概率分布。例如，欧元升值3%的概率为50%，升值4%的概率为15%，升值5%的概率为15%，升值6%的概率为12%，升值7%的概率为8%。然后，根据这样的概率分布计算现金流的期望值。运用计算机模拟技术，可以同时考虑其他影响因素的变化及其概率分布，通过各种影响因素的联合概率分布来计算现金流量的多种变化。模拟法的主要优点在于，跨国公司可以检测净现值可能出现的范围，以便确定净现值大于一个特定水平值的概率，为跨国直接投资决策提供更加科学的依据。

（3）调整预期收益率。

由于影响投资收益的因素较多，对各种因素变动的概率，特别是多个因素的联合概率进行测算有较大的难度，技术要求也比较高。在进行资本预算时，一种比较简便的方法是直接调整项目投资的预期收益率。其基本原理是，投资项目预期现金流量的不确定性增大，意味着投资者获得预期收益的风险增大，投资者要求的风险溢价也相应地提高。可以根据统计数据建立项目投资的预期收益率与现金流不确定性之间的数学模型，在资本预算的基础上估计投资收益现金流的不确定性，进而对原来的预期收益率进行调整。例如，如果日光公司确定如下关系成立：

$$\Delta r=0.3\Delta c+18.6\Delta c^2$$

式中，Δr 代表预期投资收益率的变化率，Δc 代表预期投资收益现金流的不确定程度。

如果日光公司认为其在法国的投资收益的现金流存在10%的不确定性，那么原来计算的预期收益率就需要调整21.6%（$=0.3\times0.1+18.6\times0.1^2$）。调高或者调低的具体方向依据现金流不确定性的方向而定。在投资期限比较长的情况下，不同时间段的未来各期现金流量的不确定性不同，跨国公司需要分段确定预期投资收益的变化率，以便能够更加准确地对现金流量风险进行调节。

7.4 国家风险管理

7.4.1 国家风险概述

1. 基本概念

国家风险是指东道国特定的国家层面事件通过直接或者间接的方式，导致国际经济活动偏离预期结果，给外国企业或投资者造成的经济损失和可能性。国家风险是企业对外投资首先考虑的因素。

2. 国家风险的类别

目前国际上通常从两个方面对国家风险进行分类：（1）从国家风险发生的范围和层次看，国家风险分为宏观层次的风险（macro level risk）和微观层次的风险（micro level risk）。前者指对所有外国企业或外国投资者都会产生不利影响的政治方面的改变，而不论这些企业和投资者属于何种行业、采取何种投资形式；后者是指只对某个特定行业、某类特定企业或者某一特殊投资计划、某一市场产生不利影响的政治改变。（2）从国家风险的结果看，国家风险分为影响财产所有权的风险和只影响正常业务收入的风险。前者是指导致外国企业和投资者失去资产所有权或投资控制权的政治方面的改变；后者是指导致外国企业和投资者经营收入或投资回报减少的政治方面的改变。

7.4.2 国家风险的成因

1. 国有化

国有化通常是指政府将外资公司子公司的资产无偿或者低价收归国有的行为，这是最突出、危害最严重的一种国家风险。在中央集权程度高、政权更替较频繁的国家，国有化问题比较严重。国有化通常发生在对东道国的经济命脉有直接影响的部门和行业，例如采矿、冶炼、石油、农业、银行、公用事业和运输业等部门。

2. 市场准入政策

为了保护本国处于相对弱势的企业，确保更高的就业率，无论是发达国家还是发展中国家，往往都会制定一系列限制政策，阻挡跨国公司对当地市场的渗透。例如，美国经常动用超级 301 条款[①]，对欧盟的钢铁、日本的汽车、中国的纺织品进行进口限制。

3. 财政金融政策

财政金融政策的变化，对跨国公司直接投资必然产生影响。较高的利率会减缓经济增长，减少对跨国公司产品的需求；较低的利率会刺激经济增长，从而增加产品需求。汇率波动会严重影响母公司收到的现金流，并使得子公司的进口成本和出口需求不稳定，生产和收入水平受到干扰。通货膨胀率上升也会影响跨国公司产品的市场需求以及投入品的成本。税收上升则会降低跨国公司的投资收益水平。

4. 外资管理措施

东道国政府针对外商投资采取的各种管理措施，都可能影响跨国公司的现金流量。常见的措施包括：设立污染控制标准；增加公司所得税和预提税；加强资金转移限制；建立社会福利设施或专门的环境设施；要求子公司使用当地雇员作为管理人员等。此外，东道国政府对外国经营者要求特许权审批、对本国竞争者给予补贴的做法也非常普遍。一些东道国政府限制子公司向母公司的资金转移范围和规模，严重时甚至冻结子公司的对外资金转移。

5. 货币的不可兑换性

为了防止资本外逃，危害经济发展的稳定性，许多发展中国家不允许本国货币自由兑换成其他货币。货币的不可兑换性在一定程度上限制了跨国公司支配投资收益的灵活性和及时性，投资收益的时间价值要打折扣。

6. 消费偏好

东道国居民对产品产地的消费偏好，是决定外国产品能否成功进入新的国外市场的关键，因此对跨国公司的直接投资有决定性影响。消费偏好是文化、习惯的产物。一些国家

---

① 1974 年美国国会通过《贸易法案》，该法案的第 3 篇名为“不公平贸易之纠正”，其中第 1 条标题为“回应外国政府的某些贸易做法”，规定了美国政府对于不公平贸易的报复权限。这条被称为“301 条款”，又称“普通 301 条款”或“一般 301 条款”。1988 年 8 月，“普通 301 条款”修正案出笼，新增了名为“贸易自由化重点的确定”的第 1302 节。该条款的规定比“普通 301 条款”更强硬，适用范围更广泛，更具有浓厚的政治色彩，故俗称为“超级 301 条款”。

通过控制传媒、教育渠道，从文化上鼓励、强化居民对本地产品的消费偏好。

7. 投资跨国监管联动

由于行业集中度提高，大型跨国公司的全球布局广泛，网络联系加强，有可能在更多国家、更多行业形成明显的竞争优势，获得垄断效应。出于对国家安全的考虑，各国政府对大型跨国公司整合全球网络的并购活动以及经营活动越来越关注，限制和监管越来越严格。

8. 经济周期

影响跨国投资项目的经营现金流量的最主要因素，是东道国的市场需求，而市场需求与东道国的经济周期高度相关。当东道国经济衰退时，市场需求下降。一方面子公司将减少对跨国公司出口产品的需求，另一方面子公司产品的销量也会降低。因此，跨国公司能够得到的现金流量下降，难以获得预期的投资收益。

9. 战争

战争对跨国直接投资的影响主要是：威胁跨国公司雇员的人身安全；外部经济环境恶化；商业活动很不规范；子公司的经营现金流量更加不稳定。

▲ 专栏 7.2

直接投资需要高度重视非传统安全风险

恐怖主义活动、难民危机、网络黑客等非传统安全风险对全球直接投资的影响越来越大，值得高度重视。

进入 21 世纪，恐怖主义成为全球性的问题，恐怖袭击对发生地影响巨大。不仅造成直接的人员伤亡和财产损失，而且会引起连锁反应和扩散效应，对直接投资更是产生深远的影响，改变海外投资者的行为。近年来，全球恐怖袭击影响范围、深度和方式都有新的发展。据相关机构，2016 年全球共发生了 1 733 次恐怖袭击，15 624 人在恐怖袭击中丧生。其中 800 名恐怖分子在全球 28 个国家制造了 469 起自杀式爆炸袭击，造成 5 650 人死亡，2016 年是历史上自杀式袭击造成死亡人数最多的一年。尽管中东仍然是恐怖袭击集中发生的地区，但是恐怖袭击辐射和范围影响更大，北非、东非、西非、东南亚、南亚、美国和南美洲西北部地区都出现了恐怖袭击。恐怖分子利用汽车、自杀式爆炸装置，甚至斧头等凶器对无辜群众进行屠杀，不仅造成实际人身伤害，而且给社会文化心理带来较大的影响。为了应对恐怖袭击，欧洲国家政府不仅投入大量的行政资源，加强安保，而且通过法律法规等方式强化对人们日常生活的监控和管辖，对企业跨境投资活动的准入和行为进行严格管理和规范，导致外国投资者利用欧盟大一统整体市场优势、优化资源配置的目的难以实现。

随着电子商务成为主要的贸易方式，跨国公司对互联网和信息技术的依赖日益加强，黑客攻击对企业商业利益的侵害呈上升趋势。实际上恐怖组织也利用互联网实现活动组织、资金流动。这就要求直接投资不仅要考虑业务发展，还需高度重视信息安全问题。由于各国网络安全水平大相径庭，对外投资的海外布局无疑会受到相当大的制约。

此外，公共卫生及全球气候变化对全球直接投资的影响不容忽视。例如，埃博拉和寨卡病毒虽然影响逐渐减弱，但是人类至今仍不能有效控制这些病毒的传播，在这些病毒高发区进行投资显然要冒较大的生命危险。气候变化引发的极端天气和自然灾害每年造成巨大的经济损失，给投资者和投资项目带来巨大的影响。

资料来源：全球投资风险分析报告 2017.

7.4.3 国家风险评估

1. 国家风险评估内容

国家风险评估包括四个方面的内容：政治风险、经济风险、商业环境风险和法律风险。

(1) 政治风险。

影响政治风险的主要因素包括：第一，国家安全环境。又分为外部安全环境和国内安全环境，前者包括边境冲突、领土争端等，后者包括反政府武装、分裂主义、恐怖势力、社会治安等。第二，政治稳定性。包括政府能否得到国会支持，总统是否会遭到弹劾，司法、军队稳定性、国际社会制裁等等。第三，国际关系。与主要贸易伙伴和邻国的政治、外交关系，这些关系是变好还是变坏。第四，政府干预。主要包括国有化、汇兑限制、外汇管制措施。第五，社会稳定性。包括示威游行、恐怖袭击、社会治安、自然灾害等等。

(2) 经济风险。

影响经济风险的主要因素包括：第一，宏观经济。具体指标包括经济增长率、预期通货膨胀率、失业率。第二，财政收支。财政赤字是否增加？公债规模是否保持在合理水平？增加还是减少？第三，货币金融。具体指标包括货币数量、利率、信贷规模及增速。第四，国际收支。经常账户差额、导致国际收支顺差或逆差的源泉、资本及金融账户差额、外汇储备充足度、汇率波动情况等。第五，双边经贸。本国的双边贸易增长情况以及双边直接投资变化。

(3) 商业环境风险。

影响商业环境风险的主要因素包括：第一，投资便利性。通常以 FDI 增长来衡量。第二，税收体系。包括税制复杂性、企业的税收负担、关税和非关税壁垒。第三，基础设施。包括公路、铁路、机场、港口，全球物流绩效指数，基建投资，等等。第四，人力资本。包括劳动力丰富程度、劳动生产率。第五，行政效率。包括开办企业、获得建筑许可证、获得电力的效率。

(4) 法律风险。

影响法律风险的主要因素包括：第一，涉外法律规定。外资购买土地、雇用外籍劳工、禁止行贿受贿、市场准入、股权限制、保护本国工人权益等等。第二，执法成本。腐败程度，执法环境，还可以使用世界银行公布的全球治理指数中的法治得分进行评估。第三，国际合作。包括签署多边国际协议、双边合作文件、获得外部援助等等。

2. 国家风险评估方法

（1）列表打分法。

列表打分法是将所有影响国家风险评估结果的政治、经济、商业环境、法律因素转换成数字，通过列表形式直观地进行风险等级判断。风险评级越高，国家风险越小。在列表打分时，有些因素，如GNP增长率、利率、汇率、税率等，可以从现有统计数据中获得；而有些因素，如陷入战争的可能性等，则只能进行主观判断。由于要将各个因素的影响用数字形式表达，必须注意各因素在国家风险中的影响力，根据其影响力的不同赋予不同的权重。例如，给予那些被认为对国家风险有更大影响力的因素以更高的权重。在运用列表打分法进行国家风险评估时，对一些因素的取值及其权重分配较多地依赖主观判断，因而该方法具有一定的主观性。

（2）德尔菲法。

德尔菲法是第二次世界大战期间美国的思想库兰德公司创造的一种专家评估方法，通过相关专家们背对背的主观评估，得到对某一事件发生概率及其影响的判断。运用德尔菲法进行国家风险评估时，主要是通过收集评估专家各自对国家风险的看法，综合得出对国家风险的评估结果。评估专家可以是跨国公司的职员，也可以是“外脑”——有资格的外部咨询人员。德尔菲法具有成本节约、速度快、准确度比较高的特点。通过这一方法，跨国公司不但可以得出评估专家对国家风险评估的期望值，还可以通过测算标准差来获得各评估专家观点差异的程度。

（3）定量分析法。

一旦确定了某一时期导致东道国国家风险的主要影响因素，确定了各项指标，就可以运用定量分析法来确定国家风险等级。常用的定量分析法是离差分析法、主成分分析法和回归分析法。

离差分析法是一种广泛应用于国家风险评估的手段。从历史角度看，可以将所有国家分为两类：一类是国家风险较小的国家，另一类是国家风险较大的国家。离差分析法通过考察所有这些国家的国家风险，找出具体导致国家之间风险差异的主要因素。

主成分分析法主要用来确定政治风险、经济风险、商业环境风险、法律风险的权重，以及各类风险内部主要影响因素的权重，是计算国家风险分值的重要环节。

回归分析法主要用来测算一个影响因素对另一影响因素变化的敏感性。跨国公司评估投资风险时，常常使用回归分析来评估其经营活动与东道国国家风险之间的关系。例如，测算子公司的销售增长率与东道国GNP增长率、法治水平或者恐怖袭击事件之间具有怎样的相关关系。

理想的国家风险评估是为跨国公司提供早期的预警信息，找出那些可能给跨国公司未来经营带来风险的政治、经济、商业环境、法律因素。定量分析法有助于提供这样的预警信号。

（4）巡查访问法。

巡查访问法，也称实际观察法，指到被投资国进行实地考察，会见当地政府官员、公司管理人员、智库研究员以及消费者，帮助跨国公司更好地了解实地情况（如公司间关系等），感性地评估东道国的国家风险。现实生活中，鉴于不同金融机构或专业评估公司的报告、新闻报道、图书资料都加入了作者的价值取向、主观判断，从而有一定水分，如果不进行实地考察，容易受道听途说的干扰。一些对跨国公司经营有重大影响的国家风险因素，必须实地考察和深入了解。百闻不如一见，只有亲临其境，才能做出准确客观的评估。

3. 国家风险评估步骤

（1）为不同种类的风险因素赋值。根据政治因素的风险价值进行赋值，这些数值代表风险价值大小。赋值区间一般为［1，5］，数值越小，风险越高，数值越大，风险越低。也就是说，1 代表最高风险，5 代表最低风险。

（2）确定各类风险的权重。在政治风险、经济风险、商业环境风险和法律风险评估中，不同风险因素对国家风险发生概率及其影响程度的作用是有差异的，有的因素作用较大，有的因素作用较小。需要根据各因素的重要程度，采取主成分分析法赋予它们不同的权重，各权重的总和为 100%。

（3）计算政治、经济、商业环境、法律风险水平。分别计算四大类风险的加权平均数值，作为它们的评级结果。

（4）计算国家风险水平。根据确定的政治、经济、商业环境、法律风险的权重，以及它们的风险水平，计算出国家风险的分值。

（5）确定国家风险等级。通常按照国家风险由低到高分为 1～9 级，等级越低，表明国家风险越小；等级越高，表明国家风险越大。

4. 国家风险评估案例

2017 年我国摩托车制造商日光公司计划到菲律宾设立一家分公司，开拓“一带一路”沿线国家市场。在投资项目的可行性研究阶段，公司投资部首先对菲律宾进行了国家风险评估。经过仔细的筛选和评估，发现在影响菲律宾国家风险的众多因素中，主要有 2 个政治风险因素、5 个经济风险因素和 1 个法律风险因素。他们给这些主要的影响因素编上代号，根据收集到的各种信息判断这些因素对国家风险的影响程度，进而确定不同的权重（见表 7－5）。

表 7－5　　菲律宾国家风险因素的权重分配

	因素	权重
政治风险（30%）	政局动荡风险	40%
	恐怖主义风险	60%
经济风险（50%）	汇率制度变动风险	10%
	汇率大幅贬值风险	50%
	直接征收风险	10%
	间接征收风险	20%
	主权债务违约风险	10%
法律风险（20%）	合同履约风险	100%

通过对政治、经济、法律等国家风险的分析，特别是充分考虑菲律宾国内不同行业经营状况的差异以及摩托车市场状况后，日光公司发现，菲律宾的政治风险与经济风险一样大，但是法律风险较高，合同履约能力较差。对政治风险各因素数值进行加权平均计算，得到菲律宾的政治风险等级为2.8（见表7-6）。运用同样的方法，可以计算出经济风险等级为2.8，法律风险等级为3。在分别确定了政治风险、经济风险和法律风险等级后，根据政治、经济、法律风险各自的权重，就可以计算出菲律宾的国家风险等级为2.84。通常以3级为临界值，小于3级意味着国家风险高，大于3级意味着国家风险低，而2.84不在可接受的安全范围内。因此，日光公司根据自身对风险程度的厌恶标准，否决了在菲律宾投资建厂的计划。

表7-6 菲律宾的国家总体风险评级

(1)	(2) 公司对各因素的赋值(1～5)	(3) 公司根据重要性对各因素所赋权重	(4)=(2)×(3) 各因素加权值
政治风险因素			
政局动荡	4	40%	1.6
恐怖主义	2	60%	1.2
政治风险等级			**2.8**
经济风险因素			
汇率制度变动	4	10%	0.4
汇率大幅贬值	2	50%	1.0
直接征收	4	10%	0.4
间接征收	3	20%	0.6
主权债务违约	4	10%	0.4
经济风险等级			**2.8**
法律风险因素			
合同履约	3	100%	3
法律风险等级			**3**
政治风险	2.8	30%	0.84
经济风险	2.8	50%	1.4
法律风险	3	20%	0.6
国家风险		**100%**	**2.84**

7.4.4 国家风险管理措施

常见的国家风险管理方法包括：垄断技术、缩短投资期、运用当地资源、购买保险。

1. 垄断技术

如果子公司的生产需要从母公司获得核心技术，东道国市场又需要子公司的产品，通过对子公司技术的垄断和技术信息高度保密，跨国公司可以有效地降低被东道国政府征收的风险。

2. 缩短投资期

跨国公司对外投资的一个主要目标是获得超额利润，这种超额利润往往随着时间的推移、竞争者的加入、市场行情的变化而衰减，将项目投资锁定在一个较短的周期，例如5年或者10年，通过加速折旧、分期分批地将子公司资产卖给当地投资者或政府等手段，跨国公司不仅可尽快地获取国外投资的超额利润，还可降低子公司被东道国征收的可能性，将国家风险损失控制在较低的程度。

3. 运用当地资源

跨国公司如果能充分运用当地的人、财、物资源，例如尽量多地雇用当地员工，从当地银行获得巨额融资，利用当地的原材料，与当地特定的利益集团形成比较紧密的利益关系，就可以在一定程度上减少国家风险。

4. 购买保险

跨国公司母国政府为了促进本国私人公司积极向海外投资，往往通过设立海外投资保险机构等方式，对私人公司的海外投资损失给予一定的补偿。这类保险机构一般可以为跨国公司提供被东道国政府征收、战争、货币资金被冻结等方面的保险业务。世界银行等国际金融组织也纷纷设立多边投资保险机构，为那些在发展中国家有直接投资项目的跨国公司提供政治保险。那些在国外有大量投资的发达国家，都建立了比较健全的国外投资保险体系。

学习指导

下面是中兴通讯的真实案例。请认真阅读，并理解其中的国际金融术语。

从1985年的加工电话机的小企业到如今的综合通信的服务商，中兴通讯已成为中国最大的上市电信设备公司。中兴通讯坚持发展，为全球160多个国家和地区的客户提供技术与通信解决方案，是一家名副其实的国际化企业（见表7-7）。

表7-7　中兴通讯国际化发展历程

阶段	摸索期	突破期	推进期	发展期	扩张期
时间	1995—1997年	1998—2001年	2002—2004年	2005—2009年	2010年至今
事件	1995年，参加日内瓦电信展 1996年成立国际部 1997年，参与孟加拉国电信公司投标，实现海外市场“零”突破	1998年在巴基斯坦建立第一个海外生产基地 1998年，在美国设立第一家海外研究所 在海外市场设置20多个营销中心	进入巴西、印度、俄罗斯等市场 在非洲20多个国家设立办事处 业务覆盖亚非拉等70多个国家 2004年在香港上市	成为印度、越南等国家的主要电信设备商 2007年，境外市场营业收入超过境内市场营业收入	2011年，实现欧洲市场零突破 终端设备进入美国四大运营商采购名单 在全球有156个销售网点

中兴通讯自1995年提出国际化战略至今已经历了二十多年的发展，现在全球有156个销售网点，为160多个国家和地区提供服务，中兴通讯在国际化道路上一路高歌（见表7-8）。

表7-8　　中兴通讯在各地区的网点数量

地区	网点数量
加拿大	1
美国	9
拉丁美洲	20
非洲	38
欧洲	26
独联体	12
亚太地区	19
中国	31
合计	156

然而中兴通讯也不可避免地面临和其他跨国企业一样的国家风险，或是需面对进驻国家的政治冲突，或是触碰进驻国家的法律底线。

自20世纪90年代末以来，中兴通讯一直在利比亚市场占有较大份额。中兴通讯首先突破利比亚电信市场，华为也随后进入。2011年2月21日，利比亚反政府武装冲突升级，部分在利比亚的中资企业和机构以及员工遭袭，生命财产安全受到威胁。当时在利比亚的中国公民人数多、分布广，约3万名中国人主要分布在利比亚东部、西部、南部和首都地区，大多为从事铁路、通信和油田等行业的工程劳务人员，其中中兴通讯员工88人。3月5日，中国撤离在利比亚人员行动圆满结束，共撤出35 860人，他们全部回国。在此次撤离行动中，中兴通讯保护了员工的安全，及时化解了这次激烈的国家风险。动乱平息后，中兴通讯和华为又投入到利比亚的重建工作中去，不论是为了国家发展战略，还是无利不起早，这两家企业乃至其他任何走出去的企业都将随时面临不可测的政治风险。

2018年，美国制裁中兴通讯的消息甚嚣尘上。2018年4月16日，美国商务部宣布7年内禁止本国企业向中兴通讯销售零件。起因是，中兴通讯因违反美国对伊朗的出口禁令在2017年3月与美国商务部达成和解协议前后，分别于2016年11月30日和2017年7月20日（函件标记日期）呈交美国政府函件中表示将会惩处或已惩处多名涉及违反美国出口禁令的员工，但是中兴通讯对其中多人的惩处一直没有执行，直至美方于2018年2月查询后才开始执行。美方认为中兴通讯做出虚假陈述及违反和解协议。

截至2018年5月下旬，外界估计中兴通讯因为美国制裁而造成的损失至少有200亿元人民币。

中兴通讯面临的巨额损失，归根到底是它忽略了国际化营运中的合规问题，在对待美国有关部门调查及其后落实和解协议过程中不诚实。换言之，美方处罚是有严格的法律依据的，是对中兴通讯海外公司及总公司调查应对行为的法律回应。虽然中兴通讯是一个体量庞大的高科技企业，但仍应接受业务开展国法治约束，经营过程遵纪守法，包括接受其行政监管，这与中国政府对驻华企业的权力对等。

Summary

1. 国际直接投资是指投资者跨越国界，通过创立、收购等手段，以掌握和控制国外企业经营活动从而谋取利润的一种投资活动。在国际投资中，世界各国的企业形式不完全相同，主要有独资企业、合伙企业和公司制企业。东道国对不同性质的企业，在企业设立、登记、组织机构、经营管理以及缴纳赋税方面要求不同。

2. 国际直接投资随着经济全球化得到迅速发展，表现出规模巨大、行业分布更广、发达国家与发展中国家都普遍参与等新特点。目前，发达国家的跨国公司是国际直接投资的主流。我国也开始实施“走出去”战略，积极发展对外投资。

3. 跨国直接投资对东道国而言宛如一把双刃剑。既给东道国带来信息技术，有助于解决就业问题；同时也给东道国带来新的竞争压力，威胁其民族产业。所以，各国政府常常根据国情，对直接投资采取既鼓励又限制的措施。

4. 直接投资给跨国公司带来许多经济利益，成为跨国公司发展对外直接投资的强大动力。这些经济利益主要包括：开发新的产品需求市场；获取超额利润和规模经济；利用国外的生产优势；利用国外的原材料资源；规避长期外汇风险；突破贸易壁垒和在国际范围内分散经营。

5. 国家风险代表了国家环境对跨国公司现金流量产生的潜在不利影响。国家风险的构成要素有四大类：政治因素、经济因素、商业环境因素和法律因素，相应地包括政治风险、经济风险、商业环境风险和法律风险。鉴于不同类别国家风险对跨国公司的影响不同，跨国公司在考虑投资项目的国家风险时，必须对这些风险分别进行评估。评估国家风险的方法主要有列表打分法、德尔菲法、定量评估法、巡查访问法。具体评估时应该按照一定的程序和步骤，根据影响程度和重要性，赋予每一个国家风险影响因素不同的分值和权重，计算出加权平均值，评估国家风险等级。

6. 国家风险管理是国际直接投资风险管理的重点，其中被东道国征收的风险最为严重。跨国公司可以采取一系列措施来防范征收风险，但是，需要清楚地认识到每一种措施的局限性。

Key Terms

国际直接投资　股权式合营企业　契约式合营企业　跨国公司资本预算

内部收益率	清算价值	资本冻结	国家风险评估
列表打分法	国有化	德尔菲法	离差分析法
主成分分析法			

Questions and Problems

1. 为什么国际直接投资要采用不同的方式？合资方式与独资方式各有什么利弊？
2. 不同的东道国政府对待直接投资的态度为何会有差异？
3. 为什么各国对直接投资都有一定的限制？
4. “一带一路”倡议提出后中国的对外直接投资有何特点？
5. 跨国公司怎样利用国际直接投资来获得新市场和比较利益？
6. 为什么国际直接投资能够分散跨国公司的经营风险？
7. 构成国家风险的主要因素有哪些？
8. 评估国家风险的方法有哪些？请评价不同方法的优点和局限性。
9. 简述国家风险评估的步骤。
10. 跨国公司通常采取哪些措施来防范东道国的征收风险？
11. 兴伊服装公司计划在美国兴办服装制衣分公司，采取就地生产就地销售的模式，已知条件如下：

（1）初始投资 30 万美元，项目将在一年内完成，经营所得即税后利润全部汇回国内；

（2）投资一年后的税前利润预期为 28 万美元，汇率水平为 6.5 元/美元；

（3）美国政府征收企业所得税，税率为 25%；

（4）公司在美国除了在商场租用场地外没有其他长期资产，该投资项目的预期残值为零；

（5）兴伊公司要求项目的内部收益率达到 15%；

（6）公司在进行资本预算时需要考虑有关的国家风险：

第一，由于近来贸易战导致美国经济不确定性加大，预期税前利润将降至 25 万美元，此种情况发生的概率为 40%。

第二，美国的公司所得税税率可能由 25% 降至 20%，此种情况发生的概率为 30%。

第三，人民币汇率波动加大，对美元升值为 6.3 元/美元的概率为 30%。

根据以上信息完成练习：

（1）假设这三种形式的国家风险之间是独立的，该投资项目的净现值的预期值是多少？

（2）该项目的净现值变为负值的概率有多高？

12. 鸿炬玩具公司目前计划在新西兰投资兴建一子公司。有关投资项目的信息如下：

（1）初始投资额为 1 亿新西兰元，当前新西兰元兑人民币的汇率为 5.9；

（2）所需营运资本为 3 000 万新西兰元，并由新建的子公司通过向新西兰银行贷款提供，已知该笔贷款按年付息，8 年后偿还，年利率 12%；

(3) 项目 3 年后完成，届时子公司将被出售处理，母公司会获得 1.1 亿新西兰元；

(4) 新西兰国内市场情况如下：

年份	单位价格（新西兰元）	需求量（件）	单位变动成本（新西兰元）
第 1 年	400	50 000	90
第 2 年	420	54 000	98
第 3 年	470	62 000	112

(5) 固定成本（如制造成本）预期为 1 500 万新西兰元；

(6) 预期新西兰元兑人民币汇率为第 1 年末 5.92，第 2 年末 5.86，第 3 年末 5.95；

(7) 新西兰政府对外商投资征收 20% 的企业所得税、15%的预提税，但国内对海外投资的子公司汇回的公司利润给予税收抵免；

(8) 子公司除了保留必要的营运资本外，每年年末都将经营所得现金全额汇回母公司；

(9) 固定资产将按直线法 10 年内摊销完毕，即每年的折旧费为 1 000 万新西兰元；

(10) 该项目的必要内部报酬率为 20%。

要求完成以下练习：

(1) 计算该项目的净现值，鸿炬玩具公司是否接受该项投资计划？

(2) 鸿炬玩具公司考虑另一融资方案，即由母公司提供 3 000 万新西兰元的营运资本，与此同时出售子公司的所得增至 1.2 亿新西兰元，该项融资方案同公司原有融资方案相比是否更为有利？

(3) 如果鸿炬玩具公司仍采用原融资方案，但新西兰政府对设在本国的外国子公司的资金汇出采取冻结措施，即项目完成时才允许汇出，在这种情况下，该项目的净现值是多少？

(4) 假设鸿炬玩具公司仍采用原融资方案，则该项目清算价值盈亏平衡点是多少？

13. 对 7.3 节中“考虑影响因素波动性后的分析”没有进行具体计算的部分，请同学们亲自计算并得出结论。

(1) 计算“汇率波动”部分两种情况下汇率变化对累计净现值的影响。假设欧元强势情况下从第 1 年起欧元兑人民币每年的汇率分别为 10.82、10.85、10.9、11，欧元弱势情况下各年汇率分别为 10.78、10.7、10.6、10.5。

(2) 计算资金冻结情况下的累计净现值。假设日光公司子公司被迫将每年产生的现金收入投资于有价证券，该证券年收益率为 12%，第 4 年汇回所有现金流，汇率保持不变。

(3) 计算考虑机会成本后的净现值，如正文中假设，每年增加了 50 万欧元的机会成本。

(4) 在改变融资安排的情况下，计算由母公司提供办公场地时的累计净现值。

第八章 跨国公司资产负债管理

(Asset and Liability Management of MNC)

学习目标

- 学习跨国公司现金管理技术和主要贸易融资方式；
- 了解跨国公司非贸易短期融资的动机和渠道；
- 熟悉跨国公司的资本结构管理；
- 学习跨国公司如何利用国际税收规划增加企业价值。

本章预习

跨国公司是经济全球化的推动者。国际分工、产业链构建、国际贸易都是跨国公司经营活动的结果。在全球跨国公司500强中，中国的跨国公司大约占1/5，中石油、中石化、中海油、格力电器、海尔集团、美的集团、吉利控股、华为、中兴通讯、中国银行、中国工商银行、中国建设银行等都是著名的跨国公司。

跨国公司的业务分布在多个国家，形成多个区块，组织结构比较复杂，经营涉及多种货币，一般由集团的财务部门或者财务公司对集团和子公司的资产负债、现金流、利润进行统筹规划和管理。

跨国公司资产负债管理的目标是实现企业价值最大化。根据企业价值评估理论，公司的价值取决于公司创造的现金流量、资本结构和资本成本。由于跨国公司运用全球资源，进行全球生产、销售和服务，这就必然导致其拥有更加复杂、多变的现金流以及资本结构。

公司现金流=净利润+折旧及摊销-营运资本增加-投资性资本增加+新股本-股利+债务增加

由此可见，短期资产负债管理将深刻影响公司的营运资本和净利润水平，长期资产负债管理将影响投资性资本、股利、债务水平以及公司的加权平均资本成本。因此，加强跨国公司的资产负债管理对于增加跨国公司的价值至关重要。

8.1 跨国公司流动资产管理

8.1.1 跨国公司现金流分析

现金是跨国公司流动性最强的资产，也是跨国公司直接体现其国际经营成果的手段。跨国公司现金管理的主要目标有两个：一是提高资金的使用效率，二是降低融资成本。通常需要站在母公司角度对子公司进行现金周转和余额管理，通过母公司与子公司之间以及子公司之间的跨国现金转移来实现。

跨国公司进行现金管理，首先需要对子公司的现金流量进行分析和预测，确定子公司的最佳现金流量，并制定出现金流规划。

1. 跨国公司子公司的现金循环

由图 8-1 可知，子公司的现金流入活动有销售收入和融资现金流入。融资现金又分为三类：母公司的贷款、银行以及其他投资者的资金注入和商业信用。子公司的现金流出活动包括购买原材料生产存货、债务支出、向母公司上缴的管理费用及利润、提供商业信用等。子公司现金管理的目标是遵循现金流入和流出规律，获得最佳现金流量，保留最低现金余额，提高资金利用效率，避免发生流动性危机；降低融资成本，增加利润。

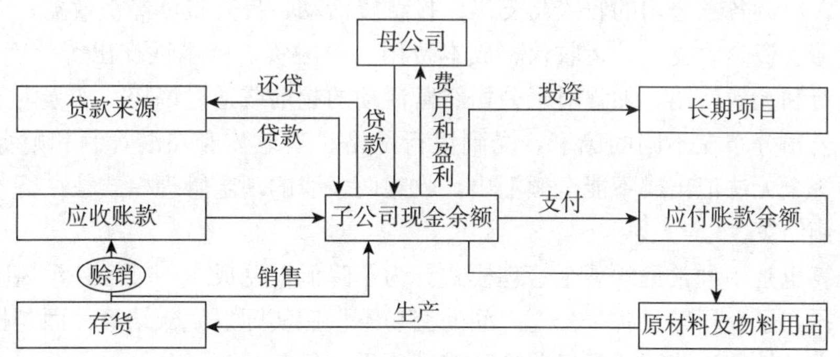

图 8-1 跨国公司子公司现金流循环图

2. 影响子公司现金流的因素

(1) 通货膨胀。子公司从原材料采购开始，产生对外支付。如果子公司的原材料来自东道国，东道国的通货膨胀波动就会影响其现金支出；如果原材料主要从国外采购，采购国的通货膨胀也会影响子公司的现金支出，而且会受到汇率变动的影响。现金支出与通货膨胀成正相关关系。

（2）存货水平。当预期原材料价格上涨或者面临汇率大幅波动时，为了避免现金支出不确定性增加的风险，公司将保持较多的原材料库存，以便对抗物价和汇率变动带来的不利影响。

（3）产品销售。产品销售数量和销售的结算方式，一方面决定现金流入金额和流入时间，另一方面也决定现金流出。

（4）汇率。许多国家要求跨国公司子公司有相当比例的产品外销，因此子公司的产品销售会受到汇率变动的影响。

（5）利率。利率水平以及利率的波动，对子公司的债务支出和投资的现金流量有影响。

3. 跨国公司现金管理技术

跨国公司进行现金管理需要充分考虑上述影响现金流周转和余额的因素，根据所处的环境和具体情况，采取多种可行的方法来实现现金管理目标。现实生活中，常用的现金管理技术包括收支两条线、净额结算、加速清收、规避东道国的管制、内部现金流动等。

（1）收支两条线。

为了加速资金周转、减少资金持有成本，提高资金使用效率和内控能力，增加企业的经济价值，跨国公司大多使用收支两条线[①]现金管理模式，加强全面预算管理。要求子公司在跨国公司的财务公司或当地银行设立两个账户（收入账户和支出账户），子公司收入的现金按照规定进入收入账户，通过跨国公司与银行签订的协定，收入账户实行零余额管理，及时、足额回笼到跨国公司总部，进行集中统一管理，避免子公司的资金沉淀和浪费。子公司的货币性支出必须通过支出账户进行，根据“以收定支”和“最低限额资金占用”的原则，从收入账户按照支出预算安排将资金定期划拨到支出账户，不允许子公司坐支现金。

实行收支两条线管理，具有两方面的重要意义：一是可统筹兼顾跨国公司的长期与短期战略目标，协调各子公司的收入与支出、投融资活动，提升整体经济效益；二是有利于实施资产负债、资金收支、营运收入、成本费用、投融资、资本性支出等全面预算管理，避免资源浪费和无效使用，加强对子公司经营活动的超前或适时调控，加强内部控制。然而，由于子公司分布在不同的国家，受到银行网络、当地政府外汇管制和财务制度的限制，收入的资金无法汇出或不能全额汇出，收支两条线的现金管理模式往往行不通。

（2）净额结算。

净额结算也是一种常见的现金管理模式。为了降低汇兑成本、减轻外汇风险损失，跨国公司母公司与子公司以及各子公司之间的交易不按照实际发生额结算，而是按照收支轧差后的净额进行结算。跨国公司经营涉及多种货币，母公司与子公司、子公司之间应收应付活动频繁，如果每发生一笔交易就立即进行全额支付，频繁进行货币兑换，不仅外汇风险较高，还要向银行支付较多的汇兑手续费。进行净额结算，减少了货币兑换的总金额，

---

① 收支两条线是20世纪80年代我国针对预算外资金管理进行的一项改革措施。具有执收执罚职能的单位，根据国家法律、法规和规章取得的行政事业性费用（含政府性基金）和罚没收入，实行收入与支出两条线管理。形成完整统一的各级预算，提高法制化和监督水平。

也就是减少了风险头寸，可以有效地降低汇率损失，节约财务开支。例如，中国石化集团泰国子公司于 2017 年 1 月由于进口石油，欠科威特子公司 500 万美元，9 月科威特子公司购买泰国子公司的产品，需要支付 600 万美元，在一年期的净额结算机制下，到该年年底由科威特子公司向泰国子公司支付 100 万美元即可。假设泰国和科威特两国银行收取的货币汇兑手续费均为 5‰，这两家子公司共可节约货币汇兑成本 5 万美元。通常，母公司和各子公司会组织专门人员负责，并开发专门的管理系统来统一管理现金净额结算。跨国公司系统内部进行净额结算的主要优点是：1）减少母公司与子公司以及各子公司之间的现金结算总额，降低货币汇兑成本。2）由于在一定时间内相互提供了信用，有利于母公司及时了解和掌握各子公司的现金流情况，加强母公司与子公司之间的信息沟通和相互协作，提高跨国公司内部的凝聚力和信息透明度。3）净额结算需要建立完善的信息系统，使得母公司更容易进行短期资金管理。

（3）加速清收。

现金是流动性最强的资产，是最灵活的营运资金，加速应收账款的清收，跨国公司就可以提高资金的利用效率，进行有利可图的投资或者转向其他用途。财务管理中通常采用现金营运指数①来衡量现金收入的质量。加速应收账款的清收是提高现金营运指数的直接途径。跨国公司常用的加速现金流入的手段包括：1）采取多种鼓励手段，例如给予即期付款的客户一定折扣，根据产品销售周期设计合理的付款方式，及时清收欠款。2）在大额销售情况下，与客户签订预先授权支付书（preauthorized payment），允许跨国公司分期分批地从客户的银行账户中支取一定限额的资金，提高资金的回收率。3）与银行合作，建立覆盖面广、方便的清收设施，借助银行系统迅速完成托收服务，从而缩短支票在途时间。

（4）规避东道国的管制。

由于外汇资金短缺，许多发展中国家对外商投资企业的现金流出都设有一定的限制，比较典型的是对现金流出课征高额的预提税，在一定时期内冻结资金汇出。为了规避东道国管理规定的负面影响，跨国公司往往通过收入、费用的转移性安排，增加子公司的开支，减少子公司的利润，主要方法包括：1）将设在其他子公司、母公司的研究部转移到该东道国，设立、扩大研究部，增加其开支，完成跨国公司集团所需的开发任务。2）购买母公司及其他子公司的产品、研究成果，通过内部转移定价及劳务、科研费用支出将该子公司的收入转移到母公司或其他不被征税的子公司。3）增加当地的融资金额，减少母公司的资金投入，用来自当地的收入支付各种开支。4）将公司的各种会议、广告、宣传费转移到该子公司来实现，尽量运用该子公司的投资收益，不产生利润，从而对抗东道国的资金汇出冻结限制。

（5）内部现金流动。

跨国公司内部各子公司现金流状况不尽相同，内部现金流动可以实现两个主要功能：1）降低融资成本，通过付款方式的安排，以及转移定价等手段，现金短缺的子公司从现

① 现金营运指数，是指经营现金净流量与经营应得现金的比值。现金营运指数的正常值为 1。小于 1 的现金营运指数说明收益质量不好：企业的部分收益尚没有取得现金，停留在实物或债权形态，仍然存在坏账或贬值的风险；同时表明尽管企业的营运资金增加了，但为取得同样的收益占用了更多的资金，资产盈利性下降。

金充裕的子公司购买货物时，可以获得更长的延期付款，以及用更低的价格购买货物，从而将资金在子公司之间进行调度，降低资金短缺子公司的融资成本；2）规避外汇风险，在母公司与子公司以及各子公司之间进行贸易或净额清算时，如果预期支付货币可能升值，付款一方采取延期支付策略，以便获得货币升值的额外利益，相反，在预期支付货币可能贬值的情况下，支付一方则采取提前付款的策略，以避免货币贬值带来的交易风险损失。值得注意的是，由于各子公司大多数是合资公司，基于母公司利益的内部现金流动有可能损害东道国合资者的利益，遭到他们的反对，因此这样的内部资金流动需要照顾到其他投资者的利益，不能够无偿使用。许多跨国公司设立了专门的金融机构，例如财务公司、结算中心、内部银行，运用计算机网络技术，构建庞大的内部资金账户、头寸矩阵，并与净额结算体系结合，比照市场法则进行内部的资金流动管理。

8.1.2 短期投资管理模式

与现金管理模式相对应，跨国公司的短期投资管理模式也分为集中式管理和分权式管理。前者是指母公司集中各子公司的短期闲置资金，建立资金池，根据各子公司的流动资金需求计划，进行适当的短期投资，取得最佳的投资效益。后者是指各子公司对经营中出现的短期闲置资金拥有投资权，根据自身利益最大化原则独立地进行短期投资。在实际生活中，大多数跨国公司选择集中式短期投资管理模式。

1. 集中式短期投资管理的优势

（1）获得资金使用的规模效应。从节约劳动成本出发，银行一般都推出了大客户优惠政策。例如，我国多家银行对超过一定金额（如 500 万美元）的大额存款，可支付较高的存款利率，客户可与银行协商一个高于市场的存款利率[①]。将分散在各子公司的小额短期闲置资金集中起来使用，积少成多，形成较大的资金规模，然后进行大额存款或投资，跨国公司就能获得资金使用的规模效益，各子公司也能够分享更高的资金回报。

（2）分散投资风险。跨国公司集中分散在子公司手中的资金进行短期投资，可以在不同的国际金融市场、币种、金融产品之间进行组合投资。根据资产组合原理，在预期收益不变的情况下，国际投资组合的风险更低。此外，由专业人员进行投资管理，不仅可以提高投资决策的科学性，还可以节约分散管理时支付的信息费用和管理成本。

（3）降低整体的融资成本。由于资本管制、经济周期、政策不同，各子公司所在国家的金融市场存在较大的利率差异，导致一些子公司的融资成本远高于一些子公司的投资收益。跨国公司通过资金管理，在各子公司之间进行资金调配，互通有无，能够在不损害子公司预期投资收益的情况下降低跨国公司的整体融资成本。例如，中国石化集团的泰国子公司有 3 个月的 100 万美元闲置资金，该国 3 个月的银行存款利率为 4%，而科威特子公司因购买原材料需要 100 万美元的贷款，银行贷款利率为 6%。中国石化集团的财务公司在集中投资管理模式下，将泰国子公司的 100 万美元资金贷款给科威特子公司，后者支付 4%的贷款利率。泰国子公司的预期投资收益并没有减少，科威特子公司的融资成本却下降了 2%。结果，中国石化集团的融资成本下降，利润增加，企业价值因现金管理得到提升。

---

① 我国将此称为协议存款利率，这是一种对大额存款的优惠利率。

2. 集中式短期投资管理的劣势

(1) 过高的交易成本。母公司集中式投资与子公司分散式投资相比，可能导致过度的交易成本。集中式投资管理模式通常要求集中子公司所有闲置资金，并将其兑换为投资所需货币。如果跨国公司的子公司在经营中运用多种货币进行交易活动，这种货币兑换的交易成本更大。一旦遇到异常的汇率波动，这些货币兑换成本甚至足以抵消资金集中投资带来的好处。实际上，跨国公司并不是一定要将各子公司的现金都集中起来使用，而是要根据自身经营的具体情况和实际需要，综合权衡得失，适当集中资金。

(2) 过高的机会成本。跨国公司集中式短期投资，包含了子公司的融资管理，母公司根据成本节约原则调度资金，满足子公司的融资需求，势必减少子公司与当地银行、金融市场的联系，使得银企关系恶化，可能会增加子公司获得当地金融服务的成本。如果由子公司进行短期投资，某些投资除了带来直接的投资回报外，还会带来其他经济利益。例如，对大客户的商业信用可以更好地配合其营销政策，扩大市场份额；购买地方政府的短期债券，获得良好的外部环境以及减免税优惠。母公司集中资金进行投资后，子公司的特殊需要往往被忽略，给子公司带来机会成本。

8.2 短期债务管理

8.2.1 贸易融资

跨国公司是国际贸易的主力军，是国际贸易的发起者、组织者。国际贸易具有货到付款、结算时间较长、信用风险较高的特点，需要融资和资金支持。进出口企业、银行都可以通过某种形式提供贸易融资。例如，彼此具有长期合作或资本纽带关系的进出口企业之间通过应收应付方式提供商业信用。大多数情况下，银行出具信用证、承兑汇票、提供打包贷款和供应链金融，是贸易融资的主要资金供给方。

跨国公司的绝大多数国际贸易融资属于短期负债，主要解决跨国公司进出口贸易的流动性资金周转困难。贸易融资的常用工具包括信用证、打包贷款、应收账款融资、银行承兑与票据贴现等。

1. 信用证

信用证是银行代表进口商签发的，承诺当提交的单据与信用证条款一致时向出口商付款的一种结算方式。

> 信用证是一种流行的国际贸易结算方式，由于加入了银行信用，因此也是最重要的贸易资金融通方式之一。

信用证具有如下特点：(1) 信用证是一种银行信用，开证行负有第一性付款责任；(2) 信用证是一种自足文件，可以不依附于贸易合同而存在；(3) 信用证业务是一种纯粹的单据业务，处理的对象是单据。

不同国家的企业彼此不了解、不信任，但是它们都相信资金实力雄厚的银行。采用信用证支付方式，有银行居中作保，可大大降低进出口双方的结算风险。只要银行给跨国公司开具信用证，跨国公司就可以签订合同，进口原材料、商品，收到货物后再支付货款。

信用证结算有比较复杂的程序要求。图 8－2 展示了中国银行为我国进出口商办理信用证方式下收付款项的程序。

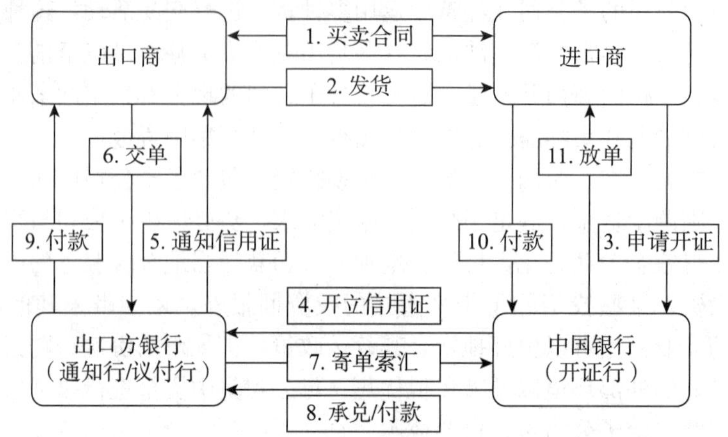

图 8－2a　中国银行为进口商办理信用证方式下的付款流程

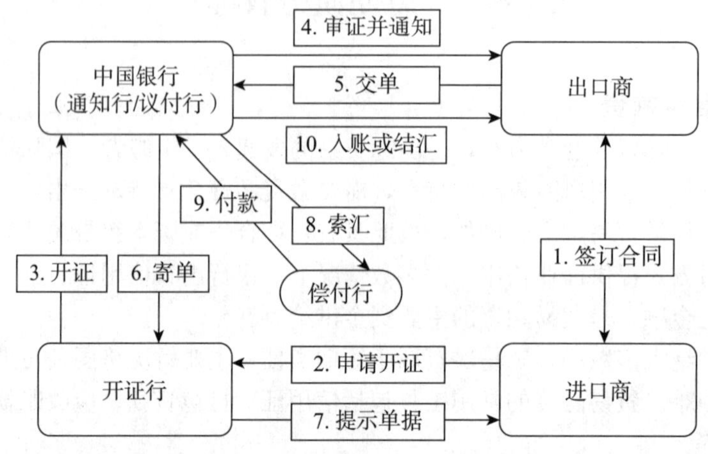

图 8－2b　中国银行为出口商办理信用证方式下的收款流程

信用证之所以是跨国公司的一种短期负债，原因在于跨国公司在申请开证时只需要支付给银行很少的保证金，通常为信用证总金额的 0.5%～1.5%，跨国公司也可凭开证行授予的信用额度[①]开证。信用证同时向进出口双方提供了短期融资，使得双方都可从中受益（见表 8－1）。

2. 打包贷款

打包贷款，是指银行向收到信用证的出口商提供的一种专项贷款，用于采购、生产和

① 开证额度是指银行信贷部门或统一授信评审机构给客户核定的减免保证金开证的最高限额。除另有规定外，如果客户使用银行开证额度对外开证，在信用证未执行完毕的情况下不得恢复其额度。

装运信用证项下货物，确保出口商按期履行合同。跨国公司在出口商品时，常常申请打包贷款，以减少生产、采购等备货阶段的资金占压，提高资金利用效率。打包贷款业务具有如下特点：(1) 专款专用，即仅用于为执行信用证而进行的购货用途，贷款金额一般是信用证金额的60%～80%，期限一般不超过4个月；(2) 信用证正本留存于贷款银行，以确保在贷款银行处交单；(3) 正常情况下以信用证项下收汇作为第一还款来源。中国银行的打包贷款业务流程如图8-3所示。

表8-1　进出口商从信用证融资中得到的好处

	好处
进口商	提供了商业信用以外的有条件付款承诺，增强了进口商的信用，有利于进口商争取到比较合理的货物价位，改善其谈判地位； 进口商通过单据和条款，有效控制货权、装期以及货物质量，有利于提高进口货物的质量保证； 对于使用授信开证的进口商来讲，在开证后到付款前可减少自有资金的占用。
出口商	开证行的银行信用取代了进口商的商业信用，获得有条件付款承诺，降低了进口商的信用风险； 单据质量完全处于出口商控制之下，只要保证单据质量，就可取得开证行的无条件付款承诺； 开立信用证等银行费用一般由进口商承担，可以转移风险费用； 信用证表明进口商已经基本落实了进口所需的手续，有利于贸易合约的顺利履行。

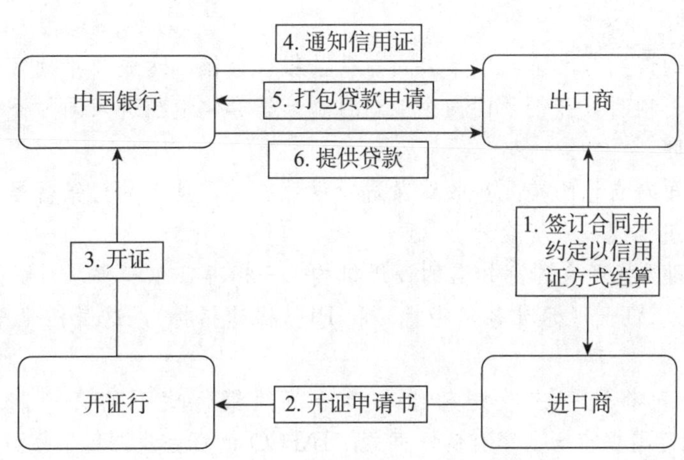

图8-3　中国银行打包贷款业务流程

3. 应收账款融资

应收账款融资，是指出口商将应收账款出售给银行（或者专业金融机构）以获得融资，同时将进口商不履约风险转让给银行的一种短期融资方式，具体包括保理、供应链融资等产品。在保理方式下，出口商将应收账款的权益卖断给银行，融资银行不具有对出口商的追索权。出口商需要将应收账款的所有权已转移给贷款人的事项通知进口商，让其直接向银行付款。保理是在票据贴现基础上发展起来的。与票据贴现不同的是，出口商提前获得了资金，而且不承担进口商拒付的风险，但是出口商使用保理的代价较大，因为保理的折扣率远高于票据贴现率。银行拥有广泛分布的分支机构和代理行，信息渠道广，而且及时、准确，银行的风险识别能力也很强，提供保理业务能够获得更高的收入。

随着金融市场证券化的发展，应收账款融资也不断创新。其中，应收账款证券化已经成为一种普遍的国际贸易短期融资方式。企业以应收账款的未来现金流为偿付基础，通过证券市场实现直接融资。与银行提供的保理相比，应收账款证券化的成本更低，可以节约融资成本。

△ 专栏 8.1

应收账款证券化——中国国际海运集装箱（集团）股份有限公司案例

中国国际海运集装箱（集团）股份有限公司（以下简称中集公司），是一家从事国际贸易运输的专业公司，总部位于深圳。为了支持贸易业务的扩展，公司一直通过发行商业票据进行国际贸易短期融资，这种融资方式直接受到国际经济和金融市场的影响，稳定性比较差。中集公司于 1996 年和 1997 年分别发行了 5 000 万美元和 7 000 万美元的 1 年期商业票据。1998 年受亚洲金融危机的影响，中集公司虽然经过多方努力成为危机后国内第一家成功续发商业票据的公司，但规模下降到 5 700 万美元。于是，中集公司开始使用新的融资方式——应收账款证券化（ABCP），以其应收账款为基础发行可转让商业票据。

经过一年半的谈判与准备，中集公司与荷兰银行合作，达成 3 年期 8 000 万美元的应收账款证券化融资项目，开创了国内企业通过资产证券化途径进入国际资本市场的先河。

具体运作程序

（1）中集公司对自己的美元应收账款进行设计安排，结合荷兰银行提出的标准，挑选优良的应收账款组合成一个资金池。

（2）中集公司委托两家国际知名的评级机构——标准普尔和穆迪对资金池进行信用评级，得到的级别为 A1＋（标准普尔指标）和 P1（穆迪指标），这是短期融资的最高信用级别。

（3）中集公司将这一应收账款组合卖给荷兰银行旗下的资产购买公司 TAPCO（SPV）——在国际票据市场上享有良好声誉，TAPCO 的资金池汇集了收购来的几千亿美元的优良资产。

（4）TAPCO 公司在商业票据（CP）市场上向投资者发行 ABCP，获得资金后，支付 8 000万美元至中集的专用账户。

（5）中集公司向服务商荷兰银行支付 200 多万美元的费用。

中集公司的经济利益

（1）缩短应收账款回收期，只需花两周时间就可获得本应 138 天才能收回的现金。

（2）优化资产负债结构，金额较大的应收账款从资产中撇除，转化为现金，提高了资产质量和流动性。以中集公司1998年10月底数据测算，通过ABCP融资，中集公司的短期负债减少了8 000万美元，资产负债率将从原来的57.7%下降到50.7%。

(3) 获得了低成本资金。目前，中国银行的3年期美元债券成本为LIBOR+274BPs。中国财政部发行的3年期美元债券成本为LIBOR+120BPs。中集公司1998年续发的5 700万美元的1年期商业票据综合成本为LIBOR+91.2BPs。以ABCP方式发行的8 000万美元3年期综合成本为LIBOR+85BPs。

ABCP对中集公司管理的影响

(1) 优化客户群。此次中集公司之所以成功，就是因为20多年来没有出现过一笔坏账，而且客户90%以上是OECD成员国。由于项目持续3年，中集公司今后需要更加严格地挑选客户。

(2) 加强应收账款的机构管理。具体落在客户、客户的国别、期限三个方面。自身经济实力和资信要高，发达国家客户的应收账款较易证券化，半年之内的应收账款更容易被银行接受。此次中集公司的应收账款期限基本上是120多天。

(3) 提高中集公司的资源管理水平（ERP）。应收账款的有关内容，例如总金额、已经偿还的金额、剩余的金额、期限、客户联系方式、应收账款的具体负责公司等文档必须清楚，这是组建资产包或资金池的首要条件，也是转让应收账款的必要前提。中集公司此次卖出的8 000万美元应收账款，涉及几千张订单，为了实现ABCP融资，中集公司利用电子网络对集团每一笔应收账款进行及时的登记、更新、报送、出售，将原有分散于各子公司的应收账款集中管理并加以规范。

4. 银行承兑与票据贴现

(1) 银行承兑。

银行承兑，是银行对其签发的汇票或期票承诺到期兑现的一种业务。在票据到期时，承兑银行有责任向汇票持有人付款。在国际贸易中，银行承兑通常与信用证一起出现。出口商收到进口商申请出具的信用证后，可以在信用证的额度内申请签发银行承兑汇票，并以此作为出口商向其供货商支付货款的支付工具。这样，银行承兑汇票就为出口商提供了信用证到期之前的短期资金融通。

银行承兑汇票既使进口商获得了出口商提供的资金融通，又使出口商获得了资金融通。承兑银行有信用证做后盾，不仅没有信用风险，而且可以获得承兑费。因此，银行承兑在国际贸易融资中很受各方的欢迎。

(2) 票据贴现。

票据贴现，是收款人或持票人在资金不足时，将未到期的银行承兑汇票向银行申请贴现，银行按票面金额扣除贴现利息后将余额支付给收款人的一项融资业务。票据一经贴现便归贴现银行所有，贴现银行到期可凭票直接向承兑银行收取票款。所以，票据贴现可以看作银行以购买未到期银行承兑汇票的方式向企业发放贷款。例如，出口商的供货商如果不愿持有银行承兑汇票，在汇票到期前可以向自己的银行申请办理票据贴现，从而获得短期的资金融通。

票据贴现的种类大概可以分为银行票据贴现、商业票据贴现、债券以及国债贴现三种。票据贴现作为一种高效实用的融资手段，具有两大特点：一是为企业快速变现手中未到期的商业票据，而且手续方便，融资成本较低；二是企业可预先得到银行垫付的融资款项，加速公司资金周转，提高资金利用效率。对银行来说，经营贴现业务较经营普通放款更加有利。原因是：第一，资金收回较快。普通票据的期限一般为3个月。票据拿到银行贴现之前，大多已经辗转交易流通了一段时间，所以银行垫款时间往往少于3个月。相比之下，发放短期信贷的期限可能较长，而且贷款到期时还可能面临企业要求展期、延期等情况。第二，资金周转容易。票据作为信用工具，可以自由转让流通，在流动性方面优于贷款。第三，资金比较安全。银行贴现收取的票据一般安全性较好，而且除票据指定付款人外，出票人、背书人、承兑人等都对票据偿付承担连带责任，从而为银行资金提供了保障。第四，利息较为优厚。贴现利息先扣，对银行更加有利。票据贴现业务也可促进工商企业的发展，解决其资金周转中的困难。

8.2.2 非贸易短期融资管理

1. 非贸易短期融资的动机

（1）满足短期资金需求。

除了国际贸易融资外，跨国公司的日常生产和经营还有大量的短期融资需要。例如季节性地增加产量、购买原材料，以赊销方式扩大销售等。

（2）规避外汇交易风险。

跨国公司的日常经营涉及大量的跨国资源配置和国际贸易，经常保有一定数量的外币应收账款。这些未来的外币现金流入，很容易受到外币汇价波动的影响，容易遭受外汇交易风险。

（3）调整资产负债结构。

短期融资对于资信好的跨国公司是一种信用筹资，不需要任何资产做抵押，具有速度快、易取得、富有弹性等特点。通常，银行会给予优质客户一定的授信额度，允许客户在核定额度内自由使用资金，企业只需要通知银行一声就可以立即支取资金。跨国公司通过灵活安排授信额度资金，用以对冲或者调节短期负债的规模和结构，进而优化资产负债结构，以便达到利率风险管理的目的。

（4）降低财务费用。

跨国公司的日常生产与销售对流动资金的需求不仅规模大，而且涉及的币种多，这些货币因发行国的经济周期不同，利率水平有高有低。可以选择利率水平低的货币进行融资，然后运用外汇风险管理工具如远期、掉期、期权等锁定该货币的汇率，从而使跨国公司的资金成本大大降低。

2. 非贸易短期融资渠道

（1）银行信贷。

银行信贷是跨国公司最重要的短期资金来源。银行资金实力雄厚，贷款方式灵活，能满足公司的各种需要。银行授信是跨国公司短期借款的主要方式。尽管银行的短期贷款利率可能比发行票据融资的利率高，但跨国公司不仅可以节省票据发行费用，还可以通过贷款建立起稳固的银企关系，获得银行提供的其他非资金存贷服务，例如现金管理、财务咨询等。

(2) 发行商业票据。

商业票据是跨国公司按照法定程序发行的、约定在一定期限内还本付息的有价证券，是持票人拥有对企业债权的证书。商业票据是依据公司信用发行的无抵押负债凭证，是资信高的公司获得短期融资的主要方式。其期限一般为 1 个月、3 个月或 6 个月，融资成本低于银行贷款，但是对发行人的资信要求较高。只有那些实力雄厚、历史悠久、资信非常好的企业，才有资格发行商业票据。除了在母公司或者子公司所在国货币市场发行商业票据外，跨国公司还可以通过发行欧洲商业票据进行融资。这类票据的利率以 LIBOR 为基础，根据公司的信用以及欧洲货币市场的资金供求状况再加上一定的差额（margin)。欧洲货币市场的特点是存贷利差小，以批发业务为主，单笔发行金额大多数以千万美元计，而且发行商业票据的承销费用较高，小规模的融资很不划算。因此，进入欧洲货币市场发行票据的，一般都是信誉好的大型跨国公司。

(3) 商业信用。

商业信用是指在商品交易中以延期付款或预收货款形式建立的一种借贷关系，是企业之间的一种直接信用行为。随着买方市场的形成，卖方向买方提供短期商业信用几乎成为惯例。所以，商业信用也是跨国公司短期融资的一种重要方式。

(4) 集团内部资金融通。

无论使用哪一种外源性融资方式，跨国公司都需要支付利息，因此，如果可以动员和利用公司内部资金，就应该首先通过内源性融资来满足公司的流动性资金需要。企业内部资金是企业能够自主支配的资金，它产生于企业的经营过程中，包括企业计提的折旧、资本公积金、根据利润提取的盈余公积以及未分配利润等。折旧准备金虽然不增加资金的总量，但可以增加企业能够使用的营运资金，满足短期流动资金的需要；其他的内部资金是企业生产经营资金的重要补充。此外，一些经常性的延期支付款项，如应付工资、应交税金、应付股利等，也属于这种资金来源。跨国公司是集团公司，处于不同发展状况的子公司现金流有很大的差异，有的子公司处于成熟期，销售收入很高，留存收益较多，有较充裕的可用现金；有的子公司处于成长阶段，销售收入较低，公司利润不多，需要流动资金投入。如果外部融资成本较高，通过集团内部资金融通，由现金充裕的子公司向现金短缺的子公司提供短期资金融通，对于跨国公司来说，无疑是一种节省财务费用的理想融资渠道选择。

(5) 非付息债。

跨国公司在购买原材料或者其他劳务时，往往还有一部分由于结算原因而形成的不用支付利息的“应付费用”。它并非企业主动融资的结果，企业也无权扩大它的规模；它不同于一般的融资，但确实能够为企业提供一定数量的、可以经常占用的资金来源。因此，非付息债也被越来越多的企业纳入短期融资管理的范畴。

融资渠道与融资方式之间有着密切的关系。跨国公司在融资时，需要把二者合理地结合起来（见表 8-2)。

表 8-2　　融资渠道与融资方式的配合

融资方式 / 配合 / 融资渠道	吸收直接投资	发行股票	银行借款	商业信用	发行债券	发行商业票据	租赁
国家财政资金	★	★					
银行信贷资金			★				
非银行金融机构资金			★				★
其他法人单位资金	★	★		★	★	★	
民间资金	★	★			★	★	
企业内部资金	★	★					
境外资金	★	★		★	★	★	★

8.3 跨国公司的资本成本与资本结构

资本成本考察的是一项投资所产生的回报是否足以偿还为其融资的最低成本。如果一项投资的回报率等于企业的资本成本，企业的价值不会受到影响；当投资回报率大于企业的资本成本时，企业的价值就会增加。所以，为了实现企业价值最大化目标，企业必须尽量降低资本成本。在杠杆资本结构情况下，企业的资本成本通常用加权平均成本或者综合资本成本来表示，取决于税后的债务成本和权益成本。其计算公式为：

$$K_W = K_B(1-t) + K_S \tag{8.1}$$

其中，K_W为加权平均成本；B 为企业的债务总量；S 为权益总量；K_B为税前债务成本；t 代表企业的所得税税率；K_S代表企业的股权成本。

8.3.1 跨国公司的资本成本

跨国公司的资本成本之所以与国内公司有所不同，原因在于跨国公司的市场准入条件和风险状况有自身的特点。具体地讲，影响跨国公司资本成本差异的因素主要包括融资条件、收益稳定性、风险水平等。在不同的国家，同一时间的债务成本或股权成本实际上有显著的差异。跨国公司在不同国家融资，其资本成本是不一样的。了解造成跨国公司资本成本存在国别差异的原因，就可以在债务融资、股权融资决策上做出有利的选择，达到降低资本成本的目的。图 8-4 展示了债务比例对资本成本的影响。

1. 股权成本的国别差异

股权成本代表了一种机会成本。其经济含义是：如果企业将权益资金分配给股东，在同样的市场风险条件下，股东运用这些资金进行投资所能赚取的最低收益。由于股东投资于企业，他们失去了获得其他投资收益的机会，这种机会损失需要企业给予补偿，换言之，股东的分红以及股票的资本利得必须充分弥补股东的机会成本。通常，股权成本可用

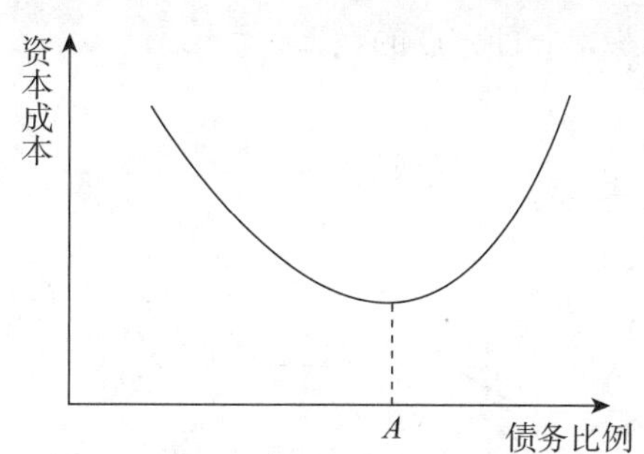

图 8-4 债务比例对资本成本的影响

股东赚取的无风险利率和反映企业风险水平的风险溢价来测算。如上所述，无风险利率存在国别差异，因此，在企业风险相同的情况下，股权成本也必然出现较大的国别差异。

不同国家的投资机会不同，这是导致股权成本存在国别差异的一个重要原因。一国给企业提供的投资机会越多，或者社会平均的投资收益越高，资金的机会成本就越大，相应地，股权成本也就越高。通常，经济成长性较强的国家，拥有更多的投资机会，投资者的股权成本较高。此外，在投资项目盈利水平相同的情况下，不同国家投资者的资本利得预期存在较大的差异，这也是造成股权成本存在差异的重要原因。可以运用市盈率来判断企业融资的股权成本。市盈率反映了股价与企业的经营业绩之间的关系。在既定的盈利水平下，较高的市盈率意味着企业能够以较高的价格增发股票，降低股权成本。相反，较低的市盈率则代表较高的股权成本。市盈率取决于经济增长速度、通货膨胀率、预期回报率和风险承受能力等因素，而这些因素在不同的国家差异较大。通常，像欧美等发达国家的市盈率一般为 15～20 倍，而新兴市场国家平均为 20～30 倍，我国中小板、创业板的市盈率高达 30～40 倍。因此，跨国公司在不同国家融资，股权成本有天壤之别。

2. 无风险利率的国别差异

无风险利率是一国利率体系中最重要的基准利率，一般选取国债利率，例如，中国的国债利率、美国的联邦基金利率，或者银行同业市场利率，例如，上海银行间同业拆放利率（SHIBOR）、伦敦银行间同业拆放利率（LIBOR）等。市场经济主体（包括家庭、企业、政府以及国外经济主体）在特定的时间收入和支出很难完全匹配。这种不匹配催生了盈余主体和赤字主体之间调剂资金余缺的需求，通过货币市场进行交易。根据可贷资金理论，一国的无风险利率取决于资金供求关系，国民财富规模、市场利率预期、流动性需求、投资需求、财政赤字、税收等是影响无风险利率水平的重要因素，而这些因素在不同的国家因经济周期、政策、金融发达程度而大相径庭。正是无风险利率的国别差异直接决定了跨国公司的融资策略，选择无风险利率较低的国家进行融资，降低债务成本。

图 8-5 反映了部分国家的银行中长期贷款利率。在 2005—2017 年，中国、日本、美国、英国、德国等五国的债务成本总体上趋势一致，即初始阶段呈略微上升态势，金融危机爆发后下降明显，但国别差异很大。例如，在 2005—2007 年，美国的利率平均为 7.4%，中国为 6.39%，德国为 4.62%，日本为 1.74%；而在 2011 年，中国的利率达 6.56%，美国为 3.25%，英国为 0.5%。国别之间的利差可达到 6 个百分点。即使在主要

发达国家之间，通常也有1～3个百分点的利差。

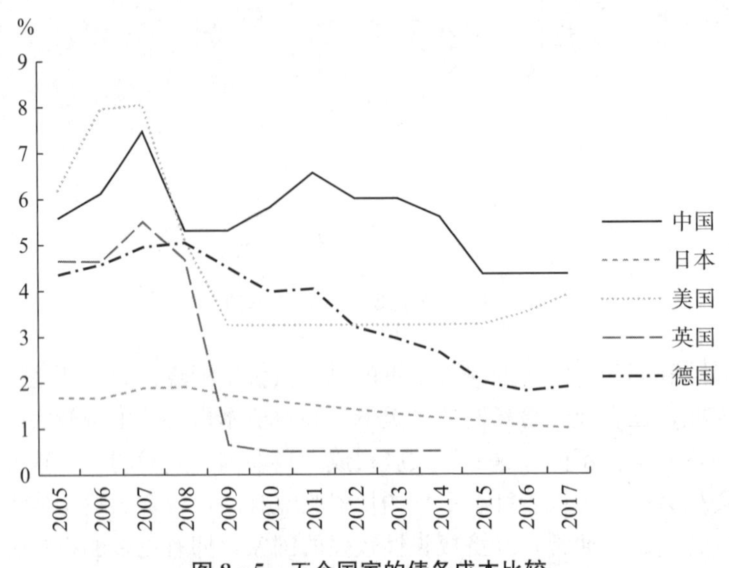

图8-5　五个国家的债务成本比较

资料来源：IMF，International Financial Statistics.

国别税收政策差异对无风险利率的影响也不容忽视。为了实现特定的宏观管理目的，有些国家更倾向于采取税收政策来鼓励或者抑制储蓄，改变资金供求关系，进而影响利率。例如，在亚洲金融危机之后，为了拉动内需，我国开征了利息所得税（税率为20%），抑制居民储蓄，鼓励居民多消费或进行投资。当然，税收作为政府的宏观经济管理手段，对企业的融资行为具有较大的影响①，各国个人所得税、折旧以及与投资相关的税收抵免政策并不一致，有的刺激企业融资，有的抑制企业融资，进而使得各国利率高低不同。

各国经济周期不同步，中央银行的宏观管理目标、任务有差异，执行宽松或紧缩的货币政策，直接影响资金供应和利率水平。此外，经济繁荣阶段投资需求旺盛，在货币供给不变的情况下，推动利率上升，反之亦然。因此，许多经济成长性强的发展中国家利率较高，债务成本明显高于发达国家。

3. 风险溢价的国别差异

利率的风险溢价取决于债务人的信用风险，利率的风险溢价必须能够充分弥补债务人违约可能给债权人带来的损失。各国经济状况、企业与债权人关系、政府干预及杠杆水平不同，信用风险也有较大差异。

如果一国经济发展稳健，经济波动性较低，企业的市场销售和收入很稳定，债务违约概率较低，投资者就不会要求较高的风险溢价，反之亦然。由于历史和文化原因，不同国家企业的融资模式差异较大。在德国、日本、中国，企业更多依赖银行提供资金，与银行关系紧

① 1977年，美国经济学家米勒在研究美国的税收制度后提出了著名的有税条件下的MM理论，他指出：债务融资所带来的税收利益比通常想象的要小得多，其原因在于个人所得税对资本结构的影响，即个人所得税是公司债务融资动力的一个“刹车”装置。

密，而在美国、英国，企业主要通过市场进行直接融资，与银行关系松散。关系紧密意味着信息不对称情况较少，逆向选择和道德风险较低，债权人要求的风险溢价相对而言较小。此外，为了减少失业、保持社会稳定，一些国家政府更愿意参与救助濒临破产的企业，特别是那些规模巨大、在某一行业举足轻重、对本国经济有一定影响的大型企业，存在“大而不倒”（too big to fall）现象，在盛行政府挽救破产企业的国家，风险溢价相对更低。

8.3.2 跨国公司的资本结构

广义的资本结构，是指跨国公司全部资本的构成，既包括权益资本、长期债券、长期借款等长期资本，也包括短期债务等短期资本。狭义的资本结构，仅指长期资本结构。本章所讨论的跨国公司资本结构指的是狭义的资本结构。资本结构反映了跨国公司不同筹资方式的结果，即债务融资和权益融资的组合，也称杠杆资本结构，确定最优杠杆比率（即债务资本比率）以使得企业价值最大化，是企业资本结构、财务管理的重要任务。

1. 影响跨国公司资本结构的因素

（1）收入稳定性。

业务收入是偿债的资金来源，由于支付的利息可以在应税收入中抵扣，获得税收优惠，杠杆比率越高，企业的经济价值就越大。然而，公司债有确定的偿债义务，到期必须还本付息，对收入稳定性和现金流量的充足性要求较高。因此，收入稳定、债务承受能力强的跨国公司，可采用较高的杠杆比率，在资本结构中安排较大的债务比例，反之，在资本结构中则需安排较大比例的股权。

（2）企业的成长性。

业务发展快、市场份额高、竞争能力强的企业，具有更好的成长性。这些企业的资金需求规模大，留存收益不可能满足其扩张的融资需求。尽管投资者愿意付出较高的代价购买这类企业的股票，但是股权融资容易造成管理权旁落，降低现有股东的收益，因此企业更倾向于使用债务融资方式，加大财务杠杆，提高企业每股收益。

（3）贷款银行和信用评级机构的态度。

在涉及规模大、期限长的债务融资时，银行和信用评级机构的态度是决定企业融资成败的关键。为了确保资金安全，债权人对债务人的资信、抵押或担保品、风险管理能力有较高的要求，并直接影响贷款的可获得性。在国际金融市场，美国标准普尔公司、穆迪投资者服务公司、惠誉国际信用评级有限公司对大型跨国公司、政府、金融机构的信用评级，成为决定后者资金获得以及融资成本的重要依据。信用等级高的跨国公司更容易获得贷款，资本结构中的债务比例较高。当然，管理能力也是影响跨国公司债务比例的重要因素。

（4）税收。

由于债务利息通常可以在税前支付，可以减少企业的应税所得，使企业少交所得税，而股利需要在税后支付，不能享受税收优惠。实际上，企业所得税具有税盾作用，会刺激企业更多地进行债务筹资。企业所得税税率越高的国家，跨国公司采用高杠杆资本结构，安排更大比例的债务，就会获得更多税收优惠。

2. 国家风险对跨国公司资本结构的影响

国家风险对跨国公司的资本结构也会产生较大的影响。其主要影响因素如下：

（1）股权限制。

基于国家安全、保护民族工业等考虑，各国政府对外资的市场准入或多或少都有限制。例如，有的国家对金融业、高技术产业设置较高的外资准入门槛，限制外资企业并购当地企业，对外资企业持有股份规定最高限额；有的国家规定投资者只能购买本国企业发行的股票，不允许购买外国企业发行的股票；有的国家限制金融机构向外资企业提供贷款等等。外汇风险导致国外投资收益的不确定性，也促使投资者更偏好投资本国而非外国企业。在这种情况下，跨国公司必须尽快本土化，根据当地的情况合理安排资本结构。

（2）财政货币政策。

财政货币政策风险是一种主要的国家风险。税率、利率的变化在短期内会对资金供求关系产生较大的影响，进而改变资本的流向，造成资金成本波动。如果财政货币政策变化导致东道国的债务成本降低，跨国公司就应扩大债务融资规模，提高杠杆比率，优化和改善资本结构。反之，则应扩大权益融资规模。

东道国的股权限制、投资者的本国偏好，以及相对较低的资本成本，促使在这些国家经营的跨国公司选择就地发行股票融资，增加在这些国家的权益资本。

（3）汇率政策。

跨国公司的业务涉及多个国家和不同的币种，收入和现金流的外汇风险较大。如果东道国实行货币贬值的政策，从子公司汇回的现金流折算为本币后就会减少。此时，增加子公司的负债以及支出规模，减少汇回母公司的资金或利润，降低外币的风险头寸，有利于母公司控制外汇风险。相反，如果东道国实行货币升值政策，降低杠杆比率，安排更多的股权融资，有利于增加子公司汇回资金或利润的本币收入。

（4）征收风险。

不少发展中国家存在较大的征收风险。为了保全自身的利益，跨国公司倾向于尽量在东道国进行债务融资，在资本结构中安排较高财务杠杆，增强东道国债权人与跨国公司的利益纽带，营造良好的商业氛围。在东道国政府对跨国公司进行征收时，债权人将向政府施加压力，要求继续维持跨国公司的偿债能力。在营运资金主要来自当地融资的情况下，即使被东道国政府征收，跨国公司的损失也会大大减少。因为当地债权人为了保全自身利益，会千方百计与东道国政府讨价还价，为跨国公司赢得更好的补偿条件。

3. 跨国公司资本结构管理举例

由于存在国别风险差异，跨国公司各子公司的资本结构可能会偏离母公司制定的目标资本结构。然而，通过动态的资本结构管理，跨国公司还是不难达到管理目标。在不同国家或地区的子公司的资本结构，与跨国公司整体的目标资本结构可能不同，但母公司通过调整不同公司的债务和股权融资组合，仍然可以实现目标资本结构。

8.4 国际税收规划

税收是一国政府获取财政收入、维持国家运转、进行宏观经济管理的主要手段。由于政府在经济中扮演的角色不同，财政预算、政府赤字有很大的差异，税率高低各不相同。

有的国家税率较低，例如英国、俄罗斯、瑞士，还有维尔京、开曼群岛等世界著名的避税天堂；而北欧等国家实行高福利政策，巨大的开支需要高税率来支撑。中国的企业所得税税率也比美国高。值得注意的是，有的国家虽然企业所得税税率较高，但是为了鼓励某些产业、工业园区的发展，或者吸引外资，对特定的投资企业实行税收减免的优惠政策。由于税收对企业的收入、现金流具有重大影响，跨国公司在国际融资以及制定资本预算时必须进行税收规划，合法合理避税，提高企业的价值。

跨国公司应该深入、全面研究各国的税收制度和特征，仔细比较各国的税收政策和规定，在此基础上进行趋利避害的税收规划。需要重点考虑的因素包括：（1）公司所得税；（2）预提税；（3）前转和后移条款；（4）税收协定。

8.4.1 影响跨国公司财务管理的税收因素

1. 所得税

各国为了达到不同的经济目标，对跨国公司征收的所得税差异较大。例如，有的国家为了吸引外资，在相当长时间内对跨国公司的经营收入免征或减征所得税。另一个极端是，一些欧洲国家为了保护民族工业不受国外竞争者的冲击，对外资企业征收高额所得税，有的税率甚至高达50%。在分析比较各国企业所得税时，不能简单地看名义税率高低，因为税收抵免、折旧、企业补贴及其他因素会影响企业的实际税负水平，需要综合考虑上述因素，比较跨国公司在各国经营的实际税负。

2. 预提税

预提税是指对非居民从本国获得的股利、利息、特许权使用费、租金所征的税收。预提税具有全额征收、本国居民代扣代缴、比例税率的特点。例如，我国的预提税税率规定为20%，对于与我国签订双边投资协定或避免双重征税协定的国家，预提税税率较低，可降至10%。跨国公司子公司向母公司支付的股利、利息、特许权使用费都要向东道国缴纳预提税。预提税对跨国公司的现金流和收入有较大的影响。与公司所得税一样，各国的预提税税率也有巨大差异。预提税税率相对稳定，但并非一成不变。一国政府在不同时期往往根据经济形势变化调整税收政策或税收制度，或者改变对外国投资的态度，预提税就会随之发生改变，以便干预跨国公司集团内部的现金转移规模和频率。

3. 亏损结转

跨国经营面临较高的风险，需要时间来适应当地的法律、文化和营商环境，设立的头几年大都会出现亏损，经营过程中也会遭遇较高的国家风险。为了鼓励外资，许多国家制定了企业亏损前后结转的税收政策，允许跨国公司的经营亏损向前或向后结转。我国税法规定跨国公司的亏损可以冲抵未来5年的税前收入，让企业少缴税，减轻其财务负担。例如，一家美国公司今年的应税所得为1 000万元人民币，我国企业所得税税率为25%，该公司需要缴纳250万元所得税。但是该企业前2年的亏损累计为600万元人民币，进行亏损结转后，应税所得变成400万元，今年实际缴纳的所得税为100万元。

4. 避免双重征税

所得税协定是来源地、居住地避免双重纳税的重要保障。各国之间签订的税收协定在避免双重征税方面差异较大，有的将税收抵免范围限定为跨国公司的营业利润，有的专门针对投资所得，有的明确规定预提税的征收主体，在收入来源国和居住国之间划分征税权，或共享税收收入。

各国政府之间的税收协定能够大大减轻跨国公司的税收负担，对其收入和现金流有很大的影响。如果没有这些税收协定，子公司的营业收入先由东道国课税，汇回母公司后再由母国课税，派发股利后股东还要缴纳所得税。对于跨国公司的股东而言，三重课税必然造成对外投资收益过低，进而股东会反对对外直接投资。为了吸引外资，获得引进外资的经济利益，许多国家都通过谈判签订税收协定，尽量避免双重征税。主要做法包括：(1) 免税，即收入来源地对跨国公司的营业收入或投资收入不征税。例如，目前我国几个自贸试验区对外商投资企业实行“五免五减半”的政策，外资企业设立后前5年不征所得税，后5年减半征收所得税。收入汇回母国后，按照母国的规定征税。(2) 税收抵免，即跨国公司在收入来源国缴纳的所得税和预提税，可以抵减其在居住国的纳税额。一般地，跨国公司的对外投资有利于优化资源配置，带来更高的投资回报，居住国政府都会给予跨国公司税收抵免。税收抵免有利于跨国公司扩大对外直接投资，同时使得国际税收规划更加复杂和有价值。(3) 减税，即对跨国公司的收入使用较低的税率征税。

然而，各国的税收抵免政策也有差异。例如，美国的税法规定，当收入来源国的所得税税率高于本国时，允许跨国公司在得自低税来源国的应纳税款中抵扣超额部分。这样，跨国公司就可以在高税率和低税率国家之间进行统筹，从而获得最佳的生产、投资布局。

在进行国际税收规划时，不能只看某个国家的名义税率，而是需要综合考虑税收政策和制度安排，充分利用税收协定和抵免政策，获得整体对外投资收益最大化。

8.4.2 利用国际税收差异管理跨国公司财务

1. 转移定价与减税

转移定价是跨国公司为获得最大经济利益，通过人为的操作安排，制定背离正常市场价格的各种内部交易价格和费用，以降低总体税负的方法。在分析并掌握国别税收差异后，通过内部转移定价，合理安排母公司与子公司以及各子公司之间的现金流量，跨国公司能够尽可能减少税收支出，实现企业价值最大化。跨国公司基于合法避税而进行的内部转移定价，注重的是公司的整体利益，牺牲的是子公司的利益，造成当地政府税基侵蚀和税收流失，容易遭到当地政府的转移定价调查和处罚。

例如，一家中国公司在俄罗斯和挪威各有一家子公司，与中国25%的企业所得税相比，俄罗斯的企业所得税较低（税率为20%），挪威的企业所得税较高（税率为40%）。中国与这两个国家签订了避免双重征税的协定，可以进行税收抵免。子公司按照规定向东道国政府缴纳所得税，在跨国公司将利润汇回母国之前，中国政府不会征税任何所得税。假设2017年俄罗斯子公司要向挪威子公司销售价值2 000万元人民币的商品，这家跨国公司运用转移定价策略，通过提高俄罗斯子公司的销售价格，将利润从税率较高的挪威转移到税率较低的俄罗斯，增加了公司的税后收入。

由表8-3可知，俄罗斯子公司将销售价格提高，多获得300万元人民币的收入，导致俄罗斯子公司的税前收入从300万元增加到600万元。而挪威子公司的税前收入从300

万元降到零，这种转移定价策略成功地使两家子公司的合并税收从 180 万元减少到 120 万元，进而税后净收益从 420 万元增加到 480 万元，公司价值增加了 60 万元。

表 8-3　　转移定价对跨国公司收入的影响　　单位：百万元

	俄罗斯子公司	挪威子公司	合并值
正常价格			
销售收入	20	25	45
减：产品成本	15	20	35
毛利润	5	5	10
减：其他费用	2	2	4
税前收入	3	3	6
减：所得税	0.6	1.2	1.8
净收益	2.4	1.8	4.2
高价策略			
销售收入	23	25	48
减：产品成本	15	23	38
毛利润	8	2	10
减：其他费用	2	2	4
税前收入	6	0	6
减：所得税	1.2	0	1.2
净收益	4.8	0	4.8

2. 其他影响因素

实际上，国别税收差异对跨国公司的短期融资、流动资金管理、资本结构、资本预算等都有影响。所以，在这些活动的决策中也需要进行税收规划，尽可能利用这种税收差异实现公司价值最大化。

(1) 短期融资。

跨国公司同样可以利用转移支付的方式进行短期融资，增加公司总价值。如果跨国公司设在低税国家的子公司需要资金，而设在高税国家的子公司拥有闲置资金，高税国家子公司通过增加费用支出，或者以较低的利率提供贷款，将资金转移给低税国家的子公司，跨国公司的税后现金流和收入就会增加。

(2) 营运资本管理。

在扩大营运资本规模时，跨国公司需要综合考虑总体收入和税负。例如，把研发中心设在税负较高的国家，通过研发中心支付管理费、技术购买费、设备费、咨询费等，向设在低税国家的母公司或其他子公司转移收入，以便增加跨国公司整体的税后收入。由于利息可以税前抵扣，减少应税收入，低税国子公司的闲置资金如果投资收益不高，可以通过高利率的方式借给高税国的子公司，以减少高税国子公司的税前收入，也可整体上增加跨国公司的营运资金总量。

（3）资本结构政策。

各国不同的税收特征对跨国公司制定资本结构政策也有重要影响。跨国公司在安排权益性融资或债务性融资时，必须考虑税收因素，以便降低企业的综合资本成本、增加企业价值。例如，跨国公司母公司计划为境外子公司的大型项目融资时，如果不考虑国别税收差异，在本国增发股票比较有利。然而，考虑到子公司位于高税国家，让子公司在当地贷款或发行欧洲债券，发挥税盾优势，在应税收入中抵扣利息支出，可以减少子公司的税收，有利于跨国公司获得更多的税后现金。

（4）资本预算。

资本预算是跨国公司投资决策的重要依据。各国不同的税收政策、税收制度必须作为一个重要因素，在资本预算中加以考虑。例如，在国外新设立分支机构时，不能忽略税收的影响，否则资本预算就很不准确。尽管有许多因素影响跨国公司的选址决策，但低税国家的税收优势通常是高税国家不能匹敌的。在其他条件基本相同的情况下，跨国公司更倾向于选择低税国进行直接投资。

Summary

1. 现金管理是指对跨国公司资金的流动性和收益性进行的优化管理，通常是站在母公司角度对子公司的现金进行管理。其目的是改善公司流动资产和流动负债的结构，提高资金的使用效率，减少公司的外部融资，进而节约利息支出，增加企业的利润与价值。

2. 跨国公司进行现金管理，首先需要对子公司的现金流量进行分析，根据影响现金流的诸因素的变化，预测子公司的现金流量，制定现金流量规划。优化现金流量管理的方法有收支两条线、净额清算、加速清收、规避东道国的管制、内部现金流动等。但是优化策略的设计常受到其他因素的制约，如跨国公司的集权式管理与分权式管理模式、政府管制、银行体系特点、母公司与子公司之间的利益冲突等。

3. 国际贸易融资的常用工具有信用证、打包贷款、应收账款融资、银行承兑与票据贴现等。各国政府通常会成立专门的机构，采取诸如出口政策性贷款、项目担保、出口退税等措施来鼓励出口。

4. 公司的资本结构对其资本成本有很大的影响，通常，利用财务杠杆，公司的价值会随着债务比例的提高而上升，综合资本成本也会下降。跨国公司在业务国际化的基础上，资产负债结构具有明显的国际化特征，在负债管理上可以更多地运用国际融资来优化公司的资本结构。

5. 受货币政策、收入、经济周期等因素的影响，各国的无风险利率差异显著，加上各国的经济状况、企业与债权人的关系、政府干预及财务杠杆利用程度的不同，债权债务关系中的信用风险在各国并不一致。跨国公司在同一时间进入不同的国家融资，债务成本或股权成本实际上有显著的差异，跨国公司选择低利率国家融资，可以达到降低资本成本的目的。

6. 跨国公司可以在全球范围内对所有的子公司进行税收规划，从而取得最大的经济利益。对国际税收影响较大的税收因素有所得税、预提税、亏损结转、避免双重征税的协定等。转移定价是跨国公司最常用的税收规划手段，将高税国子公司的收入转移到低税国的子公司，跨国公司的整体税后收入就会增加。不过，此举损害了相关国家的税收，容易受到政府的反制和处罚，跨国公司需要注意各国税法的规定。同时，国际税法还会影响到公司的短期融资、营运资本管理、资本结构和资本预算等决策内容。

Key Terms

净额结算	预先授权支付书	信用证	打包贷款
应收账款融资	银行承兑与票据贴现	资本结构	国际税收规划
转移定价	非付息债		

Questions and Problems

1. 贸易融资工具主要包括哪些?

2. 一国政府支持贸易融资的主要手段是什么?

3. 跨国公司短期融资的动机是什么?

4. 制定合理的融资策略需要考虑哪些因素?

5. 汇率变化对跨国公司的短期投融资策略有何影响?

6. 影响跨国公司资本成本的因素与国内公司相比有何异同?

7. 国家特征对跨国公司的资本结构有何影响?

8. 跨国公司利用哪些渠道进行外币长期融资? 这些渠道各自有何特点?

9. 为什么当同一家跨国公司在不同的国家发债时，融资成本会出现较大的差异?

10. 哪些国际税收因素是跨国公司进行经营管理、投资决策时必须考虑的?

11. 不同国家的税收差异对跨国公司的哪些经营管理决策有影响? 请简要说明税收如何影响各决策。

12. 假设中国石化在新加坡的子公司按年利率6%取得了100万美元的1年期贷款。当时的市场汇率为1新加坡元=0.5美元，100万美元可兑换为200万新加坡元。新加坡元的1年期利率为8%。1年期的远期汇率为1新加坡元=0.45美元。假设1年后1新加坡元市场汇率可能变为0.4美元，问:

(1) 该公司借入美元还是新加坡元划算?

(2) 如果借入美元，是否需要进行保值?

(3) 保值时该公司的实际融资成本是多少?

13. 国内某跨国公司决定借入一笔1年期的英镑。英镑的利率是9%。该公司预计英镑兑人民币汇率波动的概率如下:

英镑兑人民币汇率的波动程度	概率
2%	10%
−5%	20%
0%	20%
1%	50%

根据上面的数据，试计算英镑融资利率的期望值。

14. 中国跨国公司设立在泰国的一家子公司需要 5 年期的 1 000 万泰铢投资于一个新项目。泰国 5 年期贷款利率为 6%，比中国的贷款利率高 2%，公司预计 3 年后泰铢对人民币至少要贬值 10%。试问：

（1）该跨国公司是否应在泰国子公司所在地为投资项目融资？

（2）如果使用母公司权益融资，是否更有利？

（3）如果泰国的所得税税率比中国低 5%，该跨国公司的融资决策又该如何确定？

15. 一家印度跨国公司在中国和德国各有一家子公司。中国的企业所得税税率为 25%，德国的企业所得税税率为 35%。印度母公司将研发部设在德国，中国子公司每年向德国子公司出口 500 万欧元的商品。为了利用中国和德国之间的税收差异，母公司制定了转移定价策略：中国子公司出口品价格提高，使得出口收入增加到 550 万欧元，并以产品研发的名义由德国子公司向中国子公司支付 200 万欧元的咨询费。在两个子公司其他费用不变的情况下，这一策略给该跨国公司的营运资金带来什么好处？

16. 欧盟公布避税天堂名单对跨国公司转移定价行为有什么影响？

第九章 跨国银行业务与经营

(Business and Operations of Multi-national Banks)

学习目标

- 了解跨国银行兴起的原因和三次浪潮；
- 熟悉跨国银行的组织架构和主要业务；
- 掌握跨国银行设立的模式及其决定因素；
- 了解我国跨国银行发展的特点。

本章预习

在经济全球化时代，那些越是积极参与国际分工、在价值链中发挥优势的国家，获得的红利就越多。跨国公司在全球范围内进行生产布局，充分利用不同国家的资源优势，是其发展壮大的必由之路。然而，它们在东道国不为人知，没有在当地建立起信用，经营活动很难得到当地金融机构的支持。跨国公司能够依靠谁呢？当然是它们在母国的银行。母国的银行必须跟随企业“走出去”，到国外设立分支机构，提供贴身服务，变成跨国银行。加入WTO以来，中国企业加快全球生产布局，中石油、中石化等跨国公司崛起，带动中国的银行跨国经营。中国银行、中国工商银行已发展成为全球系统重要性银行。开展跨国经营，扩大了业务范围，增加了商业银行的利润来源。不少国际著名大银行，一半左右的收入来自跨国经营。

9.1 跨国银行的产生与发展

9.1.1 跨国银行与国际银行

所谓跨国银行，是指通过股权或其他形式，在两个或两个以上国家建立分支机构并开展业务的商业银行。容易与跨国银行混淆的一个概念是国际银行。国际银行是提供国际业务的商业银行。判断一项业务属于国内业务还是国际业务，大致有三种不同的标准，在属人原则、属地原则和属币原则中进行选择。

属人原则：凡是银行为具有母国国籍的客户（包括自然人和法人）提供的业务，不论是在母国机构还是在外国分支机构发生，均属于国内业务；相反，凡是为具有外国国籍的客户提供的业务，不论是在母国机构还是在外国分支机构发生，均属于国际业务。

属地原则：凡是银行在母国境内提供的业务，都是国内业务。本国银行在境外的分支机构所办理的业务则归为国际业务，不管银行的服务对象是否为本国居民和机构，也不管交易货币是否为外币。因此，我国银行在中国境内办理的业务都属于国内业务，而我国银行在境外分支机构办理的业务都属于国际业务。

属币原则：凡是银行使用母国货币开展的业务，就属于国内业务。而银行使用外币提供的业务则属于国际业务。换言之，不论是我国银行还是外资银行在华分支机构，只要为客户服务的时候所使用的货币是人民币，该项业务就是国内业务。相反，当银行为客户提供服务使用的货币是外币，如美元、英镑等时，这类业务属于国际业务。

一家银行即使没有在海外设立分支机构，只要设有国际部，提供国际业务，就是国际银行。而跨国银行的本质特征是机构的跨国界性。只有当一家银行到国外设立分支机构并从事存、贷、汇、兑等业务时，这家银行才是跨国银行。跨国银行和国际银行的不同之处在于：跨国银行的标准是单一的，就是其营业机构的国界性；国际银行的划分标准则是多维的，包括交易主体、交易场所和交易币种。因此，国际银行的外延大于跨国银行。跨国银行一定是国际银行，国际银行却不一定是跨国银行。

9.1.2 国际业务推动跨国银行兴起

从历史上看，跨国银行是伴随着银行国际业务的发展而兴起的。银行最重要的国际业务是货币兑换和国际信贷。

古希腊城邦林立，金银铸币种类繁多，为了方便商人们更高效率地进行货物贸易，古希腊出现了一种专门从事各城邦货币兑换的货币兑换商。到了古罗马时代（公元前200年左右），货币兑换业继续得到发展。这时的货币兑换商被称为“Argentarii”，他们在一种被称为“Banci”的小桌子上办理货币兑换业务，英文“Bank”一词也是从这里衍生出来的。国际贸易的出现以及金属货币的产生，使得货币兑换业应运而生，并成为欧洲最早的银行业务。

商人们有时会把暂时不需要的钱交给货币兑换商保管，等需要时再从货币兑换商处取出，进而产生了存款业务。当越来越多的商人从货币兑换商处不停地存入和取出货币时，总有一部分货币被闲置下来。精明的货币兑换商于是把这些闲置的货币贷放出去，收取利息，于是产生了贷款业务。由此可知，正是货币兑换这项国际业务，衍生出银行的存贷款业务。

西欧各国之间的战争也是商业银行国际业务发展的一大动力。14 世纪后，由于欧洲各国战事连年不断，旷日持久的战争催生了国王们对资金的大量需求。国际银行与国际信贷在这一时期的发展达到了高潮。1300 年前后，意大利的佛罗伦萨取得世界银行的霸主地位。卢卡的里卡迪家族贷款资助英国爱德华一世征服了威尔士，弗雷斯科巴尔家族贷款帮助爱德华二世征战苏格兰，巴迪和佩鲁奇家族支持爱德华三世同法国进行历史上有名的“百日战争”。到 1435 年，爱德华三世共欠巴迪家族 90 万弗罗林，结果巴迪家族因贷款收不回来而破产，佛罗伦萨银行业因之趋于衰微。即便如此，这一时期还是极大地刺激了国际贷款业务的发展，为以后国际银行的扩张埋下了伏笔。

16 世纪中叶，当时的热那亚取代了安特卫普成为欧洲经济的中心，并掀起了新一轮的银行业热潮。为了控制美洲的白银，银行向西班牙的国王贷款，并据此大量发行汇票。直到 1622 年，由于美洲白银的泛滥导致白银的贬值，这一试验被迫终结。18 世纪，国际银行业在荷兰的阿姆斯特丹再次兴起，国际银行业又出现了一次高潮。荷兰银行对欧洲各国政府发放了大量贷款，其中有许多贷款后来无法收回，荷兰银行因坏账过多而受到沉重打击，从此一蹶不振。

综上所述，货币兑换和国际信贷这两项重要的国际业务分别是在商品贸易和战争两个不同的影响因素下发展起来的。这两项国际业务分别加强了银行在国家间同商人与政府的联系，并为以后跨国银行的发展奠定了基础。

9.1.3 跨国银行发展的三次浪潮

经济全球化、企业“走出去”是跨国银行产生的主要原因。从时间上看，跨国银行的建立与发展共经历了三次浪潮。第一次浪潮兴起于 19 世纪 30 年代，第二次浪潮兴起于 20 世纪 60 年代，而第三次浪潮则兴起于 20 世纪 90 年代。跨国银行的每一次大发展都是在特定的历史背景下进行的，都具有鲜明的时代特征。

1. 殖民主义——跨国银行的第一次发展浪潮

18 世纪末，兴旺的国际贸易使得英国出现了商人银行（merchant bank），这些银行不仅通过票据承兑、贴现等业务为国际贸易提供了大量的贸易融资，而且早在拿破仑战争期间就开始对外国政府提供贷款。19 世纪中叶，由于率先完成工业革命，英国成为世界经济的霸主，英镑成为世界上最重要的货币，伦敦成为世界的金融中心，英国理所当然成为跨国银行第一次发展浪潮的领导者。19 世纪 30 年代，英国银行开始在海外殖民地设立银行分支机构，英国银行首先在澳大利亚、北美和加勒比海殖民地设立了分支机构，20 年后又把触角深入到拉丁美洲、南非、英属印度和亚洲等殖民地。19 世纪 70 年代以后，法国、德国、意大利等殖民列强也相继效仿英国，开始在各自的殖民地开设跨国银行，其中设在美国的银行最多。各国的跨国银行模式不尽相同，例如，英国的跨国银行专注于在所在地开展业务，与国内银行之间不存在股权关系，也不开展国内业务。而欧洲大陆国家的跨国银行则与国内银行之间存在股权联系，在殖民地与母国之间开展业务。

跨国银行发展的第一次浪潮伴随着殖民主义的兴起而繁荣，伴随着殖民主义的结束而衰落。进入 20 世纪后，民族主义思潮在殖民地得到广泛传播，殖民地纷纷独立。第一次世界大战和紧随其后的世界性经济危机不仅使国际贸易陷入停滞，同时也结束了跨国银行海外扩张的第一次浪潮。

2. 离岸市场——跨国银行发展的第二次浪潮

跨国银行发展的第二次浪潮始于 20 世纪 60 年代初期，终于 20 世纪 80 年代中期。第二次世界大战以后，欧洲经济元气大伤，而美国却从战前的净债务国演变成为世界最大债权国。欧洲和日本为了防止资金外流，实行严格的外汇管制，跨国银行发展受到极大的阻碍。1958 年 12 月 29 日，西欧 14 国共同宣布取消了战后实行多年的经常账户管制，在随后的十多年内又相继开放了资本账户，为跨国银行发展提供了制度保障。与此同时，美国的经济实力和国际金融地位都出现了质的飞跃。第二次世界大战刚刚结束时，美国的黄金储备占世界黄金总储备的 59%，工业生产占世界的 60%，对外贸易占世界贸易总额的 32.5%，美国成为世界经济霸主。布雷顿森林体系使得美元取得了超然于其他任何国家货币的地位，成为世界货币。在 20 世纪 50 年代初，出现了欧洲美元市场，即最初的离岸金融市场，这为美国银行进入欧洲市场提供了市场契机和天然通道，因此，美国成为跨国银行第二次发展浪潮的领导者。

在跨国银行发展的第二次浪潮中，跨国银行的业务主要集中在对发展中国家的贷款上。1973 年，新增国际贷款总额为 330 亿美元，其中 29%贷给发展中国家。1981 年，新增国际贷款总额为 1 650 亿美元，其中 32%贷给发展中国家。1975—1981 年，银行对发展中国家的债权以年均 28%的速度增长。由于贷款规模较大，单个银行无法独自提供足够的资金，所以对发展中国家的贷款大多采取辛迪加贷款方式。1984 年国际债务危机爆发后，跨国银行出现了大量的坏账、呆账，不得不将业务重心从发展中国家转向发达国家，进行房地产和并购等投行类业务，跨国银行发展的第二次浪潮宣告结束。

3. 金融一体化——跨国银行发展的第三次浪潮

第三次浪潮始于 20 世纪 90 年代初期，得益于欧洲一体化进程的推进和金融管制的放松。欧盟大一统市场的建立，消除了欧洲各国之间的关税壁垒，资本在欧盟成员之间的流动更加畅通无阻，特别是使用统一货币，建立统一的支付清算体系，银行可以在欧元区范围内不受限制地开展业务，促使欧洲各国银行在欧盟大市场范围内布局，发挥各自的优势整合业务，掀起了跨国并购浪潮。欧元的出现直接挑战了美元在国际货币体系中的霸权地位，欧洲国家通过并购形成的业务线条齐全、经营地域广泛、规模效应显著的大型跨国银行，大大提升了欧洲银行的竞争力和国际金融地位。美国 1999 年颁布《金融服务现代化法案》，进一步加速了金融企业之间的兼并，产生了一些强强联合、能够提供全方位金融服务的“巨无霸”。例如，2003 年 10 月，美国银行以 470 亿美元的换股收购富利波士顿

(Fleet Boston) 金融公司，成为美国第二大银行，2004 年 1 月，摩根大通银行以 580 亿美元与美一银行 (Bank One) 合并，合并后资产规模达到 1.1 万亿美元，仅次于花旗集团。

在美国次贷危机中，为了挽救一些华尔街的大投行，美国又进行了一轮重组式并购，例如 2008 年 3 月美国第五大投行贝尔斯登因巨额亏损，在美联储的撮合下，被摩根大通银行并购，2008 年 9 月，同样出现流动性风险的第三大投行美林证券被美国银行以大约 440 亿美元的总交易额收购。英国、欧盟也发生了多起类似的“大而不倒”问题下的巨额并购。这一轮国际金融危机造成发达国家、许多发展中国家金融业受到严重伤害，许多金融机构价值跌幅超过 60%，为跨国并购提供了价值洼地。

中国金融业监管较严，注重服务实体经济，较少进行结构复杂的金融创新，也没有过多参与欧美市场的毒债券交易，金融机构比较健康，而且经过 2003—2006 年的股份制改造，资金实力非常雄厚，有能力进行跨国并购，开展跨国经营。2007 年中国工商银行收购非洲最大银行——南非标准银行 20%股权，成为该行最大股东。借助南非标准银行覆盖非洲 17 个国家，多达 1 200 家的营业网络，中国工商银行很快将金融服务辐射到非洲市场。中国银行、中国建设银行也在欧洲、东南亚、拉丁美洲进行了并购，建立起数百个境外经营网点。通过并购和全球布局，中国银行、中国工商银行都成了全球系统重要性银行。

综上所述，国际贸易繁荣，宏观经济增长，国际环境稳定以及金融管制放松，都能够为跨国银行发展提供良好的机遇。值得一提的是，科技进步也能促进跨国银行发展。科技进步使得通信更加发达，资金清算更加便捷，银行业务不再受到时空的限制。21 世纪以来，信息技术的飞速发展促进了包括跨国银行在内的金融体系的快速扩张。

9.2 跨国银行的组织架构

跨国银行的业务不仅要符合国际形势的发展变化，还要符合所在地的经济环境、金融政策以及监管要求。跨国银行的经营目标是扩大自身的利润来源，占领更多的金融市场，这就要求跨国银行在设立与运营的过程中必须审慎甄别与选择组织架构和业务。

9.2.1 跨国银行类别

1. 代理行

代理行 (agency) 是为境外商业银行代理业务的银行。当商业银行希望跨越国境开展业务，但因为成本或者政策上的限制无法设立境外分支机构时，商业银行可以在东道国选择合作伙伴，作为其代理行。商业银行在选择境外代理行之前，需要综合考虑多方面的因素，例如，分析其资产、资本及其他财务指标，判断其经营稳健性，甄别其资信、业务和风险管理能力，确定该银行能否满足业务需求。一旦确定了目标银行，商业银行可与该行正式签订代理合约，由代理行在贸易融资、国际清算、外汇汇兑、国际信贷等方面为商业银行的跨国公司客户提供服务。

在商业银行提供跨国金融服务方面，代理行具有成本低廉的优势。但是，代理行这种模式的弊端也很明显：一是需要向代理行支付不菲的业务代理费；二是商业银行在业务处理方面缺乏主导地位，必须遵循代理行的业务程序和规则；三是容易造成客户资源流失，跨国公司往往被代理行抢走。

2. 代表处

代表处（representative office）是商业银行在海外设立分支机构的最初形式，是跨国银行最简单的组织架构。商业银行在东道国建立一个实体代表机构，代表母行进行商业信息收集、公共关系维护以及潜在机会发掘等活动，不能从事银行业务。代表处的功能简单，受东道国的法律限制较少，因此运营成本较低。商业银行在开发新市场的时候，代表处是一个最有效的手段。1983 年美国花旗银行重返中国时，采取的方式就是在深圳设立代表处。

3. 分行

分行（branch）也称境外联行，是跨国银行分支机构最主要的一种形式。分行并不是独立的法人实体，它是母行的一个组成部分，与母行之间存在着连带责任。分行的资产负债表不是独立的，而是母行资产负债表的一部分。其业务范围及经营要与母行保持一致，母行对其活动负有完全责任。从公司的角度来看，分行仍然是母行下属的一个法定职能部门，所以分行在海外市场发展时，可以获得母行全部的信用。相对于代表处来说，开设一家分行意味着商业银行需要在海外市场投入更多的资金和人力资源。分行这种形式的缺点是，银行要对境外分行的经营不善或分行员工违规产生的不良后果负责。如果分行的资产负债表出现了问题，母行不得不拿出资本金来对其进行救助。

从原则上讲，分行可以从事各类银行业务。但是在实际运营中，分行更多从事的是批发业务。由于零售业务需要在东道国建立比较完善的机构网络，运营成本较高，所以分行在东道国较少从事零售业务，而是主要从事批发业务。分行的资产业务主要是对大型企业或者银行同业的贷款。分行的资金则主要来自母行划拨或者同业拆借。

4. 子行

子行（subsidiary）也称附属银行，是商业银行在海外设立的独立法人实体。由于受到各种条件限制，商业银行往往不能直接在某些国家设置分支行机构，可通过收购外国银行的全部股份或大部分股份成立附属机构。子行的经营自负盈亏，与母行之间不存在连带责任关系。因此，子行避免了分行最大的缺点，母行无须对子行经营中产生的不良后果负责。只要一家银行直接或间接拥有境外另一家银行一定比例的股票，能够绝对控制后者的经营决策，则后者就是前者的子行。相对于分行来说，子行的优点在于：母行的责任被限定在成立时的资本金之内，母行只承担有限责任；子行的业务范围更加广泛，有更多的网点机构来开展零售业务；一些国家给予子行更多的业务许可，例如只有子行才能开展投资银行业务。子行的缺点则是：资产规模比分行大，启动资金要求较高；管理成本以及运营成本也比分行高。

5. 联营银行

联营银行（affiliates）是指商业银行参股的东道国银行，不控制后者的经营管理。联营银行在法律地位、性质和经营特点上与子行类似，只是在联营银行中，任何一个外国投资者拥有的股权都在50%以下，其余股权可以为东道国所有，或由几个外国投资者共有。商业银行参股联营银行的投资策略可以分为战略性投资和财务性投资两种。商业银行如果进行的是战略性投资，就会积极参与联营银行的经营管理，并提供自身的经验和资源。如果只是财务性投资，希望日后以一个更高的价格转让股权，获取投资收益，商业银行就不会介入联营银行的经营管理。例如，我国国有商业银行在实施股份制改造时曾经引入外资银行作为战略投资者，然而，这些参股的外资银行大多以财务性投资为目的，较少参与经营管理，也没有将其先进的经验和理念引入我国国有银行的经营管理中。

6. 银团银行

银团银行（consortia bank）通常是由两个以上不同国籍的跨国银行根据协议共同投资注册而组成的公司性质的合营银行，任何一个投资者所持有的股份都不超过50%。在进入新市场时，为了达到降低资本要求和风险的目的，多个国家的商业银行可能通过联手组建一家银行来满足海外市场的客户需求。银团银行可以联合多家银行的资金、技术和资源，实现优势互补，占领较大的市场份额，这种方式在20世纪70年代盛行一时。目前主要为大型项目提供金融服务。

9.2.2 决定跨国银行组织架构的因素

不同的跨国银行的组织架构各有利弊。跨国银行在选择组织架构时，必须综合考虑以下几个因素：

1. 法律法规

跨国银行在海外设立分支机构时，东道国对外资银行的法律规定以及监管要求是跨国银行考虑的首要因素。尽管世贸组织规定，成员方之间应该向外资银行开放其金融行业，然而，发展中国家对外资银行开设分行或者子行的限制较多，发达国家金融市场开放度较高，对外资银行的限制较少。

2. 资源限制

跨国银行的组织架构不同，所需的资金和人力资源也不相同。例如，设立子行需要付出的成本最大，所耗费的人财物资源最多，而设立代表处所需要的投入则最小。此外，不同组织形式的跨国银行业务经营各有侧重，对人力资源的要求差异较大。

3. 经营环境

如果东道国的金融开放度较高，金融体系也较为完善，而且商业银行认为环境好，商业机会多，可设立规模比较大的分行或者子行。如果东道国风险程度较高，开展业务存在很大的不确定性，商业银行则会选择成立一家代表处，进行试探性的经营。

4. 税收

不同组织架构的跨国银行税收大不相同。子行是东道国的独立法人，需要按照东道国的税收制度纳税。分行不是独立法人，不必向东道国缴纳企业所得税，而是要将利润合并到母行，按照母行所在国的税收规定纳税。为了降低税收负担，商业银行往往根据东道国的税收负担以及在当地的经营状况来确定采取何种组织架构。在东道国税负较重的情况下，商业银行一般不设立子行，以便能够把利润从该国转移到税负较轻的母国或第三国。跨国经营之初经常会出现亏损，采用分行的形式有助于减轻母行的税收负担。当分行开始盈利后，在东道国税负较轻的情况下，可将分行升级为子行。

总体来说，跨国银行在进入新市场的初期，大多会选择代表处或分行的形式。当其规模发展较大，业务较为成熟后，特别是进入到本土化阶段后，能够获得国民待遇的子行则成为主要的形式。

9.3 跨国银行的业务与监管

按照业务性质，跨国银行与国内银行没有什么不同，其业务可划分为资产业务、负债业务和表外业务。然而，跨国银行的业务有其侧重点，零售和私人银行业务、同业拆借业务、国际银团贷款和贸易融资等是跨国银行最常见的业务。

9.3.1 常见业务

1. 零售和私人银行业务

零售银行业务，一般是指面向小型企业和个人消费者提供的分散、零星的小额银行产品和金融服务。零售银行业务不是指具体的某一项业务，而是涉及广泛的业务领域，同时包括资产业务、负债业务和中间业务。具体来说，零售银行业务是指向个人提供银行服务，包括存款业务，住房、汽车与其他种类的消费信贷，信用卡服务，交易账户等，以及个人客户的保险和投资理财业务。

对于本土化经营的商业银行来说，零售银行业务是其重要的利润来源。然而对于跨国银行来说，开展零售银行业务的难度要比本地银行大得多。产品偏好和营业网点的广泛性成为零售银行业务国际化的巨大障碍，本地银行在零售银行业务中占重要地位，从花旗集团零售银行业务利润在各区域的分布可以看出这一点（见图 9-1）。

私人银行业务是指向拥有高资产的个人提供财富管理服务的业务。私人银行业务与零售银行业务在业务种类上有交叉，二者的主要区别在于服务对象不同。尽管私人银行业务也包括存款和贷款这两大传统零售业务，但是私人银行业务有独特之处，即财富管理。财富管理涉及保管业务，贵金属、货币、商品及艺术品投资管理，基金和保险理财等，是跨国银行竞争的主要领域，也是其最大的利润来源。

2. 同业拆借业务

同业拆借业务的资金规模比零售银行业务的资金规模大得多，其行为类似于商品供应商之间的交易，所以它也被称为批发银行业务。商业银行能够通过同业拆借提高资金的使用效率。一方面，有的银行会面对非常有利可图的投资机会，但是自身能够使用的资金却

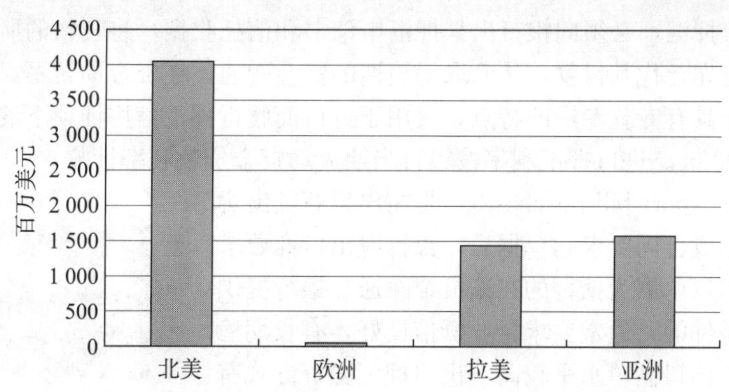

图 9-1　花旗集团零售银行业务利润的区域结构

资料来源：2013 年花旗银行财务报表.

不充足；另一方面，也有一些银行因为一时找不到合适的投资机会而造成暂时的资金闲置。同业拆借将资金的需求方和供给方连接起来，使资金的利用达到最大化。

3. 国际银团贷款

国际银团贷款又称辛迪加贷款，是跨国银行的核心业务之一，能够为银行带来丰厚的收入。当贷款项目涉及的金额较大，或者风险偏高时，国际银团贷款模式能够使多家银行共同提供资金，分摊贷款风险。国际银团贷款一般需要一家或几家大银行作为牵头行，收集有用的信息来判断借款者的信用级别，组织贷款，并把贷款份额再出售给其他参与行。牵头行必须有能力将贷款销售给其他金融机构，完成必要的组织工作并为之定价。参与行虽然在整个国际银团贷款中不占主要地位，但是对于一家银行来说仍然有重要的意义。因为银行从国际银团贷款中获取的收益是相当可观的，远大于国内信贷，而且对于一家希望涉及国际信贷业务的银行来说，充当参与行是一个很好的起点。

4. 贸易融资服务

在商业银行的各项业务中，贸易融资服务的历史是十分悠久的，不但在跨国银行的国际业务中占有很大比重，而且与跨国银行的其他国际业务也有着非常紧密的关系。因此，各大跨国银行对贸易融资服务业务都十分重视，往往设有专门的机构负责此项业务。

根据国际贸易融资期限的长短，可以分为短期贸易融资和中长期出口信贷。短期贸易融资是指期限在一年之内的贸易融资，一般适用于原材料、燃料、零部件、消费品等制造周期短、价值较低的商品，故其融资的额度通常也较小。中长期出口信贷，是指银行提供的中长期贸易融资。之所以称为出口信贷，是因为中长期国际贸易融资一般都是由出口国的银行提供的，以促进出口为目的，并且都有国家的政策性支持，根据贸易融资服务的对象不同，可以分为对出口商的融资和对进口商的融资。以下介绍三种典型的贸易融资业务：押汇、国际保理和福费廷。

(1) 进口押汇和出口押汇。

进口押汇（import bill purchase），是指信用证项下单据到期并经审核无误后，开证申请人因资金周转关系，无法及时对外付款赎单，以该信用证项下代表货物权的单据作为质押，并同时提供必要的抵押/质押或其他担保，由银行先行代为对外付款的融资方式。

进口商办理进口押汇，必须向银行出具押汇申请书和信托收据，将货物的所有权转让给银行，由开证银行先行代其付款，从而取得短期的资金融通，在资金周转不灵的情况下组织进口。进口押汇具有专款专用的特点，仅用于进口商履行押汇信用证项下的对外付款，期限一般不超过 90 天。进口押汇利率按银行当期流动资金贷款利率计收。

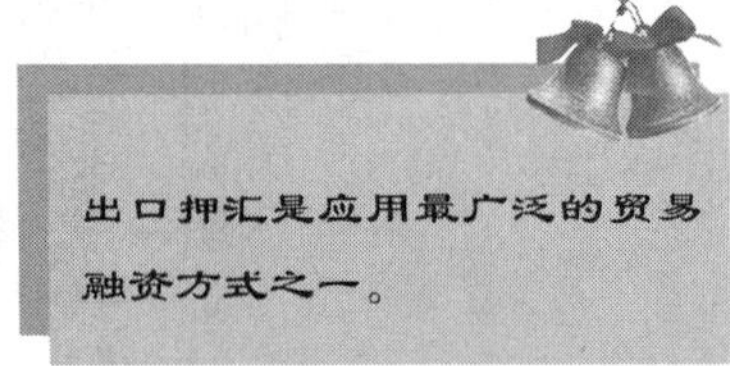

出口押汇（export bill purchase），是在出口商发出货物并交来信用证或合同要求的单据后，银行应出口商要求向其提供的以出口单据为抵押的在途资金融通。银行提供出口押汇是有条件的，通常要求企业资信良好，有长期稳定的出口业务，出口制单水平较高。出口押汇融资方式有三大特点：①押汇/贴现是短期融资，押汇期限一般不超过 180 天，贴现不超过 360 天；②押汇/贴现是银行预扣利息后，将剩余款项给予客户，利息按“融资金额×融资年利率×押汇天数/360”计算；③押汇/贴现是银行保留追索权的垫款，不论何种原因，如果银行无法从国外收回资金，客户应及时另筹资金归还垫款。

对于那些流动资金有限，依靠快速的资金周转开展业务或者有新投资机会的企业而言，融资更加简便易行的出口押汇，无疑是很有吸引力的。例如，出口商 A 公司按照澳新银行开来的 800 万美元信用证出运货物后，将全套单据交给中国工商银行，要求办理出口押汇业务。经审查，A 公司是中国工商银行贸易融资的重点客户，核有 1 000 万美元的出口押汇客户授信额度，且该公司提交的单据符合信用证规定。据此，中国工商银行扣除自押汇日至预计收汇日之间 7 天的利息及有关银行费用后，将余款支付给 A 公司。这样一来，出口商 A 公司就非常容易地获得了 7 天的短期融资。

（2）国际保理。

通常，保理费和贴息都计入出口货价而转嫁给进口商。如果银行在买断有关票据时只向出口商支付部分货款，则在进口商到期付款后，还要负责将余款划转到出口商账户中。

国际保理（factoring），是国际保付代理业务的简称，也称承购应收账款业务，是指提供赊销便利的出口商在货物装船后，将发票、汇票、提单等有关单据卖断给国际银行或专业保理公司（factor），立即收进全部或部分货款的国际金融业务。它既是一种可供选择的国际结算方式，又是一种短期的贸易融资方式。国际保理业务集结算、管理、担保和融资为一体，已经发展成为一种新型的多功能、综合性的金融服务行业，其核心是通过收购债权的方式提供贸易融资。根据保理协议，保理商购买出口商的应收账款具有买断性质，通常是无追索权的，保理商要担保进口商支付货款的财务能力。如果进口商破产或因信用原因无力支付其债务，保理商将向出口商支付。

（3）福费廷。

福费廷（forfaiting）是指在国际贸易中，出口商将经过进口商承兑的中期商业票据无追索权地售予一家银行，从而提前取得现款。可以看出，福费廷是以票据贴现方式为出口商提供的信贷。它同保理业务有一定的相似性，只不过福费廷涉及的是中期票据，而保理业务则是短期票据。

福费廷首先出现于20世纪六七十年代的东西方贸易，当时由于东西方缓和局势的出现，东西方贸易（特别是西欧与苏联、东欧国家的贸易）发展很快。但西方国家的出口商对东方国家的国有企业并不信任，认为与其开展贸易政治风险很大，又由于西方国家政府的政策，这些贸易很难取得西方国家的出口信用保险。这自然不利于东西方贸易的开展，于是福费廷业务就应运而生。目前福费廷已普遍应用于许多地区的出口贸易，成为出口商贸易融资广泛使用的一种方式，而不仅是在进口商资信差又得不到足够的出口信用保险时才采取的一种补救做法。

5. 项目融资

项目融资是指银行基于项目的资产和现金流量，资金回报和费用较高的新型融资方式。项目融资的根本特征是有限追索和风险分担，所涉及的参与方比传统的国际信贷更加复杂。这是适应跨国公司业务发展的需要，在大型项目国际招标的基础上，由国际银团贷款发展起来的一种新型国际贷款，实际上属于商人银行业务或者投资银行业务。

项目融资具有以下特点：(1) 注重项目承办单位的资产状况和项目本身的经济效益。(2) 多方担保。要求与工程项目有利害关系的多个单位进行担保，即项目建设的承包商、项目设备和原材料供应商、项目产品的购买者或使用者、保险公司、政府机构等。(3) 工程所需要的资金来源多样化。常见的有：①国际金融组织贷款；②出口信用贷款；③国际资本市场发债；④国际商业贷款；⑤国内本币政策性或商业性贷款。贷款银行通常以银团形式出现，而且要有东道国的银行参与，以便在外国银行受到限制、无法接受项目资产担保时，由东道国的银行获得这些担保。(4) 有限追索权筹资方式，贷款风险大、贷款利率高，比一般工商企业贷款利率要高0.5%～0.7%。项目融资具有期限长、风险大的特点，参与项目融资的银行必须以辨别和控制风险作为中心任务。

6. 国际担保

国际担保指银行在企业进行跨境贸易、工程、金融合作中，向境外机构（担保受益人）承诺，当企业未按照贸易、工程或金融合同等履行其应有的义务时，由担保人代为履行义务。国际担保的被担保人或者受益人通常至少一方在境内。

国际担保能够支持的跨境交易类型较为广泛，既包括非融资性交易，诸如国际买卖合同、租赁合同、国际工程承包等，也包括融资性交易，诸如国际贷款、透支、票据发行便利、境外债券发行、跨境并购、风险参与等。国际担保目前适用的惯例包括国际商会发布的《合约保函统一规则》(URCG325)、《见索即付保函统一规则》(URDG758)、《合同担保统一规则》(URCB524)、《国际备用证惯例》(ISP98) 以及《联合国独立担保和备用信用证公约》。

当前，随着“一带一路”建设的推进，我国银行跨境担保业务发展迅速，主要采用两种方式：内保外贷、外保内贷。(1) 内保外贷是指担保人注册地在境内、债务人和债权人注册地均在境外的跨境担保。内保外贷的目的是利用境外低成本资金，降低企业的融资成本。“内保”即境内企业向银行境内分行（担保人）申请开立担保函，境内分行出具融资性担保函给境外分行（债权人）；“外贷”即境外分行凭借收到的担保函向境内企业的境外公司（债务人）发放贷款。(2) 外保内贷是指担保人注册地在境外、债务人和债权人注册地均在境内的跨境担保。外保内贷的目的是便于跨国公司在境内的分公司获得融资便利，实现国际化经营战略。“外保”即境外跨国公司向国外银行（担保人）申请开立担保函，国外银行出具融资性担保函给其在中国的分行（债权人）；“内贷”即境内分行凭借收到的担保函向跨国公司的境内公司（债务人）发放贷款。

9.3.2 跨国银行的金融监管

金融监管是指政府机构或行业自律组织以降低金融风险，维护金融安全为目的，对金融机构和金融市场在准入、运营和退出等方面的监督管理。跨国银行的产生，使得资本在全球范围内自由流动的同时扩大了金融风险。相对于本土化经营的商业银行来说，跨国银行在两个方面风险较高：一是跨国银行的国际业务经常互相交叉与牵连，跨国银行在这种情况下对风险的管理面临很大的障碍；二是跨国银行在经营过程中经常会涉及监管空白的灰色地带，由于母国和东道国对跨国银行的监管可能会存在真空期，使得跨国银行有了很强的冒险投机意愿，这使得风险可能在短时间内集聚，造成无法弥补的损失。

20 世纪 70 年代以来，国际上发生了一系列重大的银行破产案件，其中包括美国的富兰克林国民银行和德国的赫斯塔特银行。这些银行破产给国际金融市场造成很大的波动，使得各国政府意识到加强银行监管已刻不容缓。1974 年底，十国集团中央银行行长在巴塞尔召开会议研究国际银行风险监管问题，成立巴塞尔银行监管委员会（简称巴塞尔委员会），总部设在瑞士的巴塞尔。作为国际清算银行的一个正式机构，巴塞尔委员会由各成员中央银行官员和银行监管当局组成。2009 年 3 月，中国人民银行和银监会代表我国正式加入巴塞尔委员会，全面参与国际银行业监管标准和准则的研究与制定工作。目前巴塞尔委员会共有 45 个成员，来自 28 个经济体。

9.4 我国跨国银行发展现状

我国商业银行最早开始在海外开设分支机构可以追溯到民国时期的中国银行。为了支持出口，为国内企业发展筹集资金，中国银行改组为国际汇兑银行，将业务重心转向国际金融市场。1929 年 11 月 4 日，中国银行伦敦经理处正式开业，卞福孙任经理处主任。这是中国银行在海外设立的第一家分支机构，也是我国金融机构迈向世界金融市场的第一步。

9.4.1 当前面临巨大发展机遇

2001 年我国加入 WTO 后，对外开放程度有了很大的提高。企业开始“走出去”，在境外开办工厂、设立营销网点，在国内外两个平台上优化配置资源，推动银行在海外设立网点，为企业提供跟随性服务。2013 年中国提出“一带一路”倡议，明确“政策沟通，设施联通，贸易畅通，资金融通，民心相通”五大任务，共建人类命运共同体。中国企业对外投资出现井喷，跨境金融需求急剧增加。为了满足这一新需求，中国的国有银行加快了国际化步伐。截至 2015 年末，总计 22 家中资银行开设了 1 298 家海外分支机构，覆盖全球 59 个国家和地区。然而，与成熟的国际领先银行相比，中资银行的综合化经营程度较低，贷款业务占总资产比例、利息收入占总收入比例较高。海外的中资银行基本延续母行在国内市场的业务模式，以传统对公业务为主，传统贷款、银团贷款、贸易融资、国际结算和清算是其核心业务。鉴于银行内部的绩效考核仍注重规模指标，中资银行的海外业务增长大多体现为信贷资产规模的连年迅速增长。

人民币国际化也成为我国银行跨国经营的重要推手。为了推动国际货币体系改革，降低对美元的过度依赖，完善国际金融治理，减轻外汇风险对我国经济空间发展的不利影响，2009 年中国开始实施跨境贸易人民币计价结算，拉开了人民币国际化的序幕。由于人民币在国际贸易和金融交易中的计价结算功能不断提高，成为外汇市场第六大交易货币，2015 年底 IMF 宣布将人民币纳入 SDR 货币篮子，60 多个国家将人民币作为官方储备货币。随着人民币国际货币地位的提升，全球主要国际金融中心都出现了人民币离岸市场，人民币业务规模扩大为中资银行的境外经营提供了广阔的发展空间。

9.4.2 设立跨国银行的模式选择

中国是世界第二大经济体、最大贸易国、第三大对外投资国，已深度融入经济全球化。随着金融市场开放和资本管制的放松，银行跨国经营进入新的发展阶段。境外资产规模、境外收入和员工人数快速增加。实践表明，中资银行主要采用以下三种模式设立跨国银行。

1. 开设分支机构

选择适当的国家和地区，按照东道国的法律和监管要求开设分支机构，这是我国银行设立跨国银行的主要模式。运用这一模式的典型代表是中国银行。开设分支机构，采用跨国银行的分行组织架构，意味着母行需要较大的投入，拿出资本金，派出管理人员和业务骨干。我国银行选择分行模式发展跨国银行，必然遇到网点不足、市场认知度较低、业务发展缓慢的挑战。但是，开设分行能够确保银行对境外分支机构具有绝对的控制权，使得境外经营与境内经营相互协调，在经营战略、品牌、管理风格以及客户体验上保持一致。

2. 参股

参股是指选择适当国家的某一家银行，购买该行一定的股份，成为其非控股股东。运用参股模式的典型代表是中国工商银行。2007 年 10 月，中国工商银行斥资 423.1 亿元，收购非洲最大的商业银行南非标准银行 20%股权，成为南非标准银行的战略投资者，此举将中国工商银行的海外资产比例从 3%提高至 10%。运用参股方式设立跨国银行的动机有两个：一是充当国外某家有市场影响力的银行的战略投资者，输出我国银行的经营理念、管理技术和品牌，借助被参股银行的当地网点优势，增强我国银行在当地的影响力，达到提升我国银行无形资产和品牌效应的目的；二是分享被参股银行的经营成果，使得我国银行的收入来源多元化，降低宏观经济周期、政策变化等国家风险，增加收入的稳定性。

3. 并购

并购是指选择适当国家的某一家银行，全额或者部分收购其资本，并控制该行的经营管理权。从组织架构看，采用并购模式建立的跨国银行是子行。子行是当地的独立法人，需要遵守当地的法律法规和金融监管制度，按照当地的习惯、运行机制提供银行业务，母行与子行之间的纽带主要是股权。选择并购模式设立跨国银行，优点在于起点高，通过全盘接受被并购银行的网点、客户和各项业务，并购行可以迅速在当地市场中占据一定的份额。然而，并购方式的缺点也很明显：(1) 成本高，只有那些经济实力雄厚的银行才能承受如此巨大的资金压力；(2) 难度大，许多国家，特别是发展中国家对外资收购本国的银行有很多限制，法律程序也很复杂，需要花费大量的人力、物力和时间；(3) 资源整合困难，并购双方忙于不同的国家，政治制度、文化、习俗、经营管理理念各不相同，完成并购后需要继续投入大量的精力来整合银行内部的规章制度，以及岗位和人员。如果没有丰富的经验，不能迅速整合双方的资源，并购就会以失败告终。实际上，跨国并购的成功率不足40%。

以上三种设立跨国银行的模式各有利弊。我国银行应该根据自身的发展战略需要，理性选择适合自己的跨国银行设立模式。在初级阶段，开设分支机构比较稳妥。从中长期看，在海外华人聚集区、中资跨国公司比较集中的地区，采用参股或并购的方式，则不失为明智之举。

9.4.3 我国跨国银行发展特点

1. 海外扩张积极，资产和收入稳步增加

中国银行是我国国际化程度最高的银行机构，基本完成了国际化布局。其经营路径为先占领亚洲市场，后突破欧美市场，再完善海外整体布局，最后协调海内外一体化建设的“四步走”发展路线。2015年，集团跨境人民币结算量5.39万亿元，中国境内机构跨境人民币结算量2.93万亿元，市场份额稳居第一。

中国工商银行作为世界规模最大的银行，稳步推进国际化、综合化经营发展。主要采取并购方式，以最快的速度进行海外扩张，成为当地主流银行。2015年末，中国工商银行在42个国家和地区建立了404家机构，通过参股南非标准银行集团间接覆盖非洲20个国家，与147个国家和地区的1 611家境外银行建立了代理行关系，服务网络覆盖六大洲和全球重要国际金融中心。我国几家大型商业银行的境外资产占比见图9-2。

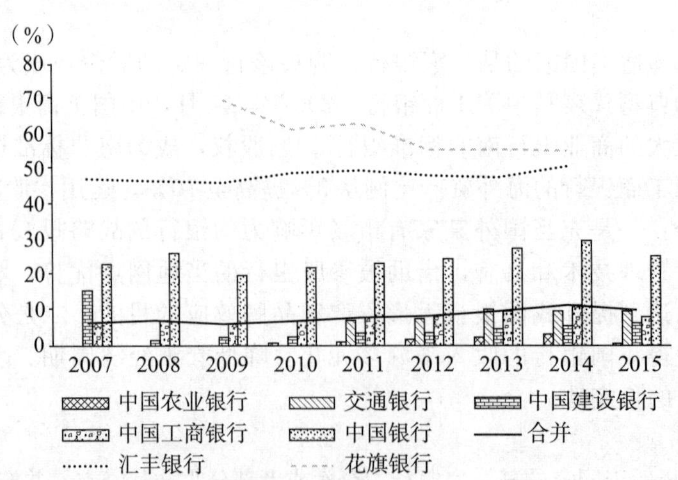

图9-2 大型商业银行境外资产占比

注：“合并”指中资银行平均值。

资料来源：各银行历年年报。

招商银行作为较早涉足海外业务的股份制银行，其重点拓展港澳地区、新兴市场国家和国际金融中心城市，采取购建并举、管理先行、本地化经营以及立足本土四大策略。招商银行国际经营的独特模式是“离岸＋在岸”联动服务，将离岸金融服务的前端有效延伸至与中资客户面对面的全国各地分支行，从而紧密跟随跨国发展企业的步伐，实现企业“海外业务的境内操作”，达成降低经营管理成本、提高业务运营效率、增强国际化竞争实力的多方面目标。

民生银行通过香港分行和民银国际成功搭建了海外业务平台，与1 500多家境外商业银行建立代理行关系，同时还在筹备设立新加坡分行、泰国工作组。民生银行的国际化布局有效发挥海内外机构的业务协同优势，打造民生跨境金融服务品牌，为客户提供境内外一体化的综合金融服务。

中信银行在中国香港注册的中信国际金融控股有限公司、信银（香港）投资有限公司，成为中信银行国际化的中坚力量。其中，中信国际金融控股有限公司全资持有的中信银行（国际）有限公司，在香港、澳门、纽约、洛杉矶、新加坡和中国内地设有41家营业网点。截至2016年底，中信银行累计实现国际收支收付汇量2 124.4亿美元，稳居股份制银行首位，累计实现跨境人民币收付汇量2 896.9亿元，位居股份制银行第二。

总体上看，以上5家大型银行是我国银行国际化的主要力量，2015年，这5家银行境外营业收入总规模首次突破2 000亿元，境外利润首次突破1 000亿元，相比2014年分别增长17.0%和6.7%。中国银行作为国际化程度最高的大型国有商业银行，2015年其境外资产占比和境外利润占比分别为27.01%和23.64%。跨国经营已成为银行分散风险、实现收入来源多元化的重要途径。

2. 海外分支机构盈利模式单一，亟须多元化拓展业务

我国商业银行在海外开展业务的时候，仍然没有摆脱依靠存款立行，以利息作为主要收入来源的传统国内经营模式（见图9-3）。2013年利息收入占银行海外营业收入的比重都在50%以上，比重最高的交通银行将近90%。受国内金融环境的影响，我国商业银行长期把利息收入作为主要的收入来源，金融创新能力不高，业务发展模式单一。发达国家早已实现了利率市场化，存贷款的利差较低，如果中资银行在海外发展时仍然把利息收入作为主要的收入来源，其盈利能力就会受到很大的制约。根据花旗银行2013年的财务报表，该行在欧洲、拉美和亚洲三个区域的投行业务和交易服务收入占该区域业务总收入的67%。这就意味着，中资银行在开发新市场、进行跨国经营时，必须入乡随俗，业务与经营要多元化，否则就难以在当地的金融市场竞争中取胜，最终很有可能被淘汰出局。

3. 风险复杂多变，跨国经营的首要任务是强化风险管理

跨国经营面临更加复杂多变的汇率、利率环境，要求银行创新产品设计和经营模式。尤其是人民币加入SDR货币篮子后，我国与国际金融市场互动的深度和广度都大大提高，要求银行不断适应新环境、新变化，提供能够高效满足国内外企业和个人需要的产品和经营模式。与此同时，银行开展跨境、跨岸、跨币种业务，面对来自不同国家的客户、不同的监管当局和规定，以及多种货币的利率、汇率波动，无论是信用风险还是市场风险，都更加复杂多变，在目前严监管的趋势下，合规风险给我国银行带来前所未有的损失和管理压力，对风险管理提出了更高的要求。主要重点关注的风险包括：(1) 信用风险。由于客

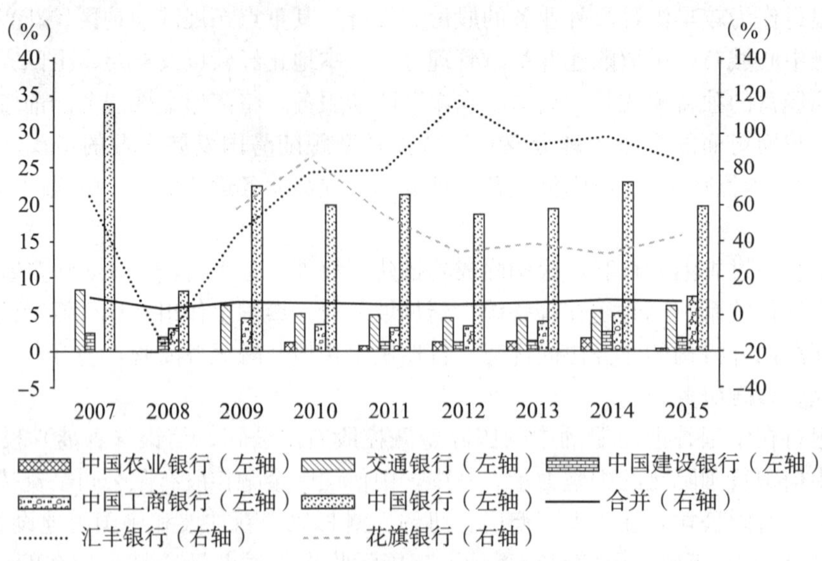

图 9－3　大型商业银行境外利润占比

注：“合并”指中资银行平均值。

资料来源：各银行历年年报。

户来自全球，甚至是没有明确国别属性的跨国企业或网络平台，银行没有足够的信息，无法准确评估其信用状况，带来的潜在信用风险。(2) 流动性风险。由于海外网点设置或资金调度不合理，容易引发局部或短期流动性风险。(3) 操作风险。在不同国家设立分支机构，由于网络技术、员工技能参差不齐，或者交易纪律不健全、程序不规范，导致操作风险。(4) 市场风险。不同国家的经济周期、货币政策、汇率政策存在差异，银行在经营中会遭遇很大的利率、汇率波动风险。(5) 合规风险。这是目前银行跨国、跨境经营最需要审慎对待的风险，合规风险会带来很大法律损失。例如，美国、欧盟的反洗钱法比我国严格，执行力度也非常大，中国工商银行马德里分行、中国建设银行纽约分行都曾因违反反洗钱法而受到重罚。

那么从长远来看，如何提高中资银行的跨国经营竞争力呢？中资银行可以从以下几个方面着手：

第一，牢牢把握“一带一路”建设和人民币国际化的历史机遇，在国际金融市场上积极布局，提高在国内外调动、配置资源的能力，抢占金融服务的制高点。

第二，推动机构、业务经营本土化，尽快适应当地的金融环境和贸易习惯，加强风险管理，高度重视合规经营，提高盈利能力。

第三，加强金融创新力度，不断满足国际市场上的金融产品需求，为国内外不同类型的客户提供专业化、个性化的金融服务，扩展业务渠道，培育更多新的利润增长点。

Summary

1. 跨国银行是在境外设立分支机构并开展业务的银行。跨国银行必然是国际银行，而国际银行不一定是跨国银行。提供国际业务的银行可称为国际银行，判断一项银行业务是否属于国际业务，依据属人、属地、属币三个原则。从历史上看，跨国银行是伴随着银行国际业务的发展而兴起的。银行最重要的国际业务是货币兑换和国际信贷。

2. 经济全球化、企业“走出去”是跨国银行产生的主要原因。从时间上看，跨国银行的建立与发展共经历了三次浪潮。第一次浪潮兴起于 19 世纪 30 年代，第二次浪潮兴起于 20 世纪 60 年代，第三次浪潮则兴起于 20 世纪 90 年代。跨国银行的每一次大发展都是在特定的历史背景下进行的，具有鲜明的时代特征。

3. 跨国银行的业务不仅要符合国际形势的发展变化，还要符合所在地的经济环境、金融政策以及监管要求。这就要求跨国银行在设立与运营的过程中必须审慎甄别与选择组织架构和业务。从组织架构看，跨国银行分为以下类别：代理行、代表处、分行、子行、联营银行、银团银行。商业银行选择哪种形式进行跨国经营，需要综合考虑法律法规、资源限制、经营环境和税收等因素。

4. 按照业务性质，跨国银行与国内银行相同，业务都可划分为资产业务、负债业务和表外业务。然而，跨国银行的业务有其侧重点，零售和私人银行业务、同业拆借业务、国际银团贷款、贸易融资、项目融资、国际担保是跨国银行最常见的业务。由于产品偏好和营业网点的广泛性成为零售银行业务国际化的巨大障碍，跨国银行的业务大多集中在具有比较优势的批发性业务上。

5. 由于跨国银行的国际业务经常互相交叉与牵连，在经营过程中经常会遇到母国和东道国的监管空白地带，其冒险投机得不到有效遏制，导致跨国银行的风险可能在短时间内集聚，并且广泛传染、扩散，造成无法弥补的损失。为此，20 多年来，巴塞尔银行监管委员会推出了三个版本的《巴塞尔资本协议》，并随着国际经济环境的变化不断修订，对跨国银行的行为进行约束和规范，明确了母国和东道国监管当局对跨国银行的协同监管责任，以确保国际银行业健康发展。

6. 中国的跨国银行始于 1929 年 11 月 4 日，中国银行伦敦经理处正式开业，这是我国银行在海外设立的第一家分支机构。进入 21 世纪，中国加入 WTO、人民币国际化以及“一带一路”建设为我国跨国银行提供了巨大的推动力，各家银行纷纷跨国经营，银行的海外资产规模、利润增长迅速。目前我国已在近 60 个国家设立了约 1 300 家分支机构。

7. 根据各家银行不同的发展战略，以及东道国的环境和条件，我国银行选择多种方式设立跨国银行，除了传统的新设分支机构外，在非洲、拉美等中国企业投资集中度高的国家和地区，参股与并购当地银行也成为我国银行国际化的重要方式。

Key Terms

跨国银行	国际银行	代理行	代表处	分行
子行	联营银行	银团银行	私人银行业务	零售银行业务
国际银团贷款	进口押汇	出口押汇	国际保理	福费廷
项目融资	内保外贷	外保内贷		

Questions and Problems

1. 如何判断一家银行是否是国际银行?
2. 从历史上看，国际业务如何推动跨国银行的发展?
3. 跨国银行的发展经历了哪三次浪潮？各有什么特色?
4. 跨国银行有哪几种类型?
5. 如何决定选择哪种跨国银行组织架构?
6. 跨国银行的资金来源有哪些？为什么主要依靠同业市场?
7. 21 世纪我国跨国银行发展有哪些重大机遇?
8. 我国跨国银行发展有什么特点？面临哪些突出风险?
9. 我国设立跨国银行的主要方式是什么？各种方式有何利弊?
10. G 银行 1 月 29 日晚间公告，公司拟收购标准银行公众有限公司（以下简称标银公众）已发行股份的 60%，本次交易对价将根据目标银行交割日的净资产值乘以收购股权比例的 60%进行确定，并减去约定折扣 8 000 万美元。按目标银行 2013 年 6 月末净资产值估算，本次交易对价约为 7.7 亿美元。

标银公众是南非标准银行子公司标准银行伦敦控股有限公司（以下简称标银伦敦）全资控股的银行机构，持有全面银行业务牌照，全球市场业务活跃，对新兴市场较为了解，在商品交易和提供满足客户需要的全球市场解决方案方面经验丰富。

根据股份购买协议，目标银行将在本次交易交割前剥离与全球市场业务无关的业务，剥离完成后将成为一家专注于全球市场业务的银行，通过其在伦敦、纽约、新加坡、香港、迪拜、东京和上海的分支机构为全球客户提供服务。G 银行将于交割日收购目标银行 60%的股份。此外，G 银行还拥有一项行权期为 5 年的期权，可自交割 2 年后收购目标银行额外 20%的已发行股份（简称购买期权）。

G 银行表示，通过本次交易与标银伦敦成立的合资公司将依托 G 银行的客户基础、人民币业务能力，以及标银集团的全球市场业务能力和客户资源，稳定发展现有业务，开拓具有较强收入增长潜力的新业务机会，积极满足 G 银行和标银集团客户及中国客户对外汇、利率、信用、股权交易和风险对冲的服务需求，成为符合本行和标银集团战略需要的金融市场业务平台。

中国国内商业银行“走出去”，是应该抓紧脚步还是踏实稳健前行？对此你有什么看法?

第Ⅲ篇

内外均衡理论与政策

第十章

国际收支

(Balance of Payments)

学习目标

- 掌握国际收支构成和国际收支平衡表编制方法；
- 熟悉国际收支平衡表内容，学习国际收支项目分析；
- 熟悉主要国际收支理论。

本章预习

在经济和金融全球化的进程中，每当涉及宏观经济分析或讨论时，几乎总离不开“国际收支”这个话题。经济类报刊上，也经常看到与国际收支有关的文章。比如，泰国的经常账户在发生金融危机前已连续多年逆差，需要依靠资本和金融账户顺差来维持国际收支平衡；日本长期保持着贸易顺差，美国的贸易赤字又创历史新高；近年来中国出现了贸易盈余和净资本流入的国际收支双顺差现象等。

为全面反映国际收支状况，各国都要编制国际收支平衡表。由于国与国之间在对外经济往来活动方面存在着明显差异，所以各国的国际收支平衡表也反映出不同的特征。比如，美国的国际收支平衡表中留学生费用收入比重较大，东南亚各国的国际收支平衡表中旅游收入比重较大。我们从一国的国际收支平衡表中可以了解到该国的产业结构、外债结构和储备结构等重要信息。所以有人说，国际收支平衡表是一国国际经济活动的指示器。

要追求国际收支平衡目标，需要从两个方向多做努力：一是明确国际收支失衡的原因；二是发现有效的调节手段。这正是国际收支理论的研究对象。相对于现实中异常复杂的国际收支结构，不同的国际收支理论只不过揭示了特定因素引起的国际收支失衡的调节机制。所以学习过程中必须注意不同理论观点的适用前提和范围，因为在应用国际收支理论分析具体实践时这将直接关系到结论的准确性。

那么，什么是国际收支？如何编制国际收支平衡表？怎样进行国际收支项目分析？什么是国际收支顺差或逆差？为什么会出现国际收支失衡？如何进行国际收支调节？本章将带领你寻找这些问题的答案。

10.1 国际收支与国际收支平衡表

10.1.1 国际收支

国际收支（balance of payments，简称 BOP），是指一个国家或地区与世界上其他国家或地区之间，由贸易、非贸易和资本往来引起国际资金移动，从而发生的一种国际资金收支行为。它包括两种具体的收支形式：直接的货币收支和以货币表示的资产的转移。其中，直接的货币收支又可分为两种形式，即由国际债权债务清算而引起的收支和不是由国际债权债务清算而引起的收支。

2009 年，国际货币基金组织出版了《国际收支和国际投资头寸手册》（第六版）。其中，对国际收支的定义是：国际收支是某个时期内居民与非居民之间的交易汇总统计表，由经常账户（current account）、资本和金融账户（capital and financial account）等内容构成（见图 10－1）。

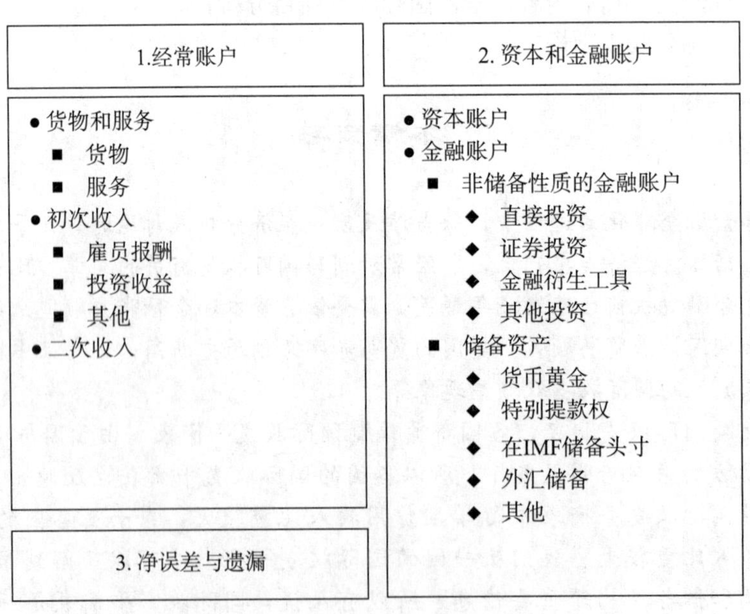

图 10－1 国际收支平衡表的项目构成

10.1.2 国际收支平衡表

国际收支平衡表，是指按照一定的编制原则和格式，将一国一定时期国际收支的不同项目进行排列组合和对比，以反映和说明该国的国际收支状况的表式。国际收支平衡表是对一个国家一定时期内发生的国际收支行为的具体的、系统的统计与记录。国际收支平衡表是反映一国对外经济发展、偿债能力等关键信息的重要文件，也是各国制定开放经济条件下宏观经济政策的基本依据。

1. 国际收支平衡表编制原则

(1) 复式记账原则。指任何一笔国际经济交易都应在借贷双方同时反映。复式记账法是常用的会计报表编制方法，其特征可以概括为两点：一是会计科目划分为借方和贷方，借方科目为资金占用类科目，反映对外支付情况，贷方科目为资金来源类科目，反映接受付款情况；会计记录时借记用“－”表示，贷记用“＋”表示。二是每一笔交易需要同时留下借记和贷记两个记录，而且这两个记录的金额相同、方向相反。落实在国际收支平衡表的编制上，任何借记内容均反映国内居民对国外支付的交易，任何贷记内容均反映国内居民接受国外支付的交易。

如果每一项对外经济交易活动都能够准确、及时地在国际收支平衡表中得到反映，那么，由于复式记账原则要求同时在借方和贷方记入相同金额，所以国际收支平衡表的借方总额和贷方总额应当始终是相等的。

根据《国际收支和国际投资头寸手册》(第六版)，国家外汇管理局编制国际收支平衡表时的做法是：经常账户、资本账户采用全额方式记录贷方和借方发生额，金融账户采用净额方式记录资产负债的净变动。但是金融账户没有使用第六版的符号，仍使用第五版的符号，即金融资产净增加用负值表示，净减少用正值表示；负债净增加用正值表示，净减少用负值表示。

(2) 权责发生制原则。指交易的记录时间应以所有权转移为标准。这同样也是基本的会计原则。如一般商品在货物通过海关边境时记录，对外金融资产负债交易在交易主体进行会计账务处理时记录。

但受数据源所限，部分交易采用收付实现制记录，如服务贸易、二次收入的部分项目采用了国际交易报告系统采集数据，其为收付实现制数据。

(3) 市场价格原则。指按照交易的市场价格记录。在可以得到市场价格的情况下，国际收支交易按市场价格对交易定值，贷款和存款等工具按账面价值定值。

货物进口和出口均按离岸价格定值。来自海关的进口数据是到岸价格数据，国家外汇管理局采用定期更新的运费和保费调整系数对海关进口数据进行调整。

(4) 单一记账货币原则。指所有记账单位要折合为同一种货币。记账货币可以是本国货币，也可以是其他国家货币。比如，美国国际收支平衡表的记账货币是美元（本国货币），我国国际收支平衡表的记账货币长期以来也是美元（外国货币）。2010 年以后，国家外汇管理局同时也编制以人民币为记账货币的国际收支平衡表，2016 年开始还向公众提供以特别提款权为记账货币的版本。

2. 正确理解国际收支和国际收支平衡表必须注意的问题

（1）国际收支强调的是“居民与非居民的交易”，而不是单纯的“资金收付”，所以国际收支≠外汇收支。国际收支既包括直接以外汇资金收付实现的交易，也包括没有外汇资金收付而只是以货币表示的资产转移。外汇收支则是另一个统计口径，其中既包括居民与非居民之间的外汇交易，也包括居民之间以及非居民之间的外汇交易。由此可见，国际收支与外汇收支两大范畴虽然有极大的交叉，但并不完全一致。

国际收支≠外汇收支，不过，宏观经济分析中往往以外汇收支作为国际收支的替代指标。

（2）国际收支平衡表考察的是“流量”而不是“存量”，记录的是一定时期内的发生额而不是某个时点的持有额，所以国际收支平衡表≠国家资产负债表。国际收支平衡表所表示的，是一国在一定时期内从国外接受的资金或资产和向国外支付的资金或资产，并不是特定时点上一国所持有的外国资产和对外负债总额。

（3）从理论上讲，一国的对外支出就是其他相关国家得自该国的收入，反之亦然。因此，就整个世界而言，所有国家国际收支的总和应该是平衡的，但事实并非如此。

（4）国际收支平衡表的借贷双方很难平衡，因此在编制报表时专门设置了储备资产变动、误差与遗漏这两个平衡项目，使得各国的国际收支平衡表永远都是平衡的。不过，国际收支平衡表的账面平衡，并不等于该国的国际收支就是平衡的。

10.1.3　国际收支不平衡的测度

考察一国的国际收支状况，可以从国际收支平衡表中直接获得以下几个差额：一是贸易收支差额，等于货物和服务进出口相抵的结果；二是贸易收支和初次收入差额，等于贸易收支差额加初次收入差额；三是经常账户差额；四是国际收支差额，等于经常账户差额加非储备性质金融账户差额。除此之外，经济分析中还常常用到基本国际收支差额的概念，等于经常账户差额加长期资本移动差额。需要注意的是，在分配的特别提款权和误差与遗漏为零的前提下，基本国际收支差额的顺差或逆差并不意味着官方储备资产发生相应变化，还要看短期资本流动的流量和流向情况。

国际收支平衡表中，除了误差与遗漏项目之外，其余所有项目都代表着实际的交易活动。按照交易主体和交易目的，这些实际发生的国际交易活动可以分为两种不同类型。

（1）自主性交易（autonomous transaction），主要是指各类微观经济主体（如进出口商、金融机构或居民个人等）出于自身的特殊目的（比如追求利润、减少风险、资产保值、逃税避税、逃避管制或投机等）而进行的交易活动。这种交易活动体现的是微观经济主体的个体利益，具有自发性和分散性的特点。

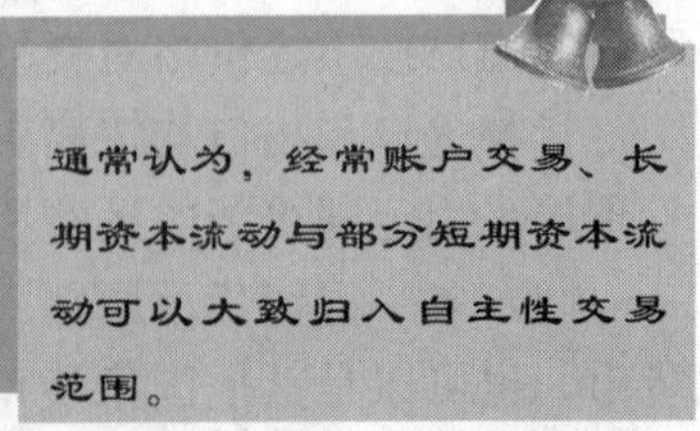

（2）调节性交易（regulative transaction），是指中央银行或货币当局出于调节国际收支差额、维护国际收支平衡、维持本国货币汇率稳定等目的而进行的各种交易，也称弥补性交易（compensatory transaction）。这类交易由政府出面实现，体现了一国政府的意志，具有集中性和被动性的特点。

不难发现，调节性交易只是在自主性交易出现缺口或差额时，由货币当局被动进行的一种事后弥补性对等交易，是为了弥补自主性交易不平衡而人为做出的努力。由此可见，衡量一国国际收支平衡与否的标准，就是要看其自主性交易是否达到了平衡。所以，基本国际收支差额往往被视为判断一国国际收支是否平衡的重要指标。

10.2 国际收支项目分析

国际收支平衡表揭示了一国对外经济往来活动的丰富信息（见表 10-1）。对表中主要项目进行深入分析，有助于我们准确把握开放经济的宏观情况，为制定宏观经济和金融政策提供重要依据。

表 10-1 **中国国际收支平衡表** 单位：亿美元

行次	项目名称	2000 年	2010 年	2015 年	2016 年	2017 年
1	1. 经常账户	204	2 378	3 042	2 022	1 649
2	1. A 货物和服务	288	2 230	3 579	2 558	2 107
3	1. A. a 货物	299	2 381	5 762	4 889	4 761
4	1. A. b 服务	−11	−151	−2 183	−2 331	−2 654
5	1. B 初次收入	−147	−259	−411	−440	−344
6	1. C 二次收入	63	407	−126	−95	−114
7	2. 资本和金融账户	−86	−1 849	−912	273	570
8	2.1 资本账户	0	46	3	−3	−1
9	2.2 金融账户	−86	−1 895	−915	276	571
10	2.2.1 非储备性质的金融账户	20	2 822	−4 345	−4 161	1 486
11	2.2.2 储备资产	−105	−4 717	3 429	4 437	−915
12	3. 净误差与遗漏	−118	−529	−2 130	−2 295	−2 219

注：因计数采用四舍五入原则，数据合计项与各分项之和略有出入。

资料来源：国家外汇管理局。

10.2.1 经常账户

1. 基本内容

《国际收支和国际投资头寸手册》（第六版）中提到，经常账户显示的是居民与非居民之间货物和服务进出口、初次收入和二次收入的流量。从表 10-2a 可以看出，对外贸易活动构成了经常账户的主要内容，可进一步划分为有形的货物贸易和无形的服务贸易两方面。

（1）货物和服务。

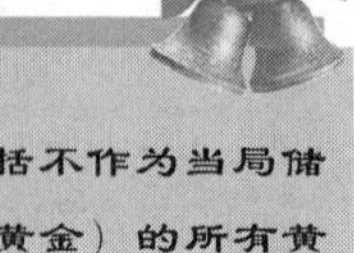

非货币黄金包括不作为当局储备资产（货币黄金）的所有黄金的进口和出口，非货币黄金等同于其他商品。

货物（goods）是指有形市场中的商品贸易，一般包括居民向非居民出口或者从非居民那里进口的大多数可移动货物。除个别情况外，可移动货物的所有权（实际的或推算的）都已发生变更。用于加工的货物和货物修理对于所有权变更原则来说是两个例外。此外，货物还包括非货币黄金。

服务（services）指的是对劳动力、土地和资本等生产要素的贸易，包括旅行、运输、通信、保险、专利使用等十余个具体项目。国际服务的生产和国际服务贸易不同于货物的生产和货物贸易。例如，某一经济体生产的货物运送到另一经济体的居民那里，那里的居民可能知道，也可能不知道货物是什么时候生产的。相比之下，服务的生产在生产发生之前就同某一经济体的生产者与另一经济体的消费者或一组消费者事先做出的一项安排联系在一起。因此，国际服务贸易同国际服务生产紧密联系在一起，其生产过程涉及某一居民和另一非居民。

（2）初次收入账户。

初次收入账户显示的是居民与非居民机构单位之间的初次收入流量。初次收入反映的是机构单位因其对生产过程所做的贡献或向其他机构单位提供金融资产和出租自然资源而获得的回报。初次收入分为两类：与生产过程相关的收入、与金融资产和其他非生产资产所有权相关的收入。前者主要包括雇员报酬及对产品和生产的税收、补贴，后者主要包括投资收益。投资收益是指提供金融资产所获得的回报，包括股息和准公司收益提取、再投资收益和利息。

（3）二次收入账户。

将转移划分为经常转移和资本转移，这种划分同国民账户体系的处理方式和其他统计方式一致。

二次收入账户表示居民与非居民之间的经常转移。各种不同类型的经常转移计入本账户，表明其在经济体之间收入分配过程中的作用。转移可以为现金或实物。

初次收入影响国民收入，二次收入与初次收入共同影响国民可支配总收入。资本转移不影响可支配收入，因此计入资本账户。

表 10－2a　　2017 年中国国际收支平衡表（经常账户）　　单位：亿元

行次	项目名称	贷方	借方	差额
1	1. 经常账户(＝2＋17＋21)	182 723	－171 634	11 090
2	1. A 货物和服务(＝3＋4)	163 418	－149 263	14 155
3	1. A. a 货物	149 486	－117 396	32 090
4	1. A. b 服务(＝5＋6＋7＋8＋9＋10＋11＋12＋13＋14＋15＋16)	13 931	－31 867	－17 935
5	1. A. b. 1 加工服务	1 222	－12	1 210
6	1. A. b. 2 维护和维修服务	401	－153	248

续前表

行次	项目名称	贷方	借方	差额
7	1. A. b. 3 运输	2 512	−6 294	−3 782
8	1. A. b. 4 旅行	2 202	−17 417	−15 215
9	1. A. b. 5 建设	823	−580	242
10	1. A. b. 6 保险和养老金服务	274	−773	−499
11	1. A. b. 7 金融服务	229	−108	121
12	1. A. b. 8 知识产权使用费	322	−1 935	−1 613
13	1. A. b. 9 电信、计算机和信息服务	1 822	−1 302	520
14	1. A. b. 10 其他商业服务	3 958	−2 873	1 085
15	1. A. b. 11 个人、文化和娱乐服务	51	−185	−134
16	1. A. b. 12 别处未提及的政府服务	115	−234	−119
17	1. B 初次收入(＝18＋19＋20)	17 372	−19 666	−2 293
18	1. B. 1 雇员报酬	1 467	−451	1 015
19	1. B. 2 投资收益	15 857	−19 197	−3 341
20	1. B. 3 其他初次收入	49	−17	32
21	1. C 二次收入(＝22＋23)	1 933	−2 705	−772
22	1. C. 1 个人转移	472	−644	−172
23	1. C. 2 其他二次收入	1 461	−2 061	−600

注：计数采用四舍五入原则。

资料来源：国家外汇管理局。

2. 经常账户分析

(1) 收支分析。

考察各个项目的收支情况，既要看收支规模随时间的变化，也要重视结构的调整。在数据可得的情况下，可以分项目对收入和支出做深入的结构分析，比如产品结构、国别结构、企业结构、结算币种结构等等。当然，除了对本国数据进行时间序列研究，还可以在全球贸易框架内进行国别横向比较。

2017 年，我国货物贸易出口约 14.9 万亿元，进口约 11.7 万亿元，较上年分别增长 13%和 17%。外贸依存度(＝进出口总额÷GDP) 为 32%，较上年变化不大，处于近十年来的较低水平（见图 10－2)。

服务贸易方面，服务贸易总额约 4.6 万亿元，较上年增长 7%；服务贸易总额约是货物贸易总额的 1/5，较上年变化不大，处于近十年来的较高水平。其中，知识产权使用费，个人、文化和娱乐服务及电信、计算机和信息服务等高附加值服务贸易行业的收支总额均保持较高增速，分别增长 36%、24%和 23%，说明服务贸易结构在优化。2017 年，我国服务贸易收入约为 1.4 万亿元，较上年基本持平。占服务贸易收入比重较大的项目中，其他商业服务增长 3%，运输增长 12%，旅行下降 25%。增长较快的项目是知识产权使用费，增长了 3.1 倍。服务贸易支出约 3.2 万亿元，较上年增长 9%。占服务贸易支出比重较大的项目中，旅行（占比约 55%）支出增长 5%，运输（占比约 20%）支出增长 17%。此外，其他商业服务支出基本持平，知识产权使用费支出增长 21%，电信、计算机和信息服务支出增长 54%，保险和养老金服务支出下降 10%。

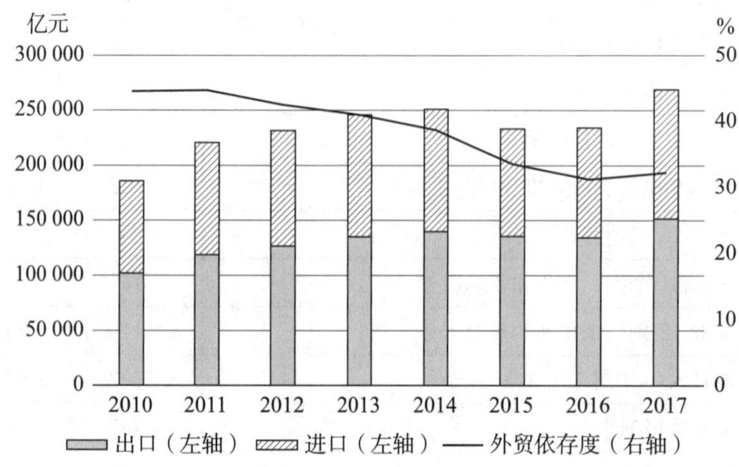

图 10－2　中国货物进出口额和外贸依存度（2010—2017 年）

注：进出口数据为国际收支口径。

资料来源：国家外汇管理局、国家统计局。

（2）差额分析。

经常账户差额是预警国际金融危机爆发非常有效的先行指标之一。经常账户趋势是国际银行家评估外国政府贷款时使用的重要指标之一。

差额分析主要涉及差额的方向（顺差还是逆差）、差额的构成（子项目差额及其来源）以及差额的大小（相对于一国经济规模或其他宏观经济变量而言）等方面。对新兴市场或发展中国家来说，经常账户差额分析似乎格外重要，因为经常账户恶化是这类国家在爆发以国际收支困难为特征的国际金融危机之前的普遍遭遇。

美国自 20 世纪 80 年代开始出现持续恶化的经常账户逆差问题，使其成为最大债务国。这与亚洲国家对美国巨额贸易顺差的情况并称为全球经济失衡。但由于美国是当前最重要的储备货币发行国，所以与发展中国家不同，数万亿美元净债务的偿还恐怕根本不是难题。

经常账户收入与支出相抵的结果即为经常账户差额，也称经常账户余额，指一个国家对于世界上其他国家总体上是贷方余额还是借方余额。经常账户顺差表明一国有净盈余，相对于其他国家来说是净债权人；经常账户逆差表明一国有净赤字，必须向其他国家融资才能满足本国投资和消费需求，相对于其他国家来说是净债务人。事实上，在特定时间段内，无论经常账户是顺差、逆差还是余额为零，只要是动态可持续的国际收支结构，那就符合开放经济体外部均衡目标的要求。但如果顺差或是逆差规模在较长时间里持续扩大，就应判定为经常账户失衡，需要进行调整。一般认为，发达国家调整国际收支失衡的“门槛水平”是经常账户差额占 GDP 比重约为 5%，发展中国家的“门槛水平”大约为经常账户差额占 GDP 比重 7%～9%。

2017 年，我国经常账户顺差约 1.1 万亿元，较上年下降 17%。货物贸易顺差约 3.2 万亿元，略降 1%。服务贸易逆差约 1.8 万亿元，增长 16%。其中，运输项目逆差约 3 782 亿元，增长 22%；旅行项目逆差约 1.5 万亿元，增长 11%。初次收入逆差约 2 293 亿元，下降 23%。其中，雇员报酬顺差约 1 015 亿元，较上年下降 26%；投资收益逆差约 3 341 亿元，下降 24%。二次收入逆差约 772 亿元，增长 21%。

1994 年汇率并轨改革以来，我国经常账户开始了持续至今的顺差局面。其中，1994 年至 2007 年，经常账户顺差占 GDP 的比重由 1%左右提升至 9.9%，外向型经济特征凸显。但 2008 年国际金融危机后，我国经济更多转向内需拉动，于是经常账户顺差占 GDP 的比重逐步回落至合理区间，2017 年降至 1.3%。官方数据显示，2018 年第一季度我国经常账户多年来首次出现小幅逆差约 2 170 亿元，主要是货物进口增长较快拖累货物顺差减少、服务逆差扩大造成的。经常账户差额占 GDP 比重仅为 1%，仍在合理区间。

10.2.2 资本和金融账户

1. 基本内容

资本和金融账户，是指对资产所有权在国际的流动行为进行记录的账户，它由资本账户和金融账户两部分组成。这两大账户的设置是为了与国民账户体系中相同名字的两个账户保持一致。值得注意的是，只要国外资产和负债的计价与其他变化不反映为交易，就不包括在资本和金融账户内，而是包括在所附的国际投资头寸（international investment position）中。

资本账户主要由两部分构成，包括资本转移和非生产、非金融资产的收买/放弃。至于非生产、非金融资产的收买/放弃，总体来说包括各种无形资产，如注册的单位名称、租赁合同和其他可转让的合同和商誉。

金融账户包括某一经济体对外资产和负债所有权变更的所有交易，可以分为直接投资、证券投资、金融衍生工具、其他投资以及储备资产，通常也可分为非储备性质的金融账户与储备资产两部分（见表 10-2b）。

（1）非储备性质的金融账户。

①直接投资（direct investment），反映某一经济体的居民单位（直接投资者）对另一经济体的居民单位（直接投资企业）的永久权益，它包括直接投资者和直接投资企业之间的所有交易。

②证券投资（portfolio investment）包括股权和债券的交易，债券又可以进一步细分为期限在一年以上的中长期债券和货币市场工具等。

③金融衍生工具包括期权和远期合约等。

④其他投资（other investment）包括其他股权、货币和存款、贷款、保险和养老金、长短期贸易信贷以及其他类型的应收款项和应付款项。

表 10-2b　　2017 年中国国际收支平衡表（资本和金融账户）　　单位：亿元

行次	项目名称	资产	负债	净变动额
24	2. 资本和金融账户(＝25＋26)			3 883
25	2.1 资本账户	16	－22	－6
26	2.2 金融账户(＝27＋42)	－25 478	29 368	3 890
27	2.2.1 非储备性质的金融账户(＝28＋31＋34＋35)	－19 342	29 368	10 026
28	2.2.1.1 直接投资(＝29＋30)	－6 857	11 283	4 426
29	2.2.1.1.1 股权	－6 713	9 548	2 835
30	2.2.1.1.2 关联企业债务	－143	1 734	1 591
31	2.2.1.2 证券投资 (＝32＋33)	－7 346	7 809	463
32	2.2.1.2.1 股权	－2 533	2 282	－251
33	2.2.1.2.2 债券	－4 813	5 527	714
34	2.2.1.3 金融衍生工具	100	－67	32
35	2.2.1.4 其他投资(＝36＋37＋38＋39＋40＋41)	－5 239	10 344	5 105
36	2.2.1.4.1 其他股权	3	0	3
37	2.2.1.4.2 货币和存款	－2 483	7 232	4 749
38	2.2.1.4.3 贷款	－2 793	3 422	629
39	2.2.1.4.4 保险和养老金	－2	45	43
40	2.2.1.4.5 贸易信贷	－1 220	－155	－1 375
41	2.2.1.4.6 其他	1 257	－200	1 057
42	2.2.2 储备资产(＝43＋44＋45＋46＋47)			－6 136
43	2.2.2.1 货币黄金			0
44	2.2.2.2 特别提款权			－49
45	2.2.2.3 在国际货币基金组织的储备头寸			146
46	2.2.2.4 外汇储备			－6 233
47	2.2.2.5 其他储备资产			0
48	3. 净误差与遗漏			－14 973

注：资本账户采用全额方式记录贷方和借方发生额，金融账户采用净额方式记录资产、负债的净变动。计数采用四舍五入原则。

资料来源：国家外汇管理局。

(2) 储备资产。

储备资产（reserve assets）包括某一经济体的货币当局认为可以用来满足国际收支和在某些情况下满足其他目的的各类资产的交易，它所涉及的项目包括货币黄金、特别提款权、在国际货币基金组织的储备头寸、外汇储备以及其他储备资产。储备资产变动情况反映的是官方部门的国际交易活动。由于往往是出于对冲私人部门国际交易影响的目的而发生，所以也被称作平衡项目，许多国家在编制国际收支平衡表时会将这一项目单独列示。

一个容易混淆的概念是国际清偿力（international liquidity），指无须采取任何影响本国经济正常运行的特别调节措施即能平衡国际收支逆差和维护汇率的总体能力。二者既相互联系又相互区别，国际储备是国际清偿力的一部分。

货币当局持有的储备资产必须为世界各国普遍接受，所以也称国际储备（international reserves），目的在于弥补国际收支逆差、维持本国货币汇率稳定以及应付各种紧急支付。

①黄金储备。

黄金一直是国际储备的主要来源之一。在黄金非货币化后，仍然统计黄金储备，主要原因是黄金一直被认为是最后的支付手段，它的贵金属特征使它易于被人们所接受。加之世界上存有发达的黄金市场，各国货币当局可以方便地通过出售黄金来获得外汇以平衡国际收支差额。

②特别提款权。

特别提款权（special drawing right，简称 SDR）是国际货币基金组织为了解决国际储备不足问题，于 1969 年在国际货币基金组织第 24 届年会上创设的新的国际储备资产，实质上是补充原有储备资产的一种国际流通手段。它是国际货币基金组织分配给成员方的在原有的普通提款权以外的一种资金使用权利。它是按一篮子主要国际货币计价，并被国际货币基金组织及多个国际组织当作记账单位。根据最初的规定，特别提款权的价值相当于 0.888 671 克纯金，与当时的 1 美元等价。现在，特别提款权的价值每日计算，并且以美元列示。方法是根据篮子货币于每日中午在伦敦市场所报汇率计算等值美元总额，所得即为特别提款权的价值。

国际货币基金组织每 5 年就对一篮子货币进行调整，确保所包含的货币具有代表性，是国际交易中常用的主要货币，以及有关货币所占比重能适当反映其在全球贸易与金融体制中的相对重要性。2015 年 11 月 30 日，执董会决定将人民币作为第五种货币，与美元、欧元、日元和英镑一道构成特别提款权货币篮子。新篮子中各货币的权重分别是：美元 41.73%，欧元 30.93%，人民币 10.92%，日元 8.33%，英镑 8.09%。该货币篮子于 2016 年 10 月 1 日正式生效。

特别提款权具有以下特点：它是一种记账单位，不能直接用于国际贸易支付和结算。它属于国有资产，只能由成员方货币当局持有，并且只能在成员方货币当局和国际货币基金组织、国际清算银行之间使用。它与普通提款权不同，是无附带条件的流动资金，根据各成员方在国际货币基金组织中的份额比例进行分配。成员方可动用分配的特别提款权换成外汇用于弥补国际收支逆差，也可以直接用于偿还国际货币基金组织的贷款。

△ 专栏 10.1

特别提款权的历史使命

特别提款权是为解决布雷顿森林体系的制度难题进行改革的产物，在当时肩负着特殊的历史使命。它的短期目标是补充国际储备，缓解“特里芬难题”，使美国有可能调整美元的黄金平价，纠正国际收支失衡，使得当时汇率平价体系的制度安排和基本特征得以维系。它的长期目标是在全球官方美元储备已经数倍于美国黄金储备的条件下，同时解决国际流动性供给和储备信心问题。用 SDR 来部分替代美元，由国际社会来管理国际流动性和储备，不仅可以对国际流动性供给进行约束，避免出现流动性过剩，还可以使得流动性供给适度，恰好满足国际贸易和资本流动的需求，既充足又不过剩。从根本上看，引入 SDR 实际上是要建立起一种国际储备发行机制，让国际流动性供给不再依赖于某个国家或某几个国家的经常账户逆差，增强人们对国际储备的信心，从而提高国际货币体系治理结构的国际性。

然而，SDR 并没有像当初设想的那样代替黄金成为国际货币体系的价值尺度，充其量只是成员方官方之间的一种记账货币；SDR 也没有成为各国中央银行的主要储备资产，经过四次分配，在全球国际储备资产中大约只有 2%的份额。SDR 的功能和作用极其有限，原因在于：第一，主要工业国的货币当局拒绝将国际储备的有效控制权给予国际货币基金组织，也不愿意让国际货币基金组织成为一个“超主权中央银行”。第二，1972 年第一次分配 SDR 时，美国国际收支急剧恶化导致各国美元储备出现前所未有的增长，使得 SDR 仅在全球国际储备中占据很小的份额，难以承担资产清算任务，也无法满足各国储备资产管理的需求。第三，国际货币体系逐渐进入了浮动汇率和储备货币多元化时代，欧元的诞生及其与美元的抗衡似乎表明 SDR 并非约束和管理国际流动性的唯一选择。第四，在经济和金融全球化的背景下，金融自由化和金融创新推动国际金融市场迅速成长，投机力量的破坏性愈发强大，国际金融危机频繁发生，国际货币基金组织的主要任务转向了金融危机管理，对全球流动性供给、国际收支调节以及国际储备管理的关注度下降。

未来，通过有意识有步骤地扩大 SDR 的使用范围，或可切实推进国际货币体系的改革与完善。2016 年 8 月，世界银行首期 SDR 计价、人民币结算债券在中国银行间债券市场成功发行，起名为“木兰债”。此次“木兰债”发行规模为 5 亿 SDR，约合人民币 46.6 亿元。除了尝试推动 SDR 金融工具市场化以外，中国已经使用 SDR 作为国际收支平衡表记账货币和外汇储备数据的报告货币，为扩大 SDR 使用做了扎实的工作。

③外汇储备。

外汇储备是一国货币当局持有的国际储备货币。外汇储备是当今国际储备的主体，是因为就金额而言，它超过所有其他类型的储备。而充当国际储备资产的货币必须具备下列条件：能自由兑换成其他储备货币；在国际货币体系中占据重要地位；其购买力必须具有稳定性。而这些条件是以一国的经济实力为基础的。

在牙买加国际货币体系下，外汇储备走向多元化。目前充当外汇储备的主要货币有美元、欧元、日元、英镑等。截至 2018 年第一季度，人民币在全球可分配外汇储备中的占比为 1.39%（见图 10－3）。

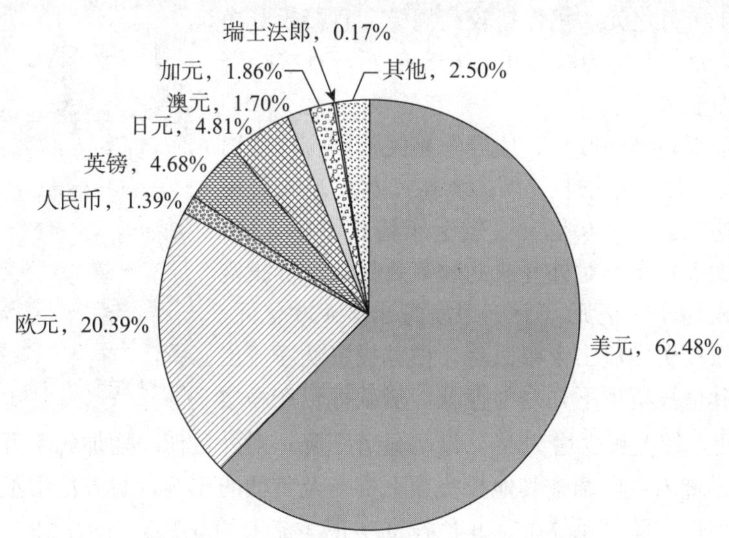

图 10-3 全球可分配外汇储备的币种构成（2018 年第一季度）

注：计数采用四舍五入原则。

资料来源：COFER，IMF.

由于外汇储备是国际储备的主体，因此，就全球而言，外汇储备供给状况直接影响到世界贸易和国际经济往来能否顺利进行。若供给太少，很多国家被迫实行外汇管制或采取其他不利于国际经贸活动顺利开展的措施。若供给太多，又会增加世界性通货膨胀的压力。因此外汇储备的供给如何在总体上保持适量，是国际金融研究的一个重要课题。

④在国际货币基金组织中的储备头寸。

所谓储备头寸，就是指成员方在国际货币基金组织的储备档头寸加上债权头寸。储备档头寸又称“储备档贷款”，是指成员方以储备资产（黄金、外汇、特别提款权）向国际货币基金组织认缴的那部分资金，其额度占国际货币基金组织分配给该成员方配额的 25%。而债权头寸又称“超黄金档贷款”，是指国际货币基金组织因将某一成员方的货币贷给其他成员方使用而导致其对该成员方货币的持有量下降到不足该成员方本币份额的 75%的差额部分以及该成员方在国际货币基金组织超过份额的贷款部分（最高为份额的 125%）。

2. 金融账户分析

与经常账户分析类似，对金融账户同样可以从规模、结构和差额等多个角度进行分析，从中挖掘跨境资本流动的相关信息。当然，加入时间因素和横向比较因素，还可以把研究做得更加全面而深入。

（1）非储备性质的金融账户分析。

2017 年，境内主体对外直接投资、证券投资和其他投资等资产合计净增加约 1.9 万亿元，较上年少增 58%。外商来华直接投资、证券投资和其他投资等外来投资净流入约（即对外负债净增加）2.9 万亿元，较上年增长 69%，与 2010—2014 年持续净流入时的年均水平基本相当。非储备性质的金融账户实现顺差约 1 万亿元，改变了 2015 年、2016 年连续两年超过 2.7 万亿元逆差的局面，跨境资本由持续净流出转向总体平稳态势。

直接投资项下，资产净增加约 6 857 亿元，较上年少增 52%，负债净增加（即境外资本净流入）约 1.1 万亿元，仍保持较高规模。直接投资净流入约 4 426 亿元，上年为净流出 2 658 亿元，直接投资由净流出转为净流入。

直接投资净流动指直接投资资产净增加额（资金净流出）与直接投资负债净增加额（资金净流入）之差。当直接投资资产净增加额大于直接投资负债净增加额时，直接投资项目为净流出。反之，直接投资项目为净流入。

证券投资项下，境外股权、债券等相关资产合计净增加约 7 346 亿元，较上年增长 7%；境外资本净流入规模创历史新高，达到约 7 809 亿元，较上年增长了 1.3 倍，体现了我国扩大资本市场对外开放的政策效果。证券投资实现小幅净流入约 463 亿元，上年为净流出 3 466 亿元。从结构看，股权投资净流出大幅回落，债券投资从净流出转为净流入。其他投资项下，对外存款、贷款等资产净增加约 5 239 亿元，较上年少增 78%，增幅显著下降；对外负债净增加约 1 万亿元，较上年增长了 3.6 倍。境内主体调整其他投资项下资产及负债的比例，与人民币汇率预期企稳和市场主体回归理性有关。总体上，其他投资实现净流入约 5 105 亿元，上年为净流出 2.1 万亿元。从结构看，货币和存款净流入约 4 749 亿元，贷款净流入约 629 亿元，贸易信贷净流出约 1 375 亿元。

▲ 专栏 10.2

2017 年我国全口径外债分析

根据国家外汇管理局公布的数据，截至 2017 年末，我国全口径外债余额为 17 106 亿美元（不包括香港特区、澳门特区和台湾地区对外负债，下同）。其中，短期外债余额为 10 990 亿美元，占 64%；中长期外债余额为 6 116 亿美元。外债变动主要特点可简单概括如下：

外债总规模稳步增长。2017 年末，我国全口径外债余额较上年末增长 2 948 亿美元，增幅 20.8%，连续七个季度保持增长。

从期限结构看，短期外债余额增长推动外债总规模增长。2017 年末短期外债余额较上年末上升 27%，占总外债规模增长的 79%。短期外债余额中，与贸易有关的信贷占 38%。

从币种结构看，外债总规模增长主要源于外币外债增长。2017 年末外币外债余额较上年末上升 22%，占外债总规模增长的 71%。目前，本币外债余额占 33%，外币外债余额（含 SDR 分配）占 67%。在外币登记外债余额中，美元债务占 82%，欧元债务占 9%，日元债务占 2%，特别提款权和其他外币外债合计占比为 7%。

从债务主体看，银行部门外债余额增长是外债总规模增长主因。2017 年末银行部门外债余额较上年末上升 40%，占外债总规模增长的 82%。在全部外债余额中，广义政府债务占 10%，央行债务占 1%，银行债务占 49%，其他部门债务占 27%，直接投资项下公司间贷款债务占 13%。

从债务工具看，货币与存款、债务证券、贷款等增长较快。2017 年末，货币与存款、债务证券和贷款余额分别较上年末上升 40%、47%和 21%，分别占外债总规模增长的 42%、37%和 23%，其他债务负债下降 35%；贸易信贷与预付款余额与上年末基本持平。在全部外债余额中，贷款占 23%，贸易信贷与预付款占 16%，货币与存款占 25%，债券占 20%，特别提款权（SDR）分配占 1%，直接投资项下公司间贷款占 13%，其他债务占 2%。

2017 年末，我国负债率(＝外债余额÷GDP）为 14%，债务率(＝外债余额÷货物和服务贸易出口收入）为 71%，偿债率(＝中长期外债还本付息与短期外债付息额之和÷货物和服务贸易出口收入）为 7%，短期外债与外汇储备的比例为 35%。上述指标均在国际公认的安全线以内，我国外债风险总体可控。

资料来源：2017 年中国国际收支报告.

(2) 储备资产分析。

2017 年，我国交易形成的储备资产（剔除汇率、价格等非交易价值变动影响）增加 6 136亿元人民币（等值 915 亿美元)。其中，交易形成的外汇储备增加 6 233 亿元人民币（等值 930 亿美元)。截至 2017 年末，我国外汇储备余额 31 399 亿美元，较上年末上升 1 294亿美元。

从更长的历史进程看，我国国际收支在经历长达十余年持续净流入和一段时期净流出后，初步呈现自主平衡的发展态势（见图 10－4)。随着跨境资本由持续净流出转向总体平稳态势，2017 年经常账户和非储备性质的金融账户的双顺差，有力地支撑了储备资产的平稳增加，使国际收支状况更加稳健。与此同时，人民币兑美元汇率双向波动明显增强。在 2014 年之前面临较大的跨境资本流入压力时，外汇储备资产快速增长，2007—2013 年每年（2012 年除外）增幅均在 4 000 亿美元左右，人民币对美元总体表现为较长期的升

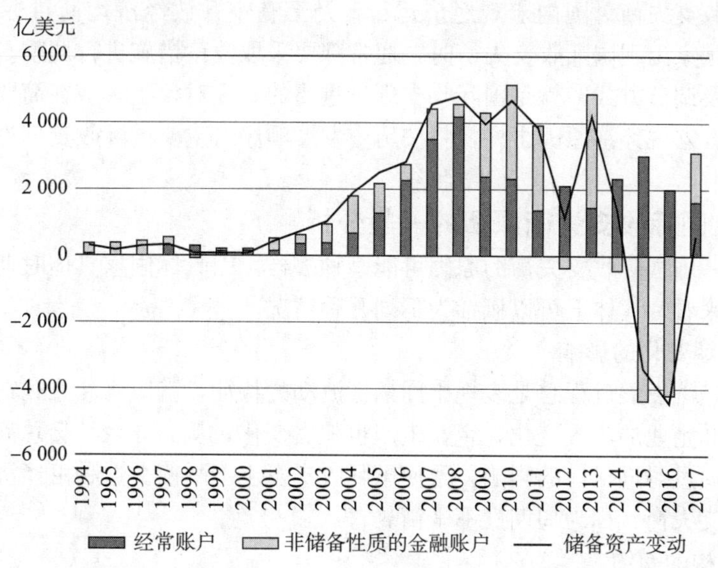

图 10－4 中国国际收支差额的主要构成（1994—2017 年）

资料来源：国家外汇管理局。

值；在 2015—2016 年面临较大的跨境资本流出压力时，交易形成的外汇储备年均下降 3 955亿美元，人民币对美元持续贬值。可见，随着国内外市场环境的变化，人民币汇率预期合理分化，从而进一步夯实了我国国际收支自主平衡的基础。

10.2.3 净误差与遗漏

净误差与遗漏（errors and omissions）的本质是统计残差项，各国国际收支统计均有净误差与遗漏。虽然国际收支平衡表的编制遵循“有借必有贷，借贷必相等”的会计原则，但在实际编制报表时，由于数据源来自海关、商务部、统计局等不同部门，这些数据的统计时点、统计口径存在差异，不同数据源的折算汇率也有所不同，导致净误差与遗漏不可避免。

按照国际标准，国际收支平衡表中设立了一个统计平衡项目，即“净误差与遗漏”。各国国际收支平衡表都有净误差与遗漏项目，以此项目的数字来抵补前面所有项目借方和贷方之间的差额，从而使借贷双方最终达到平衡。当官方统计结果显示借方大于贷方时，两者之间的差额就记入净误差和遗漏项目的贷方，前面以“+”号标识；当官方统计结果显示贷方大于借方时，两者之间的差额就记入净误差和遗漏项目的借方，前面以“−”号标识。

要注意的是，净误差与遗漏既有可能源于经常账户，也可能源于资本和金融账户。不能简单地将其方向、规模和变化等同于热钱流入或资本外逃。

10.3 国际收支理论

由于国际收支失衡对国内宏观经济运行，乃至整个开放经济均衡目标的实现至关重要，所以任何国家出现国际收支失衡时，通常都要采取政策措施进行调整。于是，国际收支失衡的原因及调节方式，就是国际收支理论重要的研究对象。本节在简要分析导致国际收支失衡的主要宏观经济原因之外，将按历史发展顺序对主要国际收支理论做简要介绍。

10.3.1 国际收支失衡原因的一般分析

尽管导致一国国际收支失衡的原因可能多种多样，因具体国家具体时期而异，但是从宏观经济角度来看，大体上可以概括为下列几种情况。

1. 经济周期变化的影响

如果承认经济发展过程总是表现出周期性波动的特征，就应当注意到在经济周期的不同阶段，个人和企业的收入变化，企业生产也随之变化，从而导致社会总需求和总供给变化，这种变化通过对进出口的影响，致使国际收支发生不平衡。这种由经济的周期性变化造成的国际收支失衡，称为周期性不平衡。

2. 经济结构的制约

各个国家的地理环境、资源分布、技术水平、劳动生产率等经济条件各不相同，形成了各自的经济布局和产业结构，进而形成各自的进出口商品结构。其中，进口结构要适应国内经济发展和市场需求，从而实现贸易支出稳定增长，否则容易引起进口数量大起大落，造成贸易外汇支出的剧增或锐减。而出口结构则要适应国际市场的需求，否则外贸收入将会下降。换言之，一国如果不能及时调整生产结构和出口商品结构，不适应国家间对某些商品的生产和需求的变动，也会引起贸易差额和国际收支差额的剧烈波动。这种由经济结构决定的国际收支不平衡称为结构性不平衡。

3. 国民收入变化的影响

国民收入是重要的宏观经济变量，经济周期、经济增长速度、经济政策环境等因素都可能引起国民收入变化。国民收入对国际收支的影响可以分别从贸易支出和非贸易支出两个角度进行分析。一方面，收入决定储蓄和消费，自然也就影响到进口需求。当国民收入提高时，进口支出随之增加，容易出现经常账户逆差。另一方面，收入影响投资，从而引起国际资本流动。因为在国民收入提高的同时，对外投资相应增加，结果，资本流出很可能致使国际收支出现逆差。这种由国民收入变化引起的国际收支不平衡，称为收入性不平衡。

4. 货币币值波动的影响

现代信用货币制度下，货币币值波动已经成为经济中的一种常态。衡量一种货币的价值，可以分为对内、对外两种情况。货币的对内价值，指单位货币的购买力，在数量上等于价格指数的倒数。如果国内存在通货膨胀预期，则物价将上扬，本币将对内贬值。这意味着出口商品的成本上升，国际竞争力下降；进口商品则显现出相对价格优势，有利于扩大进口，从而恶化经常账户收支。汇率是货币对外价值的指标。在直接标价法下，若汇率上升，表明本币对外贬值，有利于出口而不利于进口，从而可以改善经常账户收支。如果我们从货币资金价格的角度来理解利率指标，则同样应当看到，国内外相对利率水平的变动可以引起资本流出入，致使国际收支差额发生变化。这种由货币币值波动造成的国际收支不平衡，称为货币性不平衡。

由经济周期和经济结构引起的国际收支不平衡一般具有长期性和持久性特征，也被称为持久性不平衡；由收入变化和币值波动引起的国际收支不平衡往往只是暂时性的。显然，对于不同类型的国际收支不平衡，政策当局的立场以及应对措施都有所不同。

10.3.2 主要考虑贸易收支的国际收支理论

贸易收支曾经是国际收支的主体活动，国际资本流动规模相对较小，因此早期的主流国际收支理论大多主要考虑贸易收支活动，而忽略资本流出入的影响。本节将依次介绍价格-现金流动机制、弹性分析理论和吸收分析理论。

1. 价格-现金流动机制

这是古典政治经济学代表人物大卫·休谟于1752年提出的，被视为第一个系统分析国际收支运动规律的理论学说。更重要的是，它在100多年后的国际金本位制度（1880—1914年）下受到广泛推崇和运用，达到鼎盛时期。

国际金本位时期实行严格的固定汇率制度，两种货币的兑换比率以铸币平价（金平价）为基础，受外汇市场供求影响在黄金输送点之间微幅波动（详见第一章）。各国货币都有含金量规定，要根据持有的黄金准备发行货币，以保证货币的可兑换性。同时，允许黄金自由输出入，对黄金或外汇的买卖不加限制。黄金作为最终清偿手段，执行国际货币职能。

在此之前，各国贸易政策长期受传统重商主义的顺差论思想影响。休谟创造性地运用货币数量论来分析国际收支，提出自动调节机制论，为自由主义思想的广泛传播奠定了理论基础。

正是上述这些条件确立了国际收支自动调节机制。休谟认为，进出口数量主要取决于国内外商品的相对价格。于是，就实现了由以下四个环节相互衔接而成的价格-现金流动机制：(1) 物价水平与进出口数量；(2) 国际收支与黄金数量；(3) 黄金准备与货币供给量；(4) 货币供给量与物价水平。该机制的作用过程可以简要概括为：

国际收支逆差→黄金输出→货币供给量减少→物价水平下降→出口增加，进口减少→国际收支改善→黄金输出放缓，直至国际收支平衡。

国际收支顺差→黄金输入→货币供给量增加→物价水平上升→出口减少，进口增加→国际收支改善→黄金输入放缓，直至国际收支平衡。

价格-现金流动机制把物价变动理解为调节国际收支的直接手段，并应用货币数量论的分析，将国际收支、货币供给、物价水平等紧密联系在一起，其理论意义与政策意义同样重大。一是强调进出口、货币数量、物价等构成自动调节的封闭系统，可以做到内在均衡，无须贸易政策或货币政策干预；二是有效地消除了人们对国际收支逆差条件下黄金和外汇流失以至于枯竭的恐惧心理，从而彻底击碎了贸易收支顺差论的最后幻想。

虽然在逻辑推理上近乎完美，但是理论与现实相脱离的局限性始终存在。休谟主张通过内生经济力量，使货币按真实需要在各国均衡分配，这实际上就剥夺了各国采取独立货币政策的权力。而且所谓的国际收支自动调节机制，即要求各国必须付出（逆差时）国内经济紧缩或（顺差时）膨胀的代价，以牺牲内部稳定来实现外部均衡。从实际情况来看，国际金本位时期，除英国等少数国家保留自由贸易政策，全球掀起了保护主义浪潮，关税壁垒或贸易管制比比皆是，自动调节机制的前提无法保证；此外，各国并没有完全依靠价格-现金流动机制等待国际收支自动平衡，而是普遍采取货币冲销政策，或者直接进入资本市场，积极地调节国际收支。

冲销政策（sterilization），也称中和政策，特指一国中央银行为了防止因外汇储备变化引起基础货币投放而进行的资金运用的反向操作，从而抵消对内部经济运行的不利影响。常见的方法包括调整国内信贷和公开市场业务等。

专栏 10.3

国际金本位制结束后的国际经济环境

第一次世界大战爆发后，参战各国相继停止了本币与黄金的自由兑换以及黄金的跨国流动，国际金本位制度宣告终结。而这时，全世界大约 2/3 的黄金集中在英、美、法、德、俄五国。中小国家缺乏充足的黄金储备，不得不依赖发行银行券以提供通货。黄金储备较多的工业国家因为实行战时经济政策，也要依靠银行券解决通货不足的问题，银行券的数量远远超过流通中所需要的货币数量，货币可兑换性同样受到威胁。虽然战后在主要国家间也曾短暂实行过金块本位制和金汇兑本位制，但是因各国国内经济恶化和国际收支困难而导致恢复金本位制度的多方努力最终失败。20 世纪 30 年代世界经济大危机后，垄断组织控制了经济命脉，自由市场机制遭到破坏，失业问题严重。但由于工资、物价等具有刚性特征，各国无法通过货币数量变动牵引价格从而调节国际收支逆差，只能直接宣布本币对外贬值以增强本国商品的国际竞争力。一时间，主要国家间的汇率战、货币战愈演愈烈，以邻为壑的经济政策思想甚嚣尘上。本币贬值是否一定可以改善国际收支？弹性分析理论为各国政策制定者提供了新的思路。

2. 弹性分析理论

最早将弹性分析引入国际贸易领域的，正是“价格的需求弹性”概念的提出者、英国著名经济学家马歇尔。但直到 1937 年，才由英国经济学家琼·罗宾逊正式提出国际收支的“弹性理论”。罗宾逊以马歇尔的局部均衡分析为基础，在研究外汇市场供求时不仅考虑进出口需求弹性，还加入了进出口供给弹性。20 世纪 40 年代初，美国经济学家勒纳特别探讨了既定进出口供求弹性下货币贬值政策的国际收支效应问题，提出著名的马歇尔-勒纳（ML）条件。另一位美国经济学家梅茨勒，集前人思想之大成，为马歇尔-勒纳条件补充了进出口有限供给弹性的假设，从而形成被称为国际收支弹性分析理论核心的马歇尔-勒纳-罗宾逊（MLR）条件。

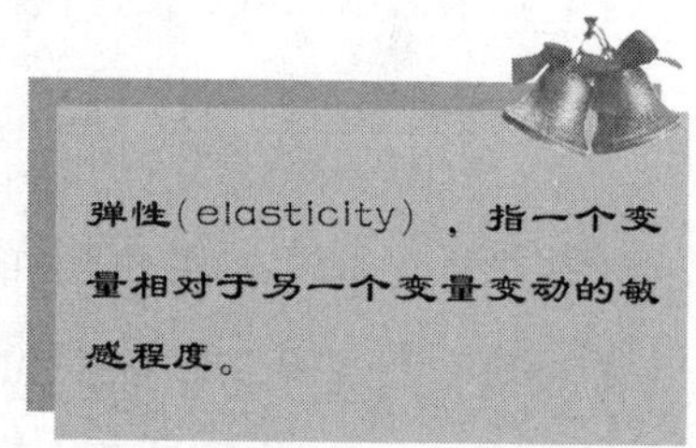

简单地讲，马歇尔-勒纳条件就是指以贬值手段改善贸易收支逆差的充分条件在于，进出口商品的需求弹性之和大于 1。为此需要满足以下几个假设前提：（1）其他条件不变，只考察汇率变动对进出口的影响；（2）国内外商品都具有无限供给弹性；（3）以国际收支均衡为初始状态。

以 B 表示初始状态的国际收支差额，X 表示初始状态的出口量，M 表示初始状态的进口量，e 表示汇率，则：

$$B=P_xX-eP_mM$$

以 d_m 表示进口需求的价格弹性，ΔM 表示进口需求增量，如果进口价格下降 1%，则有：

$$d_m=\frac{\frac{\Delta M}{M}}{1\%}\Rightarrow\Delta M=\frac{d_mM}{100}$$

类似地，以 d_x 表示出口需求的价格弹性，ΔX 表示出口需求增量，如果出口价格下降 1%，则有：

$$d_x=\frac{\frac{\Delta X}{X}}{1\%}\Rightarrow\Delta X=\frac{d_xX}{100}$$

本币贬值后的出口收入增加额为：

$$P_x\Delta X=\frac{d_xP_xX}{100}$$

本币贬值会使进口需求减少，以本币表示的进口支出相应减少：

$$\frac{d_meP_mM}{100}$$

同时，本币贬值后，进口品的本币价格也会上升1%，因此进口品的本币支出相应地增加：

$$\frac{eP_mM}{100}$$

将以上两项相减，便可得出本币贬值对进口支出的净减少额：

$$\frac{d_meP_mM}{100}-\frac{eP_mM}{100}=\frac{(d_m-1)eP_mM}{100}$$

从总体上看，本币贬值后的国际收支差额变动：

$$\Delta B=\frac{d_xP_xX}{100}+\frac{(d_m-1)eP_mM}{100}$$

显然，只要 $d_xP_xX+(d_m-1)eP_mM>0$，则本币贬值就能改善一国的国际收支。

前文已假设初始状态国际收支是均衡的，则有：

$$P_xX=eP_mM$$

因此，只要 $d_x+d_m-1>0$，即 $d_x+d_m>1$，则本币贬值就能改善一国的国际收支。

通过上述推导不难看出，进出口商品无限供给弹性的假设大大简化了分析。然而从实际情况来看，由于各国都以充分就业作为重要的政策目标，谋求最大限度地利用国内资源，从而当本币贬值时，其实很难保证经济体系能迅速地向出口贸易部门转移足够资源。也就是说，进出口商品供给弹性只能是有限弹性，而不是无限弹性。在引入有限供给弹性假设后，本币贬值改善国际收支的充分条件就由马歇尔-勒纳条件发展为马歇尔-勒纳-罗宾逊条件。另外，由于绝大多数情况下国际收支都处于失衡状态，即初始状态并非国际收支均衡，则本币贬值能否改善国际收支，不仅取决于初始国际收支失衡的方向，也取决于失衡的程度。于是，马歇尔-勒纳-罗宾逊条件的一般表达式可以写成：

$$\frac{d_xd_m(\lambda_x+\lambda_m+1)+\lambda_x\lambda_m(d_x+d_m-1)}{(\lambda_x+d_x)(\lambda_m+d_m)}>0 \quad (10.1)$$

λ_x 代表出口品的供给弹性，λ_m 代表进口品的供给弹性。

在各国为解决国际收支困难而大打汇率战的特殊时期，弹性分析理论明确指出借本币贬值改善国际收支必须满足相应条件，这对于各国政策选择乃至整个汇率体系的稳定无疑都是及时而有益的。然而，由于过分强调汇率变动对形成进出口相对价格优势的作用，这一局部均衡分析也受到众多非议和批评。另外，实证分析表明，即使满足马歇尔-勒纳-罗宾逊条件，通过本币贬值来改善国际收支，也必须充分考虑J曲线效应、贸易条件、贸易结构、配套政策等其他因素的制约。

△ 专栏 10.4

J曲线效应

一国货币对外贬值后，国际收支状况在初期将进一步恶化，经过一段时间，贸易收入才会增加，使国际收支状况得到改善。国际收支的这一运动过程的函数图像酷似大写英文字母“J”，故名J曲线效应（见图10-5）。

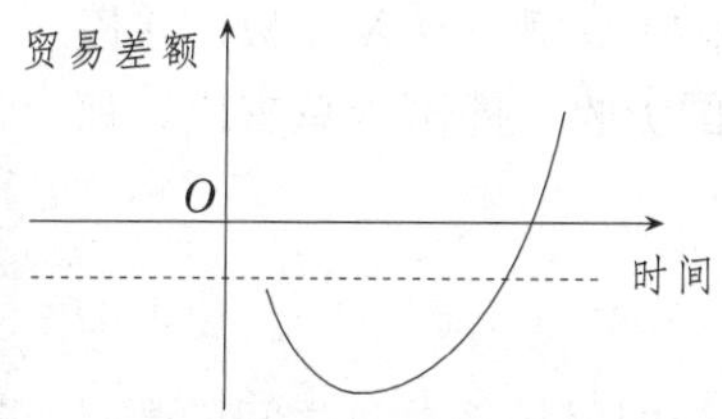

图10-5 J曲线效应

通过本币贬值改善国际收支，之所以存在J曲线效应，是因为贸易收支的调整过程存在以下几种时滞。①认识时滞。本币贬值后，出口品外币价格降低的信息无法立即为进出口商所了解。②决策时滞。进出口商认识到货币贬值引起物价变动后，需要一定时间来鉴定价格变化程度是否显著，然后才能做出是否改变进出口数量的决定，从而签订新的货物和劳务合同。③生产时滞。面对出口品需求的增加，国内生产商很难立即获得足够的资金、人力来扩大生产规模，从而出口供应只能逐渐增加。④取代时滞。进出口双方在货币贬值前签订的合同不能取消，需要一段时间消化以前的存货，所以进出口数量的调整相应滞后。

根据各国实施贬值政策的经验，通常货币贬值改善国际收支的时滞短则6～9个月，长则2～3年。而贬值幅度以及出口品的需求与供给弹性等，都会对贬值效应产生具体影响。

学习指导

如果各国通行固定汇率制度，造成贸易收支不平衡的原因是什么？当无法运用贬值措施来调节贸易收支时，应采取何种办法改善国际收支？弹性分析理论假设其他条件不变，从而得出汇率变化有效改善贸易收支的条件。然而发展是亘古不变的话题，当收入、国内外物价水平等发生变化时，它们对贸易收支会产生怎样的影响？

3. 吸收分析理论

吸收分析理论也称国际收支总量吸收模型，1952 年由亚历山大（S. S. Alexander）率先提出。他将国际收支作为重要的国民经济总量，认为调节总收入、总支出或者进出口的宏观经济政策都会引起国民经济调整，而总收入（总产出）、总支出以及进出口之间有着某种规律性的互动联系，因此只有从国民收入和国民支出两方面着手，才能够全面理解国际收支的失衡与调节。

吸收分析理论正式将国际收支提升到宏观经济政策目标的行列，首次建立了国际收支与国民收入各决定变量间的数量关系，是对凯恩斯宏观经济分析的发展与完善，为开放经济宏观政策选择提供了理论依据。

根据国民收入恒等式，有 $Y=C+I+G+X-M$，经整理后得到：

$$X-M=Y-(C+I+G) \tag{10.2}$$

如果规定国际收支经常账户差额 $B=X-M$，并以 $A=C+I+G$ 代表对国内资源的吸收，即国内总支出，那么公式（10.2）则可改写为：

Y 代表国民收入，C、I、G、X、M 分别代表消费、投资、政府支出、出口和进口。

$$B=Y-A \tag{10.3}$$

该式高度概括了国际收支与国民经济总量之间的数量关系，表明国际收支不平衡的根本原因是总收入与总支出的总量失衡。只要一定时期的总收入大于总支出（$Y>A$），该国就会出现国际收支顺差；相反，只要总收入小于总支出（$Y<A$），就会出现国际收支逆差。

在分析本币贬值的国际收支效应时，吸收分析理论较弹性分析理论有了进一步发展。在肯定弹性分析理论的基本观点之外，更将贬值对进出口的影响与相应发生的国民收入变动联系起来[①]，认为贬值对国际收支的调节机制由收入效应和吸收效应两部分构成。如果进出口供求弹性满足马歇尔-勒纳-罗宾逊条件，本币贬值将增加出口，减少进口。由外贸乘数理论可知，进出口的这种变动将引起国民收入总量的倍数变动，产生贬值的直接收入效应 ΔY。总收入增加，消费、储蓄、进口则分别根据边际消费倾向、边际储蓄倾向和边际进口倾向不同程度地增加，随着储蓄增量部分或全部转化为投资，收入增长势必带来消费、投资的增加，这部分引致增加的吸收被定义为贬值的间接吸收效应 $\alpha\Delta Y$，可以部分冲销直接收入效应。由此，国际收支流量均衡条件可以写成：

$$\begin{aligned}\Delta B &= \Delta Y-(\alpha\Delta Y+\Delta D)\\ \Delta B &= (1-\alpha)\Delta Y-\Delta D\end{aligned} \tag{10.4}$$

① 弹性分析理论认为，若国民收入及国内价格水平不变，当进出口供求弹性满足马歇尔-勒纳-罗宾逊条件时，本币贬值对国际收支的调节主要通过改变国内外相对价格并诱发进出口数量调整而实现。

外贸乘数理论认为，出口具有与国内投资同样的增加国民收入总量的效应，并在边际储蓄倾向、边际进口倾向的影响下，经过国民经济各环节的传导，致使由此而产生的国民收入变动金额数倍于出口的初始变动额。这个倍数就称为外贸乘数，数量上大体等于边际储蓄倾向与边际进口倾向之和的倒数。

不难发现，货币贬值能否有效地调节国际收支，主要由三个因素共同决定：(1) 贬值对收入的直接影响 ΔY；(2) 贬值后收入对吸收的引致程度，取决于边际吸收倾向 α；(3) 贬值对吸收的直接影响 ΔD。

所以，贬值的国际收支效应完全取决于宏观经济状况、资源配置情况以及本国的吸收倾向。当经济尚未实现充分就业、资源配置尚未优化、吸收倾向小于1时，贬值的收入效应较为显著。反之，若经济已经达到充分就业、资源完成优化配置且吸收倾向大于1，则贬值主要引起吸收效应。具体地，贬值的收入效应主要包括闲置资源效应、贸易条件效应和资源配置效应，吸收效应则由现金余额效应、收入再分配效应和货币幻觉效应等构成。

△ 专栏 10.5

货币贬值的收入效应与吸收效应

• 闲置资源效应。这是贬值的收入效应中最重要的一个，因为如果来自国外的需求因本币贬值而增加，本国能否保证出口品的充分供应就成为出口增长的最大制约。

本币贬值→出口增加，进口减少→闲置资源启用→通过外贸乘数作用，国民收入成倍增长→国际收支改善。

• 贸易条件效应。

本币贬值→贸易条件恶化→实际国民收入下降→吸收减少→进口减少，出口增加→国际收支改善。

• 资源配置效应。

本币贬值→出口增加，进口减少→出口生产部门和进口替代部门的利润上升→国内资源重新配置→国民收入提高→国际收支改善。

• 现金余额效应。这是货币贬值最重要的吸收效应，因为它既作用于商品市场，又作用于货币市场。

本币贬值→国内物价总水平上涨→手持现金余额增加→消费减少→商品与劳务进口下降→贸易收支改善；

本币贬值→国内物价总水平上涨→手持现金余额增加→货币市场供求改变，利率上升→投资减少，居民出售外币资产→资本流入→资本账户改善。

• 收入再分配效应。

本币贬值→国内物价总水平上涨→国民收入向利润收入者及政府部门转移→吸收倾向下降→吸收总量减少→国际收支改善。

• 货币幻觉效应。

本币贬值→由进口品开始，国内物价轮番上涨→出现货币幻觉→消费与投资下降→吸收总量减少→国际收支改善。

根据国际收支吸收分析理论的观点，如果某个国家发生了国际收支特别是贸易收支不平衡，一定是由于该国的市场总供求失衡。换言之，这个国家必然存在经济过热、通货膨胀或者经济萧条、严重失业。而在采取措施促使国民经济总量平衡的过程中，国际收支均衡目标也可随之实现。因此，调节国际收支不平衡其实也就是对国民经济失衡的调节。这意味着当一国发生国际收支失衡时，比如出现国际收支逆差，总可以从两个方面考虑解决办法：一是增加产出或收入；二是减少支出或吸收。通常，我们将增加收入的政策称为支出转移政策，将减少吸收的政策称为支出减少政策。

所谓支出转移政策，目的在于将国内外支出最大限度地转移到国内产品上，以增加本国收入。根据政策内容，可以划分为一般性政策和选择性政策。一般性政策是指汇率政策（或称货币贬值政策），选择性政策主要指贸易管制政策，包括关税、出口补贴、进口限制等。实行固定汇率制度的国家，无法使用一般性政策，只能求助于贸易管制政策，直接限制居民对商品和劳务的选择自由。但是这种以行政命令方式出现的政策措施，容易遭到贸易伙伴的谴责和报复，也有悖于国际贸易自由化的历史潮流。所以除非支出减少政策难以奏效，否则不宜过度依赖贸易管制。实行浮动汇率制度的国家，汇率的随行就市为政府引导汇率变动奠定了物质基础。货币贬值政策具有隐蔽性和间接性，受到政府的广泛青睐，所以国际金融舞台上的汇率战频频发生。1994 年以来，美元与日元之间富有戏剧性的剧烈波动，在一定程度上正是两国政府运用一般性支出转移政策的结果。

显然，支出减少政策就是通过减少本国居民的投资和消费支出来调节国际收支逆差。具体地，支出减少政策涉及三种政策措施：紧缩性货币政策、紧缩性财政政策和收入管制政策。紧缩性货币政策指存款准备金率、再贴现和公开市场业务等货币数量控制工具。紧缩性财政政策有减支和增收两个方面，包括政府支出政策、政府购买政策、公共福利政策、税收政策和税收征管政策。收入管制政策包括最低收入保障制度、收入分配政策、工资管制政策等。支出减少政策的作用主要表现在两个方面：一是直接减少进口支出，改善国际收支；二是减少国内总需求，降低通货膨胀水平，增强本国商品的价格优势，促使出口增加、进口减少，从而改善国际收支。由于支出减少政策在改善国际收支的同时，对国内总需求也具有遏制作用，所以成为高通货膨胀国家主要的国际收支调节手段。当然，支出减少政策能否生效，也要受支出对收入的影响程度、资源平滑转移机制、支出减少中进口品比重等具体因素的限制。

▲ 专栏 10.6

支出减少政策的限制因素

• 支出对收入的影响程度。不同的支出结构下，等量支出减少所引致的收入下降幅度存在很大差异。假定减少的支出全部是消费品，则引致减少的收入等于减少的支出，收入下降幅度较小。但如果减少的支出全部是投资品，则根据外贸乘数理论，引致减少的收入将数倍于支出减少数量，国民收入下降幅度较大。当引致收入减少超过了支出减少数量时，不仅国际收支差额无法得到改善，还会激化失业矛盾，使支出减少政策以失败告终。

• 资源平滑转移机制。支出减少政策的实施会引致部分生产资源闲置，如果能够用于出口品或进口替代品的生产，则有利于国际收支改善。然而在计划体制或者资本市场欠发达的国家和地区，闲置资源难以顺利转移，出口供给弹性表现出刚性特征，出口规模难以扩大，不利于国际收支改善，甚至可能因失业增加而陷入更加困难的境地。

• 支出减少中进口品比重。支出减少中进口品所占比重越高，改善等量国际收支逆差所需减少的支出总额就越小，对收入、就业产生的副作用也相对较小。如果支出减少完全表现为国内商品，而且闲置下来的资源无法及时、顺利地实现转移，也会导致支出减少政策彻底失效。

10.3.3 国际收支的货币分析理论

学习指导

20 世纪 70 年代以前的主流国际收支理论几乎都没有考虑资本流动的影响，或者只将资本流动放在一个非常次要的位置。随着国际资本流动的迅速发展，不仅发达国家的资本收支规模远远超过贸易收支，许多发展中国家的资本收支规模也开始大于贸易收支，货币与实体经济之间的背离趋势日益明显。在考虑资本收支因素后，造成国际收支失衡的原因将有怎样的变化？国际收支调节措施都包括什么？国际收支货币分析理论为我们展现了一个国际收支研究的全新视角。

纵观西方经济学说史，能够与凯恩斯学派针锋相对，并形成两大阵营长期论争的莫过于由米尔顿·弗里德曼领军的货币主义学派。正统货币主义认为实际货币需求是恒久性收入（permanent income）等有限变量的稳定函数；相信私人经济具有内在稳定性，产出和就业趋于充分就业或自然水平；坚持货币供给产出效应的长期中性论；主张实行单一规则的货币政策。20 世纪 70 年代，随着哈里·约翰逊（Herry Johnson）和雅各布·弗兰克尔（Jacob Frenkel）将上述命题及一般均衡分析方法运用于国际收支研究，便形成了有着鲜明学派特征的国际收支货币分析理论。

从学术渊源上看，国际收支货币分析理论可以追溯到价格-现金流动机制。但现代货币学派至少在两个方面取得了实质性突破：一是从只考察贸易收支的局部均衡分析发展为同时关注产品市场、货币市场和外汇市场的一般均衡分析，二是从金本位研究框架发展为既讨论固定汇率制又讨论浮动汇率制下的国际收支货币数量调节机制。

该理论以国际收支平衡表的线下项目（平衡项目）作为研究对象，强调国际收支的整体均衡，将研究范围从经常账户扩展到资本账户，将一国对外经济活动从实体经济部门扩大到包含货币部门在内的所有领域。正是在这层意义上，货币分析理论被认为是最接近实际情况的国际收支理论。

国际收支是本国对外贸易、资本流动的货币反映，在形式上是一个毫无疑问的货币问题。更重要的是，货币分析理论认为，国际收支失衡的根本原因在于国内货币需求与货币供给失衡，所以国际收支在本质上也是一个货币问题。当人们对货币的需求增加，或者货币当局限制国内信贷，造成货币需求大于货币供给时，这部分超额货币需求将通过外国货币的流入得到满足，从而引起国际收支顺差。反之，当一国居民的货币需求减少，或者货币当局因政策需要而放松国内信贷，造成货币需求小于货币供给时，超额货币供给必然流向国外，导致国际收支逆差。

既然国际收支是一个货币问题，那么货币分析理论的第二个基本观点也就更加顺理成章：货币供给是国际收支调节的最终力量和根本力量。概括起来，可供选择的国际收支调节方法大致有四种：（1）增加或减少国际储备。这种方法直接有效，简便易行。但国际储备数量的增加或减少有其内在规律，长期的大规模增减不完全取决于政策意图，所以只适合调节周期性、小幅度的国际收支失衡。（2）调整国内价格。价格调整可以改变居民手持的现金余额，使他们调整进出口及资产结构，通过自主性交易调节国际收支差额。货币供给变动造成物价、名义现金余额变动，由此引发的资产和财富在本币与外币间的重新分布是该方法发挥作用的根本。当然，价格调整能否生效在相当程度上也受制于本国贸易品结构，以及是否满足马歇尔-勒纳-罗宾逊条件等其他因素。由于存在J曲线效应，所以该方法比较适合中长期国际收支失衡的调整。（3）调整汇率。汇率变动与调整价格的作用机制在本质上是一致的，只是无须改变贸易品的国内价格水平及国内经济结构，从而在调整国际收支失衡时保证国内经济免受冲击。另外，通过调整汇率改变贸易品相对价格较国内价格调整见效更快，所以适合中短期国际收支失衡调节。（4）实行外汇管制。如果上述三种方法无法实现，或者实现代价太大、时间太长，那么对贸易、资本流动实施直接控制，在扩大本国收入的同时抑制居民的对外支出，也不失为一个备选方案。只不过第四个方法和第一个方法一样，虽然立竿见影，但必须受到本国国际储备数量和国际社会的制约，不能作为主要的国际收支调节方法。

由此不难发现，货币学派更加支持浮动汇率制。认为在外汇市场供求影响下，通过汇率水平及时的、适度的调整，国际收支就能够自动地从失衡恢复到平衡。

在货币分析理论看来，固定汇率制下应以本国价格水平变动作为调节国际收支的主要工具，浮动汇率制下则更多依靠汇率变动完成任务。一方面，货币学派继承了货币数量论的核心思想，从逻辑上严密论证了价格是货币供给的函数，与货币供给同方向变动。另一方面，汇率是以外币衡量本币的对外价值，是国内外货币购买力的比较，从而也是货币供给的因变量。正因为如此，货币供给被视为调节国际收支失衡的根本力量。

货币分析理论的国际收支调节机制可以概括如下：

国际收支顺差时，货币供给增加→出现超额货币供给→真实货币余额大于意愿持有货币余额→增加消费品和资本品开支→进口增加、出口减少，资本输出增加、输入减少→经常账户和资本账户收支都恶化→国际收支恶化；

国际收支逆差时，货币供给减少→出现超额货币需求→真实货币余额小于意愿持有货币余额→减少消费品和资本品开支→进口减少、出口增加，资本输出减少、输入增加→经常账户和资本账户收支都改善→国际收支改善。

欧元诞生以前德国的情况为货币分析理论提供了一个有力的支持。由于国际收支由货币供给与货币需求的相对变化决定，假设以名义 GDP 表示货币需求，或者以实际 GDP 与物价共同表示货币需求，以 M2 表示货币供给，根据 1985—1996 年德国的名义 GDP 变动率（Y）、实际 GDP 变动率（y）、货币供给变动率（m）、物价变动率（p）以及外汇储备变动率（r）进行多元回归。得到以下两个式子：

$$r=0.29957Y+0.41893m+0.11607 \tag{10.5}$$

$$r=0.30509y-0.2988874p+0.42697m+1.59546 \tag{10.6}$$

在名义 GDP、货币供给与外汇储备的二元回归方程（10.5）中，自变量的系数都小于 0.5，说明 GDP 与货币供给对外汇储备的影响比较均匀，货币供给不具有决定性的作用；其他经济因素对外汇储备的影响很小，常数项的数值仅为 0.116 07，这与国际收支货币分析理论关于储备变动主要产生于货币供求不平衡的观点基本一致，说明国际收支失衡主要取决于货币供求。加入物价因素后，实际 GDP、货币供给与外汇储备之间呈现出正相关关系［见公式（10.6）］，货币供给增加不仅没有导致外汇储备下降，反而使国际收支出现顺差，物价与外汇储备之间是负相关关系，物价上升，外汇储备下降。

从图 10－6 和图 10－7 可以看出，1991 年以前，实际储备变动值与预测储备变动值大体相似，拟合程度非常高，表明德国货币供给增长在更大程度上表现为产量、国民收入的增长而非通货膨胀，而且德国的货币供给增长始终略低于名义国民收入的增长，所以外汇储备基本上与货币供给同方向、等距离变动。德国外汇储备水平主要由货币供给或货币需求的变动决定，货币供求的增长都有助于改善德国的国际收支状况，货币供给对外汇储备的影响力高于货币需求。因此，德国可以以控制货币供给作为最主要的手段来调节国际收支不平衡。当然，非货币供求的其他经济因素，如贸易流量、贸易伙伴的政策变化、国际投机力量、区域化发展等，对德国的货币政策、外汇储备变动也会产生巨大的干扰。

虽然货币分析理论的基本观点及其所提倡的国际收支调节方法，在国际收支理论研究以及各国宏观经济实践中都有着广泛影响，但质疑的声音并不因此而消失。就国际收支货币分析理论自身而言，局限性主要表现在以下四个方面。

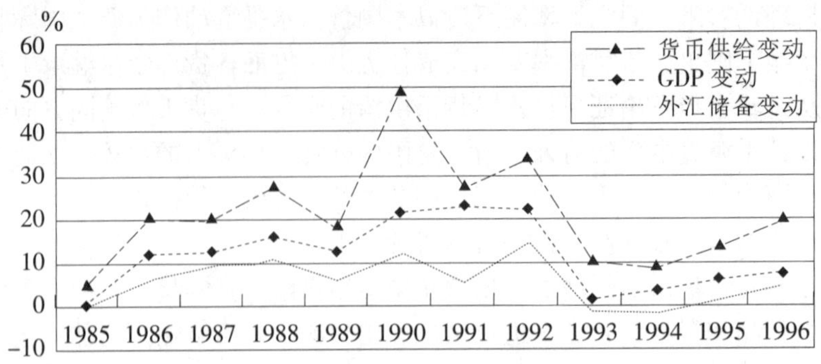

图 10－6　德国的名义 GDP、货币供给和外汇储备的变动情况

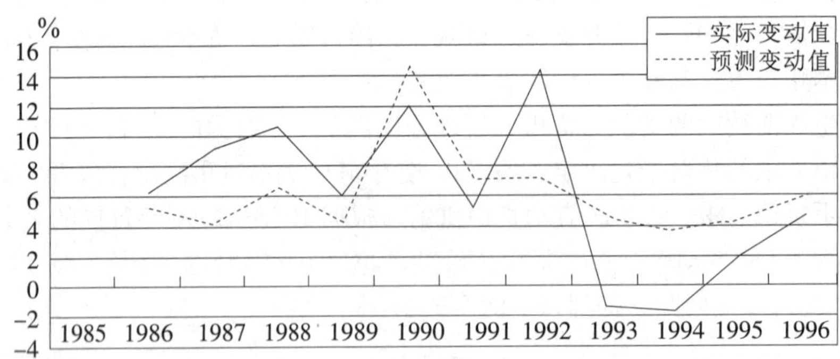

图 10－7　德国外汇储备变动的预测值与实际值

(1) 只注重国际收支最终结果——官方储备账户变动，而忽略了国际收支结构问题——经常账户与资本账户的自身平衡与相互影响。如果经常账户逆差在数量上恰好等于资本和金融账户顺差，那么以货币分析理论来看，官方储备不变说明国际收支平衡，无须任何调节政策或措施。但是依靠借债来平衡贸易收支逆差，将增加未来年份的外债还本付息负担，一旦资本流入中断，贸易账户差额无法弥补，国际收支失衡问题便会立即显现。所以，若只关注平衡项目的国际收支政策取向，缺乏前瞻性，容易使政府陷入被动局面。

(2) 货币并非国际收支失衡及其调节的唯一因素。例如，货币市场均衡时，如果对商品过度需求，而且这种需求通过国外部门的商业信用得到满足，则国际收支同样出现逆差。在货币市场和资本市场共存的框架中，国际收支失衡也有可能完全起源于资本市场失衡，并通过资本输出入使国际收支重新平衡，而不引起外汇储备数量的变化。如此，国际收支调节也可以不涉及货币余额。所以很难说货币是国际收支调节的唯一手段。

(3) 假定货币需求具有稳定性，从而视货币供给为决定国际收支的唯一力量。虽然货币学派坚持认为利率等其他因素对货币需求变动的影响有限，但因此而彻底忽略货币需求变动的做法显然会动摇结论的可靠性。如果利率随货币供给的改变而发生大幅度变动，短期内必然影响投资、消费和产出，引起货币需求变动。所以，不能过分强调长期静态均衡而忽视对短期和中期国际收支调节方式的研究。

(4) 对国际收支长期均衡分析的结论，在很大程度上依赖于一价定律或购买力平价假设。但由于运输成本、贸易障碍、关税以及信息不完全等因素的存在，现实经济生活中其实无法认定一价定律的绝对成立。这种价格偏差传递到国际货币供给的分配中，就会对各国货币市场均衡产生影响。所以，按照货币分析理论的建议从事国际收支调节，政策的实际效果与预期效果之间难免出现偏差。

Summary

1. 国际收支是指一个国家或地区与世界上其他国家或地区之间由贸易、非贸易和资本往来而引起国际资金移动，从而发生的一种国际资金收支行为。

2. 国际收支平衡表是指按照一定的编制原则和格式，将一国一定时期内国际收支的不同项目进行排列组合和对比，以反映和说明该国的国际收支状况的表式。它是对一个国家一定时期内发生的国际收支行为的具体、系统的统计与记录。国际收支平衡表包括经常账户、资本和金融账户、净误差与遗漏等内容。

3. 自主性交易指各类微观经济主体出于自身追求利润、减少风险、资产保值、逃税避税、逃避管制或投机等特殊目的而进行的交易活动，具有自发性和分散性的特点。调节性交易指中央银行或货币当局出于调节国际收支差额、维护国际收支平衡、维持本国货币汇率稳定等目的而进行的各种交易，具有集中性和被动性的特点。

4. 国际收支平衡表的平衡与国际收支的平衡是两个不同的概念。由于设置了储备资产变动这一平衡项目，以及净误差和遗漏项目，国际收支平衡表可以永远平衡。但国际收支平衡表的平衡并不意味着国际收支平衡。因为衡量国际收支平衡与否的标准，在于自主性交易是否达到了平衡。

5. 经常账户显示的是居民与非居民之间货物和服务进出口、初次收入和二次收入的流量。对外贸易活动构成经常账户的主要内容，可进一步划分为有形的货物贸易和无形的服务贸易两方面。初次收入主要包括雇员报酬、提供金融资产所获得的股息和利息等投资收益。二次收入表示居民与非居民之间的经常转移，转移可以为现金或实物。

6. 经常账户收入与支出相抵的结果即为经常账户差额，也称经常账户余额，指一个国家对于世界上其他国家总体上是贷方余额还是借方余额。经常账户顺差表明一国有净盈余，相对于其他国家来说是净债权人；经常账户逆差表明一国有净赤字，必须向其他国家融资才能满足本国投资和消费需求，相对于其他国家来说是净债务人。

7. 资本和金融账户，是指对资产所有权在国际的流动行为进行记录的账户，它由资本账户和金融账户两部分组成。资本账户主要记录资本转移等内容。金融账户包括某一经济体对外资产和负债所有权变更的所有交易，可以分为直接投资、证券投资、金融衍生工具、其他投资以及储备资产，通常也可分为非储备性质的金融账户与储备资产两部分。

8. 储备资产包括黄金储备、特别提款权、外汇储备和在国际货币基金组织的储备头寸等，也称国际储备，可用于弥补国际收支逆差、维持本国货币汇率的稳定以及应付各种紧急支付。国际清偿力是一个与国际储备既相互联系又相互区别的概念。国际储备是国际清偿能力的一部分。

9. 特别提款权（SDR）是国际货币基金组织为了解决国际储备不足问题，于1969年创设的新的国际储备资产，是国际货币基金组织分配给成员的一种资金使用权利。特别提款权按一篮子主要国际货币计价，是国际货币基金组织和多个国际组织的记账货币。

10. 2015年11月30日，IMF执董会决定将人民币作为第五种货币，与美元、欧元、日元和英镑一道构成特别提款权货币篮子。新篮子中各货币的权重分别是：美元41.73%，欧元30.93%，人民币10.92%，日元8.33%，英镑8.09%。该货币篮子于2016年10月1日正式生效。

11. 导致一个国家国际收支失衡的因素有很多，从宏观角度看，主要有经济周期、经济结构、国民收入变动和货币币值变动等四个因素。

12. 国际金本位制度下，国际收支失衡主要由国内外相对价格变动引起。在各国严格遵守金本位制度要求的前提下，黄金的跨国自由流动通过改变在不同国家的分布，引起各国国内价格变化，进而调节进出口贸易，实现国际收支的自动平衡机制。

13. 一般认为，使本币对外贬值可以降低本国贸易品的国外市场价格，以外汇倾销实现贸易收支顺差。但弹性分析表明，只有当进出口供求弹性满足马歇尔-勒纳-罗宾逊条件时，货币贬值才能起到改善国际收支的作用。

14. 从国民收入形成出发，总量吸收模型将国际收支与国民经济供求总量相联系，论证国际收支失衡是总供求不相匹配的结果。在没有实现充分就业的前提下，货币贬值可以增加收入，同时改善国际收支逆差；如果一国的吸收倾向大于1，则贬值只能通过减少吸收来改善国际收支，此时收入增长会受到不利影响。调节国际收支失衡，可以考虑支出转移政策和支出减少政策两个方面。

15. 随着资本收支对一国国际收支的影响逐渐增大，在主要考虑贸易收支活动的国际收支理论以外，形成了国际收支货币分析理论。该理论从货币角度阐述国际收支的失衡原因和调节机制，认为国际收支失衡是货币供求不平衡的结果。超额货币需求带来顺差，超额货币供给带来逆差。在坚信国际收支是货币问题的基础上，货币分析理论指出，控制货币数量是调节国际收支的根本手段，货币政策是最有效的宏观经济政策。

Key Terms

国际收支	国际收支平衡表	经常账户
资本和金融账户	初次收入	二次收入
直接投资	证券投资	储备资产
净误差与遗漏	基本国际收支差额	自主性交易
调节性交易	非储备性质的金融账户	储备头寸
国际清偿力	特别提款权（SDR）	资产净增加
负债净增加	价格-现金流动机制	冲销政策
马歇尔-勒纳条件	外贸乘数	J曲线效应
边际吸收倾向	货币贬值的收入效应	货币贬值的吸收效应

支出转移政策　　支出减少政策　　超额货币需求
超额货币供给

Questions and Problems

1. 国际收支经常账户差额的经济含义是什么?

2. 国际收支平衡表为什么能够自动实现平衡?

3. 如何判断一个国家的国际收支是否平衡?

4. 试比较中美两国的国际收支平衡表。你有什么发现?

5. 你怎么评价人民币加入特别提款权货币篮子?

6. 为什么同样是经常账户恶化,发展中国家极有可能因此陷入国际金融危机,但美国却似乎安然无恙?

7. 了解中国外债管理和外汇储备管理的基本情况。你有何评价?

8. 哪些因素可能引起国际收支失衡? 你认为国际收支失衡可能带来什么样的后果?

9. 如果一国的国际收支持续五年出现顺差,而且顺差金额不断扩大,该国的内部经济将发生何种变化? 这种变化是否有利于经济的持续稳定发展?

10. 目前实行固定汇率制度的国家,能否使外汇储备发挥金本位制度下黄金的作用,通过价格-现金流动机制实现国际收支自动平衡?

11. 一国的进出口需求弹性能否满足马歇尔-勒纳条件,主要取决于哪些因素? 在马歇尔-勒纳条件满足的情况下,为什么有的国家能够通过货币贬值改善贸易收支,而有的国家却不行?

12. 请结合实际经济数据考察中国的贸易收支差额与汇率水平之间的关系是否与弹性分析理论相符,并说明原因。

13. 如果一国的边际吸收倾向小于1,货币贬值将通过怎样的机制调节国际收支逆差?

14. 为什么说国际收支是一个货币问题? 通过货币数量控制调节国际收支失衡的依据是什么? 政策实践中存在哪些问题?

15. 根据本章所介绍的国际收支理论,请尝试概括调节国际收支可以考虑采用哪些宏观经济政策或手段,并解释它们是如何发挥作用的。

第十一章 汇率制度选择

(Alternative Exchange Rate Regimes)

学习目标

- 了解国际货币体系演进历史；
- 掌握固定汇率制和浮动汇率制的优点与不足，了解各种居中的汇率安排；
- 熟悉“最适货币区”理论与实践，思考欧元诞生对国际金融领域的深远影响；
- 了解各国在汇率制度选择上的其他探索，比如美元化、汇率目标区等。

本章预习

1999年1月，当欧洲货币同盟开始启动欧元时，波兰国家银行将本国货币兹罗提价值与欧元和美元的加权平均值挂钩。在接下来的两年里，欧元对美元贬值近30%。由于钉住欧元，兹罗提对美元和其他多种货币也相应贬值。波兰的国际贸易主要在欧洲，于是这段时间波兰对欧洲的出口处于停滞。但同时波兰居民对欧洲的进口消费在增加，导致波兰经常项目逆差迅速扩大，从占GDP仅仅4%增加到近8%。由于流入资本大多是短期证券投资，所以用来平衡贸易逆差的资本项目情况也不容乐观。

2000年4月，波兰决定让兹罗提在外汇市场上自由浮动。于是兹罗提对美元再度迅速贬值10%，而波兰出口状况仍未有起色。这使波兰货币当局面临艰难决策。一方面，如果实行扩张性货币政策，则更低的利率可能刺激国内投资和进口支出，使经常项目逆差进一步扩大。另一方面，如果实施紧缩性货币政策，则利率上升可能吸引更多的外国短期投机性资本流入，使外部均衡面临更大风险。

似乎对于波兰而言，固定汇率制度和浮动汇率制度各有弊端。那么在选择汇率制度的时候，各国货币当局的评判标准究竟是什么？或者，在固定汇率制度与浮动汇率制度之外，还有什么其他汇率安排能为波兰等国的中央银行提供更好的解决办法？本章首先比较固定汇率制与浮动汇率制的利弊，指出现实中各国汇率制度选择表现出明显的多样化特征，接着就这一领域近年来出现的热点问题，比如货币一体化、美元化、汇率目标区等，分别做简要介绍。

汇率制度，又称汇率安排，是一国货币当局对本国汇率的形成和变动机制所做出的一系列安排和规定。其中以固定汇率制度和浮动汇率制度为典型代表，现实中还存在着大量居中汇率安排或其他选择。主要国家的汇率制度选择也影响到国际货币体系的变迁，因为国家间的汇率安排构成了国际货币体系的核心。

11.1 国际货币体系沿革：固定汇率制和浮动汇率制

国际货币体系，即国家间的货币安排，也就是国际资本流动和贸易往来引起的货币兑换关系，以及相应的国际规则或惯例组成的有机整体。主要包括以下几方面内容：(1) 各国货币关系，主要就是汇率制度；(2) 国际储备资产的确定，指用于国际结算和国际支付的主要货币；(3) 国际收支调节方式；(4) 国际经济政策协调机制和从事具体磋商、管理事务的国际金融组织。这些内容共同构成了复杂的国际货币体系（见图 11-1）。国际汇率制度位于核心层。它代表着整个体系的基本特征，核心层的变化决定着整个体系的发展与存亡。国际储备选择和国际收支调节位于紧密层。无论哪一种国际货币体系，都应该为全球贸易提供必要的清偿手段，保障正常的国际经济交往；由于国际收支失衡和官方储备变动将直接导致汇率波动，进而影响整个国际货币体系的稳定，所以每一种国际货币体系也必然包括解决国际收支不平衡的原则、规章及途径。由此可见，紧密层对于核心层起着不可低估的催化作用。国际经济政策协调和国际金融组织位于松散层。国际贸易和国际资本流动增强了国与国之间的经济金融联系，为避免政策溢出效应导致国家间经贸摩擦或冲突升级，就要通过各种国际金融组织加强经济政策的国际合作与协调，这是维护国际货币体系的重要保障。当然，松散层也能间接引起核心层变动，但这种传导过程往往是潜移默化的，可能要经历较长的时间跨度。

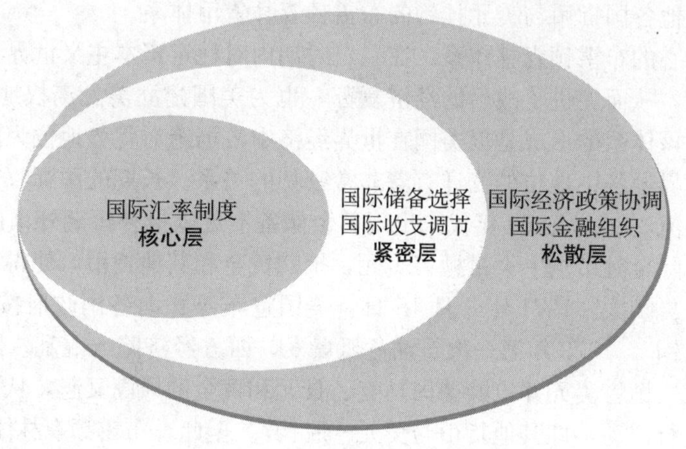

图 11-1 国际货币体系的一般框架

11.1.1 国际货币体系的历史沿革

历史上曾经出现过的任何一种国际货币体系，都是特定历史时期、特定经济发展水平、特定国际政治经济形势下各成员讨价还价、相互妥协的客观产物。总结以往国际货币体系的经验与教训，对于展望未来改革方向无疑有着重要意义。

1. 国际金本位制度（1881—1914 年）

国际金本位制度在主要国家普遍采用金本位制度后自动建立，当第一次世界大战爆发时，因这一前提条件不复存在即告结束。国际金本位时期是自由资本主义迅速发展的“黄金时代”，实行由金平价决定的固定汇率制度，国际收支可以自动调节，黄金和英镑（时称“纸黄金”）充当国际货币，被视为最接近理想国际货币体系的现实选择。直至今日，“恢复国际金本位”的提议仍然不绝于耳。

虽然导致国际金本位结束的直接原因是第一次世界大战后各国相继禁止本币与黄金的自由兑换，以及黄金的跨国自由流动，但并不等于说如果没有战争，这一国际金融体系就可以永远持续下去。国际金本位制度的内在缺陷主要表现在两个方面：(1) 黄金增长速度远远赶不上世界经济和贸易增长速度。国际清偿手段严重不足，不仅制约了经济增长，也限制了金融发展。(2) 带有明显的“无组织—无纪律—无保障”的恶性循环特征。作为一个松散的国际金融体系，既没有正式的主权国家行动准则，也不存在超越国家主权的监督机构，结果必然是各国都无须严格遵守国际收支自动调节机制，而可以经常利用国际信贷、利率及公开市场业务等手段解决国际收支困难。相应地，各国也都会尽量把黄金储备留在本国。于是，在自由贸易主张与贸易保护主义此消彼长的反复之中，国与国之间的经济和政治矛盾不断积累，直至爆发。

2. 布雷顿森林体系（1943—1973 年）

1944 年 7 月，在美国的组织下，44 国代表在美国新罕布什州的布雷顿森林（Bretton Woods）举行会议，起草并签署了《国际货币基金组织协定》。其中规定：基金组织成员货币按其含金量与美元定出比价；美国政府允许各国中央银行以 1 盎司等于 35 美元的官价向美国兑换黄金。这就形成了所谓“双挂钩”的以美元为中心的国际货币体系，即美元与黄金挂钩，其他各国货币与美元挂钩的布雷顿森林货币体系。

以美元为中心的布雷顿森林体系，在一定时期内对稳定资本主义世界各国货币汇率发挥了重要的作用，从而促进了战后的经济复苏，也为美国建立美元霸权地位提供了条件。值得一提的是，该体系的形成是以美国在世界经济中占据绝对优势地位为前提条件，故其盛衰与美国在世界经济中地位的变迁有着非常密切的关系。长期的国际收支逆差致使美国黄金储备大量外流，20 世纪 60 年代末出现黄金储备不足以抵补短期外债的情况，多次爆发美元危机。国际金融市场上大量抛售美元，抢购黄金和其他货币，使得黄金市场价格与官方价格差距一再扩大。1971 年 8 月 15 日，美国宣布停止向各国政府按官价兑换黄金，美元同黄金“脱钩”。1973 年第一次石油危机爆发，西方经济陷入混乱。国际金融市场再次遭遇美元危机，抛售美元并抢购德国马克、日元和黄金的风潮又起，从而主要国家货币兑美元的汇率实行浮动，即其他货币与美元“脱钩”。至此，布雷顿森林体系彻底解体。

布雷顿森林体系在很大程度上吸取了国际金本位制度的不足，创新建立的“可调整的钉住汇率制度”①，意在既保持汇率稳定对国际经济和贸易的积极作用，同时又要实现浮动汇率制度赋予各国的独立的财政与货币政策之优势。更重要的是，布雷顿森林体系开辟了国际货币体系制度化、规范化运行的先例，由此建立起来的 IMF 等国际金融组织，在协调各国经济政策行为、保障国际货币体系正常运转等方面发挥了重要作用。

特里芬难题，指布雷顿森林体系下，作为汇兑平价体系中心货币的美元必须保持币值坚挺，而作为国际储备货币的美元必须为世界各国提供充足的清偿手段，从而只能长期维持国际收支逆差，使美元面临极大的贬值压力，于是在美元价值趋势上出现悖论。

布雷顿森林体系的主要缺陷有：(1) 以汇兑平价体系的中心货币美元充当单一的国际储备货币，无法解决“特里芬难题”(Triffin Dilemma)。这成为布雷顿森林体系致命的弱点，也是其最终崩溃的重要原因。(2) 汇兑平价调整次数非常有限，但是美、英、法、德、日的经济实力和地位已经发生了巨大变化。美、英、法持续逆差，德、日巨额顺差，却无法通过汇率变化调整相对价格。这种僵化状态无疑违背了“可调整的钉住汇率制度”的初衷。此外，第二次世界大战后各国经济周期不同步，客观上要求采取差别化经济政策来促进本国经济发展，但固定汇率制将各国政策行为捆绑在一起，难以独立实施经济政策。(3) IMF 协调解决国际收支不平衡的能力受到广泛质疑。一方面，由于汇率安排的内在矛盾导致各国国际收支问题严重，对贷款的需求大大超出 IMF 财力范围。另一方面，贷款条件性要求对发展中国家普遍不利，从而限制了 IMF 更好地发挥全球“最后贷款人”的作用。

3. 牙买加体系（1976 年至今）

1976 年 1 月，国际货币基金组织理事会“国际货币基金组织临时委员会”在牙买加举行会议，最终签订了《牙买加协定》，正式确认了浮动汇率制的合法化，承认固定汇率制与浮动汇率制并存的局面，规定成员可以自由选定汇率制度。以此为起点，“滑入”了一个以浮动汇率为主的崭新的国际货币体系，称为“牙买加体系”。

由于不存在统一的或是主要的汇率安排，牙买加体系被讥讽为“没有制度的体系”。但尽管如此，20 世纪 70 年代以来的国际货币体系演变还是在一定程度上吸取了历史教训，并做出了新的有益探索。客观地讲，牙买加体系所取得的成就和暴露出的问题几乎同样突出。

(1) 汇率安排从集中接受人为的制度设计恢复为分散进行自由选择，从而呈现出浮动汇率制、固定汇率制以及介于二者之间的各种居中安排并存的复杂局面，由此产生了一系列关于汇率制度的崭新课题。

1) 当各国货币当局真的可以自行选择汇率制度时，反而容易陷入更大的困惑之中。特别是对广大的发展中国家来说，汇率制度选择已经成为经济开放之后最大的政策难题之一：首先，浮动汇率和固定汇率孰优无论是在理论上还是在实践中都没有定论；其次，兼

---

① 各成员方货币的汇率在±1%的限度内波动，如果超过规定的上下限，各国中央银行有义务进行干预。成员方汇率变动接受 IMF 统一安排和监督，国际收支出现严重不平衡时，可要求变更汇率，幅度在 10%内的由各国中央银行自行调整，幅度超过 10%的需经 IMF 批准。

顾“可信度”和“灵活性”的居中安排往往可能招致外来投机性冲击而导致金融危机；最后，汇率制度选择又与资本账户开放、货币政策独立性、内外均衡冲突乃至国家经济安全等问题相互纠缠，从而更加难以取舍。

2）发达国家的汇率制度选择表现出两种极端的情形。一是美元、日元、英镑等主要货币选择独立浮动汇率制度，结果相互之间经常出现巨幅波动。比如，20 世纪 80 年代中期以来，美元与日元之间的汇率波动幅度一直居高不下。二是在区域内部实行稳定的汇率机制，经过长期摸索，历史上第一个区域共同货币——欧元已经成功诞生并投入使用，同时极大地激励着东亚、西非等其他地区的货币合作计划。已经有人大胆预言，在有限种区域共同货币成功运行的基础上，未来极有可能实现全球单一货币的壮观景象——至少在理论上，这一设想完全符合交易成本不断降低的货币形式演进规律。然而，消除差异性是否真的意味着效率提高？这一问题仍然有待争论。

（2）实现了国际储备多元化，从而较好地解决了特里芬难题。然而就国际储备的未来发展来说，一方面，美元、欧元（以前是德国马克）、日元、英镑组成的“一超多元”格局短期内不会有大的改变；另一方面，在金融开放和金融全球化的推动下，可自由兑换的国际货币在不断增加，但是区域经济和货币合作的进展也有可能使得国际储备货币种类先增加后减少，所以长远看仍然存在较大的变数。

（3）依赖国际金融市场和国际经济政策协调解决国际收支问题。在牙买加体系下，国际金融市场迅猛发展，一方面为各国解决国际收支不平衡提供了更多金融工具；另一方面也大大提高了国际资本流动的规模和速度，使得国与国之间的经济联系和相互依赖程度空前增强。由此也导致各国的宏观经济政策不可避免地具有外部效应。国家间的多边谈判与政策磋商，在缺乏规则协调机制的背景下，成功地确立了相机抉择的国际协调机制，不仅为各国解决国际收支问题提供了新的方案，而且有助于实现全球经济和金融的稳定发展。

（4）国际货币基金组织承担了更多职责，在国际金融领域的地位和作用明显提高。牙买加体系下金融危机的爆发频率和危害性远远超过以往任何时候，除了依靠国际经济政策协调机制以外，国际金融组织被赋予了维护全球金融稳定的更多责任。在协调责任方面，国际货币基金组织主要受到两方面的批评。一种观点认为，现有组织结构的设计和构建方式是正确的，但是国际金融组织本可以在事先防范金融危机方面做得更好。另一种观点则认为，国际金融组织的运作方式乃至这些组织本身都存在一定问题，所以至少要对国际货币体系进行重新调整，甚至重新设计。有趣的是，最严厉的批评不是怀疑国际货币基金组织是否具备预测危机并遏制危机的能力，而是认为国际金融组织本身就是金融危机产生的原因，因此主张必须对其进行彻底改革。

11.1.2 固定汇率制还是浮动汇率制

关于固定汇率与浮动汇率孰优的争论至今没有结束。由于这两种汇率制度对经济效率、经济稳定以及货币政策自主性的影响存在显著差异，所以选择一个最优的汇率制度，对任何国家来说都是件困难的事情。

1. 固定汇率制的利弊

一般认为，固定汇率的最大优点就是消除了个人和厂商从事对外经济交往时可能面对的外汇风险，有利于促进国际贸易和国际投资。因为不必投入大量资金进行套期保值活动，自然为微观主体带来了数目可观的资金节约，以及更多的收益机会。

虽然外汇市场上总是存在投机活动，但是固定汇率制下的投机行为一般带有稳定性特征。一方面，货币当局履行干预外汇市场、维持固定汇率的义务，为所有市场交易主体的汇率预测提供了一个心理上的“名义锚”（nominal anchor），从而大大降低了交易的不确定性。另一方面，健康的国内经济运行、充足的外汇储备以及货币当局恪守承诺、负责任的国际形象，对防止外汇投机都会有重要影响。在这种情况下，更多的市场主体会将心理预期向固定汇率水平调整，从而使外汇市场的稳定性提高。

固定汇率制度的另一个明显优点，就是以汇率固定承诺作为政府政策行为的一种外部约束机制，从而可以有效地防止各国通过汇率战、货币战等恶性竞争破坏正常的国际经济秩序。也有学者指出，固定汇率可以迫使那些本来可能会在国内启动通货膨胀，或者屈服于通货膨胀压力的政府，实施较为保守的通货膨胀政策，即通过维持与平稳运行的经济体之间的固定汇率目标，抑制国内快速的物价上涨，并使货币政策进一步摆脱国内政治的压力。

然而，在固定汇率制的批评者看来，这一点却正是固定汇率制无法回避的缺陷。固定汇率并不意味着汇率水平永久固定不变。与浮动汇率制下汇率水平的连续微调相比，固定汇率制下往往要在问题积累到相当程度时才进行一次性的大幅度调整，而这种汇率调整对经济的震动与伤害通常也比较剧烈。官方调整本币目标价值的理由并不局限于经济因素，所以固定汇率制下的汇率变动更加难以预测，这意味着几乎所有跨国合约都将因为没有进行套期保值而面临巨大风险。那么，至少在经济效率方面，固定汇率制并不必然比浮动汇率制更加可取。

固定汇率制虽然可以降低微观主体的外汇风险，却可能损害国家的金融安全。新兴市场国家过去长期采用固定汇率制，目的无非在于控制国内通货膨胀，或者希望以稳定的汇率促进国际贸易和国际资本流入。这种汇率制度的确曾经起到积极作用，但是在动荡的国际金融环境中，未能及时调整的僵化的固定汇率一旦背离了国内外实际经济状况，就会成为投机资本攻击的对象。从1994年墨西哥金融危机开始，一直到21世纪伊始的阿根廷金融危机，一个个固定汇率制度被冲垮。传统理论所秉承的固定汇率有利于经济稳定的观点受到现实的严峻挑战。固定汇率制与资本高度流动似乎是一种极不稳定的政策组合。

固定汇率制的缺陷还表现在，以汇率目标替代货币目标之后，不仅丧失了本国货币政策的独立性，而且不可避免地会自动输入国外的通货膨胀，甚至可能出现内外均衡冲突。所以，在学者们还没有办法充分论证为什么汇率目标要比货币目标更加可信以前，就不能不重视实行固定汇率制度所要付出的这些代价。

对于实行固定汇率制度的国家来说，当外国出现严重通货膨胀时，外币对本币有贬值压力，但为了保持固定汇率，中央银行必须买入外币卖出本币，如果不采取冲销性货币政策，则必然造成国内通货膨胀压力。

2. 浮动汇率制的利弊

在浮动汇率制条件下，当国际收支出现不平衡后，内外均衡的恢复具有自动调节机制，即通过外汇市场上汇率的自发性变动，实现对宏观经济失衡的微调。浮动汇率制度支持者表现出强烈的自由主义经济思想，认为这种依靠汇率自发性地持续微调正是有利于提高经济效率的最好证据，认为浮动汇率制下的汇率水平，是一国对外经济交往情况的真实反映，而只有均衡汇率才真正有利于国际贸易和国际投资的开展，使商品、劳动、货币资金等各种资源在世界范围内实现合理配置。

浮动汇率制将一国的货币政策从对汇率目标的依附中解脱出来，实现了让汇率自发调节实现外部均衡，以货币政策和财政政策追求内部均衡，为政策当局准备了充足而且有效的政策工具。与此同时，浮动汇率制还将外国的通货膨胀隔绝在外，有利于本国宏观经济的稳定与相对独立发展。

还有支持者提出浮动汇率甚至对于经济稳定也是有利的。他们认为外汇市场的投机行为主要是稳定性投机（stabilizing speculation）。只有坚持买入价值低估货币、卖出价值高估货币，才能够持续获利。而这样的投机策略无疑有助于降低市场汇率波动程度。由于汇率随时调整，投机资金不容易找到汇率明显高估或者低估的机会，而且任何建立在预期基础上的交易活动都必然要承担价格反向变动的风险，对投机活动也形成一定约束。于是，在汇率变动的过程中，不仅外部均衡目标可以自动实现，不影响国内经济运行，而且可以由此调节短期资金移动，在一定程度上起到防范投机冲击的作用。

不过，浮动汇率制度也同样存在明显的问题和缺陷。在经济全球化和金融自由化的发展趋势下，国际资本流动的规模越来越大，速度也越来越快，造成外汇市场上频繁的、剧烈的汇率波动。如此严重的相对价格不确定性，可能给国际贸易和国际投资带来极大危害。套期保值交易同样是有成本的，有时候成本还会比较高，而金融衍生交易自身的风险往往更加难以应对。况且套期保值也无法适用于所有情况，比如长期投资、实物投资、人力资源投资等活动也有可能受到外汇风险影响，但是缺乏有效的风险管理办法。更为现实的是，广大发展中国家的金融市场多半不够发达，可以提供的避险工具自然也十分有限，所以是否实行浮动汇率对它们而言实在是个很大的挑战，必须审慎对待。

经验研究表明，浮动汇率制下，外汇市场非理性的投机活动很容易造成汇率错位，或者称作汇率超调（overshooting）。一种表现为“风险过度厌恶”的市场主体大多根据过去信息——而非当前信息——形成汇率预期。于是当某种“弱”币表现出较大风险，而某种“强”币相对安全时，他们就更不愿意放弃手中的强币而转持弱币。结果必然使弱币进一步贬值，强币进一步升值，但由此形成的两种货币的市场价值却可能与各自的基本经济因素完全背离。另一种表现被称为“随波效应”。比如当有传闻说货币供给存在意外扩张时，投机者就会产生过度悲观的通货膨胀预期，结果抛售本币的力度将大于货币扩张所应引起的本币抛售程度，从而使本币贬值幅度超过正常水平。另外，理性投机也有可能引发汇率错位。由于浮动汇率制下人们对货币价值的判断可能没有一致或相似的标准，所以汇率预期经常会受一些似是而非、实际上并不重要的因素影响，从而使一些本不相关的事件也会导

> 这方面的例子有很多，比如1980—1985年初美元升值达50%，还有1978年的日元升值，20世纪80年代初的英镑升值，等等。

致汇率的大幅波动。而如果人们将注意力完全转向这些相关性并不高的信息上，并以此指导外汇交易，就很有可能导致汇率过度变化，甚至出现严重的货币危机。

浮动汇率制在宏观经济政策方面也受到很多批评。其一是容易发生滥用汇率政策的问题。由于浮动汇率制国家可以更加自主地推行扩张性货币政策，而不必担心外汇储备外流，所以容易间接造成本币贬值。其二是容易引起国与国之间宏观经济政策冲突，影响国际经济秩序。由浮动汇率制的两国模型可知，扩张性货币政策对外国经济具有以邻为壑效应，从而也成为整个国际金融体系的不稳定因素。此外，固定汇率的支持者提出，浮动汇率制同样存在通货膨胀的跨国传递问题，而且这一传递还带有不对称性。考虑到价格刚性的影响，一国货币贬值所造成的进口成本上升和国内物价上升，在本币升值时却不容易下降或是下降不足，其净效应便是物价上涨。由于汇率变动必然同时牵动两国货币相对价值变化，若贬值国家的物价上升幅度超过升值国家的物价下降幅度，结果就会导致世界整体物价水平上升。

这种不对称效应也被称为棘轮效应，其结果是通货膨胀在世界范围内的开放经济体之间相互传染。

3. 两种汇率制度的比较

浮动汇率制度与固定汇率制度孰优的确是个难有定论的问题，两种制度各有长处，也各有不足（见表 11－1）。从本质上看，两种汇率制度的比较与选择，实际上就是各国政策当局对汇率安排可信度与灵活性（flexibility）的权衡。

表 11－1　固定汇率制与浮动汇率制比较

	固定汇率制	浮动汇率制
优点	1. 有利于国际贸易和投资活动 2. 有利于抑制国内通货膨胀 3. 防止外汇投机，稳定外汇市场 4. 作为外部约束，防止不正当竞争危害世界经济	1. 汇率反映国际交往真实情况 2. 外部均衡可自动实现，不引起国内经济波动 3. 可自动调节短期资金流动，预防投机冲击 4. 增强本国货币政策自主性 5. 避免通货膨胀跨国传播
缺点	1. 容易输入国外通货膨胀 2. 货币政策丧失独立性 3. 容易出现内外均衡冲突	1. 增大不确定性和外汇风险危害 2. 外汇市场动荡，容易引致资金频繁流动和投机 3. 容易造成滥用汇率政策

11.1.3　居中安排的汇率制度

除了典型的固定汇率制（即传统的钉住汇率制）和完全自由浮动汇率制以外，还广泛存在着大量介于二者之间的汇率安排。①

① 除了以下介绍的几种汇率安排，国际货币基金组织在统计中专门列有“无单独法定货币”的类别，其中不仅包括实行“美元化”的国家，也包括采取区域共同货币的欧元区 19 国。相关内容在后文介绍。

1. 管理浮动

管理浮动，指政府为了使市场汇率向对本国有利的方向浮动，通过外汇交易干预市场汇率，保持汇率不会过度波动。

管理浮动（managed floating），有时也称作不清洁浮动（dirty floating）。这种安排的目的是保持正常的汇率变动，同时消除过度波动性。汇率是市场决定的，只不过借助政府的不时入场交易来缓解汇率变动压力，使汇率调整变得更加平滑，但未必要求汇率达到某个特定水平或不能超出某个波动范围。有时也寄希望于政府干预可以缓和或消除外汇市场上的周期性波动，以及过度的自我修正问题。管理浮动的优越之处在于降低不确定性，从而改善经济环境和金融环境。但问题是什么叫作“过度波动”？而且，对于汇率变动中哪些属于市场基本因素，哪些可以视为暂时性的自我修正因素，政府的鉴别能力事实上始终受到质疑。

2. 爬行钉住

爬行钉住，指货币价值按照固定幅度，或根据选择的定量指标，进行定期小幅调整。

爬行钉住（crawling pegs），也称为蠕动汇率，是一种自动调整汇率的制度安排。货币当局首先确立本币与钉住货币的平价，同时规定每次调整幅度，于是汇率就按照官方制定的公式定期自动调整。当市场汇率偏离平价时，中央银行就义务进场干预。所以，爬行钉住的特点在于允许货币平价持续地小幅度调整，从而降低固定汇率一次性大幅度调整对经济造成的震动。尽管爬行钉住基本上克服了固定汇率制和浮动汇率制的明显不足，“小步快跑”的汇率调整使其具有一定的浮动汇率功能，但货币政策仍然受到外部制约，输入通货膨胀的问题也没有得到彻底解决。一旦国民经济遭受突然的外部冲击，小幅度汇率调整就很可能面临“不及时、不到位”的问题。

△ 专栏 11.1

尼加拉瓜的爬行钉住汇率制

20 世纪 90 年代后期，为维持汇率稳定和方便国际贸易，尼加拉瓜将本国货币科多巴钉住美元。但两国的宏观经济状况差别很大，美国年均通货膨胀率只有 2%～3%，而尼加拉瓜每年达到 10%～20%。根据购买力平价，科多巴相对于美元总的变动趋势是贬值。所以，尼加拉瓜决定采取爬行钉住汇率制。

1998—1999 年上半年，科多巴平价每月下调 1 个百分点。1999 年下半年，由于国内通货膨胀水平大幅度降低，经过与国际货币基金组织磋商，尼加拉瓜降低了爬行速度。但总体上，科多巴仍然保持对美元的稳步贬值。

---

3. 钉住平行幅度

钉住平行幅度（pegged exchange rates within horizontal bands），指允许市场汇率围绕中心平价更大幅度地波动，比如可以超过±2%。由于规定的汇率波动幅度更大，所以钉住平行幅度制在灵活性等方面较固定汇率还是有了很大变化。

传统的钉住汇率制通常也都允许汇率在中心平价周围小幅变动，货币当局只在市场汇率可能突破临界点时才进行干预。

也有个别国家的汇率安排带有组合特征：在爬行钉住的基础上再加入一定的汇率波动幅度，实行所谓的类似爬行钉住汇率制（crawl-like arrangement）。具体做法是，货币当局在确定中心平价的同时，为其规定上下变动界限，于是，当中心平价有规则地自动调整时，平价的上下界限也随之规则地变动。

4. 货币委员会

货币委员会（currency board），也称货币局制。1849年毛里求斯成立了世界上第一个货币委员会，这是英国向殖民地提供稳定和可转换货币的一种制度创新。实行这一制度的国家以独立的货币管理局或货币委员会取代中央银行，将本国货币钉住另一国货币。为保持货币平价而进行的外汇储备买卖活动，直接影响本国货币的流通数量。货币委员会不持有本国政府债券，不要求商业银行提取存款准备金，也不充当银行的最终贷款者。所以，货币委员会彻底放弃了货币政策自主性。目前只有爱沙尼亚、立陶宛等少数国家采取这一制度，而且成功和失败的例子都已经出现。

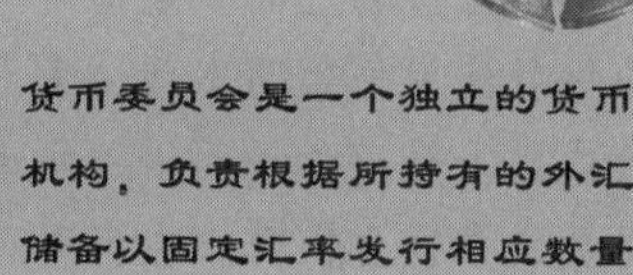

货币委员会是一个独立的货币机构，负责根据所持有的外汇储备以固定汇率发行相应数量的本国货币。

我国香港特别行政区的美元联系汇率制度也被国际货币基金组织归入"货币委员会制度"之列。

11.1.4 各国货币当局的现实选择

图11-2给出了国际货币基金组织2016年4月30日报告的192个成员（包括189个国家和3个地区）的现实汇率制度选择，或许可以从另一个角度说明汇率制度本身并不存在绝对的优劣，只有适合与不适合的区别。对于追求内外均衡目标的各国货币当局来说，

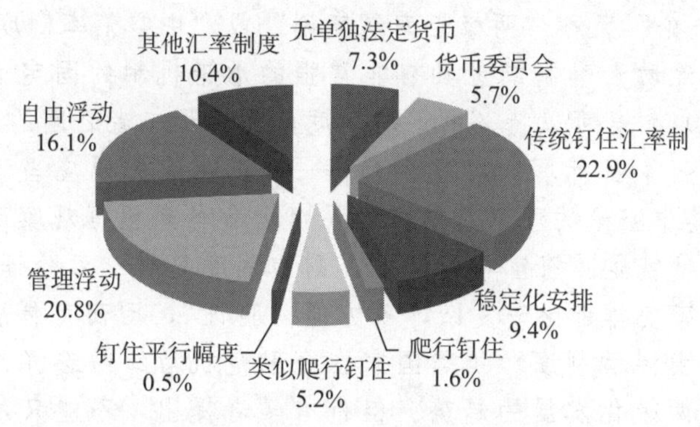

图11-2 汇率制度的现实选择

注：计数采用四舍五入原则。

资料来源：IMF Annual Report on Exchange Arrangements and Exchange Restrictions，2016.

经济效率和经济稳定不仅有赖于选择适应本国经济条件的汇率制度，更多地还取决于恰当的宏观经济政策决策和实施情况。

▲ 专栏 11.2

解读新兴市场国家的汇率制度选择

20 世纪 90 年代以来，关于新兴市场国家的汇率制度选择问题，多是从可持续性和危机预防角度来探讨。比较有影响的解读有"原罪论"、"害怕浮动论"和"中间制度消失论"等。

"原罪论"认为新兴市场国家的金融市场很不完善：本币不能用于国际借贷，甚至不能用于本国市场上的长期借贷——新兴市场经济的原罪。这使它们的金融体系很脆弱：若因企业借款使用外币而出现"货币不匹配"(currency mismatch)，则一旦本币贬值，就会造成借款成本上升；如果因借入本币而发生"期限不匹配"(maturity mismatch)，则一旦利率上升，借款成本也会上升。在汇率政策方面，由于存在"原罪"，汇率变动会产生资产负债表效应，所以企业和政府都不希望汇率变动，于是汇率容易变得无法浮动；政府在遭遇投机攻击时变得难有作为，既无法利用本币贬值来缓解企业压力，也不能提高利率来保卫本币；进而不论是浮动汇率制度还是固定汇率制度，都无法回避"原罪"的现实及其产生的各种不利后果。因此该理论认为，对新兴市场国家而言，完全美元化或许是最好的制度安排。

所谓"害怕浮动"是指一些被归入实行弹性汇率制度的国家将本币对另一货币（通常是美元）的汇率维持在狭小的变动幅度之内，反映了这些国家害怕汇率大幅度波动的心理。新兴市场国家的利率往往偏高，波动性也大；它们在国际金融市场上缺乏竞争力，较难获得国际信贷；政府和企业的对外债务多以美元计值；中央银行难以有效地履行最后贷款人的职责——导致这些国家的政策可信度较低。所以，它们既害怕本币贬值的紧缩效应，也害怕本币升值可能对其国际竞争力及出口努力造成损害。当然，除了经济方面的理由外，政治因素在其中也有影响。同样，对"害怕浮动"的新兴市场国家的主要政策建议是：如果的确具有不适于浮动的结构性原因，则应当实行完全美元化。

"中间制度消失论"又称"两极汇率制度论"或"中空汇率制度论"，引起的争议最大。它认为只有浮动汇率制或者具有非常强的承诺机制的固定汇率制（如货币同盟、货币局制度等）才是可以持久的汇率制度，而介于二者之间的居中安排——钉住幅度、爬行钉住、汇率目标区和管理浮动等——正在消失或应当消失。有人试图用"可验证性"来构建中空论的理论基础：如果市场参与者根据观察到的信息验证了现实中运行的汇率制度就是政府宣布的制度，则该制度具有"可验证性"，因而是可信的；任何居中的汇率安排都比较复杂，不方便"验证"，因而可信度会低于简单的完全钉住制度或者自由浮动制度。拉美国家在金融危机后纷纷选择放弃居中安排，似乎确认了汇率制度两极化发展的趋势。但也有学者提出，不能只从防范金融危机的角度出发选择汇率制度，还必须考虑到维持国内经济持续增长、稳定物价和就业、贸易发展等多重目标。因而中间汇率制度并非绝对不可行，需视国情做出具体安排。

11.2 最适货币区的理论与实践

学习指导

牙买加时代的汇率安排多样化，被一些学者讽刺为“无制度的国际金融体系”。所以，建立国际金融新秩序的努力从未停止。与国际经济政策协调、国际收支调节机制相比，建立稳定的国际货币体系显得更加迫切。在这方面，欧盟的货币一体化实践、拉美国家的“美元化”道路以及有着广泛影响的汇率目标区方案，都是值得关注的有益探索。

11.2.1 蒙代尔的“最适货币区”理论

在什么情况下实行固定汇率安排和货币一体化才是最佳决策呢？作为最适货币区（optimum currency area）理论的奠基人，蒙代尔早在1961年就撰文讨论了这个问题①，主张用生产要素的高度流动性作为确定最适货币区的标准。此后，麦金农（R. McKinnon）②、凯南（P. Kenen）、英格拉姆（J. Ingram）等多位学者针对同一问题展开了多角度深入分析，相继提出了经济开放性、低程度产品多样性、国际金融一体化程度、政策一体化程度、通货膨胀相似性等研究方法，使最适货币区理论逐渐完善。

后来的研究表明，仅仅满足要素流动标准还不够，货币同盟国家之间还应当具备经济发展水平相当、贸易和金融一体化程度高、历史文化背景相近等其他条件。

以蒙代尔的生产要素标准为例。假设有A和B两个国家，分别生产汽车和玩具。当A国居民的消费偏好从汽车转向玩具时，该国会出现贸易逆差，同时国内会出现劳动力与资本的供给过剩；而B国会相应地出现贸易收支顺差和劳动力与资本的过度需求。不考虑资本项目时，如果劳动力与资本等生产要素不能在国家之间无成本地流动，A国货币就将相对于B国货币贬值，通过相对价格的调整来消除两国贸易收支不平衡。也就是说，对于要素流动性低的国家来说，如果不希望改变各自国内价格水平，则比较适合实行浮动汇率制，通过汇率调节来改变相对价格。如果生产要素可以从A国自由、廉价地转移到B国，就可以缓解A国失业和B国通货膨胀的压力，通过各自价格水平的调整恢复两国的内外均衡。所以，生产要素高度流动的国家之间适合实行固定汇率制度，甚至可以考虑实现单一货币。

20世纪90年代以来，最适货币区理论得到了较大发展。新理论在传统分析基础上引入了新开放经济宏观经济学的研究成果，全面探讨了实行货币一体化的收益与成本问题。简单地讲，如果在要素流动、金融交易和商品贸易方面高度一体化，经济高度开放的国家之间组成货币同盟，将会更有效地解决内部均衡和外部均衡的关系，从而降低经济成本，提高经济收益。

① Mundell R. A Theory of Optimum Currency Areas. American Economic Review，Sept. 1961.

② McKinnon R I. Optimum Currency Areas. American Economic Review，Sept. 1963.

11.2.2 欧洲货币同盟：从梦想到现实

1. 欧洲经济共同体的货币一体化理想

为寻求持久和平与持续发展而建立统一的欧洲联邦，是西欧各国数百年来孜孜以求的梦想。早在20世纪50年代欧洲经济共同体时期，各成员国就曾经签署欧洲货币协定，意在促进战后经济贸易发展。但这时并未涉及汇率安排和储备资产形式等实际问题，"货币一体化"充其量只能看作欧洲政治家们长期以来宏伟抱负的一个构成要素。

2. 魏尔纳计划

一直到1969年12月欧共体海牙会议，经济与货币同盟才正式成为主要议题。1971年欧共体部长会议通过了《关于在共同体内分阶段实现经济和货币同盟的报告》，号称"魏尔纳计划"（Werner Report）（见表11-2）。但是主要成员国之间仍然存在深刻的认识分歧：德国和荷兰坚持"经济先行"，认为货币一体化必须具备一定的前提条件，成员国通货膨胀水平和经济增长速度应大体相当，不能过于悬殊；而法国、比利时和卢森堡则主张"货币先行"，认为货币一体化规定了各国的汇率波动幅度，各国要遵守这一规则，协调国内政策，从而使通货膨胀、经济增长趋于一致。

表11-2　　欧洲货币一体化时间表：魏尔纳计划

阶段	时间	计划安排
第一阶段	1971—1973年	缩小成员国相互间汇率波动幅度，着手建立货币储备基金，以支持稳定汇率的安排；加强货币与经济政策协调，减少成员国经济结构的差异
第二阶段	1974—1976年	集中成员国部分外汇，建立欧洲货币储备基金；进一步稳定汇率，并逐步实现共同体内部的资本流动自由化
第三阶段	1977—1980年	在欧共体内部实现商品、资本、劳动的自由流动；汇率完全稳定，向统一货币过渡；欧洲货币储备基金向欧洲中央银行过渡

联合浮动，又称可调整的中心汇率制。对内各成员国货币之间保持可调整的钉住汇率，并规定汇率波动幅度；对外则实行集体浮动汇率。

尽管动荡的20世纪70年代几乎使魏尔纳计划完全落空，但据此而进行的诸多尝试还是具有重要意义。（1）建立联合浮动机制。1972年欧共体六国达成联合浮动协议[①]，规定汇率波动幅度不超过当时公布的美元平价的±1.125%，于是便在同期国际货币基金组织规定的±2.25%汇率波动幅度内又形成一个更小的波动幅度。由于欧共体六国货币对外的集体浮动犹如"隧道中的蛇"（见图11-3），所以也被称为"蛇形浮动"。这种联合浮动机制为后来欧洲货币体系稳定汇率机制提供了参考依据。（2）建立欧洲货币合作基金，创立欧洲计算单位（European

① 所谓的六国联合浮动，其实成员国数目始终处于变化中。1972年6月，英国、爱尔兰、丹麦、挪威也参加了联合浮动。此后，英国、意大利、挪威、法国、瑞典等国都曾经几进几出。到1979年欧洲货币体系建立以前，只有德国、丹麦、荷兰、比利时、卢森堡五国联合浮动，而英国、法国、意大利和爱尔兰四国单独浮动，连魏尔纳计划第一阶段的目标也没能达到。

Unit of Account，EUA）。欧洲货币合作基金成立后并未发挥实质性作用，但作为确定联合浮动汇率机制的核算砝码，EUA 实质上就是共同货币的萌芽，堪称 20 世纪 70 年代欧洲货币一体化实践的最大成果。

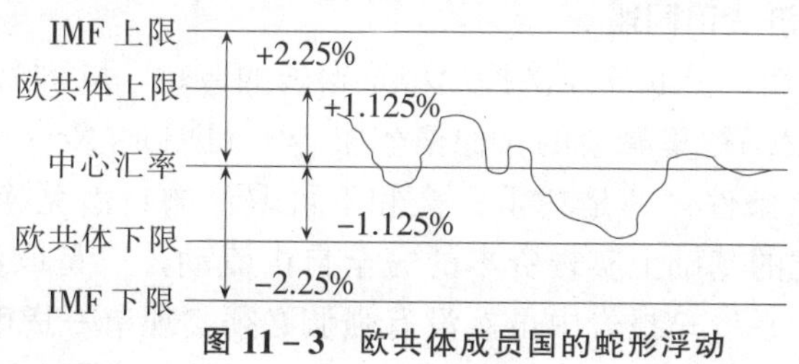

图 11－3　欧共体成员国的蛇形浮动

3. 欧洲货币体系

欧洲货币体系（European Monetary System，EMS）于 1979 年 3 月正式成立[①]，主要成就集中表现在三个方面。

（1）创立欧洲货币单位（European Currency Unit，ECU），并逐渐发展为各国普遍接受的欧洲共同货币。ECU 由 EUA 演变而来，各国货币权重每 5 年调整一次。欧共体编制预算、制定农业共同价格，各货币当局相互清算都使用 ECU，欧洲汇率机制的中心汇率也以 ECU 作为计算标准。ECU 事实上已经成为欧共体的准货币。

（2）确立"超蛇形联合浮动"（super snake）机制，稳定成员国汇率。各成员国以 ECU 中本币权重乘以 1979 年 3 月 12 日与其他成员国货币的市场汇率，加总得到本币对 ECU 的法定一篮子比价，即中心汇率，同时规定波动幅度为±2.25%。为维护汇率机制，EMS 还规定了各国必须进行干预的警戒线：

$$警戒线=\frac{3}{4}\times 允许的汇率波动幅度\times(1-本币在\ ECU\ 中的比重)$$

一旦汇率波动达到警戒线，虽然尚未突破最大波幅，相应国家也必须进行联合干预。通常采用三种办法进行干预：一是各国中央银行相互支持，或向欧洲货币基金申请贷款，在外汇市场上抛出强币，支持弱币；二是依靠相关国家的宏观经济政策，弱币国紧缩银根，提高利率，强币国放松信贷，降低利率；三是在前面两种办法无效时调整中心汇率。

意大利里拉相对较弱，波动幅度可达±6%。1990年1月8日，意大利宣布中心汇率贬值3%，将汇率波动幅度缩小到±2.25%，与其他成员国保持一致。

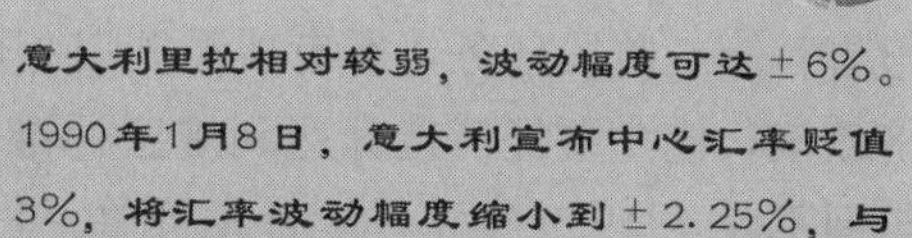

整个20世纪80年代，EMS中心汇率共调整过13次，其中11次发生在1983年以前。

（3）成立欧洲货币基金。为了增强 EMS 干预外汇市场的力量，为共同货币 ECU 提供物质准备，以及给予国际收支困难的成员国更

① EMS成立时，成员国包括法国、德国、意大利、荷兰、比利时、卢森堡、丹麦和爱尔兰。尽管英国没有参加EMS，但英格兰银行按规定认缴黄金和外汇储备，参加了欧洲共同基金。1984 年 9 月希腊加入 EMS，1989 年 9 月又增加了西班牙、葡萄牙两国，EMS扩大到 12 国。

多的信贷支持，EMS集中了各成员国（包括英国）黄金和外汇储备的20%，到1981年4月，共筹集492亿ECU。1974年4月—1979年6月，欧洲货币基金累计动用500亿美元进行大规模外汇市场干预，有效地维护了超蛇形联合浮动汇率机制。

4.《马约》与欧洲经济货币同盟

20世纪80年代下半期，受欧洲经济持续稳定增长的鼓舞，欧洲货币一体化进程开始加快。1989年6月提交马德里峰会的《德洛尔报告》（Delors Report）获批准，认为建立货币同盟应具备三个条件：一是货币完全和不可取消的自由兑换；二是在银行和其他金融市场充分一体化的基础上实现资本的完全自由流动；三是取消汇率波动幅度，实行不可改变的固定汇率平价。报告中虽然没有强调必须实现单一货币，但是在欧洲经济货币同盟详细的时间表（见表11-3）中，把单一货币看作“货币同盟自然和理想的进一步发展”。

表11-3　欧洲经济货币同盟时间表：《德洛尔报告》

阶段	主要目标
第一阶段	从1990年6月开始，撤销成员国外汇管制，进一步深化金融一体化；争取所有成员国以同等条件加入EMS的汇率机制，汇率波动幅度都缩小到±2.25%；消除对私人使用ECU的限制；扩大成员国中央银行行长委员会的权力和权限
第二阶段	进一步协调各国经济政策，继续充实欧洲货币基金；建立联邦式的“欧洲中央银行体系”，制定共同体的货币政策，但各国中央银行有最终决策权
第三阶段	成员国汇率完全固定；欧洲议会将享有约束成员国财政和其他经济政策的权力；推行单一欧洲货币；由欧洲中央银行体系（ESCB）集中并管理官方储备，对外汇市场进行干预，为过渡到单一共同体货币做制度和技术准备

1991年12月，欧共体在马斯特里赫特峰会签署《关于欧洲经济货币同盟的马斯特里赫特条约》（Maastricht Agreement on Economic and Monetary Union），简称《马约》，积极推动欧洲经济货币同盟成立。主要内容包括：1990年7月—1993年底，完成《德洛尔报告》第一阶段任务，所有成员国以相同条件加入汇率机制；从1994年开始各国调整经济政策，使主要经济指标达到规定标准，缩小成员国经济发展水平的差距；最早于1997年但不晚于1999年1月1日发行单一货币——欧元。1993年11月1日，《马约》正式生效，欧共体更名为欧盟，向地区性经济政治实体过渡。

《马约》为各国过渡到欧洲经济货币同盟制定了四个共同标准，符合这些标准的成员国才有资格加入欧盟。(1) 通货膨胀率不超过三个成绩最好国家平均水平的1.5个百分点；(2) 当年财政赤字不超过GDP的3%，累积公债不超过GDP的60%；(3) 政府长期债券利率不超过三个最低国家平均水平2个百分点；(4) 在加入欧盟之前两年汇率稳定，中心汇率不得重组。

5. 欧元启动

1999年1月1日，欧洲单一货币——欧元正式启动。欧元货币符号为€，以1∶1的比率取代ECU，作为储备、投资、计价和结算货币，开始在货币市场、银行间同业拆借市场的所有经济活动中享有与信用卡、支票、电子货币等同的功能。2002年1月1日，欧元纸币和硬币正式进入流通。各成员国货币经过半年时间的混合流通后宣布退出历史舞台。2002 年 7 月 1 日起，欧元成为欧元区市场流通中的唯一法定货币。欧洲中央银行也从 1999 年开始运行，负责维护欧元稳定，统一管理主导利率、货币储备及货币发行等，制定统一的货币政策，建立和完善货币政策机制。与此同时，各成员国中央银行自动成为欧洲中央银行的执行机构，不再单独制定货币政策。截至 2018 年，欧元区国家共有 19 个：奥地利、比利时、芬兰、法国、德国、希腊、爱尔兰、意大利、卢森堡、荷兰、葡萄牙、西班牙、斯洛文尼亚、斯洛伐克、爱沙尼亚、塞浦路斯、马耳他、拉脱维亚和立陶宛。

11.2.3 欧元为世界带来了什么

1. 对美元在国际金融格局中的主导地位直接提出了挑战

虽然布雷顿森林体系下的美元本位时代已经远去，但美元至今仍然是关键货币。统计数据表明，美元在各国外汇储备中所占比重达 60%，占国际金融交易总额的 80%以上，作为国际贸易计价和结算货币的金额也超过一半。但美国经济在世界经济中的比重有所降低，美元地位与美国综合国力发生了偏离。更严重的是，无论是在国际经济舞台上还是在重要的国际金融组织中，美国意志的影响似乎都潜移默化地存在。对于整体实力已经接近甚至可能超过美国的欧盟来说，这一点无论如何都是它不愿接受的。德国前外长金克尔曾说，欧洲要按照自己的意愿影响全球化趋势，单凭一国或几个国家的力量根本办不到，欧洲必须充分发挥统一货币的优势，完善和发展统一市场，在参与全球化的进程中提高效率，提高竞争力。因此，欧元的出现在某种程度上是对美元地位的“纠偏”。而且，欧元与美元的竞争关系必然对世界经济格局产生实质性影响。无论美国愿意与否，这都是一个不可逆转的大趋势。

2. 对现行国际货币体系提出了挑战

欧元启动后，首批 11 个国家在国际货币基金组织的份额合并达到 37%①，而且这些国家已就在国际货币基金组织及其他相关国际机构中的代表权问题达成一致。与美国不足 20%的基金份额相比，欧盟国家有望在此后的国际政治经济舞台上掌握更大的话语权，改变国际政治力量对比，从根本上打破美国一家主宰国际货币体系和金融事务的局面。相应地，以美元为主导的国际货币体系必然发生重大变化，甚至进行彻底改革。

3. 对传统的国家主权提出了挑战

金融是一国经济的命脉，货币不仅是经济主权的象征，还是一国宏观经济政策的核心。在全球化背景下，11 个国家在平等、互利的基础上，在政治主权没有合并的前提下，在区域集团利益的驱使下，主动放弃本国货币，创造一个区域共同货币，以欧洲中央银行的统一货币政策替代各国独立的货币政策。这种“多国一制”的货币制度创新，无疑是人类文明史上的创举。从传统的国家主权来看，放弃本民族钟爱的货币，追求一种全新的仍然充满变数的区域共同货币，是各国让渡经济主权的冒险之举。在放弃了货币、汇率、贸易等诸多政策权力后，一旦内部均衡问题的严重性超过外部均衡，欧元区的稳定性就会面

① 芬兰在 1995 年成为欧盟成员国后加入欧元区。

临冲击和危险，现实中统一货币政策与分散财政政策之间始终难以协调。而且，欧洲政治一体化的理想真的能够付诸实践吗？这对于已经取得的经济、货币一体化阶段性成果又有怎样的意义？事实上，迄今为止对区域共同货币的怀疑态度仍旧存在，关于欧元实践能否经得起时间考验的争议还在继续。

4. 对地区和世界经济的长远发展具有深远影响

受到欧元成功启动的鼓舞，建立区域共同货币的议题也被许多其他国际经济组织提上日程。东南亚中央银行研究和培训中心、中非和西非货币同盟、中美洲经济一体化银行、阿拉伯货币基金组织、北美自由贸易区等纷纷兴起，一时间地区性货币一体化成为国际金融领域最热门的话题。这些组织尽管在金融和货币一体化方面的成就十分有限，但仍然在区域性货币经济协调方面发挥了重要作用。有关东亚区域合作规划的讨论也在升温，甚至已经有学者开始设想，未来是否会在亚欧大陆的另一端诞生东亚区域共同货币——亚元。

11.3 “美元化”道路

在汇率制度选择的争论中，许多学者认为对于那些国内经济形势极不稳定、官方制定和实施货币政策以调控经济的能力又比较差的国家来说，实行固定汇率制度，以汇率目标替代货币目标，将是一个比较理想而且可行的选择。为解决公众对货币当局的不信任，增强抑制国内通货膨胀的效果，一些国家特别采取了货币委员会制。然而，与货币委员会制放弃了自主货币政策相比，实践中还有更加激进的做法：将本币发行权一并放弃，直接使用其他货币作为本国流通中的法定货币。这种行为被称作美元化(dollarization)。

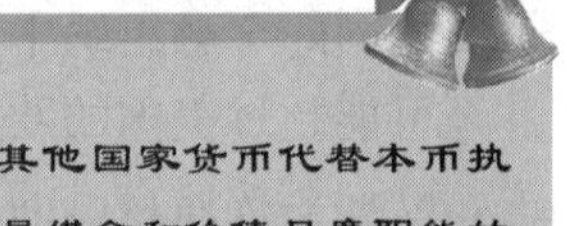

美元化，指使用其他国家货币代替本币执行价值贮藏、交易媒介和价值尺度职能的现象，而不仅仅局限于美元这一种货币。欧元启动前，有些非洲国家以法国法郎作为本国的法定货币，同样也被称为美元化。

从20世纪80年代开始，一些发展中国家在国内通货膨胀居高不下，或是本币贬值预期强烈的背景下，毅然选择美元化道路。这些国家不仅放弃了货币政策独立性，不再承担对国内金融体系的存款准备要求和最后救助责任，而且也因放弃了货币发行权力而不再享有信用货币巨大的发行收益。显然，这笔巨额收益完全由该国流通中法定货币的发行主体享有，而发行国的经济状况和货币政策也自然传输到美元化国家。

由此可以判断，经济规模比较大或宏观调控机制相对成熟的国家都不宜实行美元化。

根据统计，除去欧元区19国使用区域共同货币外，另有44个国家和地区采用其他国家货币作为法定流通货币。厄瓜多尔和巴拿马等小国属于典型的美元化国家，还有一些地区部分地实行了美元化（见表11-4）。此外，20世纪90年代后期以来，北美洲、中美洲和南美洲的很多国家也都围绕本国货币的美元化问题展开了激烈的争论。

表 11-4 选择"美元化"汇率安排的国家和地区（截至 2016 年 10 月）

作为法定货币流通的货币		国家（地区）
美元（8 个）		厄瓜多尔、萨尔瓦多、马绍尔群岛、密克罗尼西亚、帕劳、巴拿马、东帝汶、津巴布韦[a]
欧元（6 个）[b]		安道尔、科索沃、梵蒂冈、黑山共和国、圣马力诺、摩洛哥
澳大利亚元（3 个）		基里巴斯、瑙鲁、图内瓦
新西兰元（2 个）		库克群岛、纽埃
其他（2 个）		列支敦士登（瑞士法郎）、巴勒斯坦（以色列新谢克尔）
东加勒比元[c]	东加勒比货币联盟（7 个）	安提瓜和巴布达、多米尼克、格林纳达、蒙特塞拉特、圣基茨和尼维斯、圣卢西亚、圣文森特与格林纳丁斯
非洲共同体法郎（西非法郎）[d]	西非经济货币联盟（8 个）	贝宁、布基纳法索、科特迪瓦、马里、尼日尔、塞内加尔、多哥、几内亚比绍
中非金融合作共同体法郎（中非法郎）[e]	中非经济与货币共同体（6 个）	赤道几内亚、刚果共和国、加蓬、喀麦隆、乍得、中非共和国

注：a. 本国货币津巴布韦元自 2009 年 2 月起已停止流通，改为流通美元和南非兰特等 9 种货币。

b. 不包括 19 个欧元区国家。

c. 以美元为货币锚。

d. 以欧元为货币锚。

e. 以欧元为货币锚。

资料来源：IMF Annual Report on Exchange Arrangements and Exchange Restrictions，2016；相应国家网站。

11.4 汇率目标区方案

11.4.1 汇率目标区的含义

克鲁格曼、麦金农等学者提出，如果无须在固定汇率和浮动汇率之间做出非此即彼的选择，为什么不考虑在两种极端方式间寻找一种折中方案？在限制汇率波动性的同时，允许某些国家币值变化来消除不同汇率安排间的差异，通常我们把这种做法称作汇率目标区方案。

就含义而言，汇率目标区有广义和狭义两种理解。广义汇率目标区，泛指将汇率波动限制在中心汇率附近一定区域内的汇率制度。狭义汇率目标区，特指 20 世纪 80 年代初美国学者威廉森（J. Williamson）提出的以限制汇率波动幅度为核心，包括确定中心汇率及其变动幅度、维持目标区的国内外政策协调等内容的国际货币体系设想。这里只对广义汇率目标区方案做简要介绍。

汇率目标区方案与前面提到的几种居中安排虽有相似之处，但并不一致。与管理浮动相比，目标区货币当局会对一定时期的汇率波动做出比较确定的区间限制，同时货币当局对汇率变动的关注程度大大提高，在必要时需通过货币政策等措施使汇率变动尽可能不超出目标区范围。与可调整钉住汇率或钉住汇率幅度相比，目标区货币当局并不严格承诺在任何情况下都维持汇率目标区，而且目标区本身可以随时根据经济形势变化进行调整，所以相对而言目标区方案下汇率变动的范围更大。

汇率目标区方案有“硬目标区”和“软目标区”之分。所谓硬目标区，指汇率变动幅度较小，较少调整，目标区内容对外公开，政府负有以货币政策维持汇率目标区的较大责任。所谓软目标区，指汇率变动幅度较大，且经常调整，目标区内容严格保密，政府不必然要通过货币政策来维持汇率目标区。

11.4.2 汇率在目标区内的表现

图 11-4 给出了汇率目标区的直观解释，其实就是货币当局规定的汇率上下限之间的允许波动范围。当汇率接近波幅上限时，若不调整目标区，中央银行很可能要卖出足够多的外汇储备以防止本币进一步贬值。同样，当汇率逼近波幅下限时，中央银行有可能要买入足够的外汇以阻止本币进一步升值。但是在规定波幅以内，中央银行不会干预外汇市场，允许汇率在目标区内自由浮动。由此可见，如果汇率波动幅度规定得很窄，则汇率目标区更接近于固定汇率安排；如果汇率波动幅度很宽，则目标区方案更接近于浮动汇率安排。

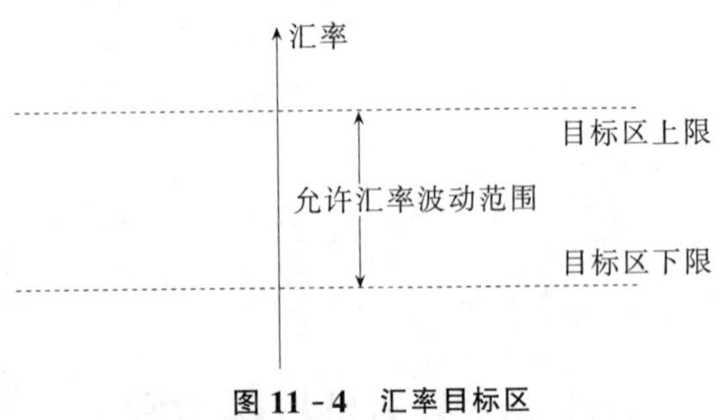

图 11-4 汇率目标区

为方便说明汇率在目标区内是如何变动的，假定汇率水平与国内货币供给增长率之间存在线性关系，于是便得到图 11-5 中汇率在目标区内的理想运动轨迹——虚线 AB。虚线 AB 向右上方倾斜，代表本国货币扩张会引起本币贬值，汇率上升。

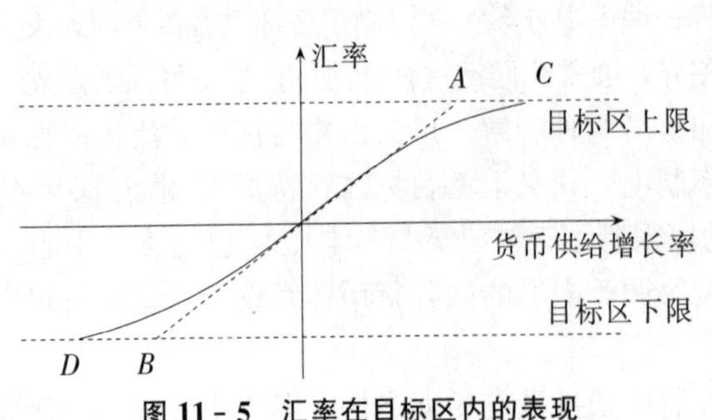

图 11-5 汇率在目标区内的表现

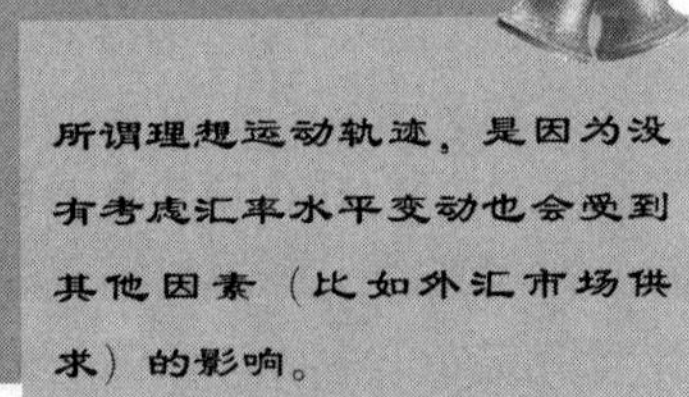
所谓理想运动轨迹，是因为没有考虑汇率水平变动也会受到其他因素（比如外汇市场供求）的影响。

如果目标区内的汇率变动确实有此轨迹，那么对于货币当局和微观市场主体都将是一件幸事，因为实现了一种有限波动幅度的浮动汇率安排。但实际情况是，汇率不大可能沿图中虚线变动。当汇率接近目标区波幅界限时，投机者就会预见中央银行可能采取干预措施，于是调整自己对该国货币的需求。比如，若汇率接近波动上限，市场预测中央银行将卖出外汇，防止汇率突破上限，于是预期外汇远期贴水。在这一预期指导下，即期外汇市场上对本币的需求就将上升，目的是享有未来汇率下跌、本币升值的收益。但是由于即期市场追捧本币，即期汇率就会下降，外汇市场的投机行为将造成实现的均衡汇率水平（实线部分）在一定程度上低于真实浮动条件下（虚线部分）的汇率水平。均衡汇率在逐渐逼近目标区上限时具有边际递减的特点，所以中央银行干预外汇市场的临界点较 A 点必然进一步向远端发展。

请自行推导当汇率接近目标区下限时投机活动会如何影响即期汇率水平。

不难发现，如果其他因素保持不变，目标区内的均衡汇率轨迹就将是一条呈S形的平滑曲线。这条S曲线的推导过程显得如此顺理成章，以至于后来许多学者花费很长时间试图完成从理论推导到实证检验的继续研究。遗憾的是，经过对长短期利率、价格水平、国际收支差额等几乎所有相关历史数据的检验，仍然无法从汇率区实践中——比如布雷顿森林体系以及欧洲货币同盟——发现足以支持S曲线的有效证据。

科学的最大悲哀莫过于让我们亲眼见证残酷现实对美好理论假说的无情践踏。

——斯德哥尔摩大学拉尔斯·斯文森

11.4.3 对汇率目标区理论的修正

S曲线未能通过经验数据的检验，说明利率、价格水平等经济变量的真实变动方式与汇率目标区理论的基本假设仍然存在较大距离。在一片质疑和争议之中，对汇率目标区理论的修正主要集中于两个方面：一是目标区政策可信度的影响，二是中央银行进行目标区内干预的影响。

蜜月效应，指目标区均衡汇率始终围绕中心汇率上下变动，具有自动回归倾向，宛如热恋中的情侣彼此依赖，即使短暂分别也总是急于重新相聚。

如果交易者确信汇率将永远只在目标区内变动，政府只在汇率达到目标区上下限时才进行干预，经济基本面的变动完全是随机的，那么每当汇率接近目标区边界时，交易者对汇率调整的预期就会使汇率重新趋向中心汇率水平。这时的预期产生了稳定性影响，使汇率不必政府干预也不会超过目标区范围，于是均衡汇率与其主要决定因素（比如货币供给增长率）之间表现出稳定的S曲线相关关系，这种情形通常被称作“蜜月效应”（honeymoon effect）。但如果经济基本面朝某一特定方向发生较大变动并表现出长期趋势，交易者可能倾向于认为目标区政策将发生重大变化，比如调整中心汇率，或者中央银行为实现特定汇率目标而在达到理论临界点之前就进行外汇市场干预。而随着汇率目标区政策可信度的降低，针对中心汇率即将调整的市场普遍预期导致大规模投机活动，使均衡汇率越来越偏离以往中心汇率水平，剧烈的汇率变动甚至可能超出浮动汇率制下的正常波动。结果，中央银行更加可能推行目标区内干预政策——事实上，几乎所有目标区货币当局都一直如此操作，而且今后还将继续这种行为——从而改变了均衡汇率的变动轨迹。由此可见，汇率目标区理论的基本推理仍然成立，只是均衡汇率与其主要决定因素之间不再可能出现稳定的S曲线相关关系，这种情况被称作目标区均衡汇率的“离婚效应”（divorce effect）。

离婚效应，指某些情况下目标区均衡汇率表现出过度波动，甚至远离中心汇率的倾向，正如褪去了爱情冲动又暴露了双方缺点的婚姻生活，琐碎小事也可能激化矛盾，甚至导致离婚。

可喜的是，学者们对汇率目标区基本理论框架的修正已经有所进展。比如，美国学者克莱因（Klein）、迈克尔（Michael）和刘易斯（Lewis）的拓展模型①认为，交易者会通过对中央银行市场干预措施的观察，调整自己对目标区汇率实际波动幅度的预期，而这一幅度也正是中央银行愿意并且有能力加以维持的水平。他们运用《卢浮宫协议》后1987年2—10月德意志联邦银行、日本银行以及美联储对外汇市场进行协调性干预期间的经验数据，验证了上述结论。这似乎在一定程度上说明，如果不考虑目标区政策可信度和目标区内干预问题，那么单纯的S曲线对于解释目标区均衡汇率变动方式也是有益的。当然，如何使理论模型更加接近经济现实，对汇率目标区方案的过去表现和未来运行给予合理说明仍然是经济学家们的研究重点。

Summary

1. 国际货币体系，指由国际资本流动及贸易往来引起的货币兑换关系，以及相应的国际规则或惯例组成的有机整体。一般包括四个方面的内容：国际汇率安排，确立国际储备货币，解决国际收支不平衡问题，协调各国经济政策。历史上任何一种国际货币体系，都是特定历史时期、特定经济发展水平、特定国际政治经济形势下，各成员讨价还价、相互妥协的客观产物。总结以往国际货币体系的经验与教训，对于展望未来改革方向无疑有着重要意义。

2. 汇率制度指一国货币当局对本国汇率的形成和变动机制所做出的一系列安排或规定。从经济效率、经济稳定和货币政策自主性的角度来看，典型固定汇率制和浮动汇率制都表现出利弊兼具的特征。

3. 固定汇率制以汇率稳定为基本特征，有利于国际贸易和投资活动的开展，并且在抑制国内通货膨胀和避免滥用汇率政策方面具有优势，但要放弃自主货币政策，容易输入国外通货膨胀，造成内外均衡冲突。

4. 浮动汇率制通过自由浮动汇率可以自动实现外部均衡，在保持货币政策独立和避免通货膨胀跨国传播方面优势明显，但容易滥用汇率政策，使外汇市场过度动荡，危害国际经济交往。

---

① Klein, Michael and Lewis. Learning about Intervention Target Zones. Journal of International Economics, 35, 1993.

5. 为了同时实现汇率"稳定性"和"灵活性"，许多国家采取了介于固定汇率和浮动汇率之间的居中汇率安排，并做出了许多有益探索。

6. 货币委员会负责将本国货币钉住另一国货币，根据持有的外汇储备数量决定本国货币供给，不具有独立的货币政策。而且，货币委员会也不承担对国内金融体系的最后贷款者职责。这种汇率安排被认为有助于抑制国内较高的通货膨胀水平。

7. 最适货币区理论认为，如果在要素流动、金融交易和商品贸易方面高度一体化，经济高度开放的国家之间组成货币同盟，将会更有效地解决内部均衡和外部均衡的关系，从而降低经济成本，提高经济收益。

8. 经过多年探索，世界上第一个区域共同货币终于在欧洲诞生。欧元正式启动后，不仅对美元地位提出挑战，也对现行国际货币体系和传统国家主权提出挑战，更鼓励了其他地区的合作发展，对地区和世界经济未来发展产生深远影响。

9. 从 20 世纪 80 年代开始，一些发展中国家在国内高通货膨胀和本币强贬值预期的背景下，选择以美元代替本币充当流通中法定货币。这些货币当局在放弃自主货币政策、最后救助职责之外，更加放弃了庞大的货币发行收益。

10. 汇率目标区指汇率在规定目标区范围内自由浮动，而中央银行有责任在汇率达到目标区上下限时对外汇市场进行干预。如果目标区政策可信度高，中央银行不对目标区内汇率水平进行干预，则目标区均衡汇率的变动轨迹是一条呈 S 形的平滑曲线。由于实际情况经常与这些假设不符，所以 S 曲线与大部分经验数据并不吻合。

Key Terms

国际货币体系	特里芬难题	布雷顿森林体系	牙买加体系
稳定性投机	汇率错位	通货膨胀跨国传播	管理浮动
爬行钉住	钉住平行幅度	货币委员会	最适货币区理论
魏尔纳计划	经济先行论	货币先行论	蛇形浮动
超蛇形联合浮动	《德洛尔报告》	《马约》	美元化
汇率目标区	硬目标区	软目标区	S 曲线
蜜月效应	离婚效应		

Questions and Problems

1. 回顾国际货币体系的演变过程，尝试总结每一种体系的主要优点与不足。当前的国际货币体系主要存在哪些问题？

2. 为什么主要国家的汇率安排决定了国际货币体系的核心特征？试从理论和实践两方面予以说明。

3. 试比较固定汇率制与浮动汇率制的利弊。在你看来，一个国家选择固定汇率还是浮动汇率，主要应考虑哪些问题？

4. 如何理解牙买加体系下各国在汇率制度选择上表现出的多样化特征？

5. 欧元启动对现行国际货币体系、欧元区国家本身有何影响？如何理解长期以来欧元与美元之间的汇率走势？

6. 你认为东亚区域合作规划的前景如何？从欧元产生的背景及过程来看，东亚地区是否已经具备了建立区域共同货币的条件？主要障碍可能在哪些方面？

7. 请简要评述美元化的风险与收益。中国能否选择美元化道路？应当如何理解中国香港特别行政区所采取的美元联系汇率制度？

8. 结合既有理论与实践，你认为汇率目标区对中国而言是一种理想的汇率制度选择吗？

第十二章 国际资本流动与金融稳定

(International Capital Movements & Financial Stability)

学习目标

● 掌握不同期限国际资本流动对相关国家的影响；

● 学习国际资本流动对金融稳定的影响机制，掌握如何控制国际资本流动的不利影响；

● 学习运用各种金融危机理论模型分析重大国际金融事件；

● 了解国际经济政策协调对金融危机管理的意义。

本章预习

1997年亚洲金融危机以后，要不要对国际资本流动进行某种形式的监管和控制，成为人们乐于争论的话题。一般来说，当私人资本可以自由地跨国流动从而寻求最佳投资机会时，它们总是流向最具生产效率的地方，实现资源在更广大范围内的合理配置。发展中国家往往面对资金匮乏的困难，很想通过开放资本账户增加外资注入，提高经济发展水平，促进国内金融市场成长。但国际资本流动也会对相关国家产生负面影响，特别是短期投机资本更被视为引发金融危机的原因之一。所以，对于包括中国在内的广大发展中国家而言，要效率还是要稳定，这是个难题。

国际资本流动是指国家间的投融资活动，也可以理解为资本跨越国界的移动过程，其中金融资本流动占有主体地位。按照周转时间长短，将1年以上的国际资本流动称为长期资本流动，主要包括直接投资、中长期国际信贷和中长期国际证券投资；1年以内的国际资本流动称为短期资本流动，主要有短期国际信贷、短期证券投资、国际贴现和国际短期票据发行等。在国际收支平衡表的“资本和金融账户”中反映。

12.1 国际资本流动的经济效应

12.1.1 中长期国际资本流动

1. 积极效应

(1) 中长期资本流入有利于欠发达国家的资本形成，促进经济长期发展。

资本形成不足是阻碍欠发达国家经济发展的主要问题，较低的收入水平使得资本在形成的同时受到来自需求和供给两方面的掣肘，陷入自我压抑的怪圈。从这层意义上讲，引进外资是促进欠发达国家资本形成的有效途径。一方面，外资注入可以补充欠发达国家的资本供给，为其发展本国经济、增加出口贸易和提高国民收入创造有利条件。另一方面，有效利用引进的外资，可以增加对本国人力资源与自然资源的需求，在提高资源利用效率的基础上提高生产能力，从而实现国民收入增长，逐渐摆脱贫困约束。

具体而言，外国直接投资的投资决策由外国投资企业做出，即使并不完全符合本国发展目标，也还是直接作用于国内的资本形成，为资本流入国增添真正的新的生产力。至于国际借款（银行信贷、政府信贷或是债券发行等）和政府间的赠与款项，其使用方向则完全取决于资本流入国自身。或者由政府统筹，用于建设公共服务事业和作为社会经营资本，从而奠定长期经济发展的基础；或者由国内企业在利润最大化目标指导下自主决定投资项目，也对本国经济发展具有积极作用。

倘若国际投资或捐赠用于消费，则对流入国的资本形成没有任何裨益。所以欠发达国家往往要全面计划和安排对外资和本国资源的利用，以保证国内外可用资源的配置首先倾向于资本形成。

(2) 中长期资本流入有助于平抑国内经济周期的波动。

由于获得非居民的外国直接投资、银行贷款或证券投资资本，国内微观主体的金融活动范围就超出了本国市场的界限。这使得国内企业和消费者可以在本国经济衰退时借助资本输入继续从事投资和消费活动，在经济增长时再对外进行清偿。通过这种方式，国际资本流入在很大程度上发挥了平抑流入国经济周期的作用，从而为本国经济体系提供了更大的稳定性。

与此同时，国内投资者也在一定程度上享受到了在国际范围内进行多样化投资的好处，降低了因国内经济波动而不得不面对的风险程度。而相对提高的收益水平，很可能刺激国内储蓄和投资活动的高涨，使资本流入国的产出效应进一步放大。

(3) 资本流出有利于提高本国资源的利用效率。

在多数富裕的发达国家，市场成熟度越高，利润平均化作用越明显，寻找高收益投资项目的难度也就越大。如果资本流动不受阻碍，那么储蓄资源就会流向最具发展潜力、使用效率最高的地方，挖掘具有更高收益的投资项目，使得资源可以在更大的范围内得到合理而充分的配置。

另外，流入国国民收入的提高必然带动进口增加，如果新增进口的大部分订单落入资本流出国的手中，则意味着流出国的出口将会扩大。在外贸乘数的作用下，这就会引起该国国民收入水平提高，于是储蓄增加，投资增加，收入水平可能进一步提高。由此可见，在一定条件下，资本输出甚至可以推动本国收入水平进入一个螺旋上升的良性循环。虽然当期的资本外流对国内投资水平具有一定的挤出效应，但是从长远来看，未必导致国内消费与投资的减少。所以，只要资本输出的资金来源选择得当，资本输出国的消费与投资不仅不会减少，反而可以成为推动国民收入增长的有利因素。

2. 不利影响

对资本流入国来说，在享受国际资本流动各种积极效应的同时，也不得不面对伴随而来的风险甚至危害。一旦处理不当，就很可能陷入危机境地，招致严重的损失。

（1）中长期国际资本流动与汇率稳定。

汇率变动是资本跨国流动不可避免的问题，而且期限越长，相应的外汇风险程度可能就越高。从宏观上看，汇率变动可能因为恶化贸易条件或者引起旅游业波动而改变一国的资本流动状况，也可能因为货币当局调整外汇储备规模和结构而影响资本流向和数量，从而对国民收入、国内就业及经济发展等宏观因素不利。从微观上看，汇率波动超出预期水平会加大企业成本与收益核算的难度，从而影响企业涉外业务，也就影响到私人资本的跨国流动；如果汇率变动加大了企业对外的债务负担，造成企业不能按时偿还到期外债，就会影响进一步的国际资本流入，并最终影响到相关企业的经营战略。

（2）中长期国际资本流动与利率稳定。

根据存在形态，国际资本流动可以分为外国直接投资（foreign direct investment，FDI）、国际证券投资、国际信贷（包括国际商业银行贷款和政府贷款）及其他形式。也可以按照周转时间长短，将1年以上的国际资本流动称为长期资本流动，主要包括直接投资、中长期国际信贷和中长期国际证券投资；将1年以内的国际资本流动称为短期资本流动，主要有短期国际信贷、短期证券投资、国际贴现和国际短期票据发行等。此外，根据流动资本的属性和途径，还可以划分为私人资本流动和官方资本流动。

FDI的特征在于非居民对一国经济实体拥有永久利益，除直接建立分支机构以外，一般认为持股10%以上即构成实际所有权，所以相应的跨国资本流动也纳入直接投资范围。在我国，只有外国资本超过企业股权的25%，才视为外商来华直接投资。

国际资本流动是国际贸易、国际分工深化的产物。没有对外开放、国际贸易以及跨国生产，就没有国际资本流动。

利率变动使借贷双方都面临遭受损失的可能性，而且期限越长，相应的利率风险程度可能越高。对国际商业银行来说，资金来源往往是吸收存款或发行金融债券，与资金运用之间存在着利率不匹配的问题。这不仅表现为浮动利率与固定利率的不匹配，也表现为利率期限的不匹配。所以，国际金融市场利率的变动，可能造成国际商业银行在支付借款利息和收取贷款利息两方面同时蒙受损失，使其比申请国际银行信贷的涉外企业面对更加复杂的利率风险。

就国际债券而言，债券发行人所面对的利率风险与上述借款企业相似。而对债券投资者来说，如果其购买了固定利率债券，市场利率的上升会导致其承受少收利息的经济损失，以及债券市场价格下跌造成的价差损失。如果是投资于浮动利率债券，市场利率的下跌也会导致其承受少收利息的经济损失，但是债券市场价格上升可能在债券转让时产生资本利得，在一定程度上减少了利率风险的损害程度。

（3）中长期国际资本流动与银行稳定。

发展中国家的金融体系大多以间接融资为主，所以流入的国际资本中有相当部分会首先进入这些国家的银行体系。20世纪90年代私人资本大规模进入发展中国家，严重冲击了本来就不那么完善的银行体系，为后来的金融危机埋下了祸根。

如果国际资本是以国内银行对外负债的形式流入，就会直接扩大国内商业银行的资产负债规模。当中央银行从这些商业银行处购入外汇资产时，若不采取冲销性货币政策，就将通过信贷扩张增加本国流通中的货币数量，提高通货膨胀压力。而官方外汇储备增加，也容易带来外汇市场本币升值的压力。尽管中央银行可选择的冲销措施有多种，但是各自都存在一些问题。比如，法定存款准备金率的调整效力过于猛烈，不宜频繁使用，且对非存款货币银行不起作用；而公开市场操作和再贴现等还要以发达的金融市场为前提。而且，若中央银行采取冲销性货币政策，相当于把国际资本流入的风险从商业银行体系转移到中央银行，从而造成潜在的公共成本。

国际资本流入不仅影响商业银行的资产规模，也会改变银行的资产负债结构。银行对外债务增加如果只造成国外资产增加，即发放对外贷款或投资于外国证券，则扩张效果会比较小。但绝大部分发展中国家商业银行的外币负债要比外币资产增加得更快，同时国内的非政府存款也急剧上升。这表明国际资本流入会直接或间接地导致国内贷款、消费或投资的增加。在此情形下，银行部门是否可靠、银行贷款或投资决策是否科学，将直接影响国际资本流入的效应和效率。事实证明，许多国家银行体系的问题，主要是低劣的贷款决策和对贷款风险管理不当造成的。一旦银行过分地陷入这种风险，很可能要面对巨额亏损。

（4）中长期国际资本流动与债务危机：拉美案例。

20世纪80年代的拉美债务危机是历史上最著名的国际债务危机之一。

> 国际债务危机（international debt crisis），是指债务国因经济困难或其他原因而不能按期如额地偿还债务本息，致使债权国与债务国之间的债权债务关系不能如期了结，并影响债权国与债务国各自正常经济活动及世界经济的正常发展。

1980年开始，主要西方国家先后爆发了第二次世界大战以后最严重的经济衰退，个别国家甚至出现了负增长。由于对发展中国家的进口需求减少，导致国际资本市场的主要债务国出口收入大幅下降，贸易条件恶化，经常账户逆差剧增，外债偿付能力大大降低。

与此同时，里根政府采取了严厉的紧缩性货币政策，美元利率大幅度提高。其他发达国家为制止资金流出，只好相应提高利率。七个主要西方国家长期资金的平均利率由1979年的9.3%上升到1982年的12.4%。由于许多发展中国家的外债是美元浮动利率贷款，所以利息支付成本快速上升，造成了债务国资金的严重外流。

由此可见，20世纪80年代初的国际经济环境对债务国极为不利。世界性经济衰退导致它们出口困难，收入下降；而国际金融市场利率上升又增加了外债本息支出，使债务负担进一步加重。所以，国际经济环境的意外变动，最终成为此次全球范围债务危机的直接导火索。

20世纪80年代的国际债务危机具有以下特点：

①债务规模巨大。根据 IMF 统计，1973—1982 年，非产油发展中国家的债务总额从 1 031 亿美元增加到 8 420 亿美元，负债率从 115.4%升高到 120%，偿债率从 15.9%升高到 19%；每年的还本付息额已经逼近 1 000 亿美元。巨大的外债规模是此次危机的主要特征。

②卷入国家多、涉及范围广。1981 年和 1982 年两年，重新安排债务谈判达到 27 次，涉及 16 个国家。1983 年谈判次数上升到 30 次，涉及 29 个国家。频繁与大规模的债务重新安排已经成为此次国际债务危机的重要特点。

③危机国国际收支恶化，官方外汇储备剧减。受 80 年代初西方经济严重衰退的影响，发展中国家出口量急剧减少，导致国际收支恶化，从 1980 年顺差 226 亿美元转变为 1981 年逆差 563 亿美元和 1982 年逆差 996 亿美元。为弥补巨额国际收支逆差，并偿付到期债务本息，发展中国家动用了大量外汇储备。1981 年和 1982 年两年，25 个主要债务国共使用了 300 亿美元外汇储备，许多国家的外汇储备已经降到两个月进口额这一最低国际标准之下。

④债务地区和国家高度集中。从地区分布看，发展中国家债务大多集中在拉美和非洲，二者之和接近债务总额的 55%。从国家来看，在 100 多个发展中国家中，主要债务国有 25 个，占发展中国家外债总额的 80%。其中，巴西和墨西哥是两个最大的重债国，几乎占发展中国家外债总额的 1/4。还有一个特点是，大部分债务集中在中等收入国家，高收入和低收入国家的外债数额并不太多。几乎所有重债国和大多数主要债务国都在 20 世纪六七十年代大量引进外资，从而经济发展速度比较快，到 80 年代成为中等收入国家，但是由于未能及时调整经济发展战略，所以在债务偿还高峰期发生了危机。

⑤债务结构对债务人不利。长期贷款占到 80%，其中主要是国际商业性银行贷款，很容易出现偿债高峰。而随着债务问题日趋严重，主要债务国又出现了债务期限不断缩短的趋势，但同样是以商业性贷款为主。援助性的、优惠的政府或国际金融组织贷款，不仅数量有限，而且贷款条件苛刻。这对于有着旺盛资金需求的广大发展中国家来说，更是雪上加霜。

通常认为，导致 20 世纪 80 年代国际债务危机的原因主要有三点。第一，70 年代初以来外债规模越来越大，累积数额过于庞大，同时债务结构发生了实质性改变。第二，债务国往往采取了不适当的国内经济政策，使得借入的国际资本使用效率低下，未能实现预期目标。第三，遭遇了不正常的外部条件，即发达国家严重的经济衰退，以及世界范围的高利率经济环境等。显然，这些也是发展中国家今后参与国际资本流动应当引以为戒的教训。

12.1.2 短期国际资本流动

所谓国际投机资本，特指那些没有固定投资领域、期限较短、以追逐高额短期利润为目的而在各个金融市场之间移动的资本。

短期国际资本流动中最具代表性的当属国际投机资本，它所占的比重最高，通常以间接投资形式出现，主要流入一国的证券市场、衍生产品市场、短期信贷市场，从事高风险、高预期收益的金融交易。一方面，国际投机资本大量流入发展中国家，主要是亚洲和拉美。另一方面，机构投资迅速发展，国际投机资本不再是“散兵游勇”，而是以投资基金等机构投资者身份出现的强大的“集团作战”。作为一种现代的集合投资制度，基金公司的资金规模庞大，基金管理人员的专业知识丰富、交易技术先进。国际投机资本的机构化运作方式，给各国金融市场带来了深远的影响。

国际投机资本具有规模大、周期短、流动速度快、风险高、影响巨大等典型特点。套利、避险、投机是引起短期资本流动的主要原因。据估计，每天有大约2万亿美元的投机资本在游走中寻找归宿，相当于跨国实物贸易所需的相应流动资本金额的几百倍。国际投机资本普遍应用杠杆交易，总是以较少的“按金”买卖几十倍甚至上百倍于按金的金融合约，从而使得一家金融机构的少量按金就有可能影响整个金融市场。发达的国际金融市场，不仅可以容纳规模庞大的国际投机资本，还为其提供了高度流动性，所以快进快出也就成为国际投机资本的标志性特征。由于投机决策是以预期为基础的，所以国际投机资本流动受到心理因素的影响很大。

1. 积极效应

（1）有助于国际金融市场发展。

首先，国际资本流动加速了全球经济和金融一体化进程。特别是国际投机资本在世界各主要金融市场的套汇、套利活动，使国际金融交易中的汇率差异和利率差异明显缩小，呈现出价格一体化趋势。其次，国际资本流动极大地增强了国际金融市场的流动性。利用现代化的通信和交易手段，国际资本可以迅速地从一国流向另一国，从而满足国际金融市场的资金需求，同时降低国际金融交易成本。虽然大部分短期国际资本带有投机性质，容易冲击市场运行。但也必须看到，投机资本的进入承担并分散了国际金融市场上的价格风险，在为避险需求者提供流动性的同时，更有可能减少市场价格的波动程度，提高国际金融市场的效率和稳定性。

（2）有利于促进国际贸易发展。

应收账款融资、国际保理、信用证融资等短期贸易融资方式，既有利于出口商进行资本周转，也为进口商解决了支付困难，从而直接推动了国际贸易的扩大。同时，出口信贷等中长期贸易融资方式也为扩大贸易产品范围拓宽了思路。更重要的是，为国际贸易提供融资服务，培育并锻炼了发展中国家的金融机构，为其进入国际金融大舞台做好了技术和声誉上的准备。

国际贸易基础和环境的改善，对各相关主体都有帮助。所以，国际资本流动促进国际贸易发展，不仅对资本流入国具有积极效应，也同样有利于资本流出国。

（3）为跨国公司短期资产负债管理创造了便捷条件。

跨国公司短期投融资活动在较大程度上依赖于国际金融市场，特别是其中的欧洲货币市场。因此可以认为，国际资本流动间接地拓宽了跨国公司财务主管的视野，有利于提高短期资产负债管理效率。

（4）有利于解决国际收支不平衡问题。

国际收支不平衡的国家，因国际金融市场的发展而得到了弥补国际收支赤字，或者充分利用国内盈余资金的便捷方式。据世界银行统计，广大非产油的发展中国家、中等发达国家甚至发达国家的暂时性国际收支逆差，绝大部分是通过在国际金融市场筹集短期资金来弥补的；而石油输出国、日本等长期国际收支巨额顺差国家，也是在国际金融市场发展中提高了国内资本的利用效率。

2. 不利影响

外国短期证券投资，尤其是股票投资快速增加，是20世纪90年代以来大多数发展中国家共同的经历。巨额国际资本一方面可能带动股票市场以外的其他金融资产价格波动；另一方面可能通过证券价格波动影响金融机构的收益和资本金。结果，短期国际资本对股票市场的冲击就有可能酿成整个金融体系的灾难。

国际投机资本的高流动性和高投机性，意味着只要某国经济走势有了些许朝不利方向发展的苗头，即使是毫无事实依据的谣言或预言，也会使巨额国际资本加速外逃，导致该国宏观经济迅速恶化，严重时还会引发货币危机和金融危机。危害的具体表现通常有：(1) 影响当事国的外债清偿能力，降低国家信用等级；(2) 导致市场信心崩溃，从而引起更多的资本撤出，使当事国金融市场陷入极度混乱；(3) 造成国际收支失衡；(4) 导致当事国货币价值巨幅波动，面对极大的贬值压力。

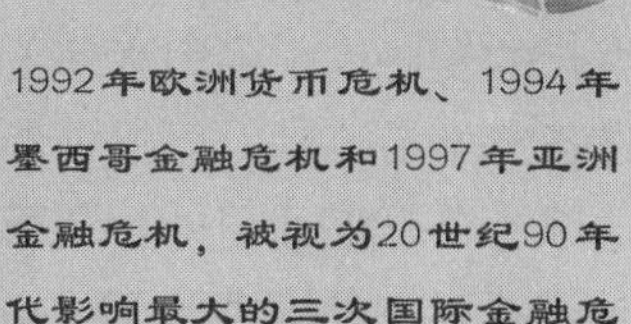

1992年欧洲货币危机、1994年墨西哥金融危机和1997年亚洲金融危机，被视为20世纪90年代影响最大的三次国际金融危机。三者的共同点在于都与国际短期资本流动有密切关系。

一般认为，国际货币危机是与对汇率波动采取某种限制的汇率制度相联系的，主要发生在固定汇率制下，表现为外汇市场上单方向的持续操作迫使该国最终放弃固定汇率制度，导致外汇市场出现造成剧烈动荡的带有危机性质的事件。广义的货币危机，也指汇率变动在短期内超过一定幅度（比如15%～20%）的情况。不难发现，国际货币危机发生在外汇市场上，而汇率的过度波动往往会诱发国内股票市场和银行体系的全面金融危机；从另一个角度来看，国内政治经济因素所导致的金融危机也有可能触发货币危机。

广义货币危机泛指短期内汇率的波动幅度过大，狭义货币危机特指一国因投机冲击而突然放弃固定汇率平价。

12.2 国际资本流动影响金融稳定

12.2.1 主要作用机制

从经验事实来看，在经济和金融开放的背景下，几乎所有的大型金融危机背后都存在着国际资本流动的影响。一般而言，国际资本的大规模流动可能会对金融稳定产生一定的不利影响，其主要机制包括以下几个方面：

1. 国际资本外逃导致金融市场不稳定

当金融危机发生时，国际资本会大量从东道国撤离，引发东道国资产价格泡沫的破灭。泡沫破灭将会恶化微观经济主体的资产负债表，从而影响其偿还贷款的能力，而这必将导致银行呆账与坏账的大幅度上升。银行为了抵御危机对自身的影响，相应地会实行紧缩的信贷政策。而信贷紧缩的直接后果就是以银行为主要资金来源的企业财务状况恶化，面临倒闭和破产的局面，这又进一步导致银行不良贷款的上升，从而形成了“信贷紧缩—不良贷款”的恶性循环。同时，资产价格的下跌也会加速国际资本的外逃，从而导致利率上升、汇率不稳定、国际收支失衡等一系列不良后果。在这一局面下，东道国政府会动用本国的外汇储备干预外汇市场，以维持本币汇率的稳定。但外汇储备的明显下降会动摇投资者对政府维持汇率稳定能力的信心，从而造成进一步的国际资本外逃。

2. FDI 撤资对金融稳定的负面影响

在传统观点下，FDI 一般被认为是相对稳定的引资方式，但随着经济全球化和金融自由化的发展，很多因素使 FDI 变得不那么稳定。特别是在金融危机发生时，虽然厂房和设备等不易流动，但投资者可以将其资产作为抵押，向银行取得贷款，再通过资本运作将这部分资金汇往国外，从而实现 FDI 的实质性撤资，将金融风险转嫁给东道国银行。同时，新兴市场国家的 FDI 近年来越来越多流向第三产业，但第三产业 FDI 大多是市场需求型的，很难直接赚取外汇，而在设备进口和利润汇回等项目上又会形成对外支付。并且，随着盈利的不断持续，利润汇回的总额将会很快超过 FDI 的初始流入额，从而对东道国国际收支产生负面影响。

3. 国际证券投资对金融稳定的负面影响

当国际资本流动表现为证券投资时，由于这一形式的短期资本是波幅最大并且最不稳定的资本，往往会加大东道国证券市场的波动。新兴市场国家的证券市场一般发育程度较低，当其开放本国证券市场时，更容易受到外部风险的冲击。特别是在发生金融危机时，证券投资最容易表现出逆转性。当投资者预期资产价格将会缩水时，便会迅速撤回资本，从而对东道国金融市场产生极大冲击。

4. 大规模国际资本流动的溢出效应对金融稳定造成不利影响

当金融危机发生时，一国由于自身市场流动性不足，会迫使金融中介清算其在其他市场上的资产，从而通过国际资本流动的渠道产生溢出效应，对与其具有密切金融关联的国家造成市场流动性不足等不利影响，引发相关国家大规模的资本外逃行为。而这一大规模的资本流动会造成资本流出国资产价格和汇率的波动，从而进一步加剧了金融溢出效应。

5. 共同贷款者效应引发的大规模国际资本流动导致金融危机的传染

跨国银行一般会向多个国家和地区提供贷款，但当其中一个国家发生了金融危机，导致金融资产价格的下跌和偿债能力的下降，使得跨国银行在该国的投资发生损失时，为了提高资产质量、恢复资本资产比率以满足监管要求，作为共同贷款者的跨国银行就会收缩对其他国家的贷款。伴随着这一过程，就会产生大规模的国际资本流动，对这些国家的金融市场产生冲击，引发货币危机和银行危机，从而使得金融危机在国家间传递。

6. 国际债务结构不合理引发金融不稳定

新兴市场国家在面临资本稀缺对经济发展的制约时，往往选择对外举债，但逐步扩大的债务规模最终会带来过度信贷综合征的现象。在国际债务中，大多以短期外债为主，但通过金融机构的运作，这些短期外债被转化为国内的长期贷款，由此就造成了短期外债和国内长期贷款在结构和期限上的错配。同时，在经济过热时，以外币为主的债务会不断增加。而一旦受到外部冲击导致本币贬值时，借款者的偿债能力就会受到极大考验，可能无力偿还贷款，导致银行的不良贷款急剧上升，银行系统的稳定性受到冲击。

12.2.2 控制国际资本流动的不利影响

一般来说，为控制国际资本流动的不利影响，各国可以选择的政策工具包括货币政策、财政政策和汇率政策。

1. 货币政策

国际资本大量流入，容易导致国内信贷急剧扩张和本币实际汇率上升，并由此产生一系列其他经济问题。一国货币当局往往会采取冲销性货币政策来减轻这种影响，也称为中和操作。具体地，可以考虑调整法定存款准备金率、进行公开市场操作、改变再贴现率或提前收回对商业银行再贷款等办法。

2. 财政政策

要控制大规模资本流入的不利影响，也可以考虑采取紧缩性财政政策，或者直接对国际资本流动征税。

财政紧缩可以有两个实现途径：一是减少财政支出，二是增加税收。更重要的是，财政紧缩将促使利率下降，对于抑制国际资本流入也是有好处的。减少财政支出是一个政治上比较敏感的问题，稍不慎重就会激化社会矛盾。由于财政政策目标往往联系着国家基础设施建设，所以压缩财政开支对中长期国际资本有抑制作用，但对短期资本流动难以奏效。然而，对一国金融安全形成威胁的却主要是短期资本流动，所以减少财政支出不是最理想的政策选择。提高税率，可以降低预期收益，具有抑制投资的作用，从而减少对国内外资本的需求。调整税率有助于引导投资，使其在形成投资决策时配合政府意图。对此，临时性税收的作用非常明显。

财政紧缩的目的是缓解资本流入对国内通货膨胀的压力，开征资本流动税则是为了提高国际资本流动的交易成本，打击投机资本。

美国著名经济学家詹姆斯·托宾（J. Tobin）提议对外币兑换活动征税，通过提高交易成本来限制国际资本流动。所以这一税种也被称作托宾税。对国际资本流动征税，可以有效地抑制短期资本流入，而对长期资本流入的作用不大。对发展中国家而言，短期资本流入更容易造成金融市场动荡。同时，短期国际资本流入往往直接增加国内银行的短期存款，其中相当一部分资金将会流入国内证券市场和房地产市场，从而炒作形成经济泡沫，造成经济繁荣的假象。所以，托宾税在发展中国家受到了广泛欢迎。

詹姆斯·托宾（1918—2002 年），美国耶鲁大学教授，因对金融市场及其与支出、就业、产出决策和物价关系的分析而获得 1981 年诺贝尔经济学奖。托宾税是指为限制国际资本流动而对一切外汇交易开征的固定比例税收。

对托宾税的批评主要集中在两个方面。一是认为托宾税会增加交易成本，从而降低市场效率。二是强调如果只针对特定资产征收托宾税，会使投资转向未征税资产，造成税收体系扭曲。不过，也有人认为托宾税会更多地抑制那些非稳定投机者，最终反而有利于市场效率的提高。至于开征托宾税引起投资方向转移的问题，如果这种转移恰是政府所希望看到的，那么也就达到了征税的目的。

由于托宾税涉及不同国家之间的外汇交易，要想取得普遍的理想效果，需要在税收政策、税收征管以及税款分配方面进行国际协调。

专栏 12.1

控制国际资本流入的不利影响：智利经验

20 世纪 90 年代初，智利经历了一次国际资本流入的高潮。智利政府认为，以短期证券投资和银行信贷为主的大规模短期资本流入是不稳定的和难以预测的，不应成为市场外部融资的主要来源。为此，智利政府制定了一系列政策措施，力图改变资本流入的数量和结构。

(1) 政府于 1991 年规定，对所有未带来资本存量的对外债务，只要超过 10 万美元，就需满足以下条件：持有期至少为 1 年，并强制提取为期 1 年的无报酬准备金，准备金率为 10%（1992 年 5 月增至 30%，1998 年 6 月又降回 10%）。这一规定涉及贷款、固定收益证券及大部分股票投资。1995 年智利进一步加强该措施，要求准备金必须以美元形式持有。

(2) 为鼓励 FDI，政府规定对超过 1 万美元的外国直接投资，持有期在 1 年以上的可不受准备金规定的限制。

(3) 对美国存托凭证（American depository receipts，ADR），如果原股权发行者的信用级别高于 BB 级，可不受准备金规定的限制。

(4) 国内公司发行外国债券，平均到期期限不得低于 4 年。

(5) 为鼓励国际贸易，出口信贷不受准备金限制。

(6) 要求国内银行将外汇敞口头寸限制在银行资本和准备金的 20%以内。

(7) 要求银行发放的国内外汇贷款限制在与外贸相关领域内。

实践证明，智利强有力的、精心设计的审慎监管，有效地保护了本国金融体系免受国际资本流动冲击，从而也得到了众多学者的肯定。

3. 汇率政策

大量资本流入会造成本币实际汇率上升，所以汇率政策的作用，就是让名义汇率实现某种变动，减轻资本流入对货币当局的压力。一般而言，允许本币升值有三方面的优点：(1) 使货币供给、国内信贷以及国内银行体系免受资本大量流入的不利影响。(2) 通过汇率调整国内相对价格，有助于缓解通货膨胀压力。(3) 允许汇率波动带来一定的不确定性，可以很好地阻止国际投机资本的流入。而具体实施汇率政策时，可以考虑实行浮动汇率制、货币法定升值或是采取较灵活的汇率制度。

4. 政策组合的有效性

在控制国际资本流动的不利影响时，货币政策、财政政策和汇率政策往往是组合使用的。因为不同的政策工具作用于不同对象，表现出不同的作用机制，拥有不同的政策效应，所以组合政策可以在多种政策工具间实现取长补短，取得事半功倍的效果。这同时也表明，不恰当的政策组合很有可能带来更为不利的后果。比如，20 世纪 90 年代初，墨西哥采取的政策组合为：允许资本跨国流动、维持短期汇率不变和冲销性货币政策。结果，短期资本流入可以享受到短期汇率不变和国内利率较高的双重收益，长期资本流入反而要面对长期汇率可能变动的风险，导致流入墨西哥的国际资本日益短期化。于是，当国内政治形势发生动荡时，大规模的资本外逃最终造成了著名的 1994 年墨西哥金融危机。

12.3 金融危机的理论解释

金融危机通常难以给出确切的定义，一般认为，全部或大部分金融指标急剧、短暂和超周期的恶化，便意味着金融危机发生。金融危机可以表现为多种形式，比如货币危机、银行业危机、股市危机、债务危机等。如果主要金融领域都出现严重的混乱，比如货币危机、银行倒闭、股市崩溃和债务危机等同时或相继发生，往往被称作系统性金融危机，或者全面金融危机。

金融危机，是指利率、汇率、资产价格、企业偿债能力、金融机构倒闭数等金融指标，全部或者大部分出现恶化，致使正常的投融资活动无法继续的情况。

12.3.1 第一代金融危机模型

克鲁格曼率先引进价格稳定机制模型，研究固定汇率制度的货币危机问题。后经弗拉德（R. P. Flood）、加伯（P. M. Garber）等人的改进，成功地提出了典型货币危机的理论模型，被称为第一代金融危机模型。

布雷顿森林体系下的美元危机就是典型案例。20世纪60年代中期，由于深陷越南战争泥潭，美国财政赤字明显扩大，国内通货膨胀加剧，美元对内不断贬值，致使与黄金的固定比价受到严重怀疑。在外汇市场投机浪潮冲击下，1968年初不到半个月的时间里，美国就流失了14亿美元的黄金储备，被迫于3月开始实行“黄金双价制”。然而，不触及双挂钩制度安排引起的美元两难境地，也就无法阻止黄金市场价格与其官价之间距离的不断拉大。1969年黄金公开市场被迫关闭，由此拉开了布雷顿森林体系走向崩溃的序幕。

为什么固定汇率制下容易出现投机性货币冲击，进而引发货币危机？典型货币危机模型认为，政府主要经济目标之间的矛盾与冲突将最终导致固定汇率制度无法维持，其中长期巨额财政赤字和货币信贷持续扩张的威胁最大。该理论假定，为弥补财政赤字，货币当局会不加控制地持续发行货币，于是内在地形成本币贬值、外币升值的压力。在无法控制基础货币的国内供给因素时，中央银行只能进入外汇市场干预，通过改变基础货币的国外来源——外汇储备来实现内部均衡目标。这时，中央银行的外汇储备无疑成为一种不可再生的资源，固定汇率就是其官方价格。当外汇投机者注意到固定汇率水平已经偏离两种货币实际价值的对比时，就会大量增加外币多头头寸。假定货币当局为维持固定汇率将无限制地抛出外汇，而投机者也能够不受任何阻挠地增持外币资产，那么，随着官方外汇储备数量逐渐接近枯竭，推动外汇这种不可再生资源价格上涨的动力会越来越大，从而在极短时间里迫使外币突破性地升值而结束固定汇率制度，货币危机就此爆发。

典型货币危机模型强调，宏观基本因素的不协调是导致危机爆发的内在原因。在一国拥有充足外汇储备的时候，持续性的财政赤字货币化与维持固定汇率制度的矛盾往往被掩盖。但是在外汇储备不足时，投机者抛售本币的狂潮便会激化这种内在矛盾，并以危机方式予以解决。由此可见，那些突发性的巨额资金抽逃行为并不代表非理性投机活动或者造市商的险恶用心，而是符合逻辑的理性行为：尽快抛空一种内在价值趋跌的货币是避免风险的最佳选择。不过，模型中僵化的政府行为反而不够理性，与现实情况也相去甚远。事实上，货币当局大多不会盲目地通过印钞来解决财政赤字问题，它可以选择其他紧缩性货币政策或相应的财政政策来改善内部经济运行情况。

捍卫固定汇率制度不是单纯的消耗性抛售外汇储备直到枯竭的过程，或许更适于看作政府权衡利弊的结果。这是第二代金融危机模型的显著修正。

12.3.2 第二代金融危机模型

奥伯斯特菲尔德（M. Obstfeld）等学者修正了典型货币危机模型中过分简化政府行为的做法，认为投机性冲击的结果并不是完全可以预期的，外汇投机商与一国货币当局之间的博弈，会导致投机冲击下出现多重均衡解。换言之，他们认为宏观经济基本面依然是重要的，但是在一定条件下，公众的主观预期可能成为引起金融危机的导火索。于是，货币当局决定动用多少外汇储备来维持固定汇率制，以及投机商对一国政府储备底线的估计，便可能成为投机性冲击何时发生的关键。

第二代金融危机模型的代表人物还有莫里斯·埃斯基韦尔（Maurice Esquivel）和杰勒德·拉莱（Gerardo Larrain）等人。

第二代金融危机模型特别强调，政府是否维护固定汇率制度，是一种权衡各种利弊可能之后的政策选择结果。哪些原因会促使政府放弃固定汇率制？为什么政府有动力去维护固定汇率制？在何种条件下维护固定汇率制的成本与收益对比可能发生根本性的改变？

政府维护固定汇率制或钉住关键货币的成本，也可以理解为放弃固定汇率、允许本币贬值的收益。如果政府承担了大量以本币计价的对外债务，显然会乐于通过本币贬值来减轻债务负担，而且本币贬值也将赋予本国商品以价格优势，从而达到促进出口、改善贸易条件的目的。但固定汇率制度却阻碍了上述政府意图的实现。

20世纪20年代法国放弃金本位制度。法郎遭受投机冲击的主要原因，是人们怀疑法国政府通过人为制造通货膨胀来摆脱第一次世界大战时期欠下的巨额法郎外债；不过也有人猜测，法国有意采取扩张性货币政策来解决工资刚性造成的严重失业，但是必须首先摆脱固定汇率制度对货币扩张效力的限制。

政府捍卫固定汇率制必然有正当理由。首先，相信稳定的汇率水平有助于促进国际贸易和国际投资活动。其次，对那些有高通货膨胀历史的国家来说，固定汇率制有助于稳定本币信誉。另外，一国汇率的稳定象征着国家的尊严，或者代表了政府向国际社会做出的郑重承诺，所以必须尽最大努力进行维护。

不过，在遭受货币投机冲击时，上述维持固定汇率制度的收益与成本对比必然发生变化，而公众信心的丧失将会危及中央银行的外汇市场干预。也就是说，如果公众开始怀疑政府维持固定汇率制的决心和能力，或者干脆失去了耐心，就会造成维持成本过高，而最终导致政府无力或者不想继续捍卫固定汇率制，于是使危机提前到来。

第二代金融危机模型也认为货币危机的根本原因是政府宏观政策不协调，金融市场只是提前预演了本该发生的事情。这在发展中国家引起较大争议，特别是危机亲历国大多强调投机活动的严重冲击，甚至把危机的发生完全归咎于投机商的不道德行为。

第二代金融危机模型指出，如果政府在考虑维持还是放弃固定汇率制度的时候，发现放弃固定汇率更加有利，完全有可能在毫无投机冲击的情况下就宣布本币贬值。投机商则必须竭尽可能地在本币贬值前抛空所有头寸，这一行为足以增大政府维持固定汇率的成本，从而可能激发政府提前宣布本币贬值。于是，投机商在抛售本币过程中争先恐后，相互竞争，最终酿成危机提前的恶果。

▲ 专栏 12.2

第二代金融危机模型的补充假说

自我实现式危机（self-fulfilling）

市场上的悲观情绪和乐观情绪往往是自我证明的，也就是说悲观的举动往往造成更悲观的结果，反之亦然。当市场被自我证明式的悲观情绪所笼罩时，即使一国的宏观基本面并未恶化，或者政府已经采取了必要的挽救措施，众多投资者在短期内将外币资本抽逃的行为还是会迫使该国货币当局放弃固定汇率制，酿成真正的危机。然而悲观情绪的形成并非毫无根据，因为在货币钉住机制不存在短期内崩溃风险的时候，投资者是不会不计成本地将资金抽逃的。所以通常的情况是：对于基本面正在持续恶化的国家，或预期恶化的国家，危机必然在某一时点爆发；可预期危机的自我实现机制决定了危机爆发日期必然早于无投资者介入状态下基本面的自然恶化；而危机爆发时间的早晚，则取决于投机活动能否最终成功。正是因为如此，危机亲历国往往忽视还没有充分恶化的宏观基本面，而对投机者的“非理性攻击”充满敌意。

如果把抛空本币的行为划分为两种：一种是为避免本币贬值造成资本损失，另一种是利用本币贬值，从中攫取资本利得，那么提高交易成本以打击投机的效果将非常显著。在极短的危机爆发时间里，相对较高的交易费用足以抵消投机收益，从而可以尽量防止主观避险行为演变成大规模的投机性冲击并酿成货币危机。如果这一假说成立，那么 20 世纪 90 年代以来金融危机频频发生，或许在一定程度上就可以归因于全球金融市场效率的提高。

“蜂拥”行为（swarming）

行为金融学的研究表明，微观经济主体行为并不总是理性的。比如在 1987 年股灾中，造成人们疯狂抛售股票的直接原因，仅仅就是股票价格的下跌。而在货币危机的情形下，“蜂拥”行为意味着不论最初抛售本币的原因是什么，由于人们纯粹的模仿行为，抛售浪潮就会逐级放大，最终导致固定汇率制崩溃。

然而，人们在金融市场上的表现并不是完全非理性，或是出于对市场价格抱有偏见。新的研究认为，“蜂拥”行为只不过是人们在有限信息条件下理性选择的结果。一种解释是“领头羊效应”。投资者拥有各自的信息渠道，从而每个投资者的行为都会成为其他人猜测基本面变化的依据。也就是说，当某个或某几个投资者抛售金融资产时，别人会认为他们掌握了一定的利空消息，于是便会跟风操作，从而形成了自我实现式危机。充当“领头羊”的往往是基金等机构投资者。另一种解释是，投资基金是由代理人操作的，基金管理人的薪酬取决于与同类基金业绩比较的结果。所以，即使某个基金管理人并不认同其他同行对基本面的判断，求稳心理也会导致基金管理人在行动上趋于一致，在普遍看空的情况下暂时将资金撤离。私人投资者的“蜂拥”行为在一定程度上也源于私人内部的委托-代理冲突。比如在泰铢危机过程中，如果自己比其他人损失更多，感觉会很糟糕；但如果同其他投资人的损失程度相近，则尽管沮丧，心理上也能获得一定的安慰，于是仍然可以接受。

当然，“蜂拥”行为有时也可以反过来解释交易冷清的市场表现，即尽管很多人都认为某种程度的危机迟早会到来，但既然市场上还没有大动作，所以自己也不必急于操作。从众心理在这种情况下不仅使市场成交量极度萎缩，也导致市场价格徘徊反复，没有方向。

危机的传染机制（contagion）

近 20 年来的金融危机往往表现出地区性特征，甚至从一个国家波及在经济层面上差别很大的另一个国家。对此通常有两种解释：一是中心周边模型，二是板块联动效应。

中心周边模型对危机传染的解释是，相互之间无法割裂的经济纽带会使这些国家的经历相似。广泛的国际贸易，相互投资，经济相似性，出口产品和出口对象类似……东亚、东南亚的许多国家都具有相互依存度高、经济相关性强的特点，于是才会有亚洲金融危机在地区间的蔓延。

但拉美国家之间的依存度几乎为零，既不是相互的主要出口市场，也不是主要竞争对手，对此经济学家给出了有趣的解释：板块联动效应。即这些国家拥有共同的文化背景，具有所谓的“拉丁气质”。尽管这种气质对国家经济政策的影响难以量化，但只要投资者发现，有着相似文化背景的某个国家迫于投机压力已经放弃了固定汇率制，就会相应调低对其他国家继续维持固定汇率政策的预期。比如，拉美债务危机使墨西哥、巴西等许多文化背景相似的国家受到冲击，但是与墨西哥一样有着糟糕的经济政策和债务负担的菲律宾在危机开始时没有受到什么影响。直到一年多以后，国际投机资本才突然发现，这个曾经是西班牙殖民地的国家其实同样具有拉美背景。于是，菲律宾比索也成为受攻击的对象。

但如同“蜂拥”行为也有乐观渲染作用一样，传染机制除了有负面影响外，也有正面影响。当 20 世纪 90 年代初国际资本对墨西哥和阿根廷的经济体制改革充满乐观情绪时，整个拉美地区都由此而受益。最典型的就是当时并未采取任何实质性改革措施的巴西金融市场也有大量的国际资本流入。

12.3.3 第三代金融危机模型

1997年的亚洲金融危机既不是财政赤字货币化造成的，也无法用不恰当的宏观经济政策取向来解释。于是，克鲁格曼、麦金农发展了第三代金融危机模型。他们注意到了银行体系在亚洲国家的重要地位，及其在此次危机中的关键影响，认为金融上层建筑的过度扩张导致了经济泡沫，泡沫崩溃是爆发危机的直接原因，而泡沫的产生与积聚则在于新兴市场国家金融体系的制度性因素。

1. “过度借款综合征”

“过度借款综合征”，指新兴市场的商业银行在政府担保或隐含担保下，大量举借外债，同时过度发放风险贷款，导致国内资产价格膨胀。

新兴市场国家普遍存在政府担保或隐含担保借款活动的现象，而且政府官员与各种金融活动之间往往保持千丝万缕的裙带关系。于是银行体系表现出严重的道德风险问题：一方面不断扩大外债规模，另一方面无所顾忌地大量投资于高风险（也可能是高回报）的非生产部门。过度的风险贷款导致了资产价格膨胀，进而粉饰了银行的资产负债表。经济泡沫由此产生，并且日益严重。但脱离实体经济的金融泡沫膨胀不可能永远持续下去，当出现某种外来扰动时，泡沫破灭就会通过支付链条传导到整个金融体系。于是，资产价格急剧下跌，银行不良债权激增。危机发展到一定程度时，政府可能被迫撤销其隐含担保，使得银行的对外融资能力进一步下降，于是银行破产并停止运营，金融资产价格再度下跌。这种恶性循环便是金融危机。

2. 宏观经济稳健运行“假象说”

通过政府隐含担保和政治家裙带关系而产生的过度借款和过度投资，往往具有隐蔽性。这意味着，尽管导致危机的因素早就产生并且已经逐步积累，但是宏观经济运行仍有可能表现得相当稳健。在经济分析中，隐含的政府担保作为一种或有债务（contingent debt），其实是隐蔽的财政预算赤字。所以，银行负债（或者银行的不良债权）实际上代表了政府债务。这样看来，危机前亚洲国家的预算平衡和宏观经济政策稳健不过是表面现象。在表象背后，事实上政府正从事着风险极高且不可持续的赤字支出，发生危机只是早晚的问题。

3. 金融脆弱性的危机强化效应

金融机构，或者说整个金融体系，是内在脆弱的。这表现在信息不完全且不对称的情况下，任何不利传言都可能引发恐慌，存款人的挤提行为将迫使金融机构提前清算未到期的长期资产，从而蒙受资产损失。而任何损失都将加剧银行债权人的担心，制造更大的恐慌。所以金融恐慌带有明显的“自我实现”特点。在封闭经济下，中央银行可以通过“最后贷款人”功能来消除恐慌，挽救金融机构；但是在实行固定汇率制的开放经济下，中央银行外汇储备有限，要为大量举借外债的银行提供流动性，就可能与固定汇率目标发生矛盾。结果，很可能是既爆发银行危机，又导致货币危机。所以在宏观经济暗含风险，资产价格极度膨胀的情形下，金融体系的内在脆弱性只能使危机发生得更快、影响范围更广、造成的危害更大。

12.3.4 第四代金融危机模型

全球范围对金融危机问题的广泛讨论，并没有让危机与20世纪一起离我们远去。21世纪伊始，土耳其金融危机和阿根廷金融危机相继爆发，在学术界和各国政府间引起高度关注。

这两个国家都曾经有货币和经济动荡的历史，更重要的是它们在经济重建安排中都接受了“华盛顿共识”，并被视为成功案例而一度得到普遍赞许。两国都致力于平衡财政收支，推动私有化进程，采取稳定汇率政策，实现贸易和金融自由化。其中，为了平抑国内的恶性通货膨胀，阿根廷采取了以美元为基础的货币委员会制度，土耳其选择了爬行钉住包括美元和当时德国马克在内的货币篮子。

华盛顿共识，指以华盛顿为总部所在地的国际货币基金组织、世界银行等国际金融组织向广大发展中国家及经济转轨国家硬性推出的一套经济改革政策，包括财政紧缩、私有化、固定汇率、自由市场和自由贸易等内容。这种政策建议得到美国财政部和华尔街的大力支持，并于20世纪80年代末首先在拉丁美洲得到推广。

尽管两个国家都经历了稳定后的短暂繁荣，但宏观经济的脆弱性还是非常显著。通过削减公共支出来平衡财政预算，在导致经济紧缩的同时也激发了社会公众的不满情绪。私有化进程导致社会矛盾日益突出，使政府陷入两难境地。通过稳定汇率来制止通货膨胀，难以避免汇率僵化，使两国货币不同程度地存在高估问题，国际竞争力均有下降。如果为了恢复竞争力而调整汇率，则必然损害政府反通货膨胀承诺的可信度，以及国内银行体系的稳定。由于汇率保持稳定，需要持续的资本流入来弥补经常项目逆差，但是两国内外经济问题都比较突出，所以长期资本流入日益减少，短期外债不断增多。

亚洲金融危机和俄罗斯金融危机使土耳其和阿根廷两国的外部经济环境开始恶化。虽然没有被彻底逐出国际债券市场，但因为都属于新兴市场国家，所以发行成本不断上升。1998年末，巴西雷亚尔对美元贬值严重冲击了阿根廷的国际市场竞争力，而国内地震灾害也沉重打击了土耳其的经济恢复。接着是国际原油价格暴涨，全球出现经济衰退迹象，以及之后的“9·11”事件等，都给两国的经济重建蒙上了阴影。

2000年11月土耳其银行体系由于流动性困难大量抛售政府债券，致使利率暴涨。由于受汇率制度所限，中央银行无法向银行体系提供流动性，银行危机日益加剧。而当货币当局改变态度提供额外流动性时，市场对爬行钉住承诺的怀疑空前高涨，不仅刺激了资本外逃，而且引起了大规模的投机性货币攻击。在多方努力无效的情况下，2001年2月21日政府宣布货币贬值，放弃了爬行钉住的汇率制度。

阿根廷国内在宏观经济政策取向方面一直存在严重分歧。一方面是关于要不要走美元化道路的激烈争辩，另一方面是大幅度削减政府非利息支出的计划引起了政治上的强烈反对和普遍的公众不满。[①] 于是，人们对阿根廷对外债务和汇率制度的可持续性普遍信心不

① 部分州的工资和养老金被削减了13%。

足，越来越多的资金选择了逃离银行体系，逃离阿根廷。2001 年 11 月，政府宣布债务重组计划，再一次冲击了市场信心。12 月，当局开始限制个人从存款账户提取现金或携带资金出国，以减少储备和存款的损失，结果引起了大规模抗议示威。圣诞节前，在内阁、总统相继辞职后，阿根廷宣布暂停外债偿付。两周后，阿根廷暂停了本币与美元现钞的自由兑换，采取汇率双轨制，作为允许汇率自由浮动前的临时措施。

在危机理论发展方面，克鲁格曼等人在第三代金融危机模型基础上提出了“资产负债表效应假说”①，从企业和金融机构资产负债表的期限不匹配、币种不匹配等问题入手，强调开放经济条件下，银行或企业的流动性危机很容易转化为货币危机。也有人基于信息不对称的分析，强调银行体系的脆弱性最终导致银行和货币的双重危机。② 但 21 世纪之初的这两次危机无疑对危机理论提出了更多挑战，并促使人们重新思考一直以来关于新兴市场经济发展的指导思想是否恰当。

尽管第四代金融危机理论模型还没有正式提出，但是学术界已经形成了这样的共识：如果一国宏观经济已经出现了某种程度的内外不均衡，那么国际短期资本流动所形成的巨大冲击很容易成为最终引起银行危机、货币危机、金融危机全面爆发的导火索。这也是金融全球化背景下新兴市场国家发生金融危机的一个共性特征。正因为如此，我们对国际资本流动的认识必须是全面而深刻的。

▲ 专栏 12.3

从美国次贷危机到全球金融危机

2007 年 4 月以来，美国在全世界范围内引爆了严重冲击金融信用的一轮金融危机，即次贷危机（subprime loan crisis）。

次级贷款对放贷机构来讲是一项高回报业务，但是，由于次级贷款对借款人的信用要求较低，因此次级放贷机构面临的风险也更大，而且这种风险随着利率的上升会逐步升级，因为在利率不断走高的情况下，客户的还款负担逐渐走到极限，特别是信用等级低的借款人，使得因还不起贷款而违约的概率自然上升。进而，次级贷款市场上出现大量违约客户，他们不再偿还贷款，造成金融机构坏账激增，再加上金融机构之间也存在打包销售等再贷款业务，所以即使危机初期受到冲击的金融机构数量不多，连锁反应也会自下向上引爆波及大批金融机构的次贷危机，而这也正是此次美国次贷危机爆发的根源。实际上，在 2004 年中后期，美联储的联邦公开市场委员会（FOMC）认为，相比当时的通货膨胀水平，利率水平偏低，因此美联储自 2004 年下半年开始了一轮上调利率、紧缩银根的货币政策，而美国的住房抵押贷款利率也相应开始上升，这就为次贷危机的爆发埋下了伏笔。

---

① Krugman P. Balance Sheets, the Transfer Problem, and Financial Crises // Isard P, Razin A and Rose A K. International Finance and Financial Crises. Kluwer Academic Publishers, 1999.

② Shi J H. An Information-based Model of Twin Crises, with an Application to the East Asian Crisis. CCER Working Paper No. E2000003, 2000.

在这一轮金融危机中，卷入的金融机构包括了房地产抵押贷款市场的众多领袖机构。它们从贷款机构手中收购住房抵押贷款，将贷款集中起来组成资金池以分散风险，而后将资金池分成小份出售。在打包发行证券化产品并代理客户交易或自行交易的过程中，这些金融机构巨头纷纷卷入次级市场住房抵押贷款业务的浪潮中。此次金融危机使得许多国际大型金融机构（包括雷曼兄弟、贝尔斯登、美林、花旗、美国国际集团、德意志银行等）相继倒闭、破产保护或者重组。

美国金融海啸也涉及全球，影响到了全世界。2007 年第二季度美国次贷危机爆发后，全球经济增长开始减缓。2008 年 9 月雷曼兄弟破产后，经济增长相对减速进一步恶化成绝对萎缩。与此同时，经济衰退又不可避免地殃及全球贸易。由于各国内需下降，贸易信贷急剧枯竭，世界贸易大幅萎缩。2008 年 9 月—2009 年 1 月，世界实际出口和进口分别下降 16%和 15%。

本次危机对欧盟实体经济的冲击远远超过 1974 年、1980 年和 1992 年的三场危机。2008 年第二季度到 2009 年第一季度，欧盟经济经历了近乎“自由落体”的快速下滑。2009 年第一季度，欧盟实际 GDP 同比下降 5.2%，同比增速下滑 7.1 个百分点；实际固定资本形成同比下降 11.4%，增速同比降低 13.9 个百分点；商品和服务净出口名义同比降幅高达 86%。而且此次危机波及面广，欧盟各国经济均未能幸免。日本也受到此次危机的困扰，主要体现在出口方面。2009 年 1 月，日本的工业生产下降了 10%，这是有记录以来的最大单月跌幅。2009 年前 3 个月对外贸易达到 1955 年以来的最低点。

12.4 国际经济政策协调

2008 年全球金融危机爆发以后，国际社会普遍认识到，金融机构个体稳健并不意味着系统稳健，必须从宏观的、逆周期的视角运用审慎政策工具有效防范和化解系统性金融风险，从整体上维护金融稳定。一方面，宏观审慎政策和货币政策、财政政策必须协调配合，将物价稳定、汇率稳定、宏观经济稳定增长等政策目标统一在金融稳定终极目标的框架之内。另一方面，宏观审慎政策的实施也会影响货币政策和财政政策的作用效果，会对国内的货币供应量、经济金融稳定以及特定行业和产业的发展产生影响，国内经济变量的变动又会进一步对其他国家产生溢出效应。

全球金融危机及其引起的全球经济衰退也促使各国对经济结构问题进行反思。一边是发达国家消费和投资长期依赖贸易逆差融资，不断累积的债务水平加剧其经济风险。另一边是发展中国家的经济增长依赖发达国家进口需求，外部风险敞口过大，一旦发达国家内部发生问题致使进口需求下降，发展中国家就会出现产能过剩和经济下滑。经济结构转型是各国经济健康发展的必然要求，也是当前较为迫切的任务。经济结构转型可能涉及贸易政策、产业政策、财政和货币政策以及宏观审慎政策等各种支持，并会通过国际贸易、资本流动等渠道对其他国家产生影响。

一个国家的经济政策不仅会影响自身的发展，还会对世界其他经济体产生深远影响。

历史经验表明，各自为政、以邻为壑的经济政策是目光短浅的。加强国际经济政策的全面协调，是化解经济政策负面溢出效应、实现经济政策预期效果的一个可行解决办法。

国际政策协调（international policy coordination）有狭义和广义两种解释。从狭义上讲，是指各国在制定国内政策的过程中，通过国与国之间磋商等方式，对某些宏观政策进行共同设置。从广义上讲，凡是在国际范围内能够对各国国内宏观政策产生一定程度制约的行为都可以视为国际政策协调。

国际经济政策协调，指经济相互依存的国家之间，通过调整各自的经济政策以达到多边互惠的目标，并实现全球利益最大化的协调过程。

国际上普遍接受的定义是：国际经济政策协调是各国在考虑了国际的经济联系后，调整各自的经济政策以达到多边互惠的目标，并实现全球利益最大化的协调过程。由此可见，国际经济政策协调的好处是减少相互间的摩擦与冲突，提高共同利益，避免独立分散决策带来的低效率。但为了实现这种好处，各国之间必然都要有所让步，做出一定的妥协。所以，国际经济政策协调的成本就表现为各国都会丧失一定的政策自主性。当有限个大国掺杂在众多中小国家之中时，由于相互间利益、实力、目标等差异极大，国际政策协调的收益对不同主体一定不是等同的。换言之，有的国家要做出更多让步，却未见会获得更多收益。所以，不能简单地认为国际经济政策协调范围越广、协调力度越大就是越好。

▲ 专栏 12.4

国际经济政策协调的层次

国际经济政策协调可以由低到高分为六个层次。

第一，信息交换（information exchange），指各国政府相互交流本国为实现经济内外均衡而采取的政策目标范围、政策侧重点、政策工具种类、政策搭配原则等信息。当各国决策仍然是在独立、分散的基础上进行时，通过信息交换，可以避免错误估计其他国家的政策，更好地了解本国与外国经济之间的相互影响。

第二，危机管理（crisis management），指针对世界经济中出现的突发性的、后果特别严重的事件，各国进行共同的政策调整，以缓解、渡过危机的协调行为。这种协调形式属于临时性措施，主要目的是防止各国从自身利益出发，从而导致危机更加严重或加速危机的蔓延。

第三，避免共同目标变量冲突（avoiding conflicts over shared targets），指当两国面对同一政策目标时，如果设立了不同的目标值，就会产生直接冲突，比如，对两国货币汇率的意见不同。国家间竞争性货币贬值是共同目标冲突的最典型表现。

第四，合作确定中介目标（cooperation intermediate targeting），指在一国国内经济变量通过一定机制对其他国家形成溢出效应时，有必要对这些中介目标进行合作协调，避免对外产生不良影响。中介目标可能是共同目标变量，也有可能是其他变量，比如固定汇率制下本国的货币供应量。

第五，部分协调（partial coordination），指不同国家就国内经济的某一部分目标或工具进行协调。例如只对各国货币政策进行协调，而由各国独立使用财政政策。

第六，全面协调（full coordination），指将不同国家的所有主要政策目标、政策工具都纳入协调范围，从而最大限度地获取政策协调的收益。

国与国之间进行政策协调主要有两种基本形式：一种是以规则为基础的协调（rule-based coordination），另一种是相机抉择协调（discretion-based coordination）。规则协调是通过制定明确的规则来指导各国采取政策措施进行协调的方式，例如，国际金本位制度、布雷顿森林体系和欧洲货币体系等。相机抉择协调是指当不存在对各国经济和政策行为的明确规定时，根据具体情况，针对某一特定事件，协商确定各国所应采取的政策组合，具体表现为各种经济峰会、国际协定以及国际论坛。

规则协调的决策过程清晰，可信度高，可以在较长时间里稳定运行。而且，国际协定规则作为外部约束，一方面，可以防止各国政府在实施宏观经济政策方面任意而为，保证政策的连贯性与可信度；另一方面，可以使各国政府以国际协定为理由执行国内经济政策，减少政策阻力。规则协调的缺点主要表现在：要保证规则的公正，则要求规则可以实现各方主体的权利义务完全对等，照顾各方利益——这几乎是不可能完成的任务。

相机抉择协调的优点在于可以针对不同经济条件，就更广泛的问题进行协调，但可行性与可信度往往遭到质疑。从可行性来看，每次政策协调行动都意味着各国政府的讨价还价，势必使协调成本大大增加，而且也很难对各国政府形成有效的约束，容易产生竞相违约和“免费搭车”行为。从可信度来看，在这种协调方式下，协调措施由各国协商确定，缺乏一致的规则。由于具有较大的不确定性，所以很难通过公众预期来发挥政策竞争力。但如果国际经济关系复杂多变，难以采用理想的规则协调时，相机抉择协调也可能成为现实的最优选择。

国际组织是各国政策沟通、经济合作、经验交流的平台，是实现政策协调的主要机制。国际货币基金组织（IMF）、世界银行（WB）、世界贸易组织（WTO）等全球性国际组织是战后以来世界经济金融秩序的支柱，一直在全球范围的货币政策、财政政策、投资政策、贸易政策等国际政策协调中扮演重要角色。随着发展中国家经济力量的集体崛起，特别是在2008年全球金融危机之后，全球重大问题治理机制逐渐从七国集团（G7）转向二十国集团（G20）。此外，还有数量众多、形态各异的全球性或区域性组织、多边或双边合作机制、新兴平台以及民间渠道，秉持各自的宗旨、功能和定位，积极作为，努力创新，已经发展成为传统国际政策协调的有益补充。

▲ 专栏 12.5

G20

G20是一个国际经济合作论坛，1999年9月25日由八国集团的财长在华盛顿宣布成立，属于布雷顿森林体系框架内非正式对话的一种机制。G20 在 WTO 第五次部长级会议时首次出现，成员包括：美国、英国、日本、法国、德国、加拿大、意大利、俄罗斯、澳大利亚、中国、巴西、阿根廷、墨西哥、韩国、印度尼西亚、印度、沙特阿拉伯、南非、土耳其以及欧盟。这些成员的国民生产总值约占全世界的 85%，人口则将近世界总人口的 2/3。G20 的宗旨是推动发达国家和新兴市场国家之间就实质性问题进行讨论和研究，以寻求合作并促进国际金融稳定和经济持续发展。

美国次贷危机爆发并最终演变成 2008 年全球金融危机后，为走出困境，发达国家需要发展中国家的政策配合。在此背景下，新兴市场经济体和发展中国家参与的 G20 部长级会议迅速升级为首脑峰会，采取协调一致的行动，及时挽救了国际金融局势。

G20 逐渐发展成为一个多层次的全球治理的会议协商机制，具体有内外两个体系。内部体系由四个层次的会议机制构成，分别是领导人峰会、协调人会议、6 个部长级会议和 9 个专家组会议。外围体系指与 G20 相关的各种组织与论坛，在各自领域为首脑峰会出谋划策。G20 在依赖其成员开展协商与合作的同时，也加强与各类国际机构的合作并借助其提供智力支持。

在世界经济步入复苏轨道后，G20 亟须从临时性危机解决机制转向全球长效性治理机制。G20 不设立投票权、不签订宪章、不达成有法律约束力的国际协议，政策协调遵循协商一致原则，由各成员领导人提供有力政治支持。这种灵活运行方式可快速达成一致，但议案不具有强制性，执行力显然不够强。G20 的非正式制度使其在短期政策的执行上优势明显，但在长期性、战略性及规则变化等问题上却难以统一。此外，G20 没有常设的秘书处，难以确保机构经验的传承和体制的连续性。

2016 年 9 月 4 日—5 日，G20 峰会在中国杭州成功举行。峰会主题确定为“构建创新、活力、联动、包容的世界经济”。此次峰会在加强政策协调、创新增长方式、完善全球经济金融治理、重振国际贸易和投资、推动包容和联动式发展等五大议题上达成重要共识。

Summary

1. 国际资本流动指国际投融资活动，一般可以划分为外国直接投资、国际证券投资、国际信贷等形式。20 世纪 90 年代以来，国际资本流动在规模扩大、速度加快的同时，特别呈现出了证券化的发展趋势。

2. 近年来在全球化背景下，国际资本流动表现出两个重要趋势：一是发达国家之间外国直接投资增长更加迅速，二是流向新兴市场的私人资本快速扩张，其中证券投资规模的波动巨大。

3. 中长期国际资本流入，有利于欠发达国家的资本形成，促进经济长期发展，也有助于平抑国内经济周期的波动。对于净资本输出国来说，资本流出有利于提高本国资源的利用效率，甚至有可能带动本国出口，从而推动国民收入增长。

4. 中长期国际资本流动的风险主要表现为外汇风险和利率风险。同时，对流入国银行体系的潜在危害也值得特别关注。国际金融市场上中长期收益率的变化及相应风险状况是影响中长期资本流动的主要因素，对各国宏观经济发展和运行的影响相对稳定。但由于在资金的使用与偿还之间存在时间差异，所以此类资本流动内在蕴涵了发生资金偿还困难——债务危机——的可能性。比如，20 世纪 80 年代的拉美债务危机。

5. 国际投机资本是短期国际资本流动的主体，特指那些没有固定投资领域、期限较短、以追逐高额短期利润为目的而在各个金融市场之间移动的资本。国际投机资本通常以间接投资形式出现，主要流入一国的证券市场、衍生产品市场、短期信贷市场，从事高风险、高预期收益的金融交易。套利、避险、投机是此类资本流动的主要原因。

6. 国际短期资本流动对于促进国际贸易和国际金融市场发展，以及解决国际收支不平衡等具有一定的积极作用。但对经济稳定和发展所造成的冲击同样突出，其中对流入国证券市场的影响更应当加以关注。

7. 20 世纪 90 年代以后，国际短期资本频繁地引发国际货币危机和金融危机，已经成为当前国际资本流动的又一典型特征。广义货币危机泛指短期内汇率的波动幅度过大；狭义货币危机特指一国因投机冲击而突然放弃固定汇率平价，比如，欧洲货币危机。

8. 金融危机是指利率、汇率、资产价格、企业偿债能力、金融机构倒闭数等金融指标全部或者大部分出现恶化，致使正常的投融资活动无法继续的情况。金融危机可以表现为多种形式，比如货币危机、银行业危机、股市危机、债务危机等。如果主要金融领域都出现混乱，上述危机形式同时或相继出现，往往被称作系统性金融危机，或者全面金融危机。

9. 迄今为止，尝试解释国际金融危机成因的理论模型已经发展到第四代。第一代金融危机模型认为一国财政、货币政策与固定汇率制度的矛盾是引起危机的根本原因。第二代金融危机模型提出危机时刻不恰当的宏观经济政策取向可能导致危机发生。亚洲金融危机促使第三代金融危机模型产生，认为经济泡沫的崩溃是危机爆发的直接原因，而泡沫的产生与积聚则在于银行道德风险、金融体系脆弱性等制度性因素。虽然第四代金融危机模型尚未正式提出，但已经形成的共识认为，若一国宏观经济已经出现某种程度的内外不均衡，则国际短期资本流动所形成的巨大冲击很容易成为最终引起货币危机、金融危机全面爆发的导火索。

10. 国际资本大量流入，容易导致国内信贷急剧扩张和本币实际汇率上升，从而降低本国的国际竞争力，也可能引起国际收支不平衡、国内金融市场不稳定等后果。各国可以选择货币政策、财政政策和汇率政策等政策工具。但要注意不同政策工具之间的搭配，不恰当的政策组合很有可能带来更为不利的后果。

11. 国际经济政策协调，是各国在考虑了国际经济联系后，调整各自的经济政策以达到多边互惠的目标，并实现全球利益最大化的协调过程。国际经济政策协调的好处在于，减少相互间的摩擦与冲突，提高共同利益，避免独立分散决策带来的低效率，成本表现为各国都会丧失一定的政策自主性。国际经济政策协调有规则协调和相机抉择协调之分。

Key Terms

国际资本流动	外国直接投资（FDI）	新兴市场	国际投机资本
金融危机	国际债务危机	国际货币危机	自我实现式危机
“蜂拥”行为	中心周边模型	板块联动效应	过度借款综合征
金融脆弱性	华盛顿共识	冲销性货币政策	托宾税
国际经济政策协调	规则协调	相机抉择协调	G20

Questions and Problems

1. 国际资本流动经历过哪些发展阶段？近年来表现出哪些重要趋势？

2. 中长期国际资本流动对相关国家具有怎样的影响？

3. 短期跨国资本流动有哪些特点？形成原因是什么？

4. 列举证券投资和外国直接投资的有利因素，以及每种投资方式的消极影响。请解释为什么资本流入国不希望仅依赖于证券投资或外国直接投资。

5. 试论述金融危机理论模型的变迁。通过对几代模型的比较，你从中得到了什么启示？

6. 如何理解国际资本流动与亚洲金融危机的关系？我国在权衡开放资本账户的利弊时需要重点考虑哪些问题？

7. 控制国际资本流动的不利影响可以选择哪些宏观经济政策？为什么要强调政策的组合使用？

8. 国际经济政策协调的含义是什么？简要总结不同形式政策协调的利弊。

主要参考文献

1. 巴瑞・易臣格瑞. 金融危机的防范与管理. 北京：经济科学出版社，2003.

2. 彼得・罗斯. 商业银行管理. 3 版. 北京：机械工业出版社，1998.

3. 陈彪如. 国际金融概论. 上海：华东师范大学出版社，1992.

4. 陈彪如. 通向全球化经济的思索. 上海：华东师范大学出版社，1995.

5. 陈岱孙，厉以宁. 国际金融学说史. 北京：中国金融出版社，1991.

6. 陈琦伟. 国际金融风险管理. 上海：华东师范大学出版社，1997.

7. 陈蓉，郑振龙. NDF 市场：挑战与应对——各国 NDF 市场比较与借鉴. 国际金融研究，2008 (9)：39－47.

8. 陈宪. 国际贸易理论与实务. 上海：上海社会科学院出版社，2000.

9. 陈雨露. 国际资本流动的经济分析. 北京：中国金融出版社，1997.

10. 陈雨露，马勇. 大金融论纲. 北京：中国人民大学出版社，2013.

11. 陈雨露，涂永红. 国际收支均衡分析. 北京：中国金融出版社，1998.

12. 陈雨露. 现代金融理论. 北京：中国金融出版社，2000.

13. 陈雨露. 现代金融. 北京：中国人民大学出版社，2000.

14. 陈雨露. 国际金融. 北京：中国人民大学出版社，2000.

15. F. S. 米什金. 货币金融学. 北京：中国人民大学出版社，1998.

16. 弗朗索瓦・沙奈，等. 金融全球化. 北京：中央编译出版社，2001.

17. 国际货币基金组织. 国际收支手册. 5 版. 北京：中国金融出版社，1994.

18. 欧文・伊文斯，等. 金融体系稳健性的宏观审慎指标. 北京：中国金融出版社，2001.

19. 普拉萨德，等. 金融全球化对发展中国家的影响：实证研究结果. 北京：中国金融出版社，2004.

20. 何青，甘静芸，刘舫舸，等．逆周期因子决定了人民币汇率走势吗．经济理论与经济管理，2018，37（5）：57－70.

21. 霍尔舍，等．系统性银行危机的管理．北京：中国金融出版社，2004.

22. 国际货币基金组织．全球金融稳定报告：市场发展与问题（2004年4月）．北京：中国金融出版社，2004.

23. 国际货币基金组织．全球金融稳定报告：市场发展与问题（2004年9月）．北京：中国金融出版社，2005.

24. 汉克·V. 盖默特，陈雨露．欧元与国际货币竞争．北京：中国金融出版社，1999.

25. 黄达．金融学．北京：中国人民大学出版社，2003.

26. 姜波克．国际金融学．北京：高等教育出版社，1999.

27. 姜波克．国际金融新编．上海：复旦大学出版社，2001.

28. J. 奥德尔．美国国际货币政策．北京：中国金融出版社，1991.

29. J. 戈莱比．国际金融市场．北京：中国人民大学出版社，1998.

30. 江时学．金融全球化与发展中国家的经济安全——拉美国家的经验教训．北京：社会科学文献出版社，2004.

31. 杰夫·马杜拉．金融市场与金融机构．北京：中信出版社，2004.

32. 劳伦斯·S. 科普兰．汇率与国际金融．北京：中国金融出版社，1992.

33. 劳埃德·B. 托马斯．货币、银行与金融市场．北京：机械工业出版社，2001.

34. 勒内·M. 斯塔茨．风险管理与衍生产品．北京：机械工业出版社，2004.

35. 李良松．美元LIBOR操纵案及对中国的启示．上海金融，2012（6）：63－66.

36. 李相国，王化成．国际财务管理．北京：中国人民大学出版社，1996.

37. 列维奇．国际金融市场．北京：机械工业出版社，1998.

38. 刘跃生．国际直接投资与中国利用外资．北京：经济科学出版社，1999.

39. 鲁明泓．国际直接投资区位决定因素．南京：南京大学出版社，2000.

40. 罗余才，严俊．国际直接投资与中国现代化．北京：经济科学出版社，2002.

41. M. 梅尔文．国际货币与金融．上海：上海三联书店，1991.

42. M. G. 德弗里斯．国际收支调整．北京：中国金融出版社，1990.

43. 马勇．金融稳定与宏观审慎：理论框架及在中国的应用．北京：中国金融出版社，2016.

44. P. 克鲁格曼，M. 奥伯斯法尔德．国际经济学．北京：中国人民大学出版社，1998.

45. 彭有轩．国际直接投资理论与政策研究．北京：中国财政经济出版社，2003.

46. 钱荣堃．国际金融专论．北京：中国金融出版社，1991.

47. 钱荣堃．国际金融．成都：四川人民出版社，1993.

48. 秦梓华．国际资本流动态势变化与新兴市场国家金融稳定．开发研究，2014（5）.

49. 让·梯若尔．金融危机、流动性与国际货币体制．北京：中国人民大学出版社，2003.

50. 沈瑞年，尹继红，庞红．国际结算．北京：中国人民大学出版社，1999.

51. 孙刚，路妍，齐佩金，等．当代国际金融体系演变及发展趋势．大连：东北财经大学出版社，2004.

52. 陶湘．外汇风险管理实务．北京：中国金融出版社，1995.

53. 田政．系统的外汇交易解析．北京：中国建材工业出版社，2004.

54. 涂永红．外汇风险管理．北京：中国人民大学出版社，2004.

55. 王兰丽．外汇市场分析与交易技巧．北京：企业管理出版社，2000.

56. 王庆成，王化成．财务管理国际惯例．贵阳：贵州人民出版社，1994.

57. 王元龙．中国金融安全论．北京：中国金融出版社，2003.

58. 武海峰，陆晓阳，等．国际直接投资发展研究．北京：机械工业出版社，2001.

59. 约瑟夫·P. 丹尼尔斯，戴维·D. 范户斯．国际货币与金融经济学．北京：机械工业出版社，2004.

60. 张礼卿．资本账户开放与金融不稳定：基于发展中国家（地区）相关经验的研究．北京：北京大学出版社，2004.

61. 周斌．国际直接投资教程．北京：中国商务出版社，2003.

62. 周升业．对外开放下的金融运行．北京：中国金融出版社，1995.

63. 庄起善，张广婷．国际资本流动与金融稳定性研究——基于中东欧和独联体国家的比较．复旦学报（社会科学版）2013，55（5）：94－107.

64. Bulow J，Rogoff K. A Constant Recontracting Model of Sovereign Debt. Journal of Political Economy，1998，97（1），February：155－178.

65. Clark E. International Finance. 2nd Edition. Peking University Press/Thomson Learning，2002.

66. Daniels J P，VanHoose D D. International Monetary and Financial Economics. 2nd Edition. South-Western Publishing，2002.

67. Dornbusch R. Currency Depreciation，Hoarding，and Relative Prices. Journal of Political Economy，1973，81（4），July/August：893－915.

68. Dornbusch R. Open Economy Macroeconomics. Basics Books，1980.

69. Fisher I. The Theory of Interest. New York：Macmillan，1930.

70. Frenkel J A，Johnson H G. The Monetary Approach to the Balance of Payments. Toronto：University of Toronto Press，1976.

71. Friedman M. The Case for Flexible Exchange Rates// Friedman M. Essays in Positive Economics. Chicago：University of Chicago Press，1953.

72. Levi M D. International Finance：The Markets and Financial Management of Multinational Business. 3rd Edition. McGraw-Hill，Inc.，1996.

73. Llewellyn D T，Milner C. Current Issues in International Monetary Economics. Macmillan Press Ltd.，1990.

74. Kenen P B. Economic and Monetary Union in Europe：Moving beyond Maastricht. Cambridge University Press，1995.

75. Keynes J M. The General Theory of Employment, Interest and Money. London: Macmillan, 1972.

76. Kindleberger C P. Manias, Panics, and Crashes: A History of Financial Crises. 4th Edition. New York: Wiley, 2001.

77. Kreinin M E. International Economics: A Policy Approach. 9th Edition. Thomson Learning, Inc., 2002.

78. Krugman P R. Exchange-Rate Instability. Cambridge, Mass.: Massachusetts Institute of Technology Press, 1989.

79. Krugman P R, Obstfeld M. International Economics—Theory and Policy. Addison Wesley, 1997.

80. MacDonald R. Floating Exchange Rates: Theories and Evidence. London: Unwin Hyman, 1988.

81. Madura J. International Financial Management. 7th Edition. Peking University Press/Thomson Learning, 2003.

82. Meade J E. The Theory of International Economic Policy, vol I: The Balance of Payments. London: Oxford University Press, 1951.

83. Melvin M. International Money and Finance. 6th Edition. Addison Wesley Higher Education, 2000.

84. Mundell R A. International Economics. Macmillan Press Ltd., 1968.

85. Newman P, Milgate M, Eatwell J. The New Palgrave Dictionary of Money & Finance in three volumes. London and Basingstoke: The Macmillan Press Limited, 1992.

86. Rivera-Batiz F L, Rivera-Batiz L A. International Finance and Open Economy Macroeconomics. 2nd Edition. Prentice-Hall, Inc., 1994.

87. Salvatore D. International Economics. Macmillan Publishing Co., Inc., 1983.

88. Snowdon B, Vane H, Wynarczyk P. A Modern Guide to Macroeconomics, an Introduction to Competing Schools of Thought. Edward Elgar Publishing Limited, 1994.

89. Solomon R. The International Monetary System 1945—1981. New York: Harper and Row, 1982.

90. Solnik B. International Arbitrage Pricing Theory. Journal of Finance, 1983, 38: 449-457.

91. Stern R M. The Balance of Payments. Chicago: Aldine, 1973.

92. Stiglitz J E. Globalization and its Discontents. London: Allen Lane, The Penguin Press, 2002.

93. Triffin R. Gold and Dollar Crisis. New Haven: Yale University Press, 1960.

94. Williamson J. The Exchange Rate System. Washington, D. C.: Institute for International Economics, 1983.

95. Williamson J, Milner C. The World Economy—A Textbook in International Economics. Harvester Wheatsheaf, 1991.

互联网资源：

1. 中国外汇交易中心，http://www.chinamoney.com.cn。
2. 中华人民共和国商务部，http://www.mofcom.gov.cn。
3. 欧洲中央银行，http://www.ecb.europa.eu/home/html/index.en.html。
4. 欧洲联盟，http://europa.eu。
5. 香港金融管理局，http://www.hkma.gov.hk。
6. 路透中文网，http://cn.reuters.com。
7. 中国银行，http://www.bank-of-china.com。
8.《华尔街日报》，http://wall-street.com。
9.《金融时报》，http://www.ft.com。
10. 和讯网，http://www.hexun.com。
11. 国际金融管理协会，http://www.fma.org。
12. 国研网，http://www.drcnet.com.cn。
13. 中国经济学教育科研网，http://economics.efnchina.com。
14. 中国人民银行，http://www.pbc.gov.cn。
15. 国家外汇管理局，http://www.safe.gov.cn。
16. 国家统计局，http://www.stats.gov.cn。
17. 美国联邦储备委员会，http://www.federalreserve.gov。
18. 经济合作与发展组织（OECD），http://www.oecd.org。
19. 国际货币基金组织（IMF），http://www.imf.org。
20. 国际清算银行（BIS），http://www.bis.org。
21. 世界银行集团（WB），http://www.worldbank.org。

图书在版编目（CIP）数据

国际金融：精编版/陈雨露主编. —6 版. —北京：中国人民大学出版社，2019.10
经济管理类课程教材. 金融系列
ISBN 978-7-300-27365-5

Ⅰ. ①国… Ⅱ. ①陈… Ⅲ. ①国际金融-高等学校-教材 Ⅳ. ①F831

中国版本图书馆 CIP 数据核字（2019）第 185830 号

"十二五"普通高等教育本科国家级规划教材
教育部普通高等教育精品教材
经济管理类课程教材 · 金融系列
国际金融（第六版）精编版
主编 陈雨露
Guoji Jinrong（Di-liu ban）Jingbianban

出版发行	中国人民大学出版社		
社　　址	北京中关村大街 31 号	**邮政编码**	100080
电　　话	010－62511242（总编室）		010－62511770（质管部）
	010－82501766（邮购部）		010－62514148（门市部）
	010－62515195（发行公司）		010－62515275（盗版举报）
网　　址	http：//www. crup. com. cn		
经　　销	新华书店		
印　　刷	北京宏伟双华印刷有限公司	**版　　次**	2011 年 12 月第 1 版
开　　本	787 mm×1092 mm　1/16		2019 年 10 月第 6 版
印　　张	18. 25	**印　　次**	2023 年12月第 9 次印刷
字　　数	425 000	**定　　价**	43. 00 元